블렌더로 애니 그림체 캐릭터를 만들어보자!

모델링편

나츠모리 카츠 지음

김모세 옮김

KB052477

AK IT

<블렌더로 애니 그림체 캐릭터를 만들자! -모델링편->을 구입해 주셔서 감사합니다. 저자인 나츠모리 카츠(夏森轄)입니다. 평소 '캐릭터 모델링' 일을 하고 있으며 유튜브(YouTube)에서 '블렌더'에 관한 정보를 나누고 있습니다.

최근 3D CG를 손그림 애니메이션 그림체로 표현하는 '카툰 렌더링(cartoon rendering)'이라는 방법이 주목을 받고 있습니다. 모델에 윤곽선을 넣어 의도적으로 모델의 형태가 가진 정보량을 줄이거나, 애니메이션을 할 때 컷 수를 줄임으로서 마치 손으로 그린 애니메이션처럼 느껴지는 3D CG 애니메이션을 만들 수 있게 됐습니다.

'블렌더(Blender)'에서도 손그림 애니메이션처럼 모델과 애니메이션을 제작하는 방법이 늘어나고 있으며, '카툰 렌더링'의 수요는 앞으로 점점 늘어날 것입니다.

이 시리즈는 '블렌더'로 '캐릭터 모델링'을 하는 것, 3D CG를 애니메이션 그림체로 만드는 것에 흥미를 갖고 이제부터 시작하고자 하는 분들을 위해 만들었습니다.

이 책은 전편과 후편으로 구성된 시리즈의 전편으로 '블렌더 기본 조작'과 '캐릭터 모델링'까지를 다룹니다. 만든 '캐릭터의 형태를 애니메이션 그림체로 만들고 '애니메이션'과 '익스포트'를 하려면 후편인 '블렌더로 애니메이션 그림체 캐릭터를 만들자! 카툰 렌더링편'을 확인해 주십시오.

이 시리즈는 초보자분들도 실수하지 않도록 가능한 자세히 설명하기 위해 전편과 후편으로 나눠야 했습니다.

초보자분들이 실수하기 쉬운 포인트나 모델링에 관한 칼럼, 작례 샘플 파일 등도 제공합니다. 편안한 마음으로 즐기면서 학습해봅시다.

이 시리즈는 '블렌더 3.4/Windows 10' 환경에서 진행합니다. 블렌더 버전에 따라 인터페이스나 조작 방법 등이 다소 다를 수 있습니다.

설명에서 사용하는 밑그림, 참고용 블렌더 파일은 다운로드할 수 있습니다. 책의 설명과 함께 참조해 주십시오.

2023년 11월

나츠모리 카츠

Chapter **3**   제2부 실전편
캐릭터의 머리 부분을 만들자   **123**

Chapter **4**   제2부 실전편
캐릭터의 몸을 만들자!   **303**

Chapter **5**

제2부 실전편
캐릭터 옷을 만들자

385

1부 기본편
블렌더 기초를 익히자

1장에서는 블렌더 도입, 기본적인 조작 방법에 관해 설명합니다.

블렌더 설치와 환경 설정

Chapter 1

1

가장 먼저 사용 환경, 블렌더 설치 순서, 추천 환경 설정에 관해 설명합니다.

1-1 사용 환경

먼저 현재 PC가 필요한 사양을 만족하는지 확인합니다.

블렌더 공식 홈페이지에서는 2가지 사양을 권장하고 있습니다. 다음 **최소**(Minimum), **권장**(Recommended) 사양을 확인합니다.
(https://www.blender.org/download/requirements/)

	최소	권장
CPU	SSE4.2 support/64비트 4코어	64비트 8코어
메모리	8 GB	32 GB
디스플레이	1920×1080 픽셀	2560×1440 픽셀
주변 장치	2버튼 마우스, 트랙패드 또는 펜+태블릿	3버튼 마우스 또는 펜+태블릿
그래픽 보드	OpenGL 4.3/ 2GB VRAM	8 GB VRAM

최소 사양으로도 모델링하는 데에 큰 문제는 없지만 원활한 조작과 동작을 위해 가능하다면 권장 사양 이상을 사용하는 것이 좋습니다. 그리고 쉬운 조작을 위해 넘버패드가 있는 키보드, 휠이 있는 마우스를 사용하면 좋습니다.

1-2 블렌더 다운로드 순서

그럼 블렌더를 설치합니다.

01 다운로드 페이지에 접근
Step

블렌더 공식 사이트(https://www.blender.org/)에 접속합니다. 사이트 디자인은 블렌더 버전에 따라 다를 수 있습니다. 화면 중앙 부근의 Download 버튼 또는 화면 위쪽에 있는 Download를 클릭해 다운로드 페이지로 이동합니다.

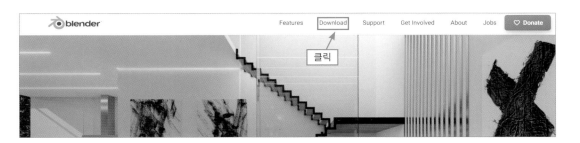

02 설치 파일 다운로드
Step

표시된 다운로드 페이지의 Download Blender x.x를 클릭하면 최신 버전의 블렌더를 다운로드 할 수 있습니다.

※ 사용하는 OS나 블렌더 버전 등에 따라 Download 페이지 표시가 다를 수 있습니다.

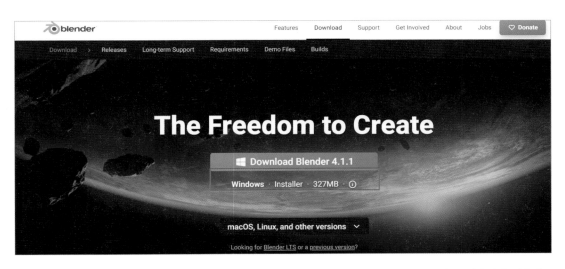

아래의 MacOS, Linux, and other versions에서 Windows 이외의 OS용 블렌더를 다운로드 할 수 있습니다. 사용하는 환경에 맞는 것을 다운로드해 주십시오.

※ 이 책에서는 Windows 버전을 사용합니다.

과거 버전의 블렌더는 다음 URL에서 다운로드 할 수 있습니다.

https://download.blender.org/release/

- 블렌더 3.4: https://download.blender.org/release/Blender3.4/
- 블렌더 4.1: https://download.blender.org/release/Blender4.1/

블렌더 설치 순서

01
Step
인스톨러 실행하기

❶ 다운로드를 완료했다면 인스톨러 아이콘을 더블 클릭합니다.

blender-3.4.1-windows-x64.msi

❷ 셋업 화면이 표시됩니다. Next를 눌러 다음으로 진행합니다.

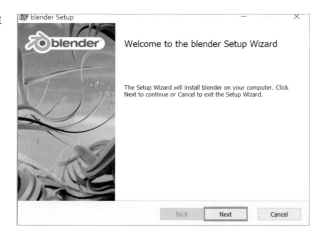

02
Step
설치 순서 ❶

라이선스가 표시됩니다. 동의 항목에 체크하고 Next를 클릭합니다.

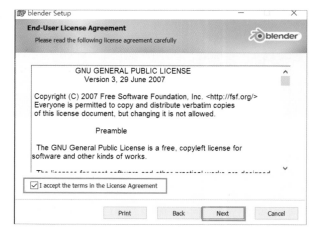

03 설치 순서 ❷
Step

블렌더 설치 위치를 결정할 수 있습
니다. 설치 위치를 변경하고 싶다면
Browse… 버튼을 클릭하고 설치 위
치를 지정합니다. 설정을 마쳤다면
Next를 클릭합니다.

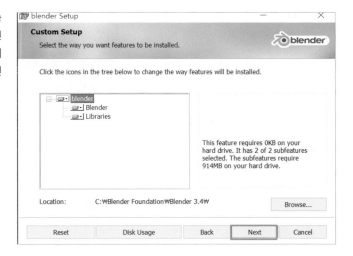

04 설치 순서 ❸
Step

❶ Install을 클릭합니다.

❷ 설치가 시작되면 잠시 기다립니다. 설치
도중 사용자 계정 컨트롤이 표시되면 Yes를
선택하고 계속 설치합니다.

05
Step

설치 종료하기

Finish 버튼을 클릭해 설치를 종료합니다. 바탕 화면에 추가된 바로 가기 아이콘 또는 시작 메뉴에서 블렌더를 실행할 수 있습니다.

1-4 블렌더 환경 설정

블렌더가 실행됐다면 초기 설정을 합니다. 초기 설정에서는 언어를 한국어로 변경하고 작업을 원활하게 수행할 수 있는 권장 환경 설정 방법에 관해 소개합니다.

■ 언어 설정

블렌더가 실행되면 중앙에 퀵 셋업 창이 표시됩니다. 이 창은 블렌더를 처음 시작할 때 표시되는 창입니다. 여기에서 초기 설정을 할 수 있습니다. Next Page

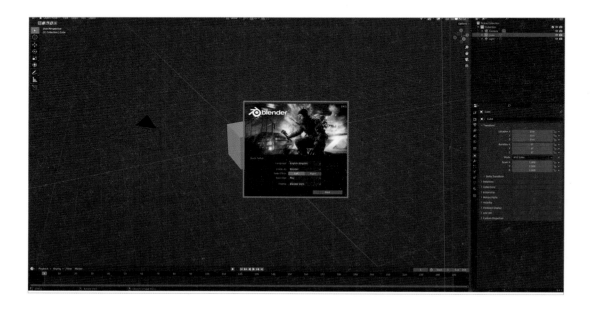

이 창의 Language 풀다운 메뉴에서 Korean (한국어)를 선택하면 UI가 한국어로 변경됩니다.블렌더를 한국어화 한 뒤 오른쪽 아래 Next를 클릭합니다. 이후 언어 설정을 변경하고 싶을 때는 뒤에서 설명할 환경 설정(Preference)에서 인터페이스 → 번역 패널 안의 언어에서 변경할 수 있습니다.

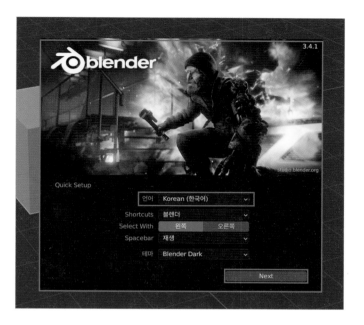

스플래쉬 화면

다음으로 스플래쉬 화면이 표시됩니다. 최근 열었던 블렌더 파일 등이 표시됩니다. 이 화면 밖에서 마우스 좌클릭하면 스플래쉬 화면을 닫을 수 있습니다.

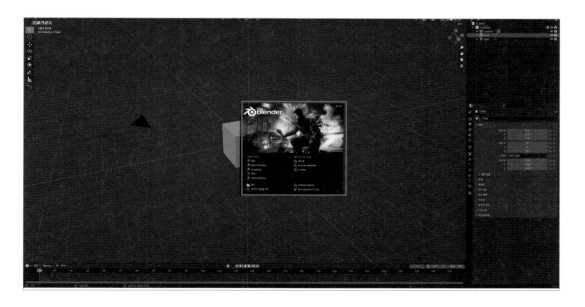

◼ 환경 설정하기

블렌더를 사용하기 쉽게 하기 위한 설정을 합니다. 화면 왼쪽 위에 있는 편집 → 환경 설정을 선택해 설정 화면을 엽니다. 환경 설정에서는 블렌더 전체의 설정을 할 수 있습니다.

01 실행 취소 단계 설정하기
Step

가장 먼저 실행 취소 단계 횟수(조작을 한 단계 전으로 되돌리는 횟수)를 조정합니다. 화면 왼쪽 목록의 시스템을 클릭하고 메모리 & 제한에서 실행 취소 단계 횟수를 결정할 수 있습니다. 초기값은 '32'입니다. 실제 모델링(3D CG 모델을 만드는 것)을 하게 되면 그 이전으로 되돌리고 싶은 경우가 많으므로 '50'~'100' 정도로 설정하는 것이 좋습니다. 단, 실행 취소 단계 횟수가 늘어날수록 많은 메모리를 소비하므로 블렌더의 동작이 불안해지는 등의 상황에서는 이 값을 줄입니다.

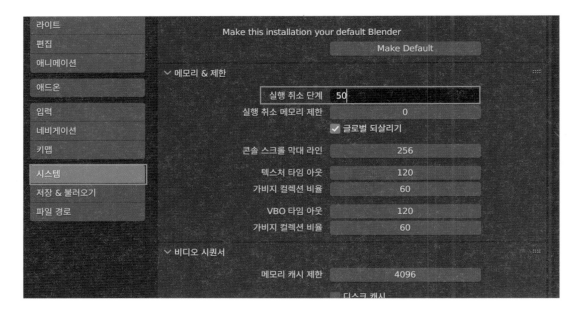

02 네비게이션 조작하기

Step

다음으로 모델링을 쉽게 할 수 있도록 설정합니다. 변경할 항목은 3가지입니다. 첫 번째로 화면 왼쪽 리스트의 네비게이션에서 패널 안의 오비트 & 팬에 있는 선택 주위에 오비트에 체크합니다. 이것은 선택한 부분을 중심으로 시점을 회전하도록 하는 기능입니다. 다양한 각도에서 확인하면서 모델링을 할 수 있습니다. 두 번째로 바로 아래 있는 Auto 원근법의 체크를 해제합니다. 이 설정은 갑자기 시점이 튀는 것과 같은 문제가 발생하는 것을 줄입니다. 세 번째로 그 아래의 깊이에 체크합니다. 작업 중 종종 줌 확대(zoom-out)가 되지 않는 경우가 있습니다. 이 항목에 체크하면 해당 현상이 사라집니다. 단, 사람에 따라 초기 설정쪽이 오히려 사용하기 쉬울 수 있으므로 필요한 경우 이 메뉴에서 변경합니다. 모델링에 익숙해지면 선호에 따라 설정합니다.

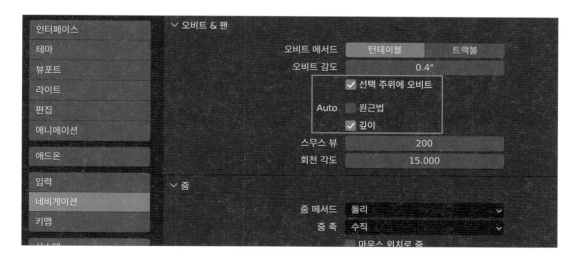

03 입력 설정하기

Step

키보드에 넘버패드가 없을 때는 화면 왼쪽 리스트의 입력에서 키보드에 있는 넘버패드를 에뮬레이트를 활성화해서 넘버패드 조작을 키보드 위쪽 1~0키에 할당할 수 있습니다. 그리고 마우스에 휠이 없을 때는 마우스 항목의 3버튼 마우스를 에뮬레이트를 활성화한 뒤 Alt를 누르면서 왼쪽 마우스 버튼을 누르면 마우스 가운데 버튼을 누른 것처럼 조작할 수 있습니다.

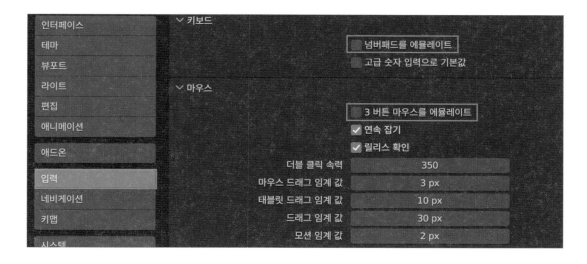

04
Step

환경 설정을 자동 저장하기

화면 왼쪽 아래 세 줄 아이콘을 클릭하면 환경 설정을 자동 저장 항목에 체크되어 있는 것을 확인할 수 있습니다. 이 항목은 환경 설정을 변경하면 자동으로 저장하는 기능입니다. 해당 항목에 체크된 것을 확인하고 오른쪽 위에 있는 X 버튼을 클릭해서 닫습니다. 자동 저장 항목의 체크를 해제한 경우에는 환경 설정을 저장을 클릭한 뒤 창을 닫습니다.

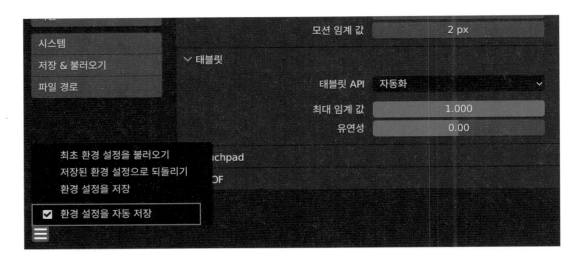

Column

마우스 위치로 줌에 관해

이 항목은 선택입니다. 네비게이션 → 줌 안에 마우스 커서의 위치를 기준으로 시점을 줌 확대/줌 축소할 수 있는 항목(마우스 위치로 줌)이 있습니다. 이 항목을 활성화하면 시점 조작을 할 때 시간을 줄일 수 있습니다. 실제로 직접 조작해 보고 사용하기 편리한지 확인해봅니다.

Chapter **1**

2

블렌더 파일 조작과
닫기 방법

다음으로 블렌더 파일을 저장하고 닫는 순서에 관해 살펴봅니다. 그리고 예상치 못한 사태가
발생했을 때를 위해 파일 복원 방법과 백업 파일에 관해서도 알아두면 좋습니다.

2-1 파일 저장

파일 저장은 화면 위쪽에 있는 메뉴의 **파일 → 저장**에서 수행합니다. 덮어쓰기가 아닌 다른 이름으로 저장하고 싶을 때는
다른 이름으로 저장을 선택합니다. 저장 단축키는 **Ctrl+S**키입니다. Next Page

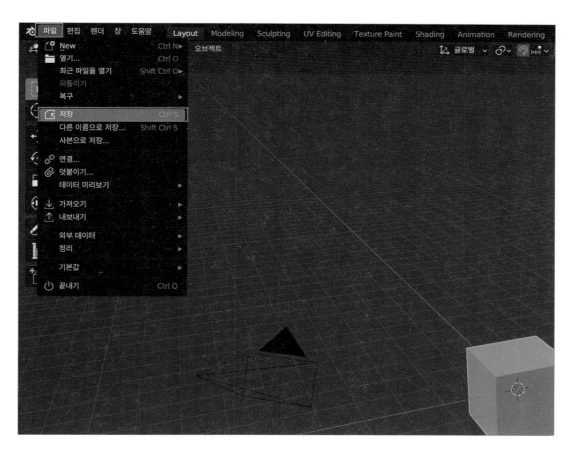

저장을 클릭하면 블렌더 전용 창인 블렌더 파일 보기가 표시됩니다. 왼쪽 목록에서 저장 위치를 지정하고, 해당 항목에서 파일명을 입력하고 오른쪽 아래 블렌더 파일 저장을 선택하면 저장됩니다. 이 블렌더 파일 보기는 처음 저장할 때만 표시되며, 이후에는 덮어쓰기로 저장됩니다(다른 이름으로 저장을 선택했을 때는 블렌더 파일 보기가 표시됩니다).

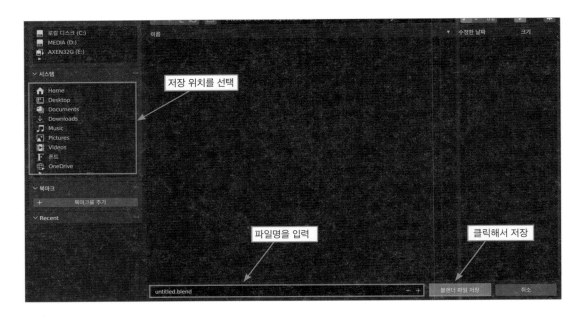

저장을 완료했다면 화면 왼쪽 위의 메뉴에서 파일 → 끝내기를 선택해 블렌더를 종료합니다. 그리고 블렌더는 창 오른쪽 위의 X 버튼으로도 닫을 수 있습니다.

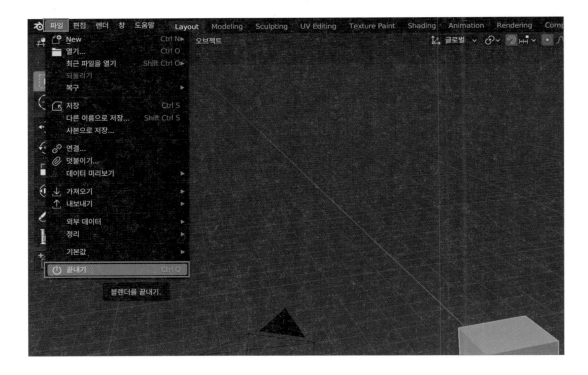

2-2 저장 관련 경고 화면

무언가 작업을 수행한 상태에서 저장하지 않고 종료하려고 하면 화면 한가운데 메시지가 표시됩니다. 왼쪽 저장 버튼을 클릭해 저장합니다. 변경을 파기하고 싶을 때는 저장하지 않음 버튼을 클릭합니다.

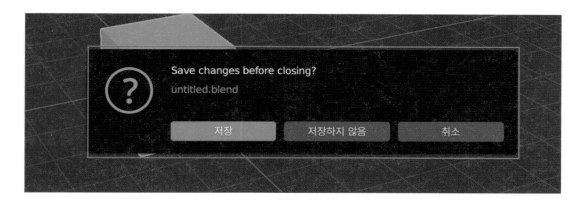

Column

마지막 세션과 자동 저장에 관해

만약 실수로 저장하지 않고 블렌더를 종료했다면 화면 위쪽 메뉴에서 파일 → 마지막 세션을 선택해 복원할 수도 있습니다. 그리고 블렌더에서는 자동 저장 기능을 제공하고 있습니다. 기본값은 2분마다 자동으로 저장합니다. 블렌더가 강제 종료되는 등 예기치 못한 사태가 발생했을 때는 자동 저장에서 복원할 수도 있습니다.
화면 위쪽 메뉴에서 파일 → 자동 저장…을 선택하면 자동 저장된 블렌더 파일 목록이 표시됩니다. 이 중에서 원하는 블렌더 파일을 선택해 복원합니다.

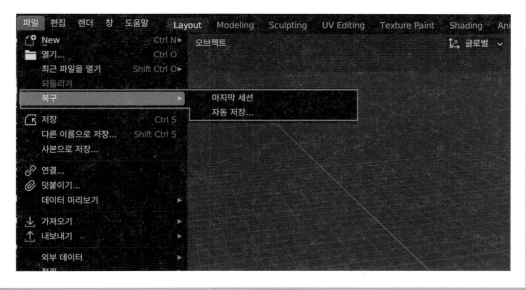

저장한 블렌더 파일을 확인한 뒤 더블 클릭하면 블렌더가 실행되고 이전과 같은 화면이 표시됩니다.

그리고 블렌더를 신규로 실행한 상태에서 파일을 열 때는 화면 위쪽 메뉴에서 **파일 → 열기**를 선택합니다.

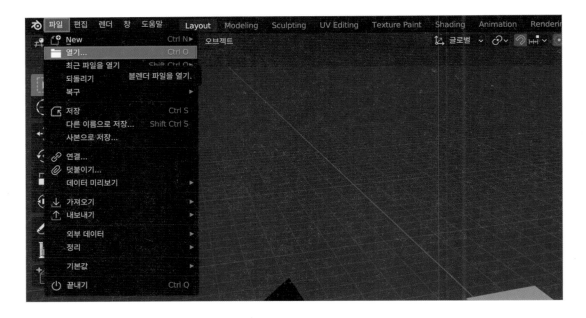

블렌더 파일 보기에서 열고 싶은 파일을 선택합니다. Next Page

블렌더 파일 보기 오른쪽 위에 있는 표시 모드 설정을 썸네일로 변경하면 파일 내용을 표시합니다. 열고자 하는 파일의 내용을 쉽게 확인할 수 있으므로 설정해 두면 편리합니다.

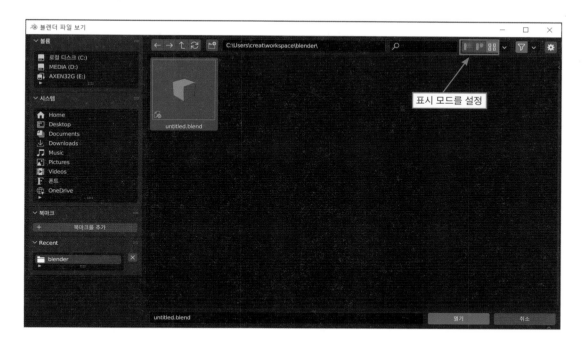

표시 모드를 설정

Column

백업 파일에 관해

블렌더는 덮어쓰기 저장을 했을 때 저장한 블렌더 파일과 같은 디렉터리에 .blend1 이라는 백업 파일을 작성합니다. 이것은 덮어쓰기 저장 전의 데이터이며 마지막에 붙어 있는 숫자를 지우고 .blend 로 변경하면 그대로 블렌더 파일로 사용할 수 있습니다.

untitled.blend   untitled.blend1

3

블렌더
화면 설명

블렌더를 실행했을 때 표시되는 화면의 각 역할을 확인해봅니다.

3-1 각 영역의 이름

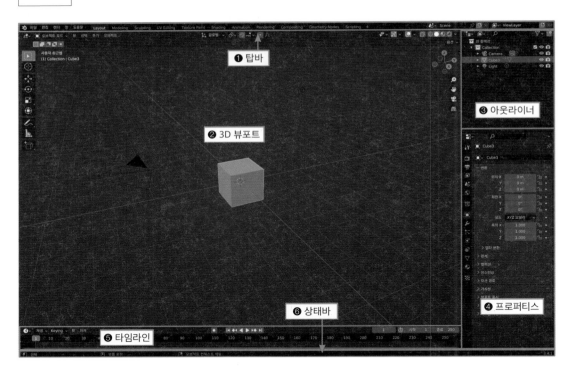

❶ 탑바	화면 위쪽 메뉴로 파일 저장 등을 수행하는 풀다운 메뉴입니다.
❷ 3D 뷰포트	메인 화면입니다. 주로 이 화면을 보면서 3D 모델링을 합니다.
❸ 아웃라이너	블렌더 안의 다양한 데이터를 정리한 목록입니다.
❹ 프로퍼티스	현재 선택한 오브젝트의 다양한 데이터를 확인하고 변경할 수 있습니다.
❺ 타임라인	애니메이션을 작성 및 재생할 때 사용합니다.
❻ 상태바	에러 메시지나 현재 사용할 수 있는 단축키 등 다양한 정보를 표시합니다.

이번 절에서는 **탑바**, **3D 뷰포트**, **아웃라이너**, **프로퍼티스**에 관해 간단하게 설명합니다.

3-2 3D 뷰포트

3D 뷰포트는 3D 공간을 표시하는 화면입니다. 기본적으로 정육면체, 라이트, 카메라의 3가지 오브젝트가 배치되어 있습니다. 오브젝트는 직역하면 물체라는 의미이며, 3D 뷰포트에 존재하는 모든 것을 가리킵니다. 3D 뷰포트에는 다양한 정보들이 표시되어 있어 복잡하게 보이지만 실제로는 크게 세 부분으로 나눌 수 있습니다.

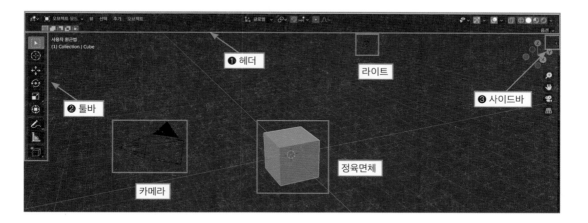

❶ 헤더	3D 뷰포트 위쪽에 있는 영역입니다. 수행하는 작업에 따라 모드를 전환하거나, 3D 뷰포트 안의 표시 방법을 바꿀 수 있습니다.
❷ 툴바	선택 방법을 변경하고 오브젝트를 손쉽게 수정할 수 있습니다. 블렌더는 툴바에서 선택한 대상에 따라 조작이 바뀌는 것이 특징입니다. 기본적으로 가장 위의 박스 선택으로 해 둡니다.
❸ 사이드바	기본적으로는 표시되지 않지만 **사이드바** 메뉴가 있습니다. 오브젝트의 위치나 시점에 관한 설정을 할 수 있습니다.

툴바와 **사이드바**는 3D 뷰포트 위쪽 헤더 안에 있는 뷰에서 표시/숨기기를 전환할 수 있습니다. 이들의 단축키는 **T** 키와 **N** 키입니다. 작업에 따라 전환하면 좋습니다.

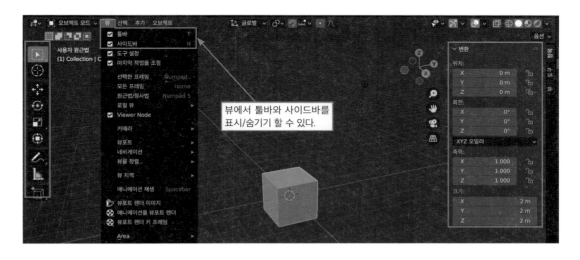

뷰에서 툴바와 사이드바를 표시/숨기기 할 수 있다.

툴팁에 관해

메뉴나 아이콘에 마우스 커서를 올리고 잠시 기다리면 기능 이름과 간단한 설명, 단축키가 표시됩니다. 이 표시를 툴팁이라 부릅니다. 예를 들면 화면 왼쪽 툴바의 가장 위에 마우스 커서를 올리면 오른쪽 그림과 같이 설명이 표시됩니다. 이 툴팁 은 기능 사용 방법, 단축키 등을 익히는 데 큰 도움이 되므로 활용해 주십시오.

3-3 아웃라이너

■ 아웃라이너의 기본 상태

아웃라이너란 화면 오른쪽 위에 있는 3D 오브젝트를 필 두로 하는 블렌더 안의 다양한 데이터를 목록으로 나타 낸 것입니다. 아웃라이너 안에서는 3D 뷰포트에 배치되어 있는 모든 오브젝트를 목록으로 표시합니다. 기본적으로 는 Camera, Cube, Light의 3가지 오브젝트 이름이 있으 며 각각 3D 뷰포트에 배치된 카메라(Camera), 정육면체 (Cube), 라이트(Light)를 가리킵니다.

■ 표시/숨기기 아이콘에 관해

아웃라이너 안의 오브젝트 이름 오른쪽에는 눈동자 아이콘이 있습니다. 이것은 오브젝트 표시/숨기기 전환 기능입니다. 아 이콘을 클릭하면 3D 뷰포트에 표시된 오브젝트가 숨겨집니다. Next Page

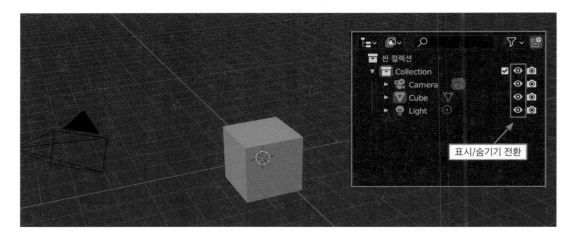

표시/숨기기 전환

다시 한 번 눈동자 아이콘을 클릭해 오브젝트를 표시할 수 있습니다. 눈을 뜨고 있으면 표시, 눈을 감고 있으면 숨기기를 나타냅니다. 오브젝트가 늘어나 모델링하기 어려워졌을 때는 이 아이콘을 클릭해서 숨기기를 하면 좋습니다.

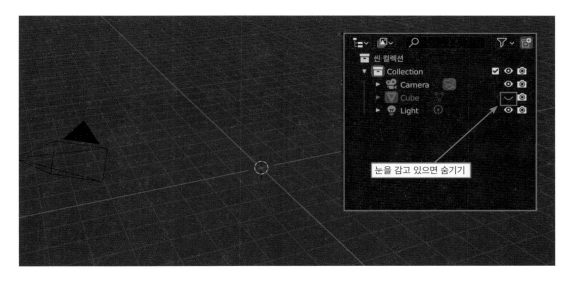

3-4 프로퍼티스

화면 오른쪽 영역에는 프로퍼티스가 있습니다. 프로퍼티스에서는 오브젝트 설정 변경, 렌더링(이미지나 동영상으로 출력하는 것) 관련 설정 확인 및 변경을 할 수 있습니다. 왼쪽 아이콘을 마우스 좌클릭하면 항목을 전환할 수 있습니다. 오른쪽에 다양한 화면이 있으며 패널이라는 단위로 펴고 접을 수 있습니다. 패널 왼쪽에 있는 아래쪽 방향 화살표(▼)를 클릭하면 오른쪽 방향 화살표(▶)로 아이콘이 변경되며 패널이 접합니다. 다시 한 번 화살표를 클릭하면 패널이 펴집니다.

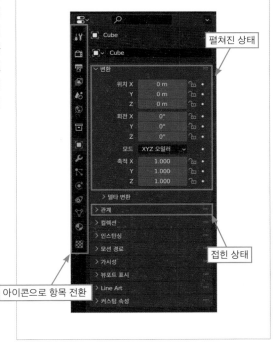

각 부분의 이름과 역할

탑바는 저장이나 작업 화면 전환 등 블렌더 전체에 관련된 메뉴입니다.

파일	블렌더 저장, 파일 열기, 외부 데이터 읽기 등을 할 수 있습니다.
편집	작업을 한 단계 이전으로 되돌리거나, 환경 설정 등을 할 수 있습니다.
렌더	렌더링을 실행할 수 있습니다.
창	같은 파일의 새 창을 표시하거나, 전체 화면 표시 등을 할 수 있습니다.
도움말	매뉴얼 사이트로 이동할 수 있습니다.
워크스페이스	작업 내용에 맞는 화면으로 전환할 수 있습니다. 기본적으로는 '레이아웃'이 표시됩니다. 문자 그대로 오브젝트의 레이아웃을 수행할 때 적합한 워크스페이스입니다.

실행 취소와 다시 실행에 관해

탑바의 편집 → 실행 취소에서 작업을 1단계 이전으로 되돌릴 수 있습니다. 너무 많이 되돌렸다면 같은 메뉴 안에 있는 다시 실행에서 1단계 이후로 진행할 수 있습니다. 각각 단축키는 **Ctrl+Z**(실행 취소), **Shift+Ctrl+Z**(다시 실행)입니다. 자주 사용하는 단축키이므로 기억해 둡니다.

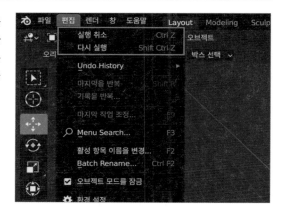

씬이란

씬(Scene)은 3D 뷰포트에 표시된 3D 공간 자체를 가리키며, 3D 뷰포트 오른쪽 위에서 여러 씬을 관리할 수 있습니다. 씬에는 씬 컬렉션이라는 아웃라이너 안에 있는 폴더와 같은 것이 반드시 존재하며, 이 안에서 다양한 데이터를 관리할 수 있는 구조로 되어 있습니다. 씬은 자주 등장하는 용어입니다. 지금은 씬이 있기에 다양한 것을 만들 수 있다 정도로 기억해 둡니다.

Chapter 1 / 4

기본 조작

3D 뷰포트에서 수행하는 기본 조작인 시점 조작과 선택에 관해 설명합니다. 시점 조작과 선택은 이제부터 수행할 각 작업을 원활하게 수행하기 위해 확실하게 익히는 것이 좋습니다.

4-1 시점 기본 조작

블렌더에서는 시점 조작이 매우 중요합니다. 실제로 직접 조작을 하면서 시점이 어떻게 변하는지 확인해봅니다.

■ 시점 회전

마우스 가운데 버튼을 클릭하고 드래그해서 시점을 회전할 수 있습니다.
모델을 돌아가면서 확인할 때 자주 사용합니다.

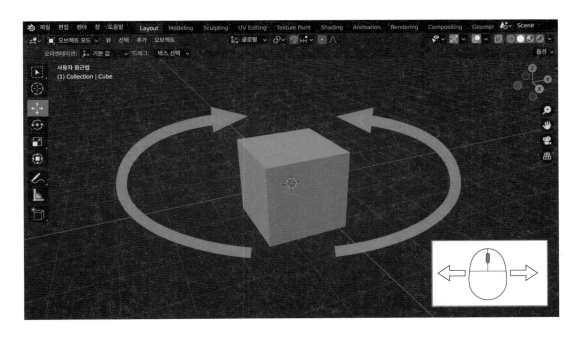

▣ 시점 슬라이드

Shift키를 누른 상태에서 마우스 가운데 버튼을 클릭하고 드래그해서 시점을 슬라이드 할 수 있습니다.
시점을 돌리지 않고 평행 이동할 때 사용합니다.

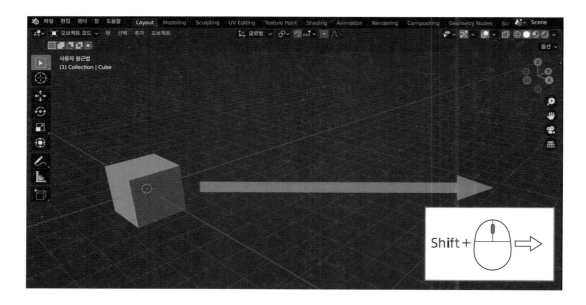

▣ 시점 줌 확대/줌 축소

마우스 휠을 회전시키면 시점을 줌 확대/줌 축소할 수 있습니다. Ctrl 키를 누르면서 마우스 가운데 버튼을 클릭하고 위아래로 드래그해서 같은 조작을 할 수 있습니다.

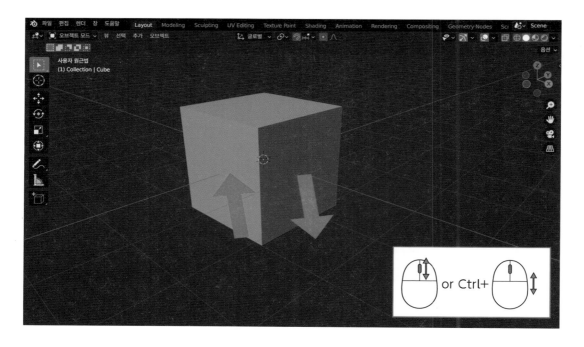

4-2 넘버패드를 사용한 시점 조작

블렌더에서는 넘버패드를 사용해 시점을 빠르게 이동할 수 있습니다.
넘버패드를 사용한 시점 조작은 렌더링 작업을 효율적으로 하기 위해 매우 중요합니다.

Num Lock	선택 대상만 표시 /	*	줌 축소 -
평면 7	위쪽 15 도 회전 8	반대쪽 9	줌 확대
왼쪽 15 도 회전 4	원근법 / 정사법 5	오른쪽 15 도 회전 6	+
앞쪽 1	아래쪽 15 도 회전 2	오른쪽 3	
카메라 시점으로 전환 0	선택 대상으로 시점 이동	Enter	

1   : 앞쪽 시점(Front)으로 전환
3   : 오른쪽 시점(Right)으로 전환
7   : 위쪽 시점(Top)으로 전환
Ctrl+1 : 뒤쪽 시점(Back)으로 전환
Ctrl+3 : 왼쪽 시점(Left)으로 전환
Ctrl+7 : 바닥면 시점(Bottom)으로 전환
0   : 카메라 시점으로 전환
5   : 원근법/정사법으로 전환
2   : 아래쪽으로 15도 시점 회전
4   : 왼쪽으로 15도 시점 회전
6   : 오른쪽으로 15도 시점 회전
8   : 위쪽으로 15도 시점 회전
9   : 현재 시점을 정반대로 변경합니다.
.   : 선택 중인 오브젝트를 시점의 중심으로 합니다.
/   : 로컬 뷰로 전환(현재 선택한 오브젝트만 표시)합니다. 한 번 더 /를 누르면 원래대로 되돌립니다.
+   : 시점을 줌 확대합니다.
-          : 시점을 줌 축소합니다.

■ 카메라 시점

넘버패드 0을 누르면 카메라에서 보는 시점이 되고 사각형 프레임이 표시됩니다. 이 사각형 프레임 안에 비치는 모습이 이미지나 동영상으로 출력됩니다. 다시 한 번 0을 누르거나 시점을 변경하면 카메라 시점이 해제됩니다. 실제로 조작해보면서 시점을 바꿔봅니다.

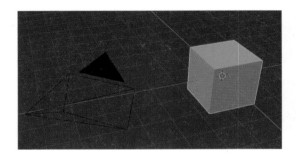
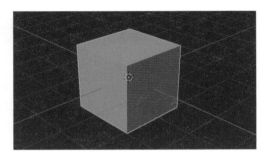

Column

마우스 커서의 위치에 관해

블렌더는 마우스 커서를 올려 놓은 영역에 따라 조작이 달라집니다. 만약 시점 조작이 잘 되지 않거나, 넘버패드 1을 눌러도 시점이 변하는지 않는 등의 경우에는 현재 마우스 커서의 위치를 확인합니다. 시점 변경은 마우스 커서가 3D 뷰포트에 있어야 동작합니다. 그 밖에 수행하고 싶은 조작이 되지 않을 때도 마우스 커서의 위치를 확인합니다.

예를 들면 아웃라이너에 마우스 커서가 위치한 상태에서 넘버패드 1을 눌러도 시점이 변경되지 않습니다.

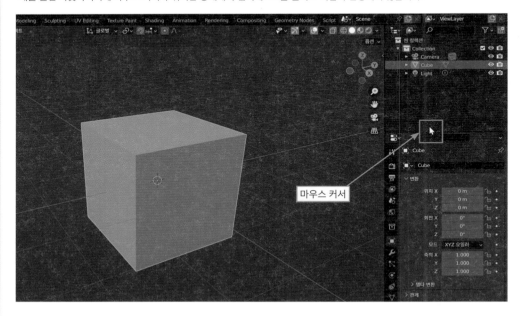

3D 뷰포트에 마우스 커서가 위치한 상태에서 넘버패드 1을 누르면 시점이 앞쪽으로 변경됩니다.

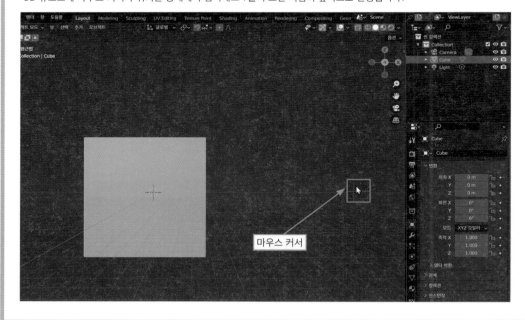

■ 원근법과 정사법

원근법과 정사법은 간단히 말하면 원근감이 있는가, 전혀 없는가를 나타냅니다.

원근법은 멀리 위치한 대상은 작아지고 가까이 있는 대상은 크게 표시됩니다. 퍼스펙티브(perspective)라 부르며 현실에 가깝게 보는 방법입니다. 정사법은 멀리 있는 대상이든 가까이 있는 대상이든 같은 크기로 표시되므로 원근감을 나타내고 싶지 않을 때 사용합니다. 다음 그림에서 모델링할 때는 물체의 정확한 형태를 파악하기 위해 정사법으로 작업하면서, 종종 원근법으로 확인을 하는 흐름이 됩니다. 이 책은 모델링의 난이도를 낮추기 위해 기본적으로 정사법을 사용해 작업합니다. 모델링에 익숙해지면 원근법으로 조정해도 좋을 것입니다.

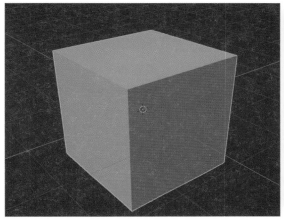

원근법

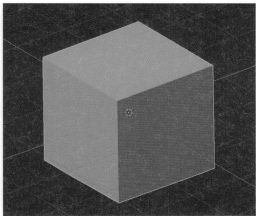

정사법

화면 왼쪽 위의 문자에서 현재 시점, 원근법/정사법에 관한 정보 등을 곧바로 확인할 수 있습니다. 로컬 뷰(넘버패드 /) 상태 여부도 알 수 있으므로 이 부분을 항상 확인합니다.

■ 초점 거리

초점 거리는 깊이를 표현할 것인지, 전혀 표현하지 않을 것인지 결정하는 항목입니다. 설정은 사이드바(N키)의 뷰를 클릭하고, 뷰 패널 안에 있는 초점 거리에서 설정할 수 있습니다. 숫자가 작을수록 모델에 가까워졌을 때의 왜곡이 생기고(퍼스펙티브가 적용됨), 반대로 숫자가 클수록 평면적이 됩니다. 기본값은 '50'이며, 3D CG를 2D 애니메이션 그림체로 하는 카툰 렌더링에서는 모델을 평면적으로 보이게 하는 것이 중요하므로 이 값을 '100' 전후로 설정하면 좋습니다. 그리고 원근법으로 모델링을 할 때는, 퍼스펙티브를 너무 적용하면 얼굴 조형 등이 어색해질 수 있으므로 '80'~'100' 정도를 기준으로 설정하는 것이 좋습니다.

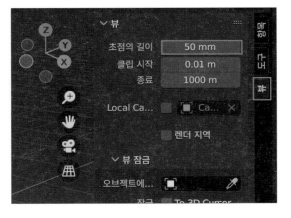

내비게이터를 통한 시점 변경

3D 뷰포트 오른쪽에 좌표축과 4개의 아이콘이 있습니다. 이것은 내비게이터라 부르며 여기에서 시점 변경, 원근/정사 투시 전환 등을 손쉽게 할 수 있습니다.

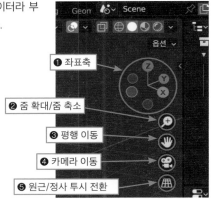

❶ 좌표축
❷ 줌 확대/줌 축소
❸ 평행 이동
❹ 카메라 이동
❺ 원근/정사 투시 전환

❶ 좌표축	맨 끝에 있는 X, Y, Z를 클릭하면 각 방향에서의 시점으로 전환할 수 있습니다. 여기에 마우스 커서를 올리면 흰색 원이 표시되고, 왼쪽 버튼을 클릭한 채 드래그해서 자유롭게 시점을 변경할 수 있습니다.
❷ 줌 확대/줌 축소	마우스 좌클릭한 채 상하로 드래그해서 시점을 중심으로 확대할 수 있습니다.
❸ 평행 이동	마우스 좌클릭한 채 드래그해서 시점을 평행으로 이동할 수 있습니다.
❹ 카메라 이동	마우스 좌클릭하면 카메라 시점으로 전환할 수 있습니다.
❺ 원근/정사 투시 전환	마우스 좌클릭하면 원근법과 정사법을 전환할 수 있습니다.

Column

함정에 빠지기 쉬운 포인트
시점을 너무 많이 이동해 현재 위치를 모르겠다
시점을 너무 많이 이동하면 오브젝트가 보이지 않아 미로에 빠질 때가 있습니다.

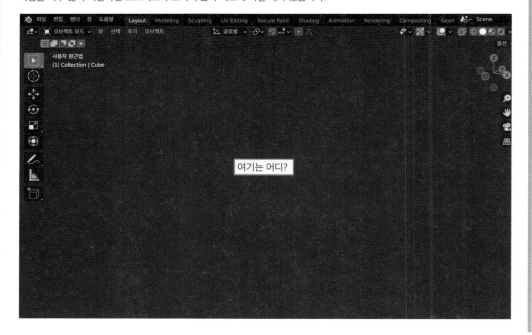

해결 방법

3D 뷰포트 헤더의 뷰 → 모든 프레임(Home)을 사용해 3D 뷰포트
안의 모든 오브젝트를 표시할 수 있습니다.

그 밖에도 화면 오른쪽 위에 있는 아웃라이너에서 임의의 오브젝트
를 선택하고, 헤더에서 뷰 → 선택한 프레임(단축키는 넘버패드 .)
을 클릭하면 선택한 오브젝트로 시점을 가깝게 옮길 수 있으므로 만
일을 위해 알아두면 좋습니다.

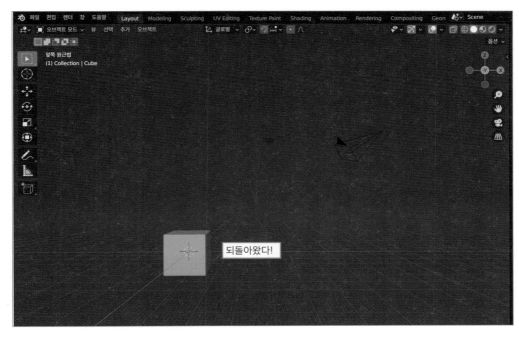

되돌아왔다!

선택에 관해

다음은 선택에 관해 설명합니다. 블렌더에서는 무엇을 선택했는지, 무엇을 어떤 순서로 선택했는지에 따라 조작이 달라집니다. 중요한 포인트이므로 꼭 기억해 둡니다.

◼ 오브젝트 선택

블렌더에서는 최초에 정육면체가 노란색 아웃라인으로 표시된 상태로 배치됩니다. 아웃라인이 없는 경우에는 정육면체를 마우스 좌클릭해 선택합니다. 이 노란색 아웃라인은 현재 이 오브젝트를 선택한 상태라는 의미입니다.

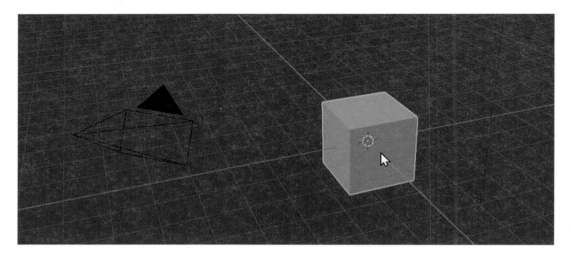

카메라나 라이트를 마우스 좌클릭하면 이번에는 이 오브젝트들이 노란색으로 표시됩니다. 기본적으로 3D 뷰포트에 배치되어 있는 것은 이렇게 선택할 수 있습니다.

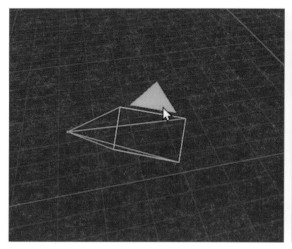
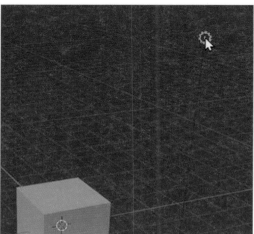

여러 오브젝트 선택

Shift를 누른 채 각 오브젝트를 마우스 좌클릭해 여러 오브젝트를 선택할 수 있습니다.

그리고 여러 오브젝트를 선택해보면 가장 마지막에 선택한 오브젝트만 노란색으로 표시되고, 그 이외의 오브젝트는 주황색으로 표시됩니다(다음 그림에서는 정육면체를 가장 마지막에 선택한 것입니다). 노란색으로 표시된 오브젝트를 활성 오브젝트라 부릅니다. 다른 오브젝트를 액티브하게 만들고 싶을 때는 Shift를 누른 채 마우스 좌클릭해 다시 선택합니다.

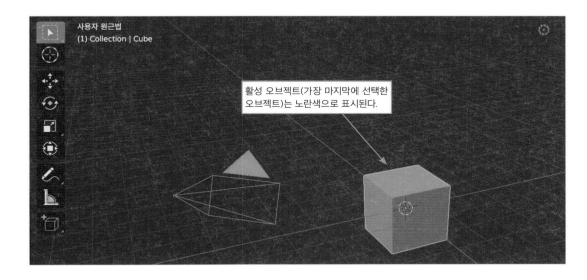

모든 오브젝트 선택/선택 해제

3D 뷰포트 위쪽, 헤더 안의 선택 → 모두로 모든 오브젝트를 선택할 수 있습니다. 단축키는 A키입니다. 그리고 선택을 해제할 때는 아무것도 없는 곳을 마우스 왼쪽 버튼을 클릭하거나, 헤더 안의 선택 → 없음을 선택해 모든 선택을 해제할 수 있습니다. 단축키는 Alt+A키 또는 A키를 2번 누릅니다.

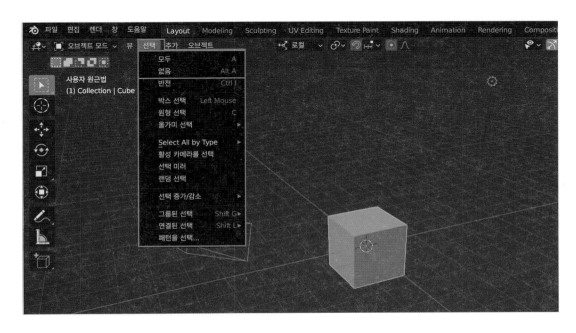

5

이동, 회전, 축적

오브젝트 이동, 회전, 축적 방법에 관해 설명합니다. 모델링을 하기 위한 기본 조작이므로 실제 직접 조작하며 시험해봅니다.

그리고 최소한 기억해두면 편리하게 사용할 수 있는 오브젝트의 다양한 조작 방법에 관해서도 설명합니다.

5-1 기본 조작

■ 오브젝트 이동

오브젝트를 선택한 상태에서 **G키**를 누르면 노란색이었던 오브젝트의 외곽선이 흰색으로 바뀝니다. 이 상태에서 마우스를 움직이면 현재 시점에 대해 평행으로 오브젝트를 움직일 수 있습니다.

마우스 좌클릭해 이동을 결정하고, 마우스 우클릭해 취소할 수 있습니다.

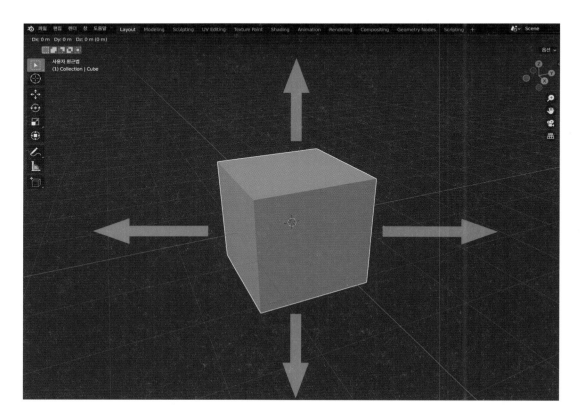

◼ 오브젝트 회전

오브젝트를 선택한 상태에서 R키를 누른 뒤 마우스를 움직이면 현재 시점에 평행으로 오브젝트를 회전시킬 수 있습니다. 그리고 다시 한 번 R키를 누르면 시점에 제한되지 않은 3축 회전을 시킬 수 있습니다. 회전도 마찬가지로 마우스 좌클릭해 회전을 결정하고, 마우스 우클릭해 취소할 수 있습니다.

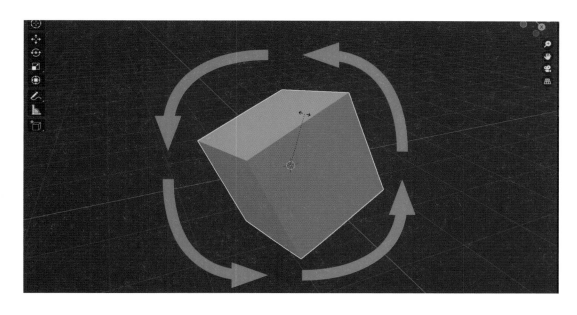

◼ 오브젝트 축적

오브젝트를 선택한 상태에서 S키를 누른 뒤 마우스를 움직이면 오브젝트 크기를 변경할 수 있습니다. 마우스 좌클릭해 크기를 결정하고, 마우스 우클릭해 취소할 수 있습니다. Next Page

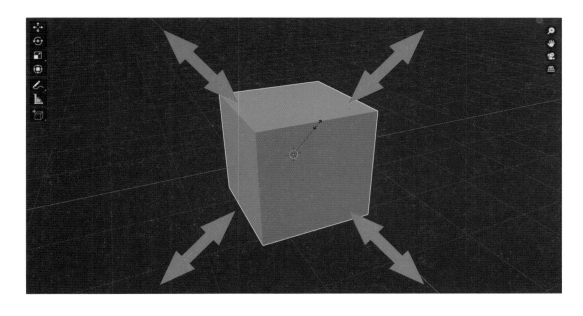

지금까지 설명한 조작을 이미지로 나타내면 오른쪽 그림과 같습니다. 오브젝트를 선택하고 G키, R키, S키를 누른 뒤 마우스를 조작해 변형을 수행합니다. G는 **잡기(Grab)**, R은 회전(Rotation), S는 **축적(Scale)**이라 생각하면 기억하기 쉬울 것입니다.

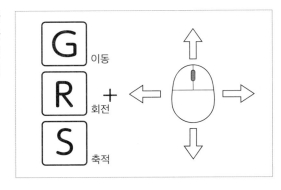

오브젝트 축 고정 방법

오브젝트를 선택한 상태에서 **G키, R키, S키** 중 하나를 누릅니다.
다음으로 X키, Y키, Z키 중 하나를 누르면 좌표축 선이 표시되고, 각 축(X축, Y축, Z축) 방향으로만 변형할 수 있습니다. 마우스 좌클릭해 결정, 우클릭해 취소할 수 있습니다.

Column

좌표축이란
블렌더에서는 3D 공간을 좌표로 나타냅니다. 오브젝트의 이동, 회전, 축적 등을 할 때 좌표축을 기준으로 합니다. 좌표축은 기본적으로 X, Y, Z의 3가지 축으로 구성됩니다.

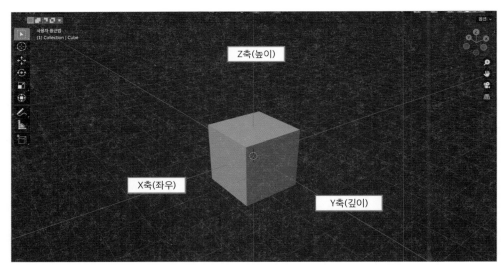

빨간색 선은 X로 좌우를 나타냅니다.
녹색 선은 Y로 깊이를 나타냅니다.
파란색 선은 Z로 높이를 나타냅니다(기본적으로는 숨기기 상태입니다).

■ 툴바에서의 이동, 회전, 축적

화면 왼쪽 툴바에서도 오브젝트를 변형할 수 있습니다.

각 도구를 선택하면 빨간색(X), 녹색(Y), 파란색(Z)의 좌표축이 표시되며, 마우스 좌클릭 한 채 드래그해서 각 축으로 제한된 변형을 할 수 있습니다. 흰색 원형을 마우스 좌클릭 한 채 드래그해서 현재 시점에 대해 평행으로 변형할 수 있습니다. G키, R키, S키 조작이 어렵다면 이 방법이 보다 편리하므로 권장합니다.

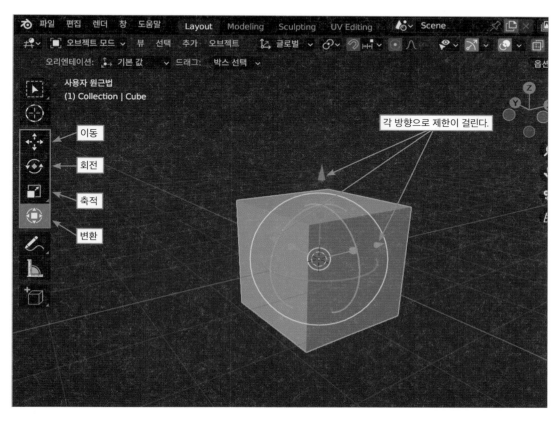

이동	이동을 수행할 수 있습니다.
회전	회전을 수행할 수 있습니다.
축적	축적을 수행할 수 있습니다.
변환	이동, 회전, 축적을 모두 수행할 수 있습니다..

MEMO

변환은 **변형한다는** 의미입니다. 블렌더에서는 변환이라는 용어를 자주 사용하며 **어떻게 변형하는가**라는 의미를 많이 갖습니다.

놓치기 쉬운 포인트

좌표축의 동작이 이상하다

예를 들면 오브젝트를 선택한 상태로 G 키 → Z 키로 Z 축을 고정해 상하로 움직이고 싶은데, 다른 방향으로 움직이는 경우가 있습니다.

이것은 좌표축이 글로벌이 아니라 로컬로 되어 있기 때문입니다.

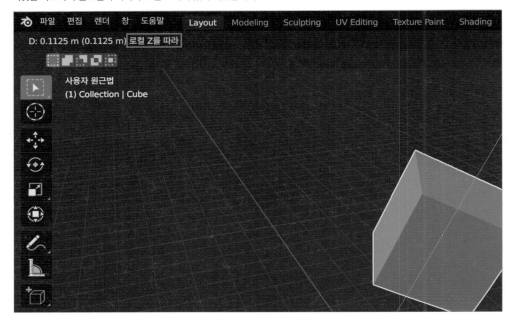

해결 방법

3D 뷰포트의 헤더의 한 가운데 변환 오리엔테이션이 있습니다. 이것을 글로벌로 변경하면 돌아옵니다. 덧붙여 글로벌은 3D 뷰포트의 좌표를 기준으로, 로컬은 각 오브젝트별 좌표계를 기준으로 변형합니다.

이들에 관해서는 뒤에서 자세히 설명합니다. 우선 좌표축은 다양한 종류가 있다는 정도만 기억해 둡니다.

5-2   오브젝트 삭제, 추가, 복제

오브젝트의 다양한 조작에 관해 설명합니다.

■ 오브젝트 삭제

오브젝트를 선택한 뒤 마우스 우클릭하면 **오브젝트 컨텍스트 메뉴**가 표시됩니다.
이 안에 있는 **삭제**를 클릭하면 오브젝트를 삭제할 수 있습니다.
단축키는 **X키**입니다. 오브젝트를 선택한 상태에서 단축키를 누르면 'OK?'라는 메
뉴가 표시됩니다. 그 상태에서 마우스 좌클릭하면 오브젝트를 삭제할 수 있습니
다. 그리고 마찬가지로 **Delete키**로 삭제할 수도 있습니다. 이때는 경고 메뉴 표
시 없이 곧바로 삭제할 수 있습니다.

■ 오브젝트 추가

3D 뷰포트 위쪽 헤더에 있는 **추가**는 오브젝트를 새로 추가할 수 있는 풀다
운 메뉴입니다. 메뉴를 클릭하면 다양한 메뉴가 표시되며, 가장 위의 **메쉬**
에 마우스 커서를 올리면 추가할 수 있는 메쉬의 종류가 표시됩니다. 예를
들면 **큐브**를 선택하면 육면체가 추가됩니다. **추가**의 단축키는 **Shift+A키**
입니다. 그리고 평면이나 큐브 등 기본적으로 제공되는 형태를 **프리미티브
(primitive)** 라 부릅니다. 기본적으로 모델링은 이 프리미티브를 수정하는
방식으로 진행합니다.

> **MEMO**
>
> **메쉬란**
> 메쉬는 폴리곤(polygon, 다각형의 면)의
> 집합입니다. 보이는 형태가 그물 형태(메쉬
> 형태)이므로 이런 이름으로 불린다고 기억
> 하면 좋습니다.

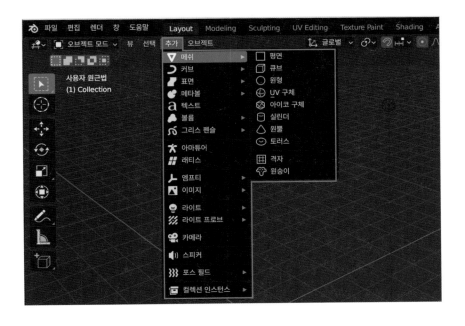

◼ 오퍼레이터 패널

오브젝트를 추가하면 3D 뷰포트 왼쪽 아래 작은 메뉴가 표시됩니다.

이것은 오퍼레이터 패널이라 부릅니다.

이 메뉴 왼쪽 끝의 삼각형 기호를 마우스 좌클릭하면 추가한 오브젝트의 편집 메뉴가 표시되고, 크기나 버텍스 등 세세한 형태를 조정할 수 있습니다. 오퍼레이터 패널 이외의 부분을 마우스 좌클릭하면 오퍼레이터 패널이 사라집니다. 탑바에서 편집 → 마지막 작업 조정(F9키)을 선택하면 다시 표시됩니다.

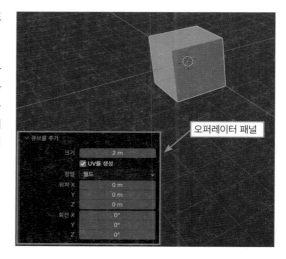

오퍼레이터 패널

◼ 오브젝트를 복제

오브젝트를 선택한 상태에서 마우스 우클릭하고 메뉴 안에 있는 오브젝트를 복제를 선택해 오브젝트를 복제할 수 있습니다.

마우스를 움직여서 배치할 위치를 결정하고, 마우스 좌클릭으로 결정하면 복제와 배치가 완료됩니다. 마우스 우클릭으로 복제 소스에 배치할 수 있지만 겹쳐지면 식별하기 어려우므로 여기에서는 주의합니다. 단축키는 Shift+D키입니다.

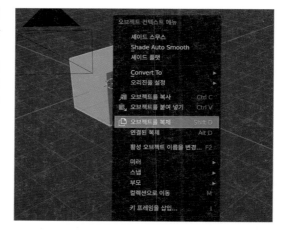

◼ 오브젝트 표시/숨기기

오른쪽 위 아웃라이너의 눈동자 아이콘 이외에도 3D 뷰포트의 헤더의 오브젝트 → 표시/숨기기 → 선택된 항목을 숨기기(H키)로 오브젝트를 숨기기 할 수 있습니다. 주의할 점은 이 조작의 단축키인 H키는 이동의 단축키인 G키 옆에 있기 때문에 잘못 누르는 경우가 많습니다. 만약 단축키를 잘못 눌렀을 때는 오브젝트 → 표시/숨기기 → 숨겨진 오브젝트를 표시(Alt+H키)로 다시 표시하거나 Ctrl+Z키로 이전 상태로 되돌립니다.

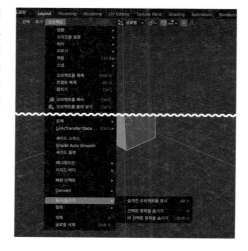

Chapter 1

모드 전환과
화면 커스터마이즈

모드 전환과 화면 커스터마이즈에 관해 설명합니다. 블렌더에서는 다양한 모드를 제공합니다. 여기에서는 모델링에서 자주 사용하는 에디트 모드와 오브젝트 모드에 관해 간단히 설명합니다. 블렌더는 영역이라 부르는 몇 가지 사각형 화면으로 구성되어 있으며, 원하는 대로 이동하거나 분할하는 등 자유롭게 커스터마이즈 할 수 있습니다.

6-1 모드 전환

먼저 모드 전환에 관해 설명합니다. 블렌더에서는 다양한 조작에 맞춰 모드를 전환할 수 있습니다. 전환을 하기 위해서는 대상 오브젝트를 선택해야 합니다. 여기에서는 육면체를 기준으로 설명합니다.

■ 모드 전환

3D 뷰포트 왼쪽 위(헤더 안의 왼쪽)에 있는 오브젝트 모드라고 쓰여진 풀다운 메뉴를 클릭하면 모드를 전환할 수 있습니다. 다양한 모드가 표시됩니다. 먼저 오브젝트 모드와 에디트 모드를 기억해 둡니다. 이들을 변환하는 단축키는 Tab키입니다.

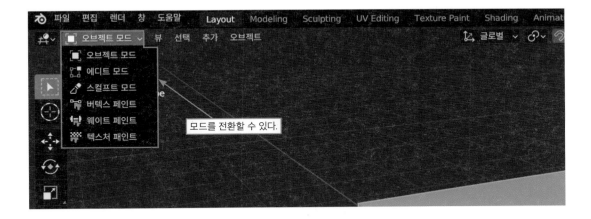

■ 오브젝트 모드와 에디트 모드의 차이

오브젝트 모드는 주로 오브젝트 추가, 삭제 등에 사용하는 모드입니다. 에디트 모드는 선택한 오브젝트에 초점을 맞춰 만들어 가는 모드입니다. 에디트 모드로 변경하면 육면체에 작은 점과 같은 것이 표시됩니다. 이 점을 추가하거나 삭제하는 것이 에디트 모드이며 이 점을 버텍스라 부릅니다. 3D 뷰포트 왼쪽 위의 헤더 안에 사각형 아이콘이 3개 있습니다. 버텍스, 에지, 페이스 선택 모드입니다. 에지는 2개의 버텍스를 연결한 선이며, 페이스는 3개 이상의 버텍스 또는 에지로 구성됩니다. 그리고 에디트 모드는 이 3가지 선택 방법을 활용해 작업하는 모드입니다. Next Page ➤

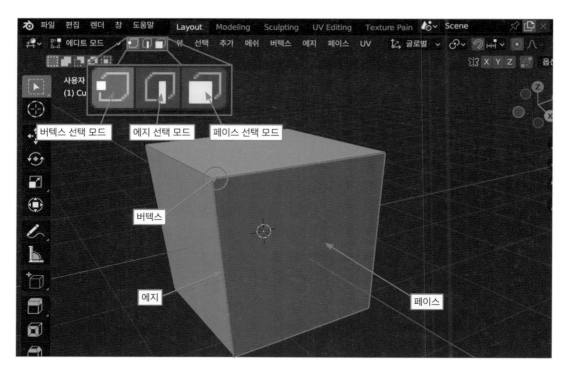

버텍스 선택 모드	작은 점만 선택할 수 있다.
에지 선택 모드	2개의 버텍스를 연결한 선만 선택할 수 있다.
페이스 선택 모드	3개 이상의 버텍스로 구성된 페이스를 선택할 수 있다.

이 버텍스, 에지, 페이스를 선택하는 단축키는 키보드 위쪽 숫자키 1, 2, 3입니다(초기 설정에서 넘버패드를 에뮬레이트를 설정하지 않았을 때).

그리고 블렌더에서는 현재 선택된 모드에 따라 조작이 달라집니다. 모델링 중에 '어떤 조작을 할 수 없는' 경우에는 왼쪽 위에서 현재 모드가 무엇인지 확인합니다.

6-2 영역 경계 이동

다음으로 화면 커스터마이즈 방법에 관해 설명합니다.

이동하고자 하는 영역의 경계에 마우스 커서를 올리면 커서가 화살표로 바뀝니다.

마우스 커서를 영역 경계에 올린 상태에서 마우스 좌클릭한 상태로 드래그해서, 영역 경계를 이동할 수 있습니다. 마우스 좌클릭을 떼면 영역 이동이 완료됩니다.

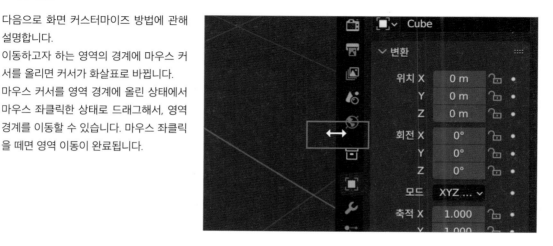

6-3 영역 분할/통합

영역 경계를 마우스 우클릭하고 표시되는 항목에서 수직 분할 또는 수평 분할을 클릭합니다. 영역을 통합하고 싶을 때는 영역을 합치기를 클릭합니다.

그러면 영역에 선이 표시됩니다. 분할하고 싶은 위치에서 마우스 좌클릭하면 영역이 분할됩니다. 영역을 합치기를 선택하면 영역에 화살표가 표시되므로, 통합하고 싶은 영역 방향으로 마우스 좌클릭합니다. 마우스 우클릭으로 조작을 취소할 수 있습니다.

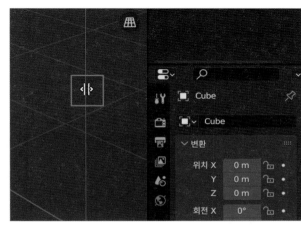

6-4 영역 모서리를 사용해 분할/통합

분할하고 싶은 영역의 모서리에 마우스 커서를 올리면 마우스 커서가 십자가 모양이 됩니다. 이 상태에서 마우스 좌클릭한 채 드래그합니다. Next Page

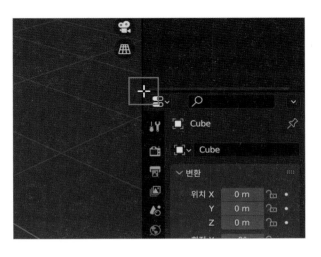

다음 그림과 같이 화면이 분할됩니다. 반대로 영역을 통합하고 싶을 때는 통합하고 싶은 방향으로 마우스를 드래그합니다. 마우스 커서가 화살표 모양으로 바뀝니다. 마우스 왼쪽 버튼을 떼면 영역이 통합됩니다. 이 조작은 꽤 어려우므로 익숙해질 때까지는 영역 경계를 사용해 분할/통합하는 것을 권장합니다.

6-5 에디터 타입

각 영역의 왼쪽 위에 있는 **에디터 타입**을 사용해 에디터를 변경할 수 있습니다. 자주 사용하는 **3D 뷰포트, 아웃라이너, 프로퍼티스**도 이 안에 있습니다.

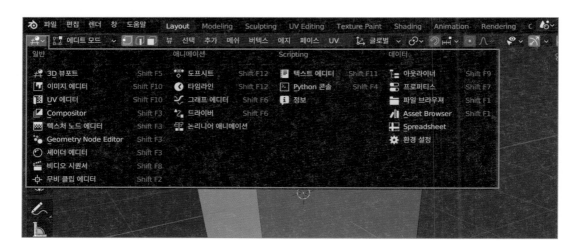

6-6 영역 복원

영역을 복원하기 어렵다면 우선 블렌더 파일을 저장합니다. 다음으로 새로 블렌더를 실행하고 탑바의 **파일 → 열기**에서 **블렌더 파일 보기**를 표시하고 오른쪽 끝에 있는 기어 아이콘을 클릭합니다. 메뉴가 표시되면 그 안의 **UI를 불러오기**의 체크를 해제한 상태에서 저장한 블렌더 파일을 엽니다. 이 조작으로 영역 설정을 제외하고 블렌더 파일을 읽을 수 있습니다.

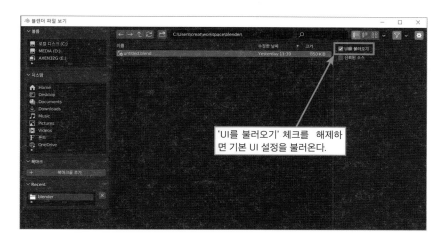

'UI를 불러오기' 체크를 해제하면 기본 UI 설정을 불러온다.

6-7 1장 정리

블렌더에서는 수많은 단축키를 제공합니다. 이 단축키들을 갑자기 기억하는 것은 어렵습니다. 먼저 1장에서 다룬 단축키를 다음에 정리했습니다.

마우스 좌클릭	선택
Shift+마우스 좌클릭	복수 선택
마우스 가운데 버튼 클릭	시점 회전
마우스 휠 회전	시점 줌 확대/줌 축소
Shift+마우스 가운데 버튼 클릭	시점 버텍스를 슬라이드
넘버패드 1	카메라를 앞쪽으로 이동
넘버패드 3	카메라를 우측으로 이동
넘버패드 7	카메라를 위쪽으로 이동
넘버패드 5	원근법/정사법 전환
넘버패드 0	카메라 시점으로 변환
넘버패드 2	시점을 아래로 15도 회전
넘버패드 4	시점을 왼쪽으로 15도 회전
넘버패드 6	시점을 오른쪽으로 15도 회전
넘버패드 8	시점을 위로 15도 회전
넘버패드 9	시점을 반대편으로 이동
(선택 상태에서) 넘버패드 .	선택한 오브젝트를 시점의 중심으로 이동

(선택 상태에서) 넘버패드 /	로컬 뷰로 전환(현재 선택한 오브젝트만 표시)
Ctrl+넘버패드 1/3/7	뒤쪽, 좌측, 아래쪽 시점으로 이동
(선택 상태에서) G	이동
(선택 상태에서) R	회전
(선택 상태에서) S	축적
Shift+A	오브젝트 추가
Shift+D	오브젝트를 복제
X 또는 Delete	오브젝트 삭제
A	전체 선택
Alt+A 또는 A 2번	선택 해제
Ctrl+Z	1단계 이전으로
Shift+Ctrl+Z	1단계 다음으로
Ctrl+S	저장
Tab	에디트 모드로 전환
(에디트 모드에서) 1/2/3	버텍스/에지/페이스 선택 전환

다음 장에서는 고양이 캐릭터를 모델링합니다. 조작 방법을 모르겠다면 이 페이지로 돌아와 확인하며 진행합니다.

단축키는 메뉴 오른쪽에 표기되어 있다

수많은 단축키를 기억하는 팁을 소개합니다. 툴팁
에서 확인할 수 있지만, 메뉴를 열면 오른쪽에 단축
키가 표시되어 있으므로 이를 참고하면 쉽게 기억할
수 있습니다.

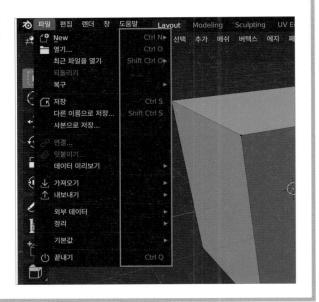

단축키가 반응하지 않는다

단축키가 전혀 반응하지 않는다면 한국어 입력 상태로 되어 있는 것이 원인일 수 있습니다. 작업 중에 한/영 전환키를 눌러 한
국어 입력으로 변환하면 단축키를 사용할 수 없게 됩니다. 한/영 전환키를 눌러 입력 언어를 영어로 변경하면 단축키가 정상
작동하게 됩니다.

2

Chapter

1부 기본편
간단한 고양이 캐릭터를 만들자

2장에서는 다음 그림을 바탕으로 간단한 고양이 캐릭터를 제작합니다. 실제로 블렌더를 조작하면서 기본 조작을 익혀봅니다.

모델링을 시작하자

Chapter **2**

1

이번 장에서는 블렌더에서 제공하는 구체와 평면 등의 오브젝트를 기반으로 모델링을 진행
하면서 블렌더의 기본 조작을 익혀봅니다.

1-1 모델링할 고양이 캐릭터

모델링 방법은 매우 다양하며 어떤 절대적인 방법은 존재하지 않습니다. 하지만 갑자기 아무것도 없는 상태에서 모델링을
하기는 어렵습니다. 여기에서는 처음부터 제공되는 오브젝트를 사용한다는 일반적인 방법으로, 밑그림을 사용해 간단한 고
양이 캐릭터를 제작합니다.

밑그림은 출판사 홈페이지 자료실에서 다운로드 할 수 있습니다.
https://www.amusementkorea.co.kr

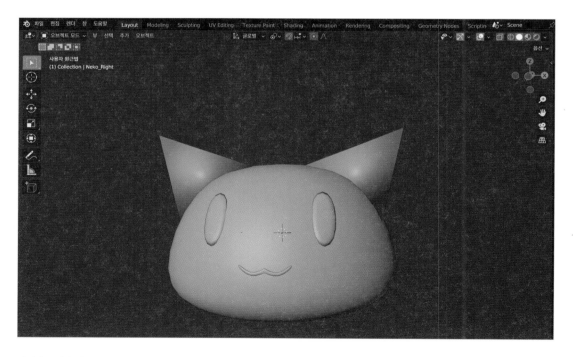

이러한 고양이 캐릭터를 모델링합니다.

Chapter 2

밑그림을 배치하자

먼저 앞쪽 그림과 옆쪽 그림을 준비하고 간단한 고양이 캐릭터를 모델링하기 위한 준비를 합니다.

2-1 밑그림 설명

밑그림은 캐릭터를 쉽게 모델링하기 위한 그림입니다.

이 밑그림에는 뒤에 가로 선이 다수 포함되어 있습니다. 이것은 밑그림을 그릴 때 캐릭터의 크기나 눈의 위치 등이 어긋나지 않도록 하기 위한 선입니다.

앞쪽과 옆쪽 그림이 조금이라도 어긋나면 모델링 하기 어려워집니다. 이렇게 가로선을 그려서 어긋남을 방지할 수 있습니다.

직접 밑그림을 준비할 때는 가로선을 그어 정합성을 확인하면서 앞쪽과 옆쪽 그림을 그리는 것이 좋습니다.

그리고 2D 일러스트를 3D로 변환하면 모순이 발생하기도 합니다. 그렇기 때문에 밑그림에 완벽하게 맞춰서 모델링하는 것이 아닌 참고 정도로만 생각하는 것이 좋습니다.

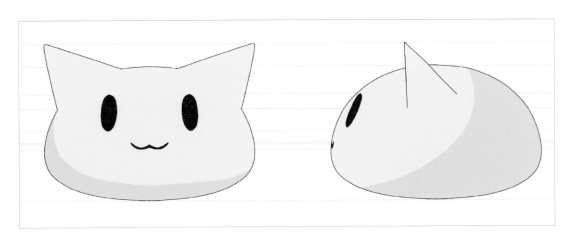

2-2 밑그림 배치 준비

밑그림을 배치하기 위한 준비를 합니다. 3D 뷰포트에 육면체, 라이트, 카메라가 배치되어 있습니다. 카메라만 남기고 모두 삭제합니다.

01 Camera 숨기기

Step

먼저 화면 왼쪽 위에서 현재 모드가 오브젝트 모드인지 확인합니다. 카메라는 렌더링할 때 사용하므로 화면 오른쪽 위 아웃라이너에서 Camera 오른쪽 눈동자 아이콘(오브젝트 표시/숨기기 전환 아이콘)을 클릭해 숨기기 합니다.

카메라를 숨기기 한다.

02 오브젝트 삭제

Step

❶ 육면체와 라이트는 여기에서는 사용하지 않으므로 삭제합니다.

현재 모드가 오브젝트 모드인 것을 확인하고 3D 뷰포트 위쪽 헤더에서 선택 → 모두(A키)로 모든 오브젝트를 선택합니다. 카메라는 숨기기 상태이므로 선택되지 않습니다. Next Page

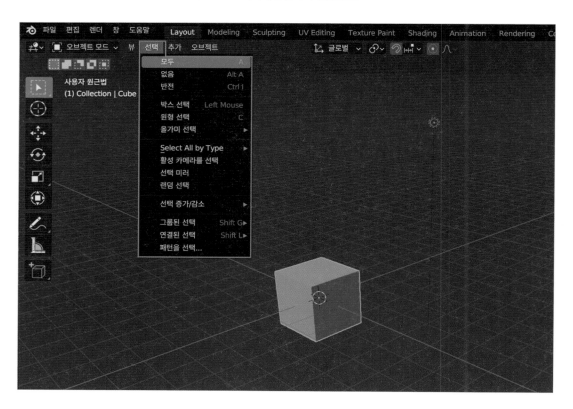

❷ 마우스 우클릭하면 오브젝트 컨텍스트 메뉴가 표시됩니다. 메뉴 안에 있는 삭제(X키 또는 Delete키)를 선택해 육면체
와 라이트를 삭제합니다.

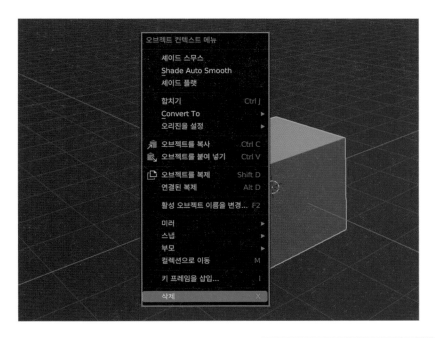

아웃라이너를 확인하면 Camera만 남아 있습니다.
Camera를 삭제했더라도 헤더의 추가(Shift+A키)
→ 카메라에서 새로 카메라를 추가할 수 있습니다.

3D 커서

밑그림을 배치하기 전에 다양한 조작의 기준이 되는 3D 커서 기능에 관해 소개합니다.

🔳 3D 커서

3D 커서는 3D 뷰포트 안에 표시되어 있는 빨간색과 흰색의 줄무늬 모양의 원입니다. 오브젝트를 추가할 때의 위치가 되거나 변형의 기준점이 됩니다.

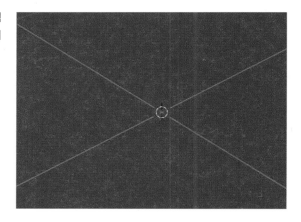

🔳 3D 커서 조작 방법

커서를 움직이려면 화면 왼쪽 툴바 위에서 2번째 항목인 커서를 선택하고 3D 뷰포트에서 마우스 좌클릭합니다. 마우스 좌클릭 한 위치에 3D 커서를 배치할 수 있습니다. 커서 조작을 마쳤다면 툴바의 첫 번째 항목인 박스 선택으로 되돌아갑니다. 그리고 3D 커서를 움직이는 단축키는 Shift+마우스 우클릭 클릭입니다.

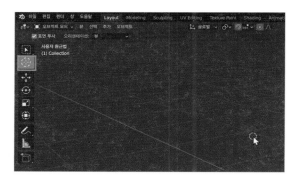

🔳 3D 커서 위치 되돌리기

3D 뷰포트의 헤더의 뷰 → 뷰를 정렬 → Center Cursor and Frame All(Shift+C키)로 위치를 되돌릴 수 있습니다. 이 조작은 자주 사용하므로 기억해 두면 편리합니다. 캐릭터 모델링은 원칙적으로 3D 뷰포트 중앙에서 진행합니다. 오브젝트를 추가했을 때 중앙에서 벗어나지 않게 하기 위해 이 조작은 매우 중요합니다. 덧붙여 3D 커서는 Ctrl+Z키로 되돌릴 수 없으므로 주의합니다.

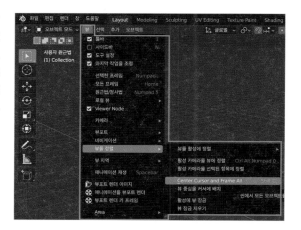

2-4 앞쪽 및 오른쪽 밑그림 배치

그럼 3D 뷰포트에 밑그림을 배치합니다. 모델링하기 쉽게 밑그림을 설정합니다.

01 표시 방향을 앞쪽으로

Step

먼저 현재 모드가 오브젝트 모드, 투시 방법이 정사법(원근법과 정사법은 넘버패드 5로 전환합니다)인지 확인합니다. 다음으로 넘버패드 1을 눌러 시점을 앞쪽(Front)으로 합니다. 화면 왼쪽 위에 앞쪽 정사법이라고 표시되면 앞쪽 시점, 정사법 상태임을 알 수 있습니다. 밑그림은 현재 시점을 기준으로 추가됩니다. 시점이 조금이라도 어긋나면 밑그림도 그에 맞춰 배치되므로 주의해야 합니다. 그리고 3D 커서가 중앙에 있는 것도 확인합니다. 만약 어긋났다면 3D 뷰포트의 헤더의 뷰 → 시점 정렬 → 3D 커서의 리셋에서 모두 표시(Shift+C키)로 되돌립니다.

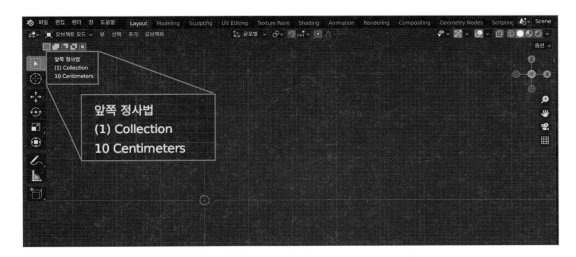

02 이미지 참조

Step

3D 뷰포트의 헤더에서 추가(Shift+A키) → 이미지 → 참조를 선택합니다. 여기에서 이미지를 3D 뷰포트 안에 배치할 수 있습니다.

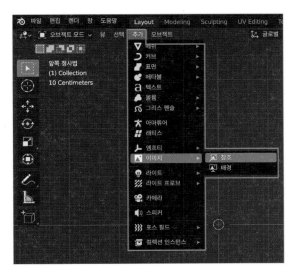

03 이미지 선택

Step

블렌더 파일 보기가 열립니다. 앞쪽 밑그림 이미지를 선택하고 참조 이미지를 불러오기를 마우스 좌클릭합니다.
샘플 데이터로 제공하는 'Neko_Front.png'를 선택합니다.

앞쪽 밑그림이 3D 뷰포트 한 가운데 표시됩니다. 밑그림은 엠프티라는 특수한 오브젝트로 배치됩니다.

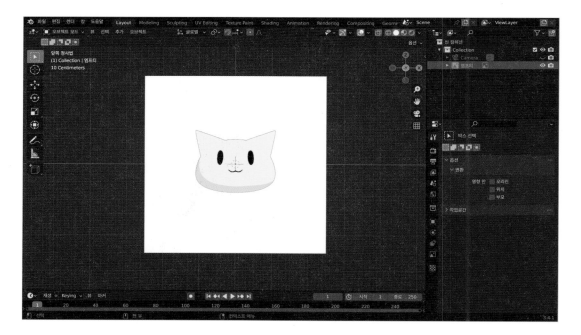

04

Step

앞쪽 밑그림 설정

다음으로 밑그림을 설정합니다. 밑그림을 선택하고 화면 오른쪽에 있는 프로퍼티스의 오브젝트 데이터 프로퍼티스(아래서 두 번째 아이콘)을 클릭하고, 엠프티 패널 안의 깊이의 뒤쪽을 마우스 좌클릭합니다. 이 항목은 선택한 오브젝트를 항상 다른 오브젝트보다 뒤에 표시하도록 하는 것으로 작업 중인 오브젝트를 쉽게 볼 수 있습니다. 계속해서 사이드의 앞쪽을 마우스 좌클릭합니다. 이제 밑그림을 앞쪽에서만 표시할 수 있게 됩니다. 또한 Show In의 정사법을 활성화하고 원근법을 비활성화합니다. 이 설정에 따라 정사법 시에만 밑그림이 표시됩니다. Only Axis Aligned도 활성화하면 정사법 상태로 대각선에서 쉽게 모델링을 할 수 있으므로 활성화를 권장합니다. 마지막으로 밑그림을 반투명으로 하기 위해 불투명도를 활성화하고, 값을 '0.2'로 설정합니다. 밑그림의 투명도가 20%가 되며 다른 오브젝트를 볼 수 있게 됩니다.

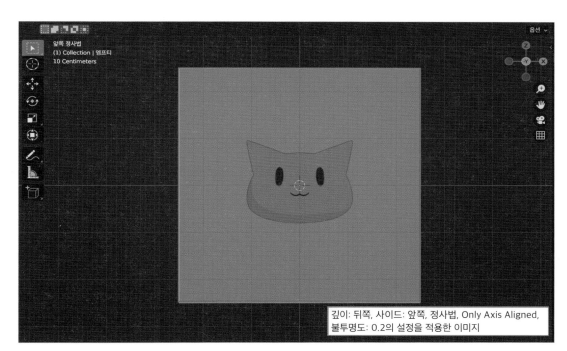

깊이: 뒤쪽, 사이드: 앞쪽, 정사법, Only Axis Aligned, 불투명도: 0.2의 설정을 적용한 이미지

MEMO

프로퍼티스에서는 현재 선택한 오브젝트 정보를 표시합니다. 선택한 오브젝트에 따라 왼쪽 아이콘이 달라집니다. 예를 들면 육면체를 선택했을 때와 카메라를 선택했을 때의 아이콘이 다릅니다. 만약 '원하는 아이콘이 보이지 않는 상황을 만난다면 현재 선택한 오브젝트가 무엇인지 확인해봅니다.

05

Step

오른쪽 밑그림 설정

다음으로 오른쪽 밑그림을 같은 방법으로 설정합니다.

- 넘버패드 3을 누르고 오른쪽(Right) 시점으로 변경합니다.
- 헤더에서 추가(Shift+A키) → 이미지 → 참조를 선택합니다.
- 블렌더 파일 보기가 열리면 오른쪽 밑그림인 'Neko_Right.png'를 선택하고 참조 이미지를 불러오기를 마우스 좌클릭합니다.
- 엠프티 패널의 깊이에서 뒤쪽을 활성화합니다.
- 사이드의 앞쪽을 활성화합니다.
- Show In의 정사법과 Only Axis Aligned를 활성화하고, 원근법을 비활성화합니다.
- 불투명도를 활성화하고 값을 '0.2'로 설정합니다.

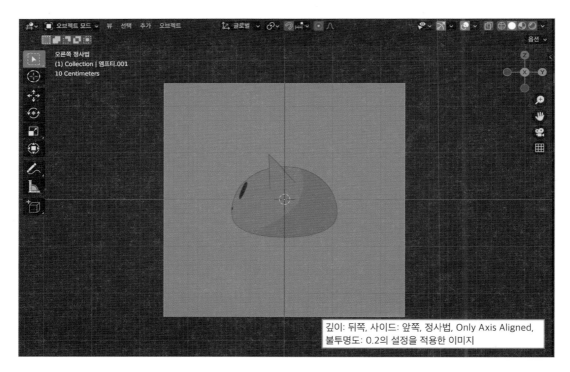

깊이: 뒤쪽, 사이드: 앞쪽, 정사법, Only Axis Aligned, 불투명도: 0.2의 설정을 적용한 이미지

06 아웃라이너에서 이름 변경하기

Step

화면 오른쪽 위 아웃라이너를 보면 어떤 것이 앞쪽 이미지이고 어떤 것이 오른쪽 이미지인지 알 수 없으므로 관리하기 쉽게 이름을 변경합니다. 아웃라이너에서 앞쪽 밑그림(엠프티)의 이름을 더블 클릭하면 이름을 변경할 수 있습니다. 'Neko_Front'로 변경합니다. 마찬가지로 오른쪽 밑그림(엠프티.001)은 'Neko_Right'로 변경합니다.

> **MEMO**
>
> 아웃라이너의 이름은 한국어로 작성할 경우 오류가 발생할 수 있으므로 영어로 작성합니다.

2-5 밑그림 고정 및 저장

이 상태로 모델링 작업을 하게 되면 밑그림을 잘못 선택할 수 있습니다. 밑그림을 선택할 수 없도록 설정합니다.

01 제한 전환하기

Step

화면 오른쪽 위 아웃라이너를 보면 아웃라이너 안의 오른쪽 위에 필터가 있습니다. 필터를 선택하면 필터에 관한 메뉴가 표시됩니다. 여기의 Restriction Toggles에서 왼쪽부터 두 번째 항목을 선택하면 아웃라이너 오른쪽에 커서 모양 아이콘이 추가됩니다.

이것은 선택 비활성화라 부르며 오브젝트 선택 가능 여부를 결정할 수 있는 기능입니다.

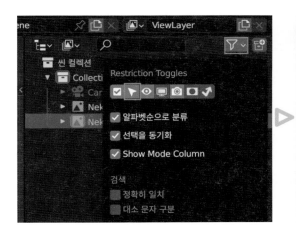

커서 아이콘(선택 비활성화)이 표시된다.

02
Step

선택 비활성화

다음으로 아웃라이너 안에 있는 Neko_Front와 Neko_Right 오른쪽 커서 기호를 클릭해 선택을 비활성화합니다. 이제 밑그림에 대한 오조작을 방지할 수 있습니다.

03
Step

저장

사소한 저장도 잊지 않도록 합니다(Ctrl+S 키로 저장합니다). 그리고 블렌더 파일을 이동할 때는 밑그림도 함께 이동해야 합니다. 밑그림이 없으면 링크가 끊어지기 때문입니다.

Chapter02.blend   Neko_Front.png   Neko_Right.png

Column

밑그림의 링크가 끊어졌다면

블렌더 파일만 또는 밑그림만 다른 폴더로 이동하면 이미지가 자주색이 되며 링크가 끊어집니다. 만약 링크가 끊어졌다면 밑그림의 오브젝트를 선택하고 오브젝트 데이터 프로퍼티스의 이미지 패널 안에 있는 폴더 아이콘을 클릭하고, 블렌더 파일 보기에서 다시 밑그림을 선택해야 합니다

Chapter 2

3

모델링을 하자

이제 모델링을 시작합니다.여기에서는 고양이 캐릭터의 얼굴이 될 구체를 제작합니다. 그리고 모디파이어나 비례 편집 등 캐릭터 모델링에서 자주 사용하는 몇 가지 기능에 관해 설명합니다.

3-1 모델링에 익숙해지기 위한 팁

모델링을 시작하기 전에 모델링에 익숙해지기 위한 팁을 소개합니다.

■ 중요한 3가지 시점

이동(G키)과 회전(R키)을 수행할 때 가능한 시점을 앞쪽 시점(넘버패드 1), 오른쪽 시점(넘버패드 3), 위쪽 시점(넘버패드 7) 중 하나로 전환하는 것을 권장합니다. 이동과 회전은 현재 시점을 기존으로 평행으로 동작하므로 시점을 앞쪽, 오른쪽, 위쪽으로 전환하면 예기치 않은 방향으로 변형되는 사태를 막을 수 있습니다. 어느 정도 모델링에 익숙해지지 않으면 처음부터 다양한 각도에서 보면서 이동이나 회전을 하는 조작이 어렵습니다. 우선 이 3가지 시점을 사용해 이동과 회전을 하는 것을 권장합니다. 여기에서는 앞쪽 시점, 오른쪽 시점을 사용해 모델링을 진행합니다.

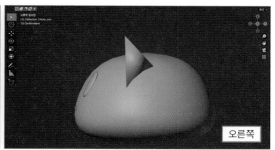
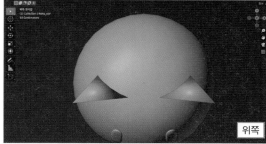

고양이 얼굴 모델링

이제부터 실제 고양이를 모델링합니다. 먼저 새로운 오브젝트를 추가하고, 버텍스를 줄여서 다루기 쉬운 오브젝트로 만든 상태에서 고양이를 모델링합니다.

01 UV 구체 삽입

Step

먼저 얼굴부터 모델링합니다. 모드가 오브젝트 모드인지 확인한 뒤 3D 뷰포트의 헤더에서 추가 (Shift+A키) → 메쉬 → UV 구체를 선택합니다.

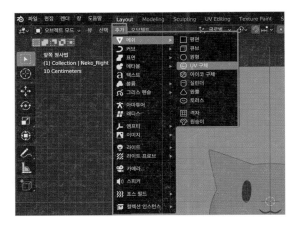

02 UV 구체 설정

Step

3D 뷰포트에 UV 구체를 추가할 수 있습니다. UV 구체는 구체형의 오브젝트입니다. 다음으로 아래의 오퍼레이터 패널을 클릭해서 표시합니다. 기본값으로는 부분이 '32', 링이 '16'으로 설정되어 있습니다. 부분은 수직 방향으로 잘라내는 수, 링은 수평 방향으로 잘라내는 수입니다. 숫자가 클수록 잘라내는 수가 늘어나고 작을수록 잘라내는 수가 줄어듭니다.

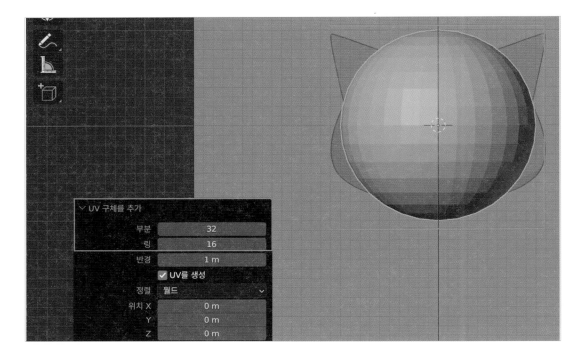

03 버텍스 감소

Step

UV 구체의 기본 버텍스 수는 상당히 많으므로 이를 다루기 쉽게 버텍스를 줄입니다. 여기에서는 부분은 '8', 링은 '4'로 설정합니다. 모델링을 할 때 처음에는 적은 수의 버텍스에서 시작합니다. 많은 수의 버텍스에서 곧바로 시작하면 모델링이 어려워 좌절하는 원인이 됩니다.

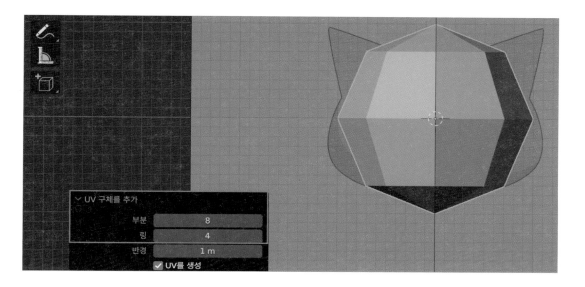

3-3 모디파이어 사용하기

여기에서는 모디파이어의 섭디비전 표면 기능을 사용해 오브젝트를 부드럽게 만듭니다. 모디파이어는 직역하면 수식이라는 의미이며 블렌더에서는 언제든지 원복할 수 있는 변형입니다. 모디파이어를 오브젝트에 할당한 경우, 해당 모디파이어를 삭제하면 곧바로 원복할 수 있습니다. 때문에 비파괴 변형이라 부르기도 합니다.

그리고 섭디비전 표면은 에지를 세밀하게 나눈다는 의미입니다. 모디파이어 하나에서 페이스를 작은 페이스로 분할해 형태를 부드럽게 보이게 하는 기능입니다. 섭디비전 표면을 추가하면 오브젝트가 부드러운 형태로 변화합니다.

다음 그림의 왼쪽은 섭디비전 표면이 없는 모델, 오른쪽은 섭디비전 표면이 있는 모델입니다. 이렇게 형태가 부드럽게 바뀝니다.

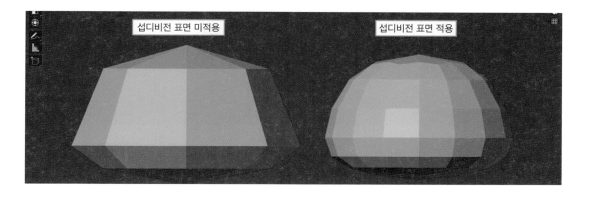

▣ 모디파이어를 추가

모디파이어를 추가할 때는 대상 오브젝트를 선택해야 합니다.

01
Step

모디파이어를 추가

❶ 화면 오른쪽 프로퍼티스 안의 아이콘에서 모디파이어 프로퍼티스(파란색 렌치 형태 아이콘)를 선택하면, 모디파이어를 추가 항목이 나타납니다. 해당 항목을 선택합니다.

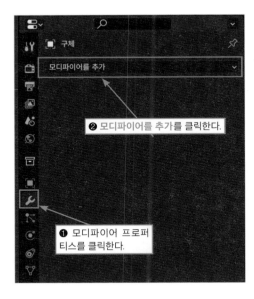

❷ 다양한 모디파이어가 표시됩니다. 여기에서는 섭디비전 표면을 추가합니다. Next Page ▶

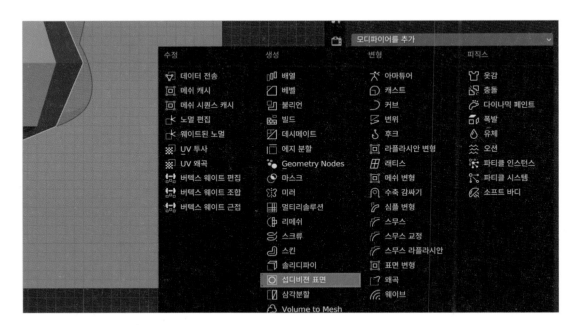

MEMO

블렌더 4.0(베타 버전)에서는 모디파이어를 추가를 클릭하면 메뉴가 표시됩니다. 이 메뉴에서 생성 → 섭디비전 표면을 클릭합니다.

모디파이어를 추가 아래 섭디비전 항목이 추가되면서 오브젝트 형태가 바뀝니다.

부드러운 형태로 변화

02 오브젝트 모드를 에디트 모드로 전환

Step 다음으로 화면 왼쪽 위에 있는 오브젝트 모드(Tab키)를 클릭해 에디트 모드로 변경합니다. 오브젝트가 투명한 케이스 안에 있는 듯한 형태로 표시됩니다. 에디트 케이지가 주황색으로 선택되어 있다면 아무것도 없는 위치를 마우스 좌클릭하거나 Alt+A키를 눌러 일단 선택을 해제하고 형태를 확인합니다. 섭디비전 표면을 추가했으므로 오브젝트 바깥쪽에 에디트 케이지(원래 형태)가 표시되고, 그 안에 섭디비전 표면의 결과(부드러운 형태)가 표시됩니다. 섭디비전 표면에서는 기본적으로 에디트 케이지를 움직이면서 내부 형태를 변경합니다.

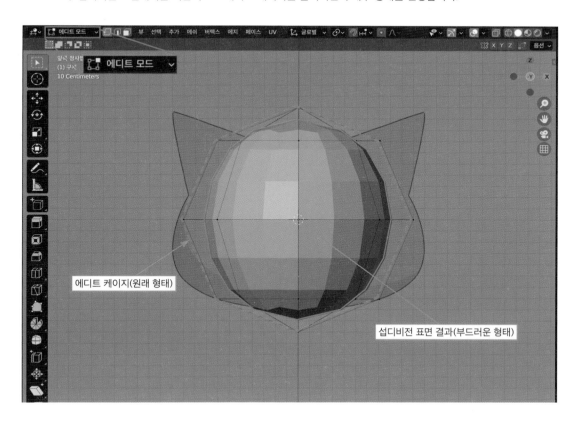

에디트 케이지(원래 형태)

섭디비전 표면 결과(부드러운 형태)

디파이어의 섭디비전 표면 사용 시 주의할 점

모디파이어에는 4가지 아이콘이 있습니다. 이들을 각각 활성화/비
활성화하면 오브젝트 형태가 변경됩니다.

❶ 케이지에서: 에디트 모드에서만 지원하는 기능으로 활성화하면
에디트 케이지(원래 형태)와 모디파이어의 결과를 일치시킵니다.
보기는 매우 쉽지만 원래 형태가 파괴되는 것을 보기 어려우므로 주
의해야 합니다.

❷ 에디트 모드: 비활성화하면 오브젝트 모드에서는 모디파이어의
결과를 표시하지만, 에디트 모드에서는 원래 형태가 됩니다.

❸ 실시간: 비활성화하면 오브젝트 모드, 에디트 모드 모두에서 원래
형태를 유지합니다. 오브젝트의 원래 형태를 확인하고 싶을 때 사용
합니다.

❹ 렌더: 렌더링했을 때 모디파이어의 결과를 표시합니다.

아래 방향 화살표 아이콘 ❺를 클릭하면 모디파이어 관련 메뉴가 표시됩니다. 오브젝트 모드로 하고 첫 번째 적용(❻)을 클릭
하면 모디파이어의 결과를 메쉬로 확정합니다. 한 번 확정하면 원래 형태로 되돌릴 수 없으므로 주의합니다. 왼쪽 끝의 화살표
(❼)을 클릭하면 모디파이어 메뉴를 열고 닫을 수 있습니다. 모디파이어를 삭제하고 싶을 때는 화면 오른쪽 위 X 표시(❽)를
클릭합니다.

섭디비전 표면에서 한 가지 주의할 점이 있습니다. 섭디비전 표면은 원래 형태의 버텍스가 다른 위치에 있더라도 버텍스를 깔끔
하게 다시 배열합니다. 이를 인식하지 못한 채 작업을 하게 되면 세세한 수정 작업이 매우 어려워집니다. 그렇기 때문에 섭디비
전 표면을 사용해 모델링을 할 때는 원래 형태와 부드러운 형태가 가능한 일치하도록 해야 합니다. 항상 실시간 활성화/비활성
화를 반복해 확인하면서 작업해야 합니다. 특히 인물 등 그 대상이 복잡할수록 확인 작업이 매우 중요합니다.

다음은 케이지에서를 활성화한 상태에서 작업을 수행하는 이미지입니다. 얼핏 보면 문제가 없어 보이지만...

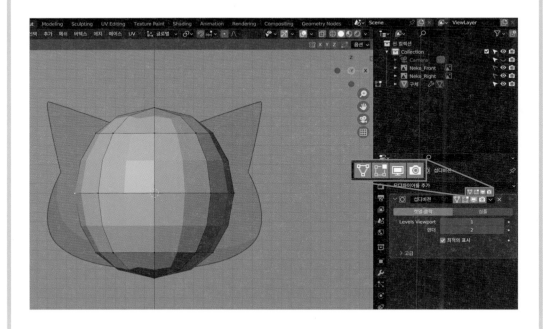

실시간을 비활성화하면 형태가 파괴되어 있는 것을 알 수 있습니다.

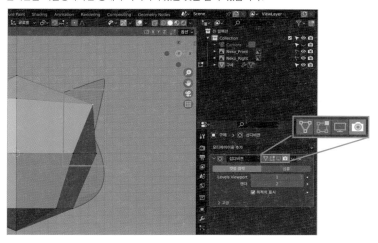

원래 형태와 부드러운 형태가 너무 멀리 떨어지지 않도록 하는 것이 이상적이므로 이 점에 신경을 쓰면 이후 버텍스를 추가하는 등 세세한 조정을 쉽게 할 수 있습니다.

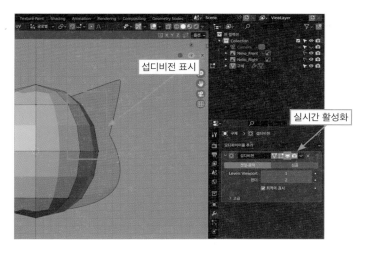

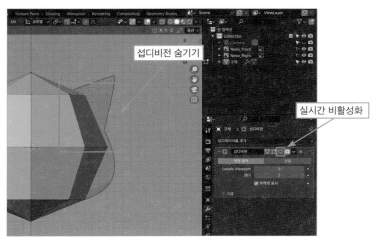

와이어프레임과 X-Ray를 토글

현재 상태에서는 오브젝트가 밑그림을 가리기 때문에 모델링 하기 어려우므로 오브젝트 표시 방법을 바꿔봅니다. 밑그림을 사용해 모델링할 때 도움이 되는 와이어프레임과 X-Ray를 토글 기능에 관해 살펴봅니다.

■ 셰이딩과 와이어프레임 표시

헤더 안의 오른쪽에는 4개의 구체 아이콘이 있습니다. 이것은 3D 뷰포트 셰이딩이라 부르며 3D 뷰포트 안의 오브젝트의 표시 방법을 바꾸는 기능입니다. 현재 왼쪽부터 2번째 항목인 솔리드가 선택되어 있을 것입니다. 왼쪽부터 1번째 항목인 와이어프레임으로 변경합니다.

그러면 오브젝트가 회색에서 투명하게 바뀌면서 밑그림이 보이게 됩니다. 솔리드는 모델 작성 및 확인에 사용하는 간이 표시 방법이며, 와이어프레임은 오브젝트를 에지로만 표시하는 방법입니다(와이어는 전선, 프레임은 틀이라는 의미이므로 단순한 선만으로 표시해 이해하기 쉬운 설계도라고 생각할 수도 있습니다). 밑그림을 사용해 모델링을 할 때는 기본적으로 와이어프레임에서 수행하고, 종종 솔리드로 전환해 확인하면서 작업합니다. 이를 전환하는 단축키는 Shift+Z키입니다.

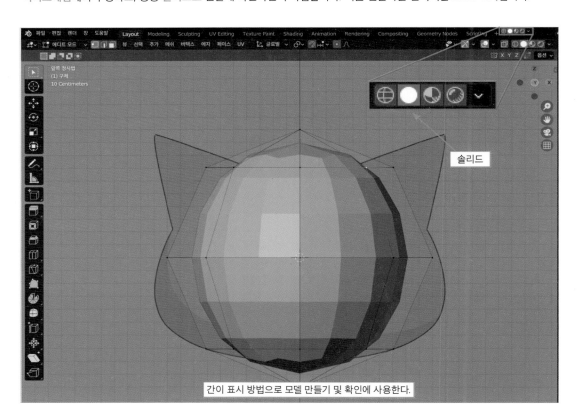

솔리드

간이 표시 방법으로 모델 만들기 및 확인에 사용한다.

와이어프레임

오브젝트를 에지로만 표시하는 방법

X-Ray를 토글

3D 뷰포트의 헤더 안의 오른쪽에 2개의 사각형이 겹쳐진 아이콘이 있습니다. 이것은 X-Ray를 토글 기능입니다. 밑그림을 보면서 모델링 하기 쉽고 오브젝트의 뒤쪽을 쉽게 선택할 수 있습니다. 이 기능을 활성화하면 아이콘이 하늘색으로 표시되며 오브젝트가 투과하는 듯 바뀝니다. 와이어프레임의 투과는 기본적으로 활성화되어 있지만, 작업을 하다 보면 뒤쪽이 표시되어 보기가 어렵거나 착각해서 잘못 선택하는 경우도 있습니다. 그럴 때는 X-Ray를 토글을 비활성화하는 등 적절하게 전환하면 좋을 것입니다.

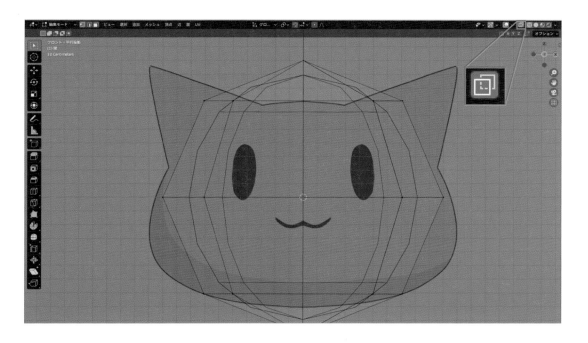

파이 메뉴에 관해

Z키를 누르면 둥근 형태의 메뉴가 나타납니다. 그 형태가 파이와 비슷해서 파이 메뉴라 부릅니다. Z키는 3D 뷰포트 셰이딩의 단축키입니다. 사각형 메뉴의 위치에 마우스 커서를 올리고 마우스 좌클릭해서 전환할 수 있습니다.

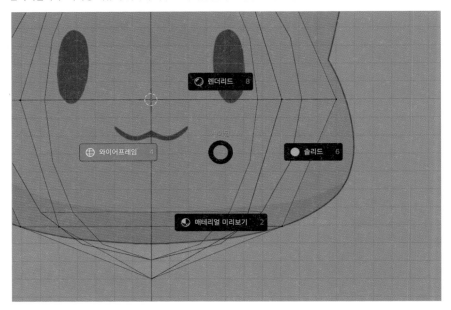

실수로 파이 메뉴를 열었다면 마우스 우클릭으로 취소할 수 있습니다. 그리고 잘못 클릭해 오브젝트의 표시가 바뀌었더라도 한 번 더 Z키를 눌러 기본값인 솔리드로 돌아갈 수 있습니다.

3-5 크기를 조정하자

현재 UV 구체의 크기는 밑그림과 맞지 않습니다. 와이어프레임을 표시하고 투과 설정을 마쳤다면 크기를 조정합니다.

01 버텍스 선택하기

Step
3D 뷰포트 위쪽 헤더에서 선택 → 모두(A키)를 선택해 모든 버텍스를 선택합니다.

02 오브젝트 크기 변경하기

Step S키를 누르고 마우스를 좌우로 움직이면 모든 버텍스의 크기를 변경할 수 있습니다. 밑그림에 맞춰 크기를 조정합니다. 크기는 UV 구체의 부드러운 형태(원래 형태의 한 가운데 있는 구체)가 밑그림의 고양이 볼에 오도록 합니다.

> 부드러운 형태가 밑그림의 고양이 볼 정도에 오게 한다.

형태를 잘 알 수 없게 됐다면 모디파이어 프로퍼티스에서 섭디비전 안의 4개 아이콘 중 가장 왼쪽에 있는 케이지에서를 잠시 활성화합니다. 밑그림의 볼의 아웃라인과 구체가 일치하도록 크기를 조정합니다. 크기를 조정했다면 케이지에서를 비활성화하고 아무것도 없는 곳을 마우스 좌클릭(Alt+A키)해서 선택을 해제합니다. 케이지에서를 활성화한 채 모델링을 하면 원래 형태가 깨지기 쉽기 때문에, 아직 모델링에 익숙하지 않은 단계에선 활성화/비활성화를 반복하는 것을 권장합니다.

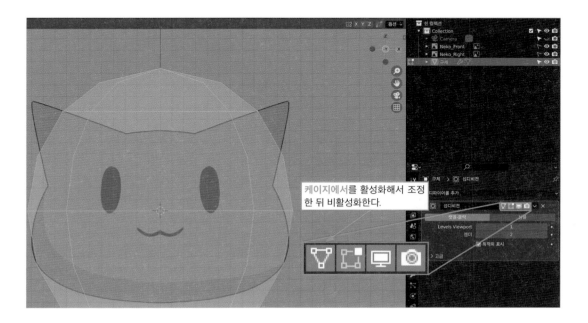

> 케이지에서를 활성화해서 조정한 뒤 비활성화한다.

빠지기 쉬운 포인트

오브젝트를 중심으로 확대할 수 없을 때가 있습니다.

이것은 피벗 포인트를 변환 설정을 통해 바꿀 수 있습니다. 피벗 포인트를 변환은 화면 위쪽에 있는 설정을 말하며 축적 및 회전의 기준점을 정하는 기능입니다. 이 기능을 잘 활용하면 여러분이 생각한 위치에서 오브젝트나 버텍스를 회전, 축적할 수 있습니다. 피벗은 직역하면 '회전축'이라는 의미입니다.

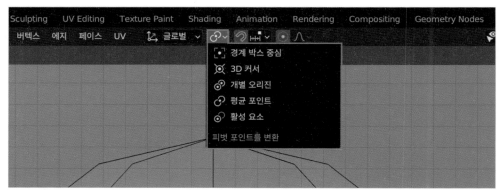

경계 박스 중심	선택한 오브젝트를 모두 포함하는 보이지 않는 육면체의 중심이 기준점이 됩니다.
3D 커서	3D 커서가 기준점이 됩니다.
개별 오리진	각 오브젝트에 존재하는 오리진(origin)이라는 작은 점을 중심으로 각각 변형됩니다.
평균 포인트	기본 기준점으로 선택한 오브젝트의 중심이 기준점이 됩니다.
활성 요소	활성 오브젝트, 또는 활성 버텍스(흰색의 버텍스)가 기준점이 됩니다.

다음 그림에서는 피벗 포인트를 변환을 활성 요소로 설정했기 때문에 활성 버텍스를 기준으로 축적되고 있습니다.

해제 방법
기본 설정인 평균 포인트로 되돌립니다. 기본적으로 피벗 포인트를 변환이 평균 포인트가 아니면 의도하지 않은 방향으로 변경되기 쉽습니다.

3-6 비례 편집에서 움직이자

다음은 에디트 모드에서 오브젝트를 변형합니다.
여기에서는 비례 편집이라는 기능을 사용해서 모델링을 진행합니다. 비례 편집(proportional edit)이란 한 번에 여러 버텍스를 움직일 수 있는 기능입니다. 선택한 버텍스 주변도 함께 움직이는 것처럼 움직이기 때문에, 모델을 원활하게 변형할 수 있습니다. 전환 단축키는 Q키입니다.

01 비례 편집 활성화하기
Step
3D 뷰포트의 헤더 중앙에 다양한 메뉴가 있는 것을 확인합니다. 오른쪽에 원형 아이콘이 있습니다. 이것은 비례 편집 활성화/비활성화를 전환하는 아이콘입니다. 이것을 마우스 좌클릭(O키)하면 아이콘이 하늘색이 되며 비례 편집을 활성화할 수 있습니다.

비례 편집 아이콘을 클릭해서 활성화한다.

비례 편집 범위 설정하기

다음으로 UV 구체의 가장 아래 있는 버텍스를 마우스 좌클릭해서 선택합니다. Z축에 고정해 상하 방향으로만 움직이고자 하므로 가장 아래의 버텍스를 선택한 상태에서 G키 → Z키를 누르면 Z축(높이 축)으로 고정해 움직일 수 있습니다(만약 실수로 X나 Y를 눌렀다면 Z를 눌러서 전환할 수 있습니다). 주변에 회색 원이 표시됩니다. 이것은 비례 편집을 활성화했을 때 표시되는 것으로 이 원 안에 버텍스가 들어 있으면 다른 버텍스가 함께 따라 움직이게 됩니다. 또한 영향 범위를 결정할 수 있습니다. 마우스 휠을 위로 돌리면 원이 작아지고 아래로 돌리면 원이 커집니다.

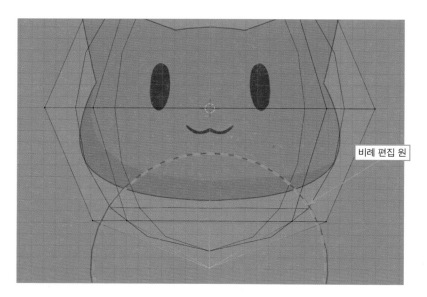

비례 편집 원

UV 구체의 원래 형태의 가장 위 버텍스에 회색 원이 들어가지 않을 정도로 마우스 휠을 돌려 원 크기를 조정합니다.

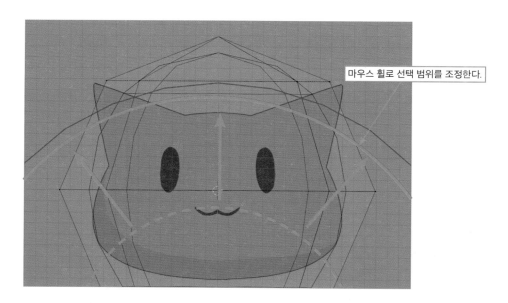

마우스 휠로 선택 범위를 조정한다.

03 버텍스 이동하기

Step

조정을 마쳤다면 마우스를 위로 움직여봅니다. 주변의 버텍스도 함께 움직이게 됩니다. 부드러운 형태가 밑그림의 고양이의 설치점에 오도록 조정합니다. 조정을 마쳤다면 마우스 좌클릭으로 결정합니다. 취소하고 싶을 때는 마우스 오른쪽 버튼을 클릭합니다.

04 가장 위 버텍스 이동하기

Step

❶ 가장 위 버텍스를 선택하고 G키 → Z키를 눌러 Z축으로 고정합니다. 이번에는 가장 아래의 버텍스(원래 형태) 가 원에 들어가지 않도록 마우스 가운데 휠을 사용해 조정합니다.

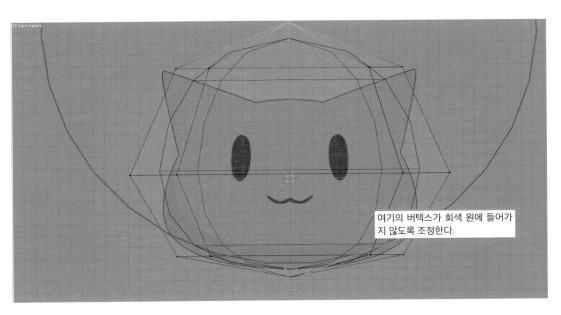

여기의 버텍스가 회색 원에 들어가 지 않도록 조정한다.

❷ 그후 아래로 움직입니다. 부드러운 형태를 밑그림의 고양이의 머리에 맞았다면 마우스 좌클릭해서 결정합니다.

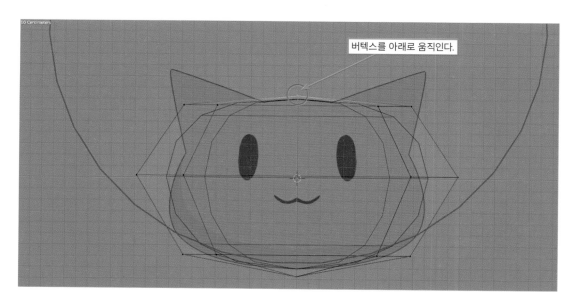

버텍스를 아래로 움직인다.

05 형태 확인하기

Step

원래 형태를 확인해봅니다. 프로퍼티스의 모디파이어 프로퍼티스에서 섭디비전의 실시간을 비활성화하면, 섭디 비전 표면이 사라지고 원래 형태가 표시됩니다. 더 보기 쉽게 하기 위해 헤더 오른쪽 끝에 있는 4개의 구체 아이콘 중에서 와이어프레임을 마우스 좌클릭해서 솔리드로 전환합니다(Shift+Z키). 이렇게 원래 형태가 파괴되지 않도 록 항상 확인하면서 작업합니다. 문제가 없다면 다시 한 번 실시간을 활성화해 와이어프레임으로 돌아갑니다.

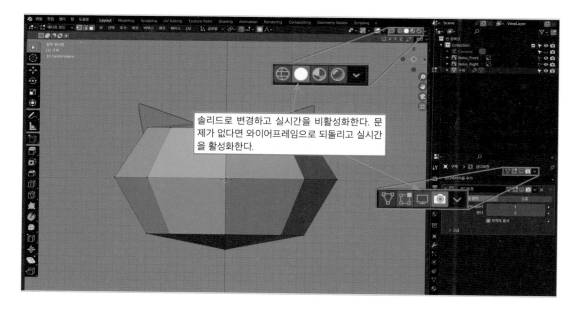

솔리드로 변경하고 실시간을 비활성화한다. 문 제가 없다면 와이어프레임으로 되돌리고 실시간 을 활성화한다.

06
Step

에지 선택하기

❶ 비례 편집은 다시 비활성화합니다. 헤더 중앙에 있는 둥근 아이콘을 다시 한 번 클릭하면 회색이 되고 비활성화
됩니다(O키). 다음으로 중앙의 에지를 Alt+마우스 좌클릭으로 선택하면, 루프를 이루고 있는 에지를 한 번에 선택
할 수 있습니다. 이것을 에지 루프 선택이라 부릅니다.

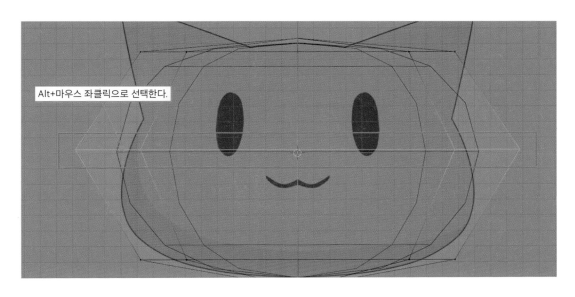

Alt+마우스 좌클릭으로 선택한다.

❷ 이 상태에서 G키 → Z키를 눌러 Z축으로 고정하고 아래로 움직입니다. 부드러운 형태가 밑그림의 볼 주변에 어느 정도
맞았다면 마우스 좌클릭으로 결정합니다(뒤에서 조정하므로 다소 차이가 있어도 괜찮습니다).

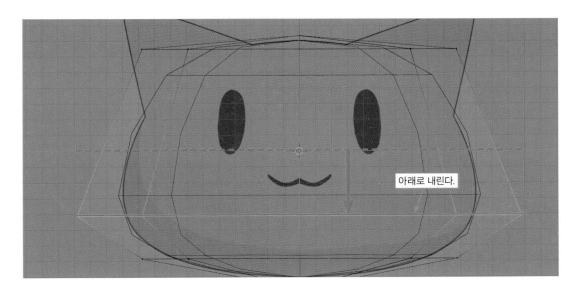

아래로 내린다.

MEMO

초기 설정에서 3버튼 마우스를 에뮬레이트를 활성화했을 때는 Alt+마우스 좌클릭 기능이 동작하지 않습니다. 루프 선택을 하고
싶을 때는Shift를 누른 상태에서 버텍스 2개를 선택하고, 헤더 안에 있는 선택 → 루프 선택 → 에지 루프를 선택합니다.

07 버텍스 조정하기

Step

밑그림에 맞춰 조정합니다. 앞서 Z축으로 움직였던 에지를 Alt+마우스 좌클릭으로 에지 루프 선택한 뒤 S키로 크기를 조정합니다. 부드러운 형태가 밑그림의 볼선에 맞도록 조정하는 것이 팁입니다. 그리고 위쪽 에지와 아래쪽 에지도 Alt+마우스 좌클릭으로 에지 루프 선택하고 G키 → Z키로 위아래의 높이를 세세하게 조정합니다. 꼭대기와 바로 아래의 버텍스가 어긋났다면 이것도 마우스 좌클릭으로 G키 → Z키로 Z축으로 고정하고 부드러운 형태가 밑그림의 선에 오도록 조정합니다.

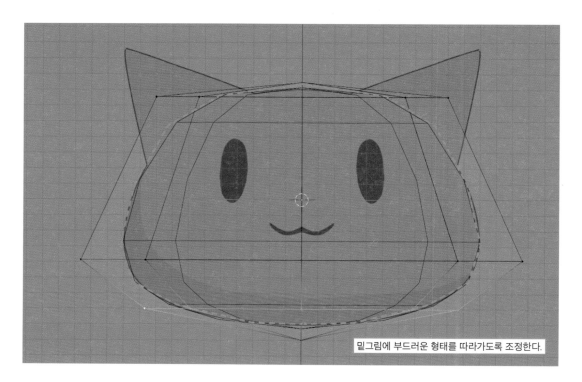

밑그림에 부드러운 형태를 따라가도록 조정한다.

08 섭디비전 표면 조정하기

Step

밑그림과 대략 일치하게 조정됐다면 섭디비전 표면을 조정해 형태를 보다 부드럽게 만듭니다.

프로퍼티스의 모디파이어 프로퍼티스에서 모디파이어를 추가 안에 있는 섭디비전 기능을 보면, 2가지 숫자가 세로로 나열되어 있습니다. 이것은 부드러움의 정도를 결정하는 항목으로 Levels Viewport는 3D 뷰포트에서의 부드러운 정도, 렌더는 렌더링했을 때의 부드러운 정도입니다.

숫자가 클수록 부드러워지지만 그만큼 블렌더의 동작이 무거워지기 쉬우므로 너무 크게 설정하지 않게 주의합니다. 여기에서는 뷰포트의 숫자는 기본값 '1'을 '2'로, 렌더의 수치도 '2'로 설정합니다.

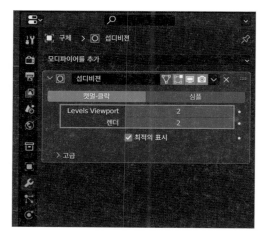

09 오브젝트 오른쪽 조정하기

Step

오른쪽 시점도 확인해봅니다. 넘버패드 3을 눌러 오른쪽 시점(Right)으로 변경합니다. 앞쪽과 오른쪽이 대략 맞으면 완료입니다. 다소 어긋났다면 Alt+마우스 좌클릭으로 에지 루프 선택하고 G키 → Z키 등을 사용해 조정합니다.

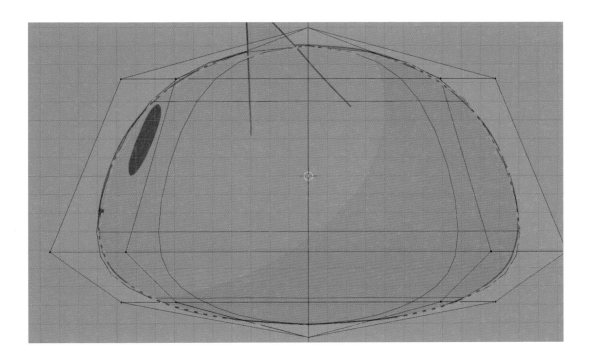

10 오브젝트 이름 변경하기

Step

조정을 마쳤다면 보기 쉽도록 화면 오른쪽에 있는 아웃라이너에서 고양이 얼굴이 되는 구체를 더블 클릭한 뒤 이름을 'Neko_face'로 변경합니다.

MEMO

섭디비전 표면 활용 팁
섭디비전 표면은 버텍스를 가까이 위치시키면서 쭈그러진 메쉬를 선명하고 탄력이 있는 형태가 되도록 만들 수 있습니다. 뒤에서 수행하는 인물 모델링에서 코끝이나 턱끝을 뾰족하게 만드는 등의 조작을 할 때 중요한 기법이 되므로 기억해두기 바랍니다.

11

Step

원래 형태 확인 및 저장하기

원래 형태가 깨지지 않았는지 확인합니다. 헤더 오른쪽에 있는 3D 뷰포트 셰이딩의 가장 왼쪽 와이어프레임에서 왼쪽부터 2번째 항목인 솔리드로 변환하고(Shift+Z키), 프로퍼티스의 모디파이어 프로퍼티스에서 섭디비전의 실시간을 우선 비활성화해서 확인합니다. 문제가 없다면 다시 활성화하고, 지금까지의 작업을 저장(Ctrl+S키)합니다. 또는 다른 이름으로 저장에서 다른 파일로 저장해 관리하는 것도 좋습니다.

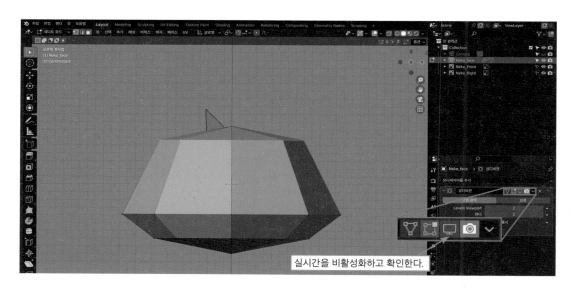

실시간을 비활성화하고 확인한다.

Column

비례 편집 팁

비례 편집은 한 번에 버텍스를 조정하는 데에 도움이 되지만 다소 기술이 필요하기 때문에 처음에는 다루기 어려울 수 있습니다. 여기에서는 최소한으로 익혀두면 도움이 될 팁을 소개합니다.

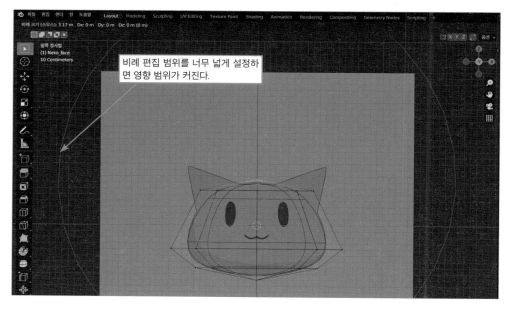

비례 편집 범위를 너무 넓게 설정하면 영향 범위가 커진다.

비례 편집 시 표시되는 회색 원형을 너무 크게 만들지 않는 것입니다. 원이 너무 크면 모처럼 공을 들인 모델링의 형태가 단숨에 무너질 수 있습니다. 휠을 위아래로 움직여 가능한 원의 크기를 작게 만든 상태에서 조정합니다. 단, 무언가 명확한 의도가 있어 원형을 크게 해서 조정하고 싶을 때는 문제가 없습니다. 원 안에 있는 버텍스가 움직이는 구조이므로 어느 정도의 버텍스를 움직이고 싶은지 항상 생각하는 것이 좋습니다.

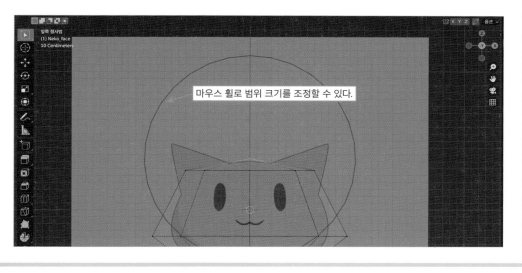

3-7 고양이 귀를 모델링하자

다음으로 고양이 귀를 모델링합니다. 얼굴과 마찬가지로 새 오브젝트를 추가해서 모델링합니다.

01 모드/표시 변경하기

Step
❶ 넘버패드 1을 눌러 시점을 앞쪽(Front)으로 변경하고, 화면 왼쪽 위의 모드를 에디트 모드에서 오브젝트 모드로 전환합니다(Tab키). 그리고 현재 와이어프레임이라면 헤더의 오른쪽에 있는 4개의 구체 아이콘 중 왼쪽에서 2번째 솔리드로 전환합니다(Shift+Z키). 헤더 한 가운데의 비례 편집도 비활성화되어 있는 것을 확인합니다.

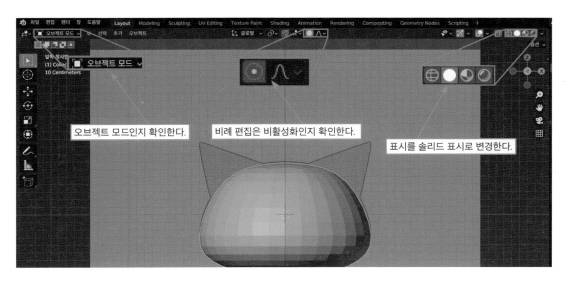

❷ 실수로 고양이 얼굴인 Neko_face를 선택하지 않도록 아웃라이너에서 Neko_face의 눈동자 아이콘을 마우스 좌클릭해 숨기기 합니다.

02 원뿔 추가하기
Step

3D 뷰포트 헤더에서 추가(Shift+A키) → 메쉬 → 원뿔을 추가합니다.

03 원뿔 설정 변경하기
Step

❶ 3D 뷰포트 아래에 있는 오퍼레이터 패널을 마우스 좌클릭해서 표시합니다. 기본값으로 버텍스가 '32'로 되어 있습니다. Next Page

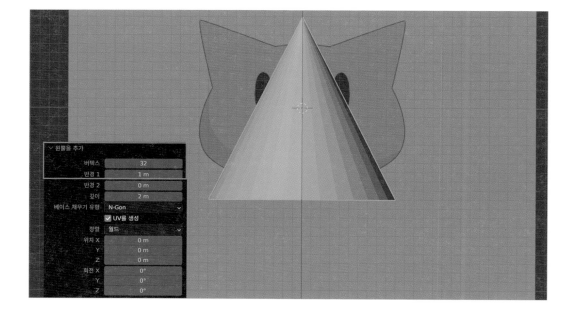

❷ 버텍스를 '3'으로 변경합니다. 이 단순한 삼각뿔을 사용해 고양이 귀를 만듭니다.

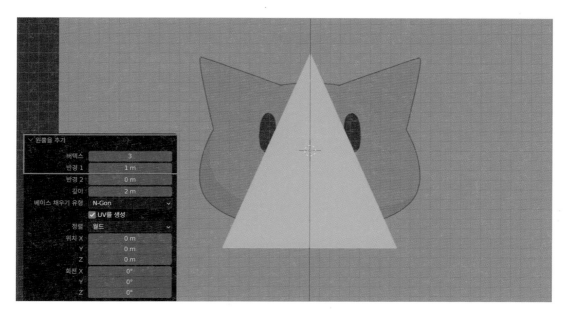

▣ 모디파이어에서 미러를 추가하자

다음은 모디파이어의 미러라는 기능을 사용해봅니다. 미러는 좌우대칭으로 오브젝트를 추가하거나 모델링할 수 있는 모디파이어이며, 이를 사용하면 작업 시간을 크게 줄일 수 있습니다. 반대측 오브젝트에는 버텍스 표시가 없으며 직접 변형할 수 없습니다. 변형할 오브젝트를 움직여보면 반대쪽 오브젝트도 거울과 같이 움직입니다. 이 모디파이어는 섭디비전 표면과 함께 자주 사용하는 모디파이어입니다.

다음 그림은 미러를 추가한 원뿔입니다. 버텍스가 표시된 오른쪽에 맞춰 왼쪽이 변형됩니다.

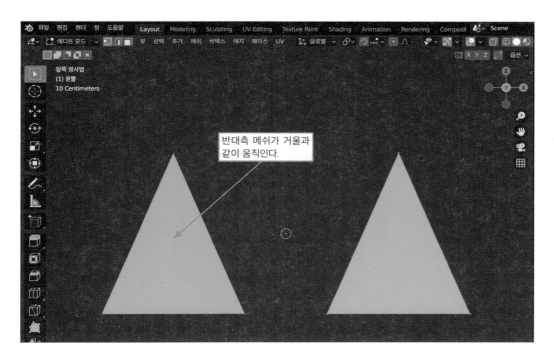

01 모디파이어 프로퍼티스에서 미러 선택하기

Step

먼저 원뿔을 선택하고 화면 왼쪽 위의 모드를 에디트 모드로 변경합니다(Tab키). 다음으로 화면 오른쪽 프로퍼티스의 모디파이어 프로퍼티스(파란 렌치 형태 아이콘)에서 모디파이어를 추가 안에 있는 미러를 선택합니다. 블렌더 4.0(베타 버전)에서는 생성 → 미러를 선택합니다.

02 동작 확인하기

Step

3D 뷰포트 위쪽 헤더의 선택 → 모두(A키)에서 원뿔의 모든 버텍스를 선택한 상태에서 G키(이동)을 누르고 마우스를 움직여보면 좌우대칭으로 움직이는 것을 알 수 있습니다.

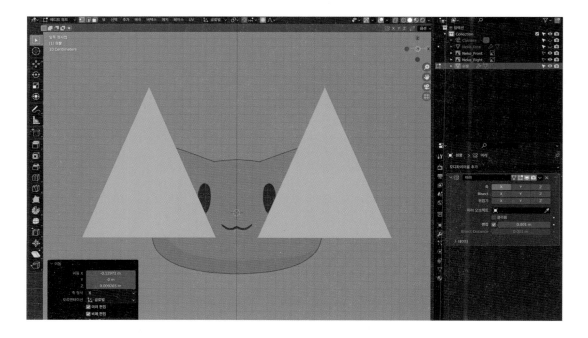

Column

미러가 잘 반전되지 않는다

미러 모디파이어는 오브젝트의 오리진이라는 작은 주황색 점을 중심으로 반전되어 있습니다.
오리진은 변형이나 반전 등의 작업을 할 때의 기준이 되는 점입니다.
오브젝트 모드에서 오브젝트를 움직이면 오리진도 함께 움직이며, 에디트 모드에서 오브젝트를 움직이면 오리진은 움직이지 않습니다. 따라서 오브젝트 모드에서 오브젝트를 움직이면 오리진도 움직이므로 이 상태에서 미러를 추가해도 이동한 오리진을 기준으로 반전시키기 때문에 잘 동작하지 않습니다.
다음 그림에서는 오리진이 오른쪽 아래 있기 때문에 미러가 이상한 곳으로 이동합니다.

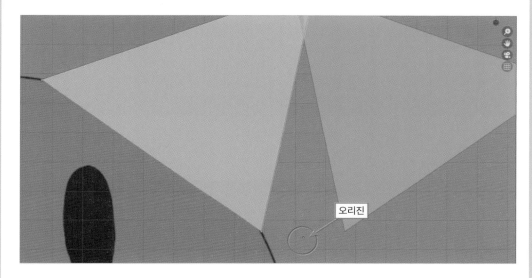

해결 방법

먼저 3D 뷰포트 헤더의 뷰 → 뷰를 정렬 → Center Cursor and Frame All(Shift+C 키)로 3D 커서의 위치를 리셋합니다.

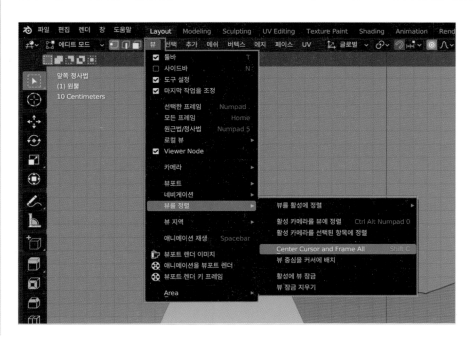

다음으로 오브젝트 모드에서 오브젝트를 선택하고 헤더에서 오브젝트 → 오리진을 설정 → 오리진을 3D 커서로 이동을 선택합니다.

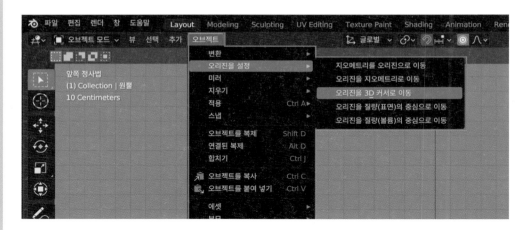

오리진이 3D 커서로 이동하고 미러도 정상적으로 동작하게 됩니다. 만약 이 조작을 해도 오리진이 잘 정리되지 않는다면 122쪽의 칼럼 '적용에 관해'를 참조해 주십시오.

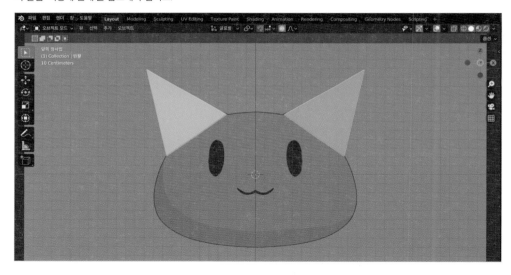

03 오브젝트 이동하기

Step 미러가 적용된 것을 확인했다면 헤더 오른쪽 3D 뷰포트 세이딩에서 가장 왼쪽 와이어프레임으로 전환(Shift+Z 키)하고 원뿔을 다음 그림과 같이 고양이 귀 위치로 이동합니다.

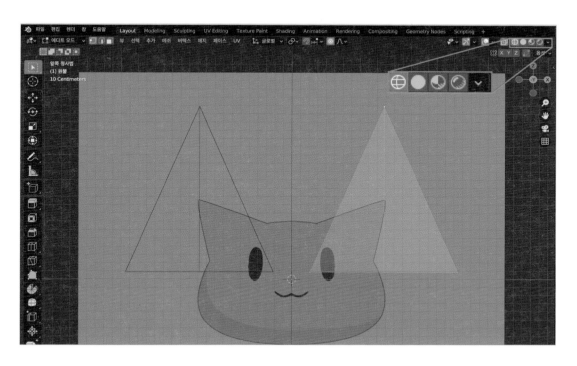

04 오브젝트 크기 변경/이동하기

Step 귀가 너무 크므로 축적(S키)을 누르고 마우스를 움직여 밑그림의 고양이 귀에 맞춰 원뿔의 크기를 줄입니다. 위치 도 이동(G키)을 누르고 마우스를 움직여 조정합니다.

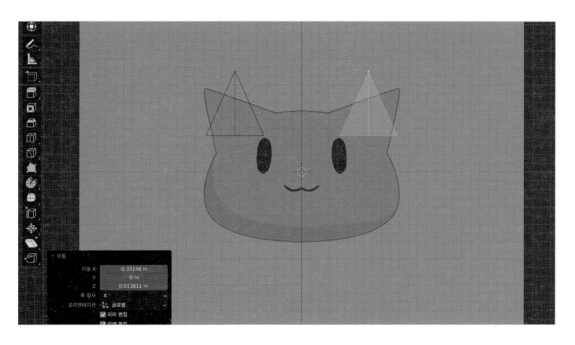

05
Step

오브젝트 회전하기
회전(R키)을 누르고 마우스를 움직여 밑그림의 고양이 귀에 맞춰 원뿔을 회전시킵니다. 축적(S키)과 이동(G키)도 수시로 조정합니다. 고양이 귀부리를 기준으로 맞추는 것이 팁입니다.

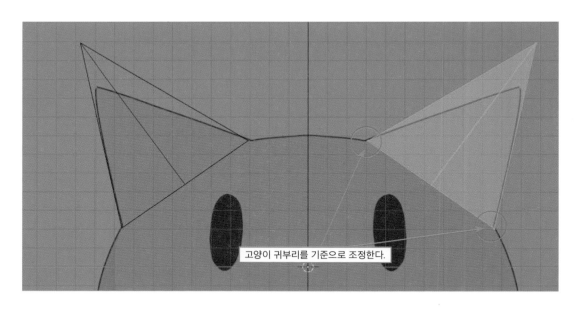

고양이 귀부리를 기준으로 조정한다.

06
Step

버텍스 이동하기
밑그림에 맞춰 고양이 귀를 조정합니다. 고양이 귀부리와 귀 끝의 버텍스를 선택하고 이동(G키)을 누르고 마우스를 움직여 밑그림에 맞춰 조정합니다.

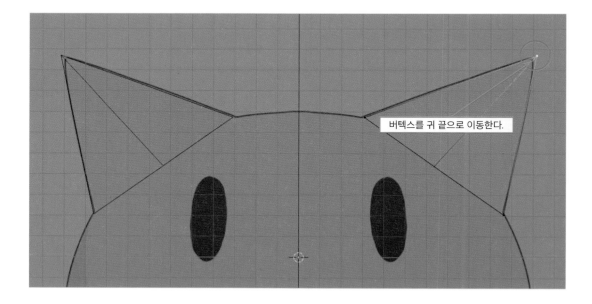

버텍스를 귀 끝으로 이동한다.

07 오른쪽에서 버텍스 이동하기

Step

대략적인 조정을 마쳤다면 넘버패드 3을 눌러 오른쪽(Right) 시점으로 전환합니다. 밑그림과 어긋나 있으므로 맞도록 조정합니다. 버텍스를 선택하고 이동(G키)을 누르고 마우스를 이동해 밑그림의 고양이 귀에 맞춥니다. 안쪽 버텍스는 밑그림에서는 보이지 않는 부분이므로 그대로 두어도 좋습니다.

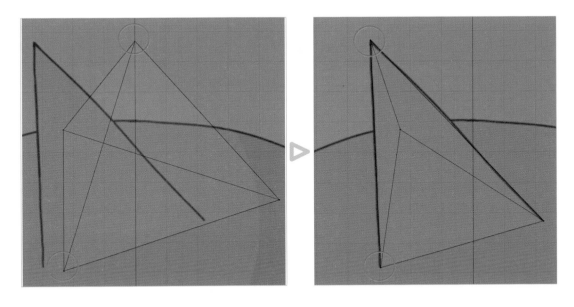

08 버텍스 편집하기

Step

얼굴과 고양이 귀가 만났는지 확인합니다. 넘버패드 1을 눌러 앞쪽(Front) 시점으로 변환한 뒤 아웃라이너에서 숨기기 한 Neko_face의 눈동자 아이콘을 마우스 좌클릭해 표시합니다. 만약 얼굴과 귀부리가 떨어져 있다면 고양이 귀부리의 버텍스 2개를 따로 선택한 뒤 이동(G키)을 누르고 얼굴 안으로 들어오도록 이동합니다. 조정을 마쳤다면 아웃라이너에서 Neko_face의 눈동자 아이콘을 클릭해 숨기기 합니다.

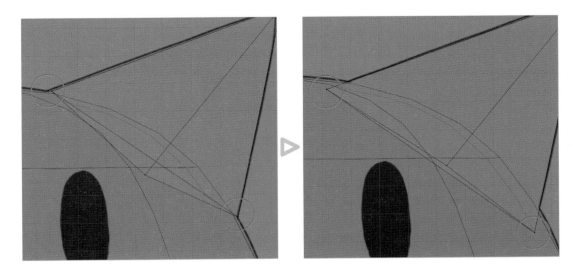

09 오브젝트 이름 변경하기

Step
현재 고양이 귀 이름이 원뿔이므로 아웃라이너에서 원뿔을 더블 클릭한 뒤 'Neko_ear'로 이름을 변경합니다.

3-8 눈을 모델링하자

다음으로 고양이 눈을 모델링합니다.

01 오브젝트 숨기기

Step
작업 화면을 보기 쉽게 아웃라이너에서 Neko_ear의 눈동자 아이콘을 마우스 좌클릭해 숨기기 합니다.

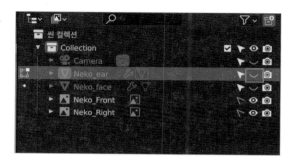

02 원 삽입하기

Step
화면 왼쪽 위 모드에서 오브젝트 모드로 변환하고 3D 뷰포트 헤더에서 추가(Shift+A키) → 메쉬 → 원형을 추가합니다. 이를 기반으로 눈을 모델링합니다. Next Page

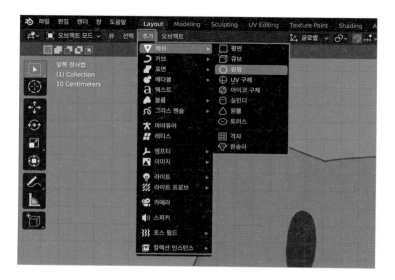

원형 오브젝트가 삽입됩니다.

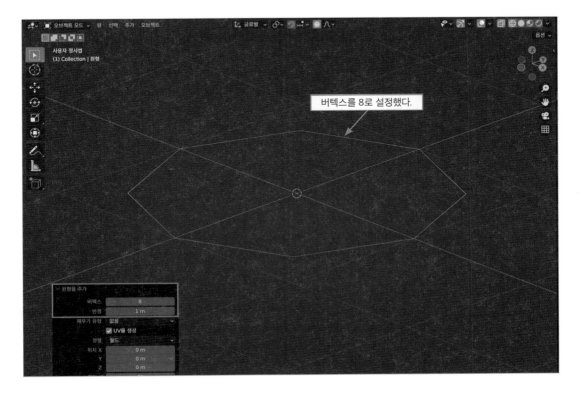

03
버텍스 변경하기

Step

아래의 오퍼레이터 패널의 버텍스에서 버텍스 수를 결정할 수 있습니다. 여기에서는 '8'을 입력해 버텍스를 줄여서
쉽게 조작할 수 있게 합니다.

04 원 회전하기

Step

❶ 현재 원이 가로로 눕혀져 있으므로 세로로 만듭니다. 원형을 선택하고 에디트 모드로 변환합니다(Tab키). 버텍스를 모두 선택한 뒤 회전(R키) → X키를 눌러 X축으로 고정한 뒤 마우스 좌클릭해서 결정합니다. 그러면 오퍼레이터 패널에 회전 관련 메뉴가 표시됩니다.

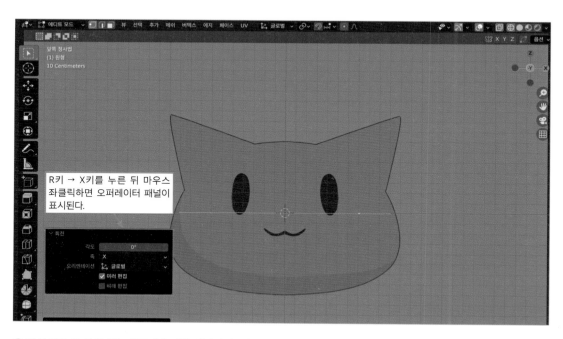

R키 → X키를 누른 뒤 마우스 좌클릭하면 오퍼레이터 패널이 표시된다.

❷ 다음으로 그 안에 있는 각도에 '90'을 입력하면 X축을 기준으로 90도 회전시킬 수 있습니다. 또는 회전(R키) → X키를 누르고 키보드 위쪽 숫자키에서 '90'이라는 숫자를 입력한 뒤 마우스 좌클릭 또는 Enter키를 눌러도 동일하게 동작합니다. 덧붙여 오브젝트를 추가한 직후에 오퍼레이터 패널에서 회전시킬 수도 있지만, 이렇게 하는 경우에는 오브젝트의 좌표축(로컬축)도 회전되어 조작이 번거로워지므로 에디트 모드에서 회전시키는 것을 권장합니다.

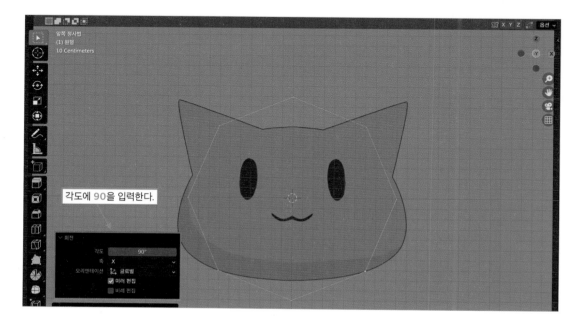

각도에 90을 입력한다.

05
Step

페이스 생성하기

다음은 이 원 안에 페이스(면)를 생성합니다. 여기에서는 격자 채우기 기능을 사용해 페이스를 생성합니다. ❶ 원의 버텍스가 모두 선택되어 있는 것을 확인하고 헤더 안에서 페이스 → 격자 채우기를 선택합니다.

원을 페이스로 채울 수 있습니다. Next Page

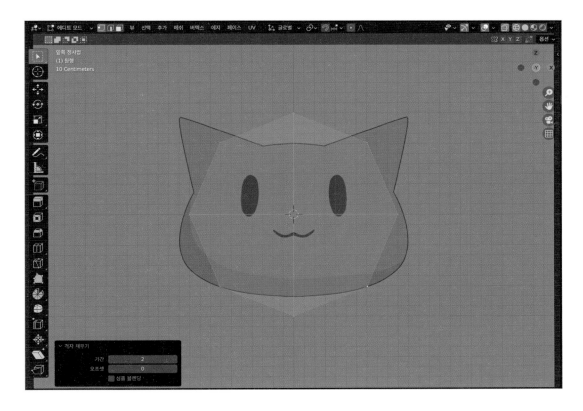

❷ 대각선 시점에서 확인하면 원 안에 4개의 사각형이 십자가와 같이 생성되어 있는 것을 볼 수 있습니다. 이렇게 격자 채우기는 짝수개의 버텍스를 페이스로 채우는 기능입니다. 만약 삽자가 되지 않았다면 왼쪽 아래 오퍼레이터 패널의 기간과 오프셋 항목의 값을 조정합니다. 기본값으로 기간은 '2', 오프셋'은 '0'입니다.

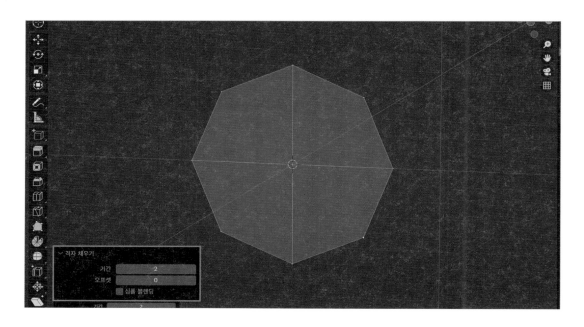

06 돌출하기

현재 원에는 두께가 없으므로 돌출하기 기능을 사용해 두께를 부여합니다.

Step ❶ 먼저 헤더의 선택 → 모두(A키)로 원의 버텍스를 모두 선택합니다. 선택한 버텍스(면)이 늘려집니다. 다음으로 넘버패드 3을 눌러 시점을 오른쪽(Right)으로 전환합니다. 3D 뷰 포인트 왼쪽에 툴바(T키)에서 지역 돌출 아이콘을 클릭합니다. Next Page

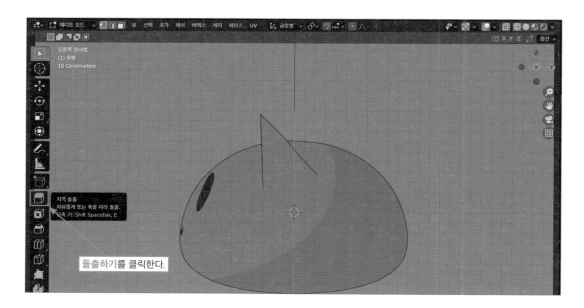

돌출하기를 클릭한다.

선택한 면에서 십자가 모양의 매니퓰레이터가 표시됩니다.

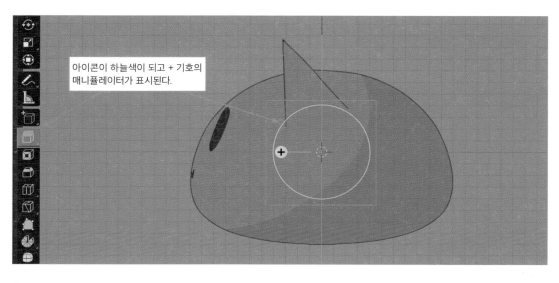

아이콘이 하늘색이 되고 + 기호의
매니퓰레이터가 표시된다.

❷ 이 + 기호를 마우스 좌클릭 상태에서 왼쪽으로 드래그해서 선택한 버텍스(페이스)를 돌출할 수 있습니다. 여기에서는 화면 왼쪽 위의 값이 '0.2'가 될 정도로 돌출합니다(오퍼레이터 패널에서 나중에 세세하게 조정할 수 있으므로 값이 정확하지 않아도 괜찮습니다). Next Page

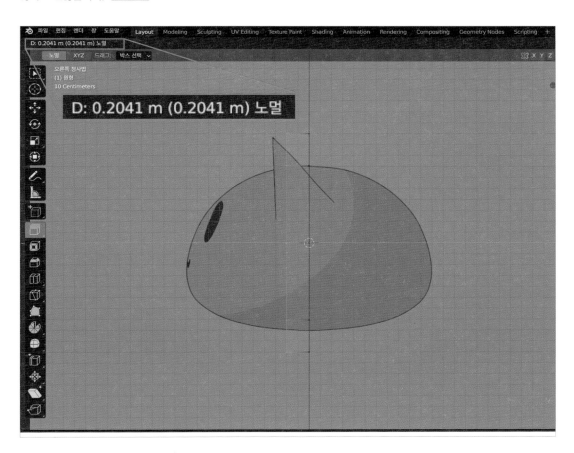

❸ ❸ 마우스 좌클릭을 떼면 돌출하기가 결정됩니다. 왼쪽 아래 오퍼레이터 패널을 확인하면 이동의 Z 값이 0.2 근처로 이동했음을 알 수 있습니다. 이동의 Z 값에 '0.2'를 입력합니다. 그런데 돌출하기가 깊이의 Y축이 아니라, 상하의 Z축을 기준으로 하는 이유는 무엇일까요? 이 돌출하기는 현재 페이스 오리엔테이션을 기준으로 돌출하기 때문 이를 노멀이라 부릅니다. 그리고 노멀에서는 페이스와 수직인 방향이 Z축이 됩니다.

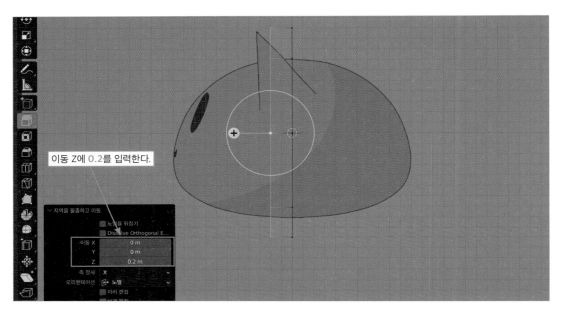

이동 Z에 0.2를 입력한다.

작업을 마쳤다면 툴바의 첫 번째 박스 선택을 눌러 원래대로 되돌립니다. 툴바에서 무언가 조작을 수행한 뒤 반드시 박스 선택으로 되돌립니다. 그렇지 않으면 같은 작업이 계속해서 반복됩니다.

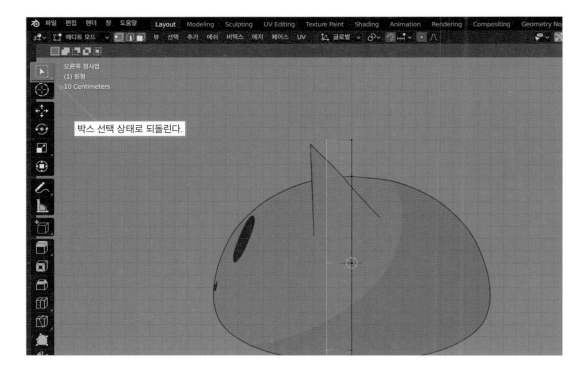

박스 선택 상태로 되돌린다.

POINT

돌출하기란: 단축키와 주의점

돌출하기는 버텍스나 페이스를 돌출하듯 추가할 수 있는 기능입니다.

단축키는 E키이며 페이스 선택 모드(숫자 3키)로 늘릴 페이스를 선택하고, E키를 누른 뒤 마우스를 움직이면 페이스를 늘리듯 추가할 수 있습니다. 또한 여기에서 X키, Y키, Z키를 누르면 축을 고정하면서 늘릴 수도 있습니다. 마우스 좌클릭으로 결정, 우클릭 클릭으로 취소합니다. 이 단축키는 모델링 작업 효율을 한층 높여주므로 꼭 기억하면 좋습니다.

단축키를 사용할 때의 주의할 점이 있습니다. 마우스 우클릭으로 취소하면 얼핏 원래대로 되돌아가는 것처럼 보이지만, 페이스 중앙에 돌출시킨 페이스가 겹쳐지는 상황이 발생합니다. 이를 방치해 두면 나중에 번거로워지므로 <u>마우스 우클릭으로 취소했을 때는 반드시 Ctrl+Z키를 눌러 되돌립니다.</u>

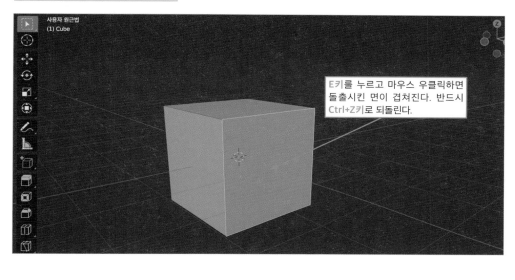

E키를 누르고 마우스 우클릭하면 돌출시킨 면이 겹쳐진다. 반드시 Ctrl+Z키로 되돌린다.

07 섭디비전 표면 추가하기

Step

원형을 부드럽게 만들기 위해 프로퍼티스 안에 있는 모디파이어 프로퍼티스(파란색 렌치 형태 아이콘)에서 모디파이어를 추가를 선택하고 섭디비전 표면을 추가합니다.

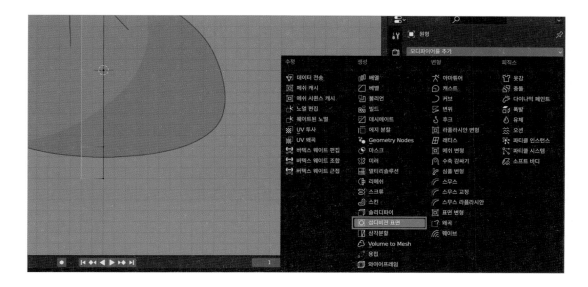

모디파이어의 순서

모디파이어 오른쪽 끝의 작은 점과 같은 아이콘을 마우스 좌클릭 한 상태에서 위아래로 드래그해서 모디파이어의 순서를 변경할 수 있습니다. 그리고 모디파이어는 위에서부터 순서대로 처리되므로 순서를 변경하면 결과가 완전하게 달라집니다. 다음 그림은 평면을 반으로 나눠 섭디비전 표면과 미러의 순서를 바꾼 것입니다.

섭디비전 표면 → 미러

섭디비전 표면이 먼저 적용되고 이후 미러가 적용되므로, 다음과 같이 반으로 나뉜 형태가 됩니다.

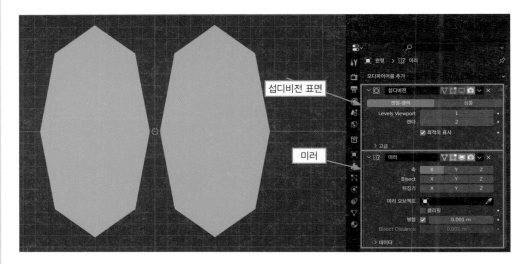

미러 → 섭디비전 표면

미러가 먼저 적용되고 이후 섭디비전 표면이 적용되므로 좌우대칭 상태에서 섭디비전 됩니다. 캐릭터를 모델링할 때는 기본적으로 이 순서를 사용하는 것이 문제가 적으며 작업하기 쉽습니다.

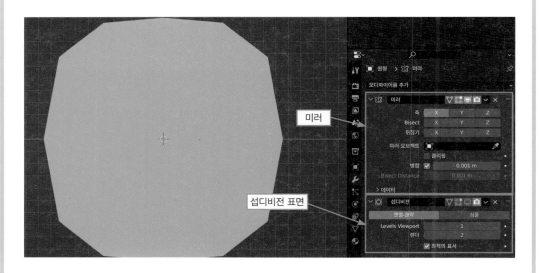

08 오브젝트 크기 및 위치 조정하기

Step
❶ 헤더의 선택 → 모두(A키)에서 원의 버텍스를 모두 선택하고 이동(G키)을 누른 뒤 마우스를 움직여 밑그림의
눈의 위치로 이동시킵니다. 다음으로 축적(S키)을 누른 뒤 마우스를 움직여 밑그림에 맞춰 크기를 줄입니다.

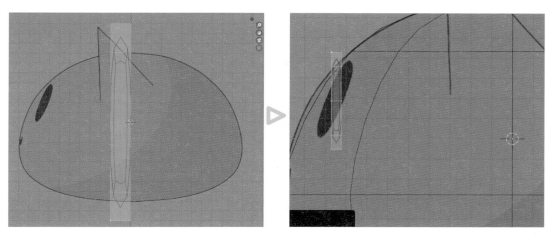

여기에서 축적 X, Y, Z가 '0.24' 정도가 되도록 조정합니다. 오퍼레이터 패널에서 조정할 수도 있습니다. Next Page ▶

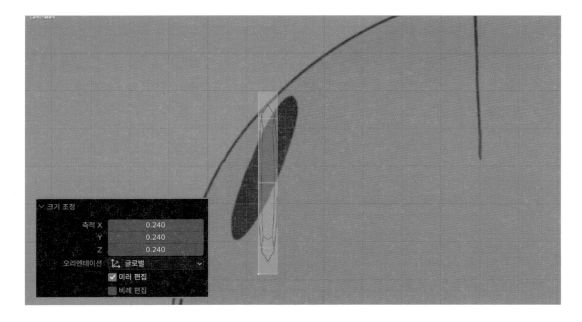

❷ 회전(R키)으로 회전시켜 오른쪽 밑그림과 어느 정도 맞도록 조정합니다. 각도는 '22'도 정도로 합니다(이 단계에서 밑그림의 눈과 완벽하게 맞지 않아도 괜찮습니다). 회전(R키)을 확정하고 오퍼레이터 패널에서 각도를 '22'로 입력해서 조정할 수도 있습니다.

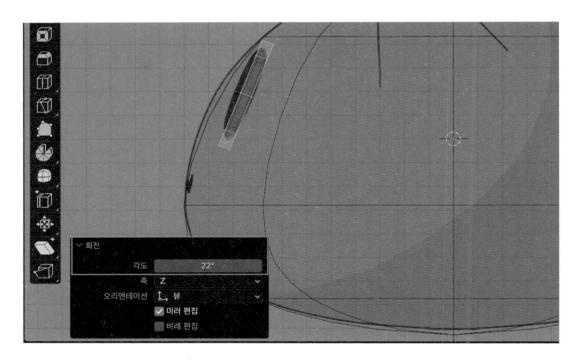

09
Step

옆쪽 눈 수정하기

옆쪽을 약간 조정합니다. 회전(R키) → Z키로 Z축으로 고정한 뒤 회전합니다. 여기에서는 회전 Z를 '9'도 정도로 회전합니다. 결정했다면 오퍼레이터 패널에서 각도에 '9'를 입력합니다.

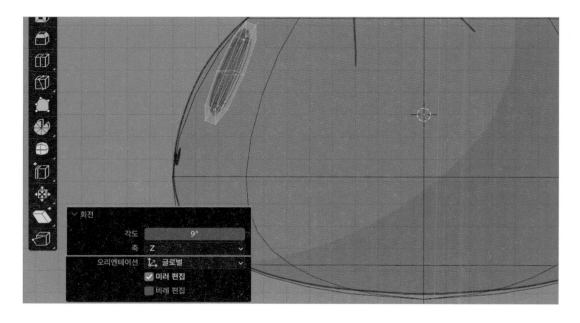

10
Step

앞쪽 눈 수정하기
다음은 앞쪽 눈을 조정합니다. 넘버패드 1을 눌러 시점을 앞쪽(Front)으로 전환합니다.

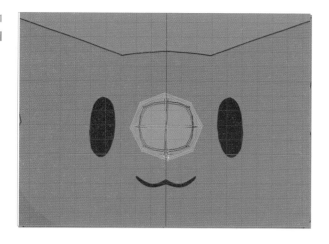

11
Step

미러 추가하기
프로퍼티스의 모디파이어 프로퍼티스(파란색 렌치 형태 아이콘)을 클릭하고 모디파이어를 추가에서 미러를 선택해 좌우대칭으로 편집할 수 있게 합니다.

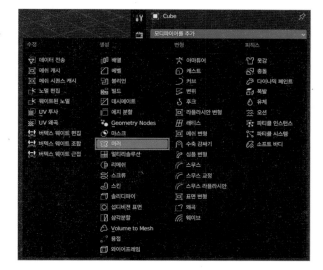

12
Step

오브젝트 이동하기
이동(G키)을 누른 뒤 마우스를 움직여 변형 가능한 쪽(선택된 쪽)을 오른쪽으로 이동시켜 밑그림의 눈에 맞춥니다.

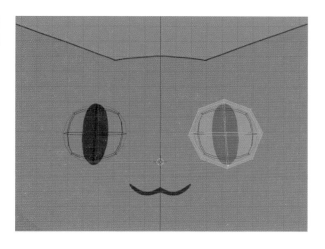

13
Step 오브젝트 크기 수정하기

❶ 원형을 선택한 상태에서 축적(S키) → X키를 눌러 X축으로 고정한 상태에서 마우스를 움직여 원의 좌우가 납작해지도록 변형합니다.

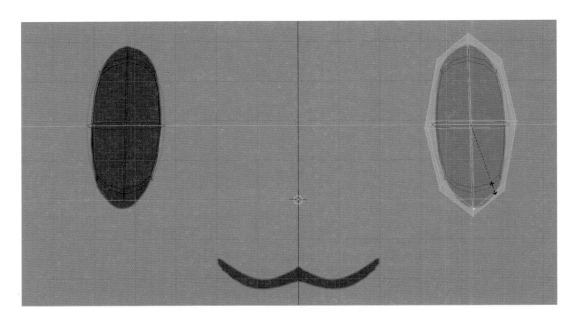

❷ 그리고 세로로 길게 변경할 것이므로 축적(S키) → Z키를 눌러 Z축으로 고정한 상태에서 세로로 길이를 돌출시킵니다. 위치가 어긋났다면 이동(G키)이나 회전(R키)을 사용해 조정합니다. 만약 형태가 알기 어렵다면 프로퍼티스에서 모디파이어 프로퍼티스 안에 있는 섭디비전의 케이지에서를 활성화하고 조정합니다. 조정을 마쳤다면 다시 비활성화합니다.

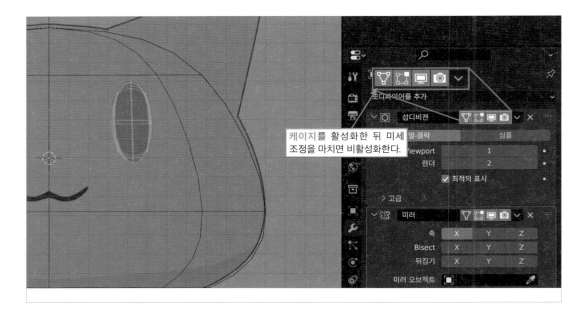

14
Step

미세 조정하기

❶ 눈과 얼굴이 만났는지 확인하기 위해 오른쪽 위 아웃라이너에서 Neko_face를 표시한 뒤 와이어프레임에서 솔리드로 전환해봅니다(Shift+Z키). 다음 그림과 같이 눈이 얼굴에 파묻혔다면 눈을 조금 더 조정합니다.

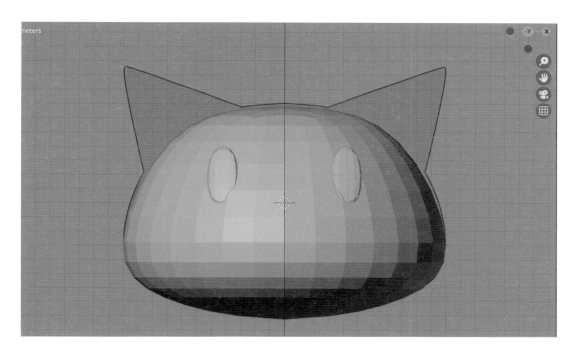

❷ 눈을 선택한 상태에서 에디트 모드로 되어 있는 것을 확인합니다. 넘버패드 3을 눌러 시점을 오른쪽(Right)으로 전환합니다. R키(회전)을 누르고 회전시켜 눈이 얼굴에 파묻히지 않을 정도로 조정합니다.

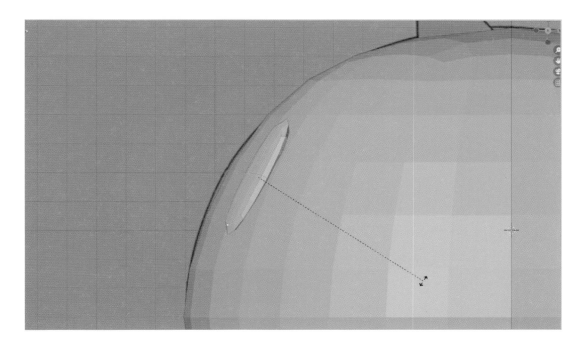

15 옆쪽에서 확인하기

Step 조정을 마쳤다면 와이어프레임 표시(Shift+Z키)로 전환합니다. 밑그림과 정확하게 일치하지 않아도 괜찮습니다. 이번 장의 첫 부분에서 설명한 것처럼 밑그림에 맞춰 완벽하게 맞춰 모델링하는 것이 아니라, 참고 정도로만 모델 링하면 됩니다. 특히 오른쪽 그림은 실제 모델링했을 때 잘 맞지 않는 경우가 많습니다. 캐릭터 모델링에서 특히 중요한 것은 앞쪽과 대각선쪽 각도입니다. 오른쪽 시점은 그렇게 많이 보이지 않으므로 밑그림과 다소 차이가 있 더라도 크게 신경 쓰지 말고 진행합니다.

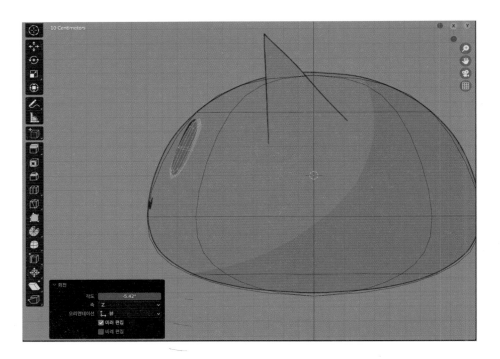

16 이름 변경하기

Step 아웃라이너에서 원형을 더블 클릭한 뒤 이름 을 'Neko_eye'로 변경합니다. 변경했다면 저장 (Ctrl+S키)을 눌러 저장합니다.

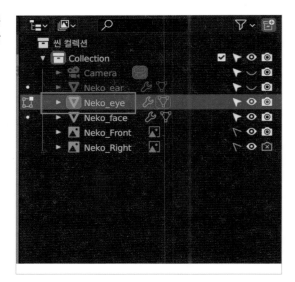

3-9	입을 모델링하자

눈을 모델링했다면 다음으로 입을 모델링합니다.

01
Step

오브젝트 숨기기
오브젝트를 추가할 것이므로 에디트 모드에서 오브젝트 모드로 전환합니다(Tab키). 이전 작업에서 표시했던 Neko_face와 Neko_eye를 숨기기 합니다. 아웃라이너에서 눈동자 아이콘을 마우스 좌클릭합니다.

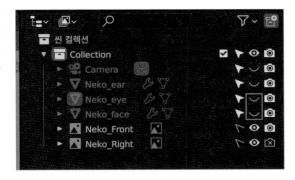

02
Step

평면 추가하기
넘버패드 1을 눌러 시점을 앞쪽(Front)으로 전환하고 3D 뷰포트 위의 헤더에서 추가(Shift+A키) → 메쉬 → 평면을 추가합니다.

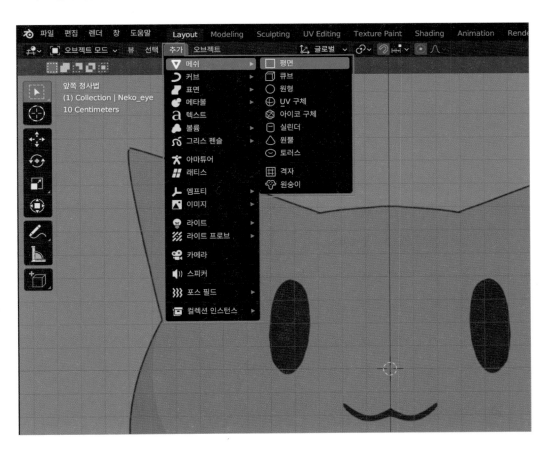

03 평면 회전하기

Step

평면이 쓰러져 있으므로 회전시킵니다. 평면을 선택하고 에디트 모드로 전환한 뒤, 회전(R키) → X키를 눌러 X축
으로 고정한 뒤 일단 마우스 좌클릭해서 결정합니다.

왼쪽 아래 오퍼레이터 패널에서 각도에 '90'을 입력해 X축으로 90도 회전시킵니다. 잘 보이지 않으면 와이어프레
임에서 솔리드로 전환합니다(Shift+Z키).

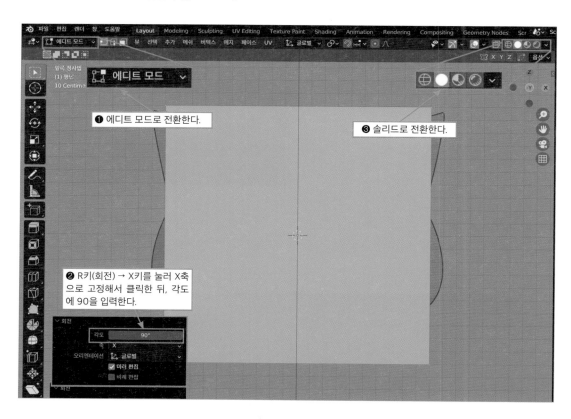

04 루프 잘라내기 사용하기

Step

❶ 다음으로 메쉬를 분할할 수 있는 루프 잘라내
기 도구를 사용합니다. 3D 뷰포트 왼쪽 툴바(T키)
에서 루프 잘라내기(Ctrl+R키)를 선택합니다.

Next Page ▶

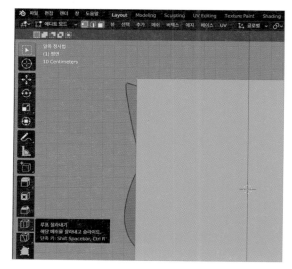

❷ 다음으로 평면의 위쪽 끝(또는 또는 아래쪽 끝)에 마우스 커서를 올리고 기다리면 세로로 노란색 선이 표시됩니다. 이 노란색 선은 여기에 에지를 추가합니까?라는 의미입니다. 마우스 좌클릭하면 에지가 추가됩니다. Next Page▶

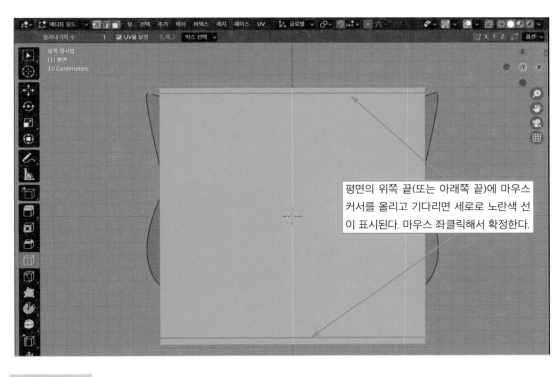

평면의 위쪽 끝(또는 아래쪽 끝)에 마우스 커서를 올리고 기다리면 세로로 노란색 선이 표시된다. 마우스 좌클릭해서 확정한다.

Column

루프 잘라내기

루프 잘라내기는 연속해서 연결되어 있는 사각형 면을, 에지를 연결해 페이스를 분할하는 도구입니다.

단축키는 Ctrl+R 키이며 에디트 모드에서 루프 잘라내기 할 에지에 마우스 커서를 올린 뒤 Ctrl+R 키를 누르면 노란색 선이 나타납니다. 마우스 휠을 위아래로 움직여 잘라내기의 수를 조정할 수 있습니다.

마우스 좌클릭해서 결정하면 분할 위치를 결정하는 모드가 되며, 마우스 오른쪽 클릭으로 결정함으로써 중앙으로 분할할 수 있습니다. 이 기능도 모델링 작업에서 자주 사용하는 기능입니다. 그리고 루프 잘라내기는 사각형 폴리곤이 연결되어 있으면 깔끔하게 잘라내지만, 삼각형 등에서는 도중에 끊깁니다. 깔끔하게 루프 잘라내기를 하고 싶다면 이 점에 주의해 주십시오.

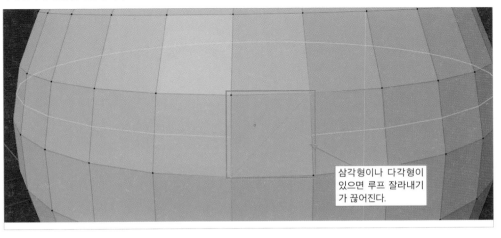

삼각형이나 다각형이 있으면 루프 잘라내기가 끊어진다.

❸ 한 가운데 추가된 에지(주황색 선)이 잘 보이지 않습니다. 아웃라이너에서 우선 Neko_Right를 숨기기 합니다. 밑그림을 숨기는 것은 선택이지만 숨기기 했다면 이후 다시 표시하는 것을 잊지 않도록 합니다.

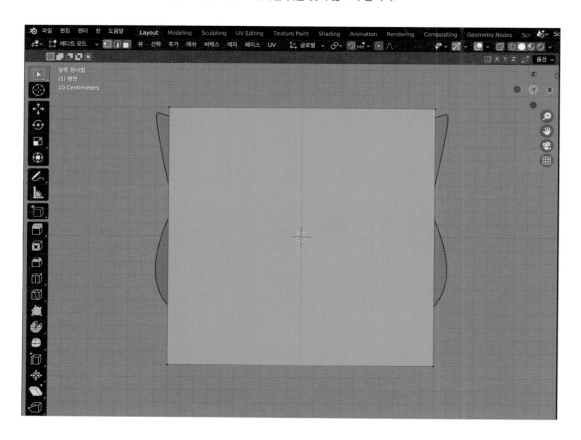

❹ 마쳤다면 툴바의 가장 위의 박스 선택을 눌러서 되돌아갑니다.

MEMO

툴바의 크기가 작아서 잘 보이지 않는다면 메뉴 오른쪽 끝에 마우스 커서를 올린 뒤 좌우 화살표 아이콘으로 변경할 수 있습니다. 마우스 좌클릭 한 뒤 드래그해서 툴바(T키)를 넓게 또는 좁게 조정할 수 있으므로 실제 확인해보면 좋습니다. 사이드바(N키)도 마찬가지로 조정할 수 있습니다 (여기에서는 왼쪽 끝을 마우스 좌클릭 한 뒤 드래그).

05 미러를 사용해 오브젝트를 좌우대칭으로 만들기

모디파이어의 미러를 선택해서 좌우대칭으로 만듭니다.

Step ① 평면의 왼쪽 버텍스 2개를 Shift+마우스 좌클릭으로 선택한 뒤, 헤더의 메뉴 → 삭제(X 또는 Delete키)를 선택하면 삭제 관련 메뉴가 표시됩니다. 버텍스를 삭제할 것이므로 버텍스를 선택합니다. 그러면 버텍스 및 버텍스와 연결된 에지와 페이스도 삭제됩니다. 버텍스를 삭제하면 형태를 유지할 수 없게 되기 때문에 자동으로 관련된 요소들도 삭제됩니다. Next Page

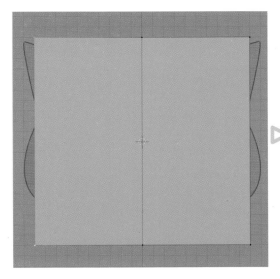
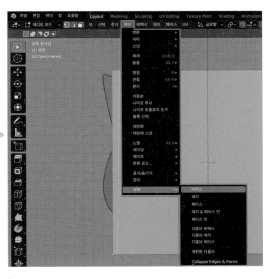

② 프로퍼티스의 모디파이어 프로퍼티스 → 모디파이어를 추가에서 미러를 추가합니다.

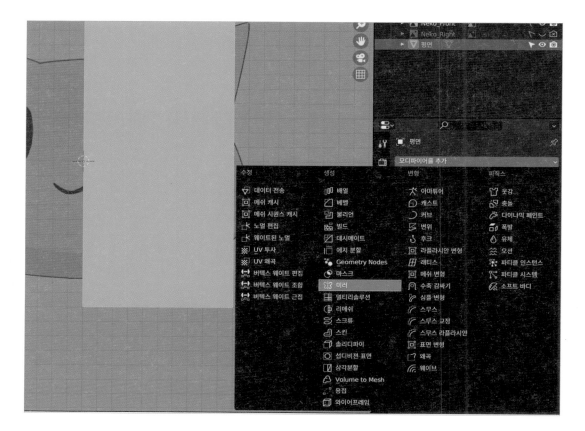

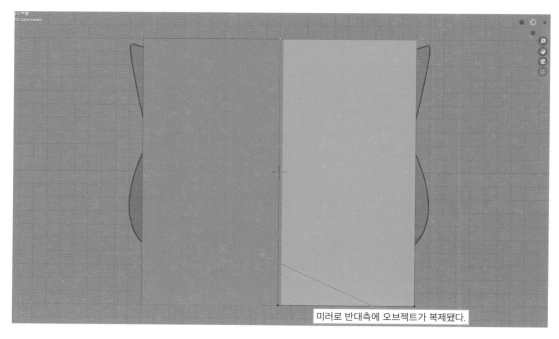

미러로 반대측에 오브젝트가 복제됐다.

06 크기 조정하기

Step

❶ 헤더의 선택 → 모두에서 평면을 선택하고 축적(S키) → Z키를 눌러 Z축으로 고정한 뒤, 마우스를 움직이면서 축적 Z를 '0.017' 정도로 줄입니다(밑그림의 입 정도의 크기로 줄입니다). 또는 S키(축적) → Z키를 누르고 마우스 좌클릭으로 결정한 뒤, 오퍼레이터 패널의 축적Z 값에 '0.017'을 입력합니다.

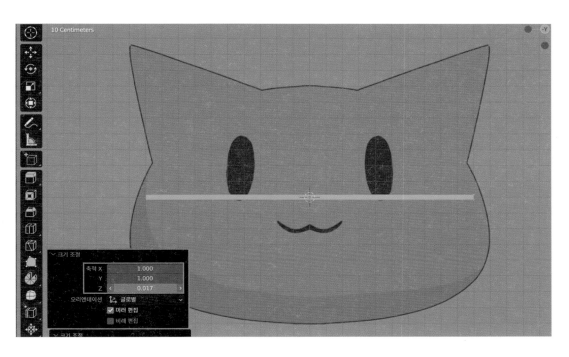

❷ 오른쪽 끝(입의 끝 부분)의 버텍스 2개를 Shift를 눌러 선택하고 이동(G키) → X키를 눌러 X축으로 고정한 뒤, 밑그림의 입에 맞춰 크기를 조정합니다.

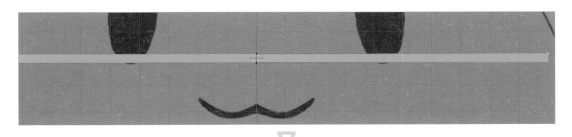

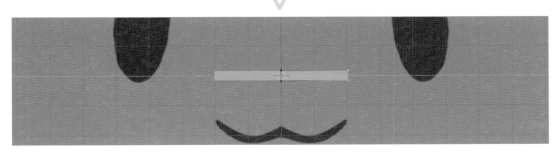

07 오브젝트 이동하기

Step

밑그림을 쉽게 볼 수 있도록 3D 뷰포트 오른쪽 위에 있는 3D 뷰포트 세이딩에서 솔리드를 와이어프레임(Shift+Z 키)으로 전환하고 헤더의 선택 → 모두(A키)에서 평면을 모두 선택합니다. 이동(G키) → Z키를 눌러 Z축으로 고정한 뒤 밑그림의 입 위치로 이동시킵니다.

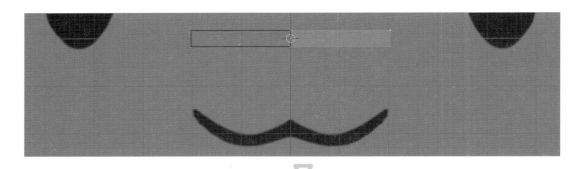

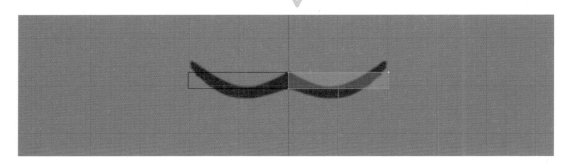

08 루프 잘라내기 와 이동으로 오브젝트 조정하기

Step

❶ 툴바(T키)에서 루프 잘라내기(Ctrl+R키)를 선택하고 평면 위쪽 끝 또는 아래쪽 끝(이미지의 오른쪽 평면)에 마우스 커서를 올리면 노란색 세로선이 표시됩니다. 마우스 좌클릭으로 루프 잘라내기 합니다. 루프 잘라내기를 마쳤다면 툴바의 가장 위의 박스 선택을 마우스 좌클릭해서 되돌아옵니다. Next Page ▶

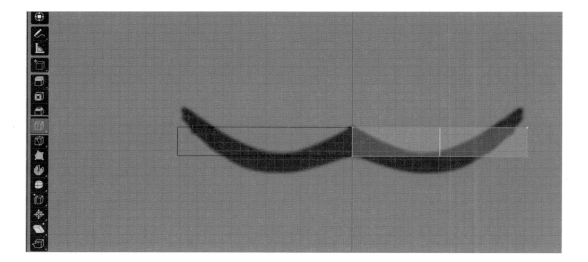

❷ 루프 잘라내기 한 에지가 선택될 것이므로 이동(G키) → Z키로 밑그림의 입에 맞춰 조정합니다.

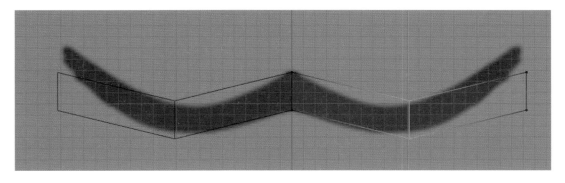

❸ 입의 오른쪽 끝의 버텍스 2개를 Shift+마우스 좌클릭으로 모두 선택하고 이동(G키) → Z키로 밑그림에 맞춰 조정합니다.

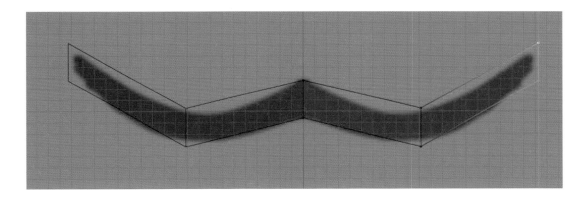

09 섭디비전 표면 추가하기

Step
새로운 모디파이어를 추가합니다. 화면 오른쪽 프로퍼티스 안의 모디파이어 프로퍼티스의 모디파이어를 추가에서 섭디비전 표면을 추가합니다.

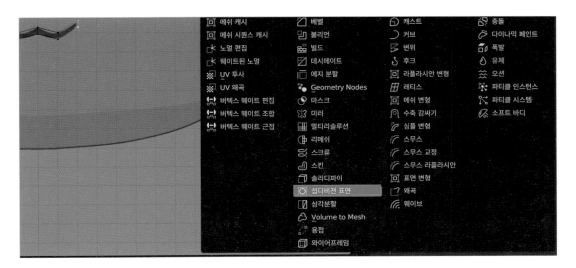

10 크리스 적용하기

Step

섭디비전 표면을 추가했다면 와이어프레임을 솔리드로 전환하고(Shift+Z키) 확인해봅니다. 부드러워지기는 했으나 형태가 밑그림과 다소 다르므로 밑그림에 맞춰 형태를 조정합니다. 여기에서는 크리스라는 기능을 사용합니다. <u>크리스는 섭디비전 표면의 영향을 받지 않게 하는 기능입니다.</u>

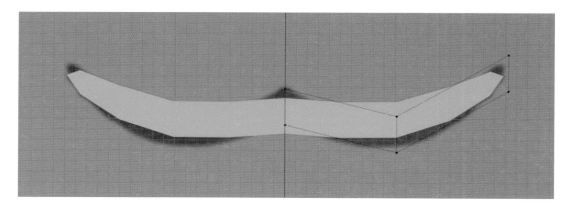

① 3D 뷰포트의 헤더에 있는 뷰의 사이드바(N키)에 체크하면 사이드바가 3D 뷰포트 오른쪽에 표시됩니다. 여기에서 크리스 설정을 진행합니다. Next Page ▶

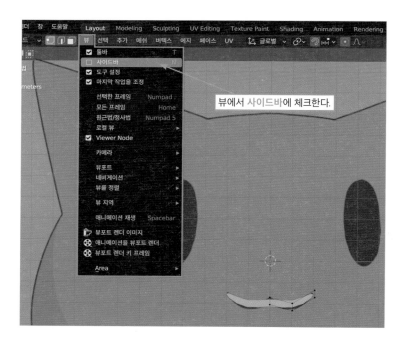

뷰에서 사이드바에 체크한다.

오른쪽 끝에 항목, 도구, 뷰의 3가지 항목이 있습니다. 항목을 마우스 좌클릭하면 변환 메뉴가 표시됩니다. 아무런 메쉬도 선택하지 않은 상태에서는 아무것도 선택되지 않음이라고 표시됩니다.

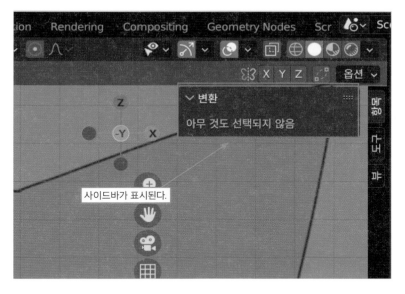

사이드바가 표시된다.

❷ 입의 한 가운데 있는 버텍스 2개를 Shift를 누르고 모두 선택하면 여러가지 메뉴가 표시됩니다. 이제 이동이나 크리스 설정 등을 할 수 있습니다. 여기에서는 입 한 가운데에 크리스를 겁니다. Next Page

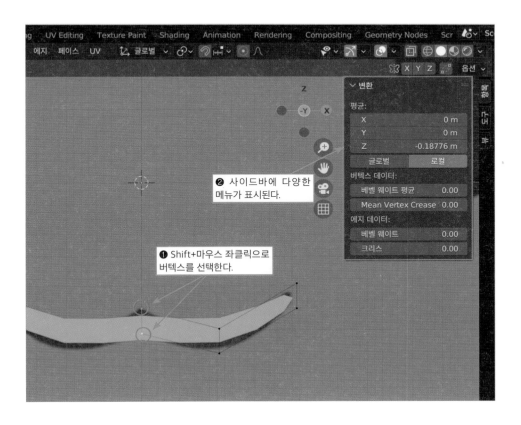

❷ 사이드바에 다양한 메뉴가 표시된다.

❶ Shift+마우스 좌클릭으로 버텍스를 선택한다.

❸ 사이드바의 변환 안에 있는 버텍스 데이터의 크리스가 현재 '0.00'으로 설정되어 있습니다. 여기에 '1'을 입력합니다. 그러면 입 한 가운데의 형태가 바뀝니다. 크리스가 걸려있는 에지는 분홍색이 됩니다. 이렇게 크리스는 섭디비전 표면의 영향을 받지 않도록 할 수 있습니다. 만약 여기는 원래대로의 형태를 유지하는 것이 좋다고 판단한다면 이 기능을 사용하면 좋습니다.

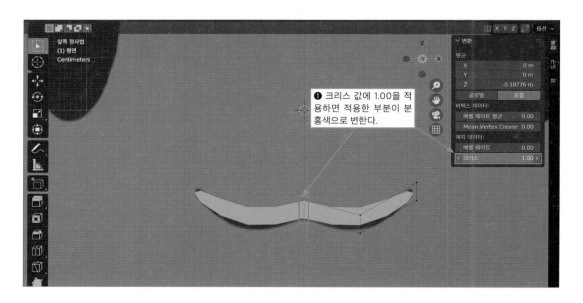

❶ 크리스 값에 1.00을 적용하면 적용한 부분이 분홍색으로 변한다.

11 조정하기
Step

세부 조정을 합니다. 헤더의 오른쪽에 있는 3D 뷰의 셰이딩에서 솔리드를 와이어프레임으로 전환(Shift+Z키), 프로퍼티스의 모디파이어 프로퍼티스에서 섭디비전의 케이지에서의 활성화/비활성화를 반복하면서 이동(G키)으로 조정합니다.

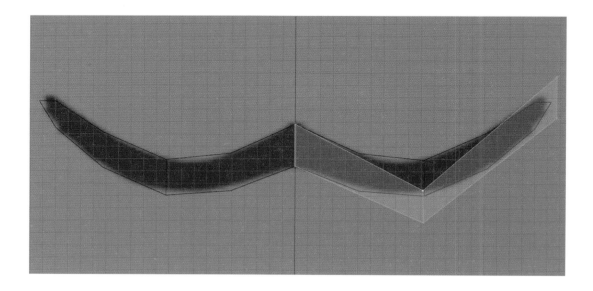

12
베벨 적용하기

Step

이대로 완료해도 괜찮지만 원래 형태와 부드러운 형태가 다소 맞지 않으므로 보다 완성도를 높이기 위해 에지를 추가합니다. 여기에서는 베벨(Ctrl+B키)이라는 기능을 사용합니다. 이를 사용하면 각을 둥글게 만들거나, 에지를 늘릴 수 있습니다. 덧붙여 베벨은 직역하면 경사면입니다.

❶ 먼저 화면 왼쪽 위의 3개의 사각형 아이콘 중 가운데 아이콘을 선택해 에지 선택 모드로 전환합니다(숫자 2키). 다음으로 입의 내려가 있는 에지를 선택한 상태로 화면 왼쪽 툴바에서 베벨을 선택합니다. 그러면 선택 중인 에지에 둥근 노란색의 매니퓰레이터가 표시됩니다.

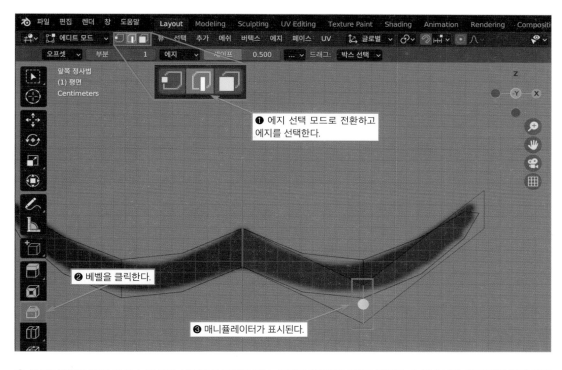

❷ 이 매니퓰레이터를 마우스 좌클릭 상태에서 드래그해서, 에지를 1개에서 2개로 분할할 수 있습니다. 밑그림의 입과 맞을 정도로 마우스로 위치를 조정했다면 마우스 왼쪽 버튼에서 손을 떼고 결정합니다. 완료했다면 툴바의 가장 위의 박스 선택을 눌러 원래대로 되돌립니다.

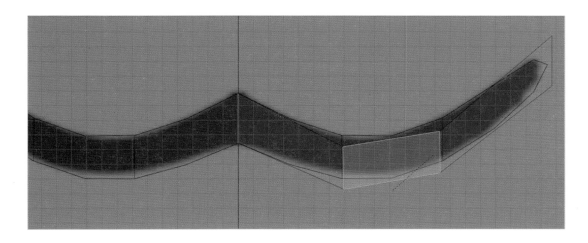

13
Step

오브젝트 이동하기

입과 얼굴의 위치를 조정합니다. 밑그림을 숨기기 되어 있다면 표시합니다.

❶ 먼저 화면 오른쪽 위 아웃라이너에서 Neko_face를 표시하고 넘버패드 3을 눌러 카메라를 오른쪽(Right)으로 전환합니다.

❷ 입을 얼굴 앞에 배치할 것이므로 헤더의 선택 → 모두(A키)를 선택합니다.

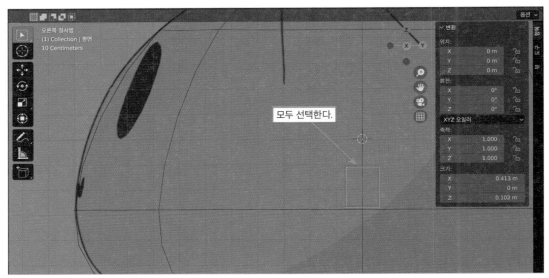

모두 선택한다.

❸ 이동(G키) → Y키를 눌러 Y축으로 고정한 뒤 입을 얼굴 앞쪽으로 이동합니다.

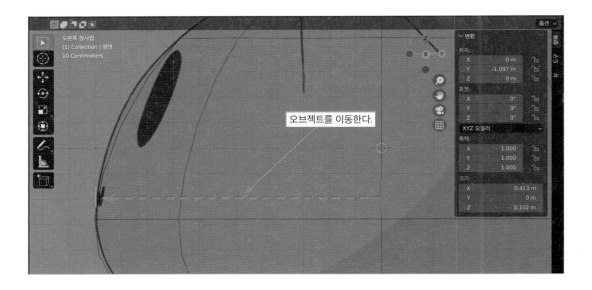

오브젝트를 이동한다.

112

14
Step

박스 선택 사용하기

입의 끝을 조정하기 위해 우선 넘버패드 1을 눌러 버텍스를 앞쪽(Front)으로 전환합니다. 오른쪽 끝의 에지 4개(버텍스 선택 모드라면 버텍스 4개)를 선택하면 되지만, 이들을 Shift를 눌러 일일이 선택하는 것은 어려우므로 여기에서는 박스 선택으로 한 번에 선택합니다. 먼저 입의 오른쪽 아래 부근에 마우스 커서를 둡니다. 다음으로 마우스 좌클릭 상태로 왼쪽 위로 드래그해서 사각 프레임과 같은 것이 표시됩니다. 이것을 박스 선택이라 부릅니다. 이 사각 프레임 안에 들어가는 오브젝트나 버텍스가 모두 선택됩니다. 여기에서는 입 끝의 에지를 4개 선택하게 됩니다.

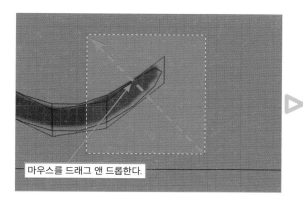
마우스를 드래그 앤 드롭한다.

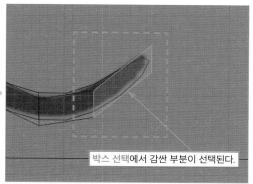
박스 선택에서 감싼 부분이 선택된다.

Column

다양한 선택 방법에 관해

블렌더에서는 다양한 선택 방법이 존재합니다. 선택 방법을 변경하려면 툴바의 위쪽 선택 도구에서 수행합니다. 도구 아이콘에 마우스 커서를 올리고 마우스 왼쪽 버튼을 오래 누르고 있으면 다양한 선택 방법이 표시됩니다. 선택할 아이콘에 커서를 올리고 왼쪽 버튼을 떼서 결정합니다. 그리고 W키를 누르면 선택 도구를 전환할 수 있습니다.

- 트윅: 선택 대상을 선택한 상태에서 마우스 좌클릭 상태로 드래그해서 이동할 수 있는 선택 방법입니다.
- 박스 선택: 3D 뷰포트에서 마우스 왼쪽 버튼으로 드래그해서 사각 프레임이 표시됩니다. 이 프레임 안쪽에 포함된 오브젝트를 모두 선택할 수 있습니다. 단축키는 B키입니다. 3D 뷰포트에 B키를 누르면 마우스 커서에 십자가 모양 점선이 표시됩니다. 여기에서 마우스 좌클릭 상태로 드래그해서 사각 프레임 안쪽에 포함된 오브젝트를 선택할 수 있습니다.
- 원형 선택: 원형 커서를 사용해 따라잡듯이 선택할 수 있는 모드입니다. 마우스 좌클릭 상태에서 드래그해서 선택하며, Ctrl키를 누르고 마우스 좌클릭 상태에서 드래그해서 선택 해제합니다. 단축키는 C키이며 마우스 휠을 위아래로 움직여 크기를 변경할 수 있습니다. 단축키 해제 방법은 마우스 우클릭입니다.
- 올가미 선택: 올가미처럼 선택할 수 있는 모드로 마우스 좌클릭 상태에서 드래그한 범위를 선택할 수 있습니다. 단축키는 Ctrl+마우스 우클릭입니다.

그리고 선택 모드에는 모드라는 사각형의 작은 아이콘들이 나열되어 있습니다. 이를 사용해 선택 방법을 보다 세세하게 바꿀 수 있습니다. 기본적으로는 왼쪽 끝에 있는 '새 선택 항목을 설정'을 선택합니다.
덧붙여 선택 도구 전환의 단축키인 W키를 잘못 눌러 의도치 않게 원형 선택으로 변경되는 문제가 자주 발생합니다. 그때는 W키를 누르거나 툴바의 선택 도구에서 선택 방법을 바꿉니다.

15 에지 이동하기와 회전하기

Step

❶ 입 끝의 에지를 4개 선택했다면 넘버패드 3을 눌러 시점을 오른쪽(Right)으로 전환합니다. 보기 쉽도록 와이어 프레임에서 솔리드로 전환(Shift+Z키)하고 이동(G키) → Y키를 눌러 입의 끝을 조금만 얼굴 방향으로 이동시킵니다. 여기에서는 이동 Y 값을 '0.021' 정도로 조정합니다.

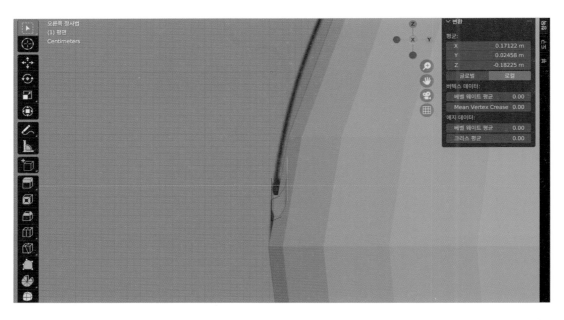

❷ 그리고 회전(R키) → Z키를 누르고 회전 Z 값을 '16' 정도로 조정합니다. 왼쪽 아래 오퍼레이터 패널에서 이 숫자를 사용해 세세하게 조정할 수 있습니다.

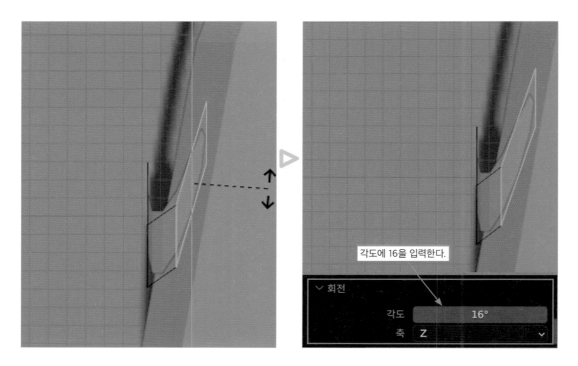

각도에 16을 입력한다.

16

Step

입에 두께 주기

입이 허공에 떠있으므로 돌출하기를 사용해 두께를 만들어 줍니다. 먼저 헤더에서 선택 → 모두(A키)로 모든 버텍스를 선택한 뒤, 왼쪽 툴바(T키)에서 돌출하기(E키)를 선택합니다. + 모양의 매니퓰레이터가 표시되므로 마우스 좌클릭 상태에서 오른쪽으로 드래그해서 얼굴 방향으로 돌출시킵니다. 여기에서는 왼쪽 아래 오퍼레이터 패널에서 이동 Z 값을 '-0.014' 정도로 조정했습니다.

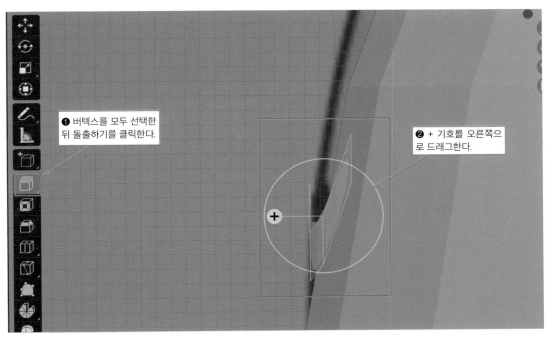

❶ 버텍스를 모두 선택한 뒤 돌출하기를 클릭한다.

❷ + 기호를 오른쪽으로 드래그한다.

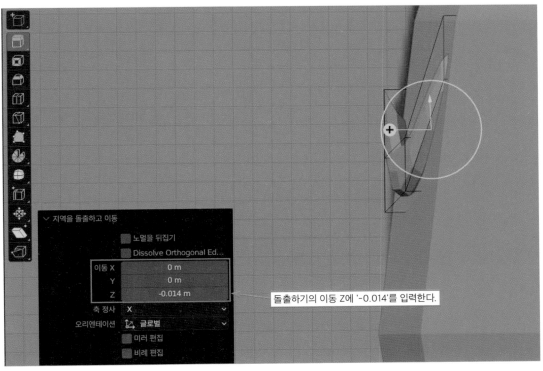

돌출하기의 이동 Z에 '-0.014'를 입력한다.

17 오브젝트 이름 변경하기

Step

여기까지의 작업을 마쳤다면 아웃라이너에서 원형을 더블 클릭한 뒤 'Neko_mouth'로 이름을 변경합니다. 그리고 Neko_ear, Neko_eye 오른쪽 눈동자 아이콘을 마우스 좌클릭해서 숨기기에서 표시로 전환합니다.

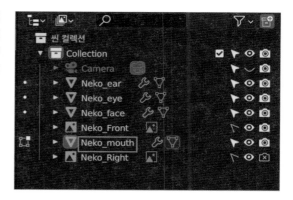

18 셰이드 스무스 적용하기

Step

일차적으로 완성했으므로 시점을 회전시키며 모델을 확인합니다. 모델의 형태가 다소 딱딱하므로 부드럽게 만듭니다.

❶ 먼저 오브젝트 모드로 전환한 뒤 Shift+마우스 좌클릭으로 Neko_ear, Neko_eye, Neko_face, Neko_mouth의 4개 오브젝트를 선택합니다. Next Page

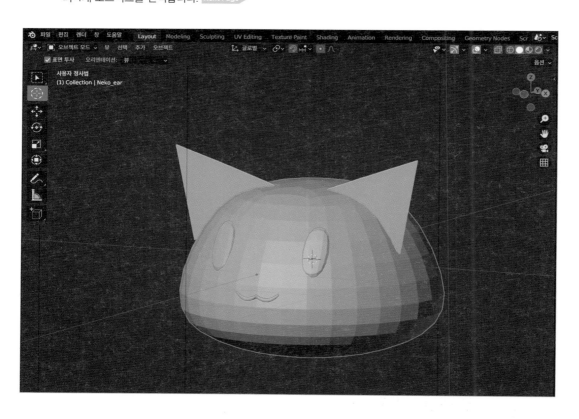

❷ 마우스 우클릭하면 오브젝트 컨텍스트 메뉴가 표시됩니다. 메뉴 안에 있는 셰이드 스무스를 선택합니다.

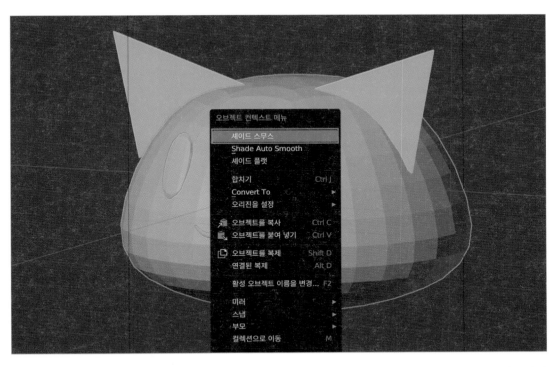

오브젝트의 형태가 부드럽게 바뀝니다. 셰이드 스무스는 폴리곤의 형태를 부드럽게 만드는 표시 방법입니다. 앞의 각진 형태로 되돌리려면 셰이드 플랫을 선택합니다.

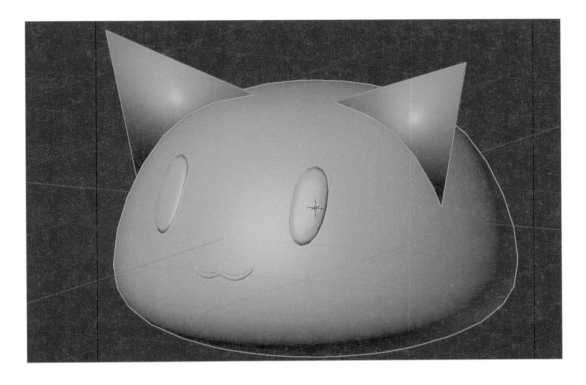

페이스 오리엔테이션 수정하기

다음으로 페이스 오리엔테이션을 확인합니다. 페이스에는 겉과 속이 있으며 모델링 작업을 하다 보면 가끔 페이스 오리엔테이션이 반전되기도 합니다. 페이스가 뒤집어지면 나중에 문제가 발생하는 원인이 되므로 겉이 보이도록 정리합니다.

❶ 먼저 모든 오브젝트를 선택한 상태에서 에디트 모드(Tab키)로 전환합니다. 면의 방향을 확인하려면 3D 뷰포트 위쪽 헤더 안의 오버레이를 표시(좌표축이나 버텍스 표시, 숨기기 등을 수행할 수 있는 기능이며 버텍스가 보이지 않게 되면 비활성화되므로 활성화합니다)의 주변에 아래쪽 화살표(오버레이)가 있으므로 클릭합니다. 뷰포트 오버레이라는 3D 뷰포트 안의 표시 방법을 변경할 수 있는 메뉴가 표시됩니다. 이 중에서 페이스 오리엔테이션에 체크합니다.

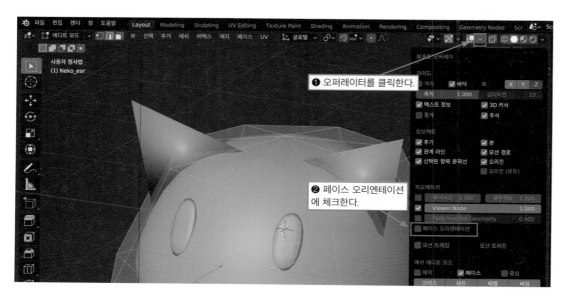

❷ 오브젝트가 파란색과 빨간색으로 표시됐습니다. 이것은 페이스 오리엔테이션을 확인하는 모드로 파란색이 바깥쪽 방향, 빨간색이 안쪽 방향을 의미합니다. 여기에서는 얼굴의 페이스가 뒤집혀 있으므로 수정합니다. Next Page ▶

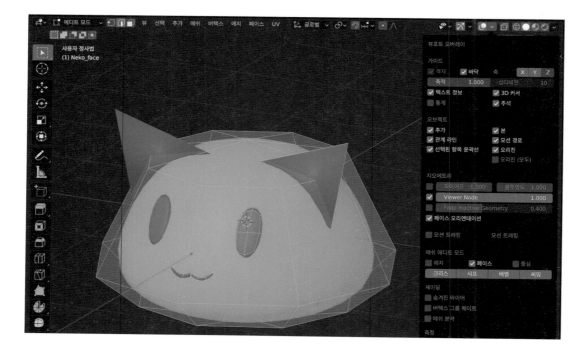

❸ 헤더 안의 메쉬 → 노멀 → 외부를 재계산을 선택하면 모든 메쉬가 파랗게 변합니다.

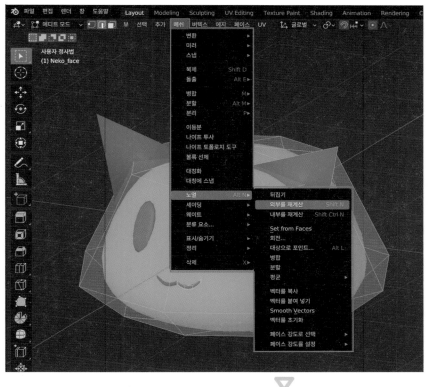

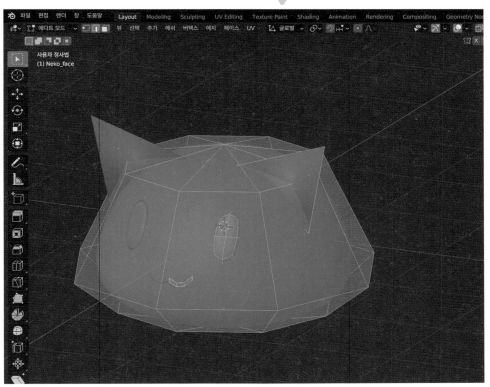

❹ 헤더 안의 오버레이 메뉴 안에 있는 페이스 오리엔테이션의 체크를 해제하고 오브젝트 모드로 되돌아갑니다. 다양한 각도에서 형태를 확인하고 이상한 점은 없는지 찾아봅니다.

20
불필요한 페이스 삭제하기
세세한 조정을 합니다.

Step ❶ Neko_mouth를 선택하고 와이어프레임(Shift+Z키)으로 전환한 뒤, 에디트 모드(Tab키)로 전환합니다. 입 한 가운데를 확인하면, 가운데 불필요한 페이스가 작성되어 있는 것을 알 수 있습니다. 이것을 삭제합니다. 헤더에서 페이스 선택 모드(숫자키 3)로 전환하고 한 가운데 파묻혀 있는 페이스를 선택합니다. Next Page

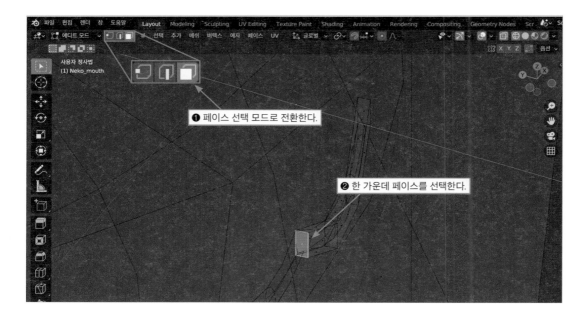

❶ 페이스 선택 모드로 전환한다.

❷ 한 가운데 페이스를 선택한다.

❷ 다음으로 메쉬 → 삭제 → 페이스를 선택한 뒤 페이스를 삭제합니다.

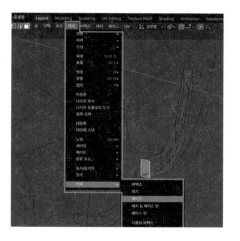

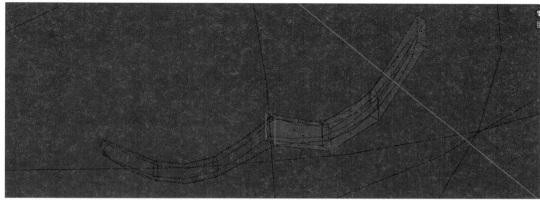

마쳤다면 솔리드로 전환한 뒤 오브젝트 모드로 되돌아옵니다. 이것으로 고양이 캐릭터는 완성입니다.

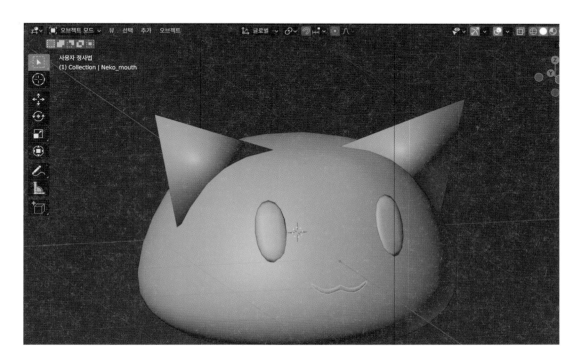

3-10 2장 정리

2장에서 다룬 단축키를 엄선해 소개합니다. 1장 정리에서 생략했던 단축키도 함께 소개합니다.

Shift+C	3D 커서의 위치 리셋과 전체 표시
Shift+Z	솔리드/와이어프레임 전환
W	선택 방법 전환
(에디트 모드에서) Alt+마우스 좌클릭	에지 루프 선택
(에디트 모드에서) E	돌출하기
(에디트 모드에서) Ctrl+R	루프 잘라내기
(에디트 모드에서) Ctrl+B	베벨
F9	오퍼레이터 패널 재표시
T	툴바 표시/숨기기
H	오브젝트나 버텍스 숨기기
Alt+H	오브젝트나 버텍스를 재 표시
N	사이드바 표시/숨기기

후편(카툰 렌더링편)에서는 고양이를 애니메이션 그림으로 만듭니다. 여기까지 제작한 데이터를 저장합니다. 다음 3장에서는 보다 복잡한 인물 캐릭터 모델링에 관해 설명합니다.

POINT

적용에 관해

적용이란 오브젝트가 가진 위치, 회전, 축적을 기본값으로 되돌리는 것입니다. 주로 모디파이어나 다양한 조작을 정상적으로 동작시킬 때 사용합니다. 수치는 오브젝트 모드에서 오브젝트를 선택하고 사이드바(N 키)의 항목 안에 있는 변환 패널에서 확인할 수 있습니다. 오브젝트 모드에서 편집하면 수치가 변경됩니다 그러나 기본값 이외에서는 미러가 잘 동작하지 않는 등 다양한 문제의 원인이 됩니다. 모든 설정을 기본값으로 되돌리려면 오브젝트 모드에서 오브젝트를 선택하고 헤더에서 오브젝트 → 적용(Ctrl+A 키) → 모든 변환을 선택합니다. 그 밖에도 위치, 회전, 축적 등 각 수치만 적용할 수도 있습니다.

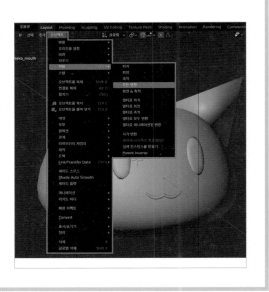

122

제2부 실전편
캐릭터의 머리 부분을 만들자

이제부터는 밑그림을 바탕으로 얼굴, 인체의 순서로 모델링을 하면서 캐릭터 모델링을 할 때의 더 많은 팁들을
학습하면서 여자 캐릭터를 만들어봅니다.
이번 장에서는 머리 부분을 모델링합니다.

순서 설명 및 모델링 흐름

Chapter 3
1

캐릭터 모델링을 시작하기 전에 여기에서 모델링할 캐릭터, 모델링의 일련의 흐름, 모델링을 할 때 주의할 포인트에 관해 설명합니다. 이 책에서 모델링하는 인물 캐릭터는 애니메이션을 수행하는 것을 가정합니다. 이때 중요해지는 리깅이라는 작업에 관해서는 후편에서 설명합니다. 그리고 이번 장에서 자주 등장하는 일부 조작은 작업 효율을 높이기 위해 단축키만 기재합니다.

1-1 모델링할 캐릭터

이번 장에서는 다음 캐릭터를 모델링합니다. 캐릭터는 이후 애니메이션 풍으로 만드는 것(카툰 렌더링)을 가정하고 있기 때문에 밑그림의 선과 색은 의도적으로 단순하게 했습니다. 그림자가 많고 색이 화려하면 정보량이 너무 많아 애니메이션의 느낌을 주기 어렵기 때문입니다(단, 모두 덧칠하면 형태가 단순해 지므로 적어도 눈동자 정도는 최소한 있는 정보량이 있는 것이 좋습니다). 그리고 인물을 모델링할 때는 앞쪽 자세, 옆쪽 자세, 뒤쪽 자세의 3가지 밑그림을 준비하는 것이 좋습니다. 이 3가지 방향의 그림을 삼면도라고 합니다. 캐릭터가 T자 형태의 포즈를 취하고 있는데 이는 팔이 X축, 다리가 Z축을 따라가기 때문에 초보자도 쉽게 모델링할 수 있게 하기 위한 것입니다.

밑그림은 어디까지나 모델링을 쉽게 하도록 돕기 위한 것이므로 완벽하게 맞출 필요는 없습니다. 다양한 각도에서 모델링을 하다 보면 도저히 맞출 수 없는 위치도 있으므로 밑그림은 참고 정도로만 확인하는 것이 좋습니다.

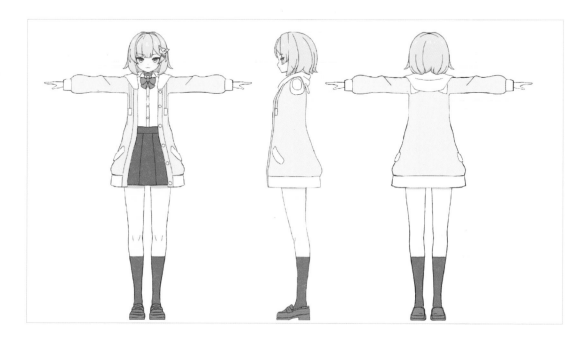

1-2 밑그림에 관해

앞에서 소개한 삼면도를 바탕으로 모델링을 하려고 하면
인체와 옷의 구조를 전혀 알 수 없습니다. 그래서 보기 쉽
도록 인체는 파란색 선으로, 옷은 빨간색 선으로 그린 밑
그림을 준비했습니다. 이 책에서는 이 밑그림을 기반으로
캐릭터를 모델링합니다.

> MEMO
>
> 밑그림은 출판사 홈페이지 자료실에서 다운로드
> 할 수 있습니다.
> https://www.amusementkorea.co.kr

1-3 작업 순서

여기에서는 이후 캐릭터를 제작하는 순서에 관해 간단히 설명합니다. 모델링 이후 과정은 후편 '카툰 렌더링 편'에서 다루므
로 간단하게만 소개합니다.

◼ 모델링

이 책에서는 기본적으로 밑그림을 참고하면서 모델링을
합니다. 처음에는 가장 중요한 머리를 작성하고 머리카
락, 신체, 팔다리(손발), 옷, 소품 순서로 모델링을 하고
마무리로 Line Art(아웃라인을 표현할 수 있는 기능)를
사용해 라인을 삽입합니다. 최소한의 버텍스에서 시작
해 버텍스의 수를 늘리면서, 후반에는 모디파이어의 섭
디비전 표면을 사용하면서 보다 세세하게 조정하는 모
델링 방법을 사용합니다. 그리고 아웃라이너를 사용한
데이터 관리 또한 중요하므로 이에 관한 화면도 가능한
함께 설명합니다.

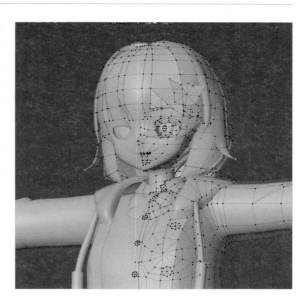

섭디비전 표면을 사용하는 이유에 관해

속성에서 추가할 수 있는 모디파이어의 섭디비전 표면
은 메쉬를 분할해서 부드럽게 만들 수 있는 반면, 버텍
스 수가 늘어나는 경향이 있습니다. 그렇기 때문에 섭
디비전 표면은 적은 폴리곤 수로 모델을 제작할 때는
적용하지 않는 것이 바람직하지만 이 책에서는 카툰 렌
더링을 하므로 아웃라인을 부드럽게 보이게 하거나, 영
상 제작을 위한 모델이므로 섬세하게 보이고자 하는 이
유에서 섭디비전 표면을 사용하고 있습니다. 덧붙여 폴
리곤 수가 적은 모델을 로우 폴리(low poly), 폴리곤 수
가 많은 모델을 하이 폴리(high ploy)라 부릅니다.

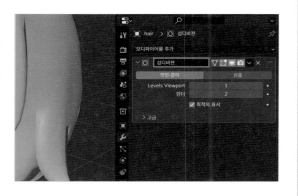

리깅

리깅은 모델을 움직이기 위한 뼈대를 만드는 것입니다.
뼈대와 모델링한 캐릭터를 연동하는 것을 스키닝이라 부
릅니다. 스키닝을 사용하면 사람과 같이 관절을 구부리
거나 머리카락을 흩날리는 등의 동작을 하게 할 수 있습
니다. 스키닝 작업을 부드럽게 수행하려면 메쉬 구조도
중요합니다. 이에 관해서도 후편 '카툰 렌더링 편'에서 설
명합니다.

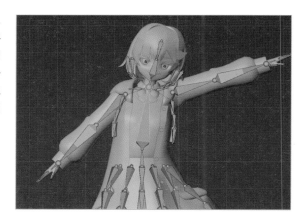

UV 전개

3D 오브젝트에 절취선을 넣어 평면으로 전개하는 것을 UV 전개라 부릅니다.
이 작업을 수행하면 캐릭터에 텍스처를 입힐 수 있습니다.

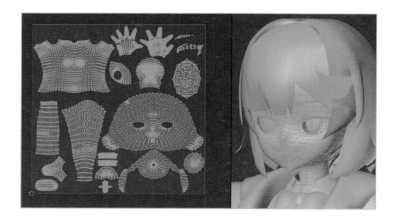

매테리얼과 텍스처 페인트

매테리얼은 모델 표면에 설정하는 질감, 텍스처는 모델에 입힌 이미지입니다. 후편에서는 애니메이션 풍의 매테리얼을 캐릭터에 설정하면서 눈동자, 피부 홍조, 그림자 표현 등 세세한 부분은 텍스처를 사용해 표현합니다.
그리고 매테리얼의 기본 조작 및 기초적인 설명도 후편에서 다룹니다.

셰이프 키

변형을 기록하는 기능인 셰이프 키를 사용해 캐릭터에 표정을 입힙니다.

애니메이션

제작한 캐릭터의 애니메이션을 만들고 마지막으로 동영상을 출력합니다.

POINT

'다른 이름으로 저장'의 중요성에 관해

캐릭터를 모델링할 때는 가능한 다른 이름으로 저장(Shift+Ctrl+S 키)을 사용하는 것이 좋습니다. 모델링을 하다 보면 이전 모델링이 더 좋아서 되돌리고 싶거나 조작을 잘못해서 이전으로 되돌리고 싶은 상황을 많이 만나게 됩니다. 저장(Ctrl+S 키)만 사용해 작업을 하면 그 전으로 되돌릴 수 없을 가능성이 있습니다. 그렇게 때문에 백업용 디렉터리를 준비하고 그 안에 정기적으로 Chara01.Blender, Chara02.Blender, … 등으로 이전 작업 결과를 남겨두는 것이 좋습니다.

Chapter 3

2 모델링 준비

캐릭터 모델링에서 중요한 것은 우선 완성한다는 것입니다. 처음부터 높은 퀄리티에 너무 신경 쓰다 보면 아무리 많은 시간이 지나도 완성하지 못하고 좌절하는 원인이 됩니다. 그렇기 때문에 너무 완벽을 추구하지 말고 천천히 진행해도 좋으니 즐기면서 완성하는 것을 우선합니다. 그럼 모델링 준비 작업으로 밑그림을 배치합니다.

2-1 밑그림 배치

여기에서는 앞쪽, 옆쪽, 뒤쪽 3가지 밑그림을 배치합니다. 인물을 만들 때는 발끝을 3D 뷰포트의 중앙에 맞추는 것이 좋습니다. 발끝을 화면의 아래쪽 끝에 둠으로써 밑그림의 크기를 변경할 때 아래쪽 끝을 기준으로 변경이 가능해 쉽게 조정할 수 있습니다.

3D 뷰포트의 중앙과 발끝을 맞춘다.

밑그림 배치와 크기 변경

01
Step

새 파일 열기

새롭게 블렌더를 열고 3개의 오브젝트가 배치됩니다. 현재 모드가 오브젝트 모드인 것을 확인하고 3D 뷰포트에서 A키를 눌러 모든 오브젝트를 선택합니다. 다음으로 X키 또는 Delete키를 누르고 모든 오브젝트를 삭제합니다.

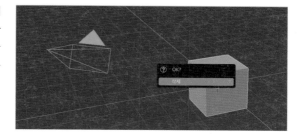

POINT

'스타트업 파일을 저장'에 관해

3개의 오브젝트를 모두 삭제한 상태에서 화면 상부에 있는 탑 바에서 파일 → 기본값 → 스타트업 파일을 저장을 클릭합니다. 그러면 경고 메시지가 나타납니다. 그 상태에서 마우스 좌클릭하면 다음으로 블렌더를 실행했을 때 3개의 오브젝트를 삭제한 상태로 시작할 수 있습니다.

설정을 원래대로 되돌리고 싶을 때는 파일 → 기본값 → 최초 설정을 불러오기로 초기 설정을 읽고, 그 뒤 파일 → 기본값 → 스타트업 파일을 저장을 수행하고 설정을 저장합니다. 단, 최초 설정을 불러오기는 환경 설정도 초기화하므로 각 항목을 다시 설정해야 합니다.

02
Step

앞쪽 이미지를 읽기

❶ 3D 뷰포트의 넘버패드 1을 누르고 시점을 앞쪽(Front)으로 전환합니다. ❷ 정사법(넘버패드 5)을 선택하고, 3D 커서(빨간색 원으로 오브젝트를 추가할 때 기점이 됩니다)가 중앙에 있는 것을 확인합니다(Shift+C키로 3D 커서가 중앙으로 돌아옵니다). ❸ 추가 단축키는 Shift+A키를 누른 뒤 이미지 → 참조를 선택합니다. Next Page

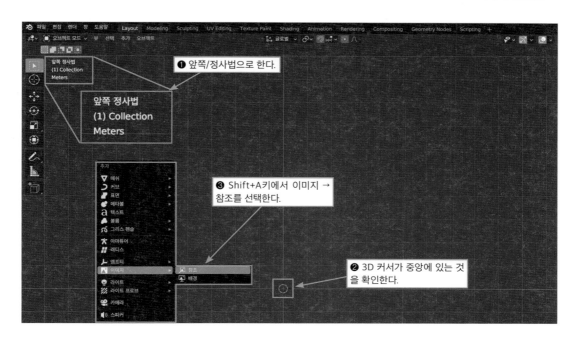

❹ 블렌더 파일 보기가 열립니다. 샘플 데이터의 'Chara_Front.png'를 선택한 뒤, ❺ 오른쪽 아래의 참조 이미지를 읽는다를 클릭합니다.

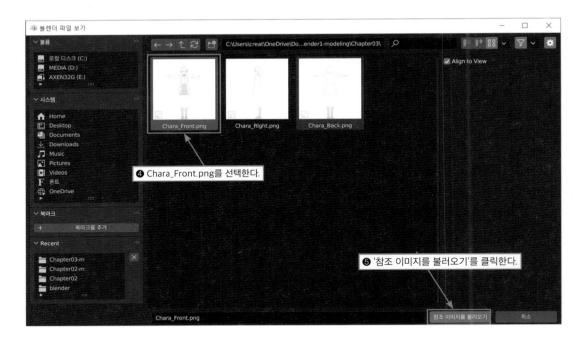

3D 뷰포트 안에 앞쪽 밑그림이 추가됩니다.

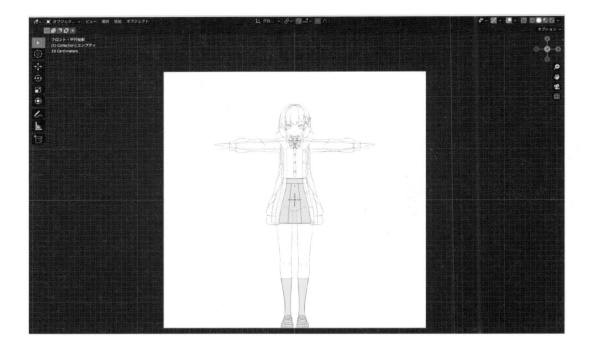

03 앞쪽 밑그림 조정하기
Step

밑그림을 선택했다면 프로퍼티스의 오브젝트 데이터 프로퍼티스(아래부터 2번째 아이콘)을 클릭하고, 엠프티 패널에서 설정을 수행합니다. 여기에서 이미지의 아래쪽 끝이 3D 뷰포트의 중앙이 되므로 이 설정을 합니다.

❶ 먼저 오프셋 Y의 값을 0으로 해서 이미지의 아래쪽 끝을 3D 뷰포트의 중앙에 맞춥니다.

❷ 오브젝트가 잘 보이도록 깊이를 뒤쪽으로 설정하고 겉만 표시하기 위해 사이드를 앞쪽으로 설정합니다.

❸ 정사법만 표시하기 위해 정사법을 활성화하고 원근법은 비활성화합니다.

❹ Only Axis Aligned을 활성화하면 정사법 시 다양한 각도에서 봤을 때 밑그림이 표시되지 않아 세세한 모델링을 하기 쉽습니다.

❺ 마지막으로 불투명도를 활성화하고 값을 '0.2'로 설정하면 완료입니다.

04 오른쪽 밑그림 설정하기
Step

다음으로 오른쪽에서 본 밑그림도 앞쪽과 마찬가지로 추가 및 설정합니다. 밑그림 설정은 앞쪽과 다르지 않지만 시점을 오른쪽(넘버패드 3)으로 해야 합니다.

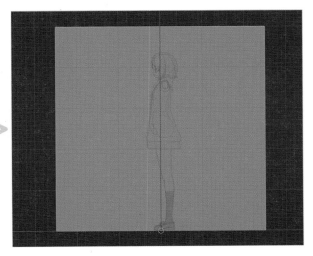

05 뒤쪽 밑그림 설정하기

Step
다음으로 뒤쪽에서 본 밑그림도 마찬가지로 추가 및 설정합니다. 밑그림 설정은 다른 밑그림과 다르지 않지만 시점을 뒤쪽 오리엔테이션(Ctrl+넘버패드 1)으로 해야 합니다.

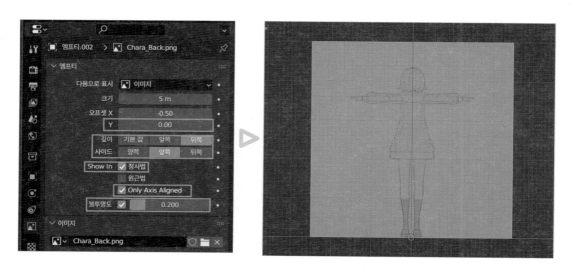

06 앞쪽 밑그림 크기 조정하기

Step
먼저 넘버패드 1을 눌러 시점을 앞쪽(Front)으로 전환합니다. 현재 밑그림의 크기는 5m입니다. 이 상태로는 거대한 사람이 만들어지므로 크기를 변경합니다. 밑그림 배경에는 모눈 같은 것이 그려져 있으며 이는 그리드라 부릅니다. 기본적으로 그리드 1칸이 1m에 해당하며 줌 확대하면 그 안에 작은 그리드가 표시되어 있습니다. 작은 그리드는 1칸이 10cm에 해당합니다. 이 캐릭터의 키는 150cm로 설정했으므로 그리드를 기준으로 밑그림의 캐릭터 키를 150cm로 조정합니다.

※ 다음 그림은 그리드 설명을 위해 배경을 흰색으로 했습니다(3D 뷰포트 오른쪽 위, 3D 뷰포트 셰이딩 오른쪽에 있는 아래쪽 방향 화살표를 클릭하면 메뉴가 표시됩니다. 메뉴 안에 있는 배경 항목에서 Viewport를 클릭한 뒤 배경색을 바꿀 수 있습니다). 이렇게 설명을 목적으로 배경색을 바꾼 경우가 있으므로 참고해 주십시오.

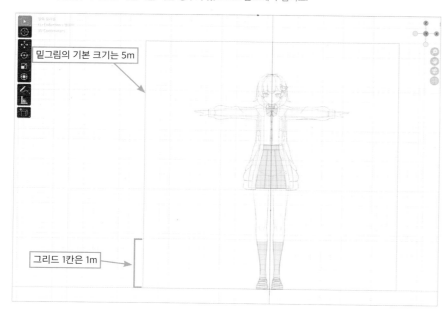

앞쪽 밑그림을 선택하고 프로퍼티스의 오브젝트 데이터 프로퍼티스(아래부터 2번째 아이콘)의 엠프티의 크기에 '1.737'이
라는 수치를 입력하면 머리 끝이 그리드와 겹쳐 150cm로 조정할 수 있습니다. 이미지의 아래쪽 끝을 3D 뷰포트의 중심에
두었기 때문에 이렇게 밑그림의 크기 변경을 손쉽게 할 수 있습니다.

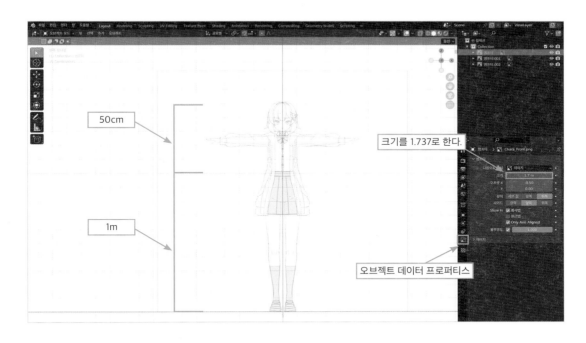

50cm

1m

크기를 1.737로 한다.

오브젝트 데이터 프로퍼티스

07 오른쪽, 뒤쪽 밑그림 크기 조정하기

Step
마찬가지로 넘버패드 3을 눌러 오른쪽(Right) 시점으로 전환하고 오른쪽 밑그림을 선택한 뒤 오브젝트 데이터 프
로퍼티스에서 크기에 '1.737'을 입력합니다. 다음으로 Ctrl+넘버패드 1을 눌러 뒤쪽(Back) 시점으로 전환하고 뒤쪽
밑그림을 선택한 뒤 오브젝트 데이터 프로퍼티스에서 크기에 '1.737'을 입력합니다.

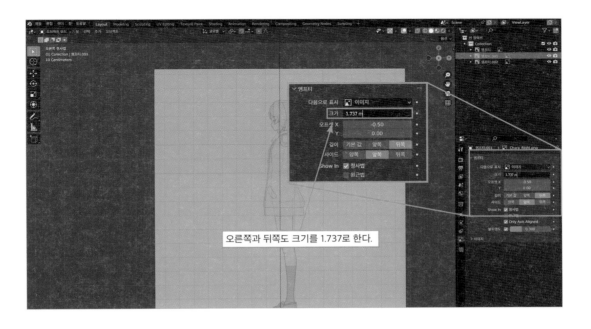

오른쪽과 뒤쪽도 크기를 1.737로 한다.

밑그림 고정과 이름 변경

배치와 크기를 변경했다면 실수로 밑그림을 선택하지 않도록 선택을 비활성화합니다.

01 필터 설정하기
Step

❶ 아웃라이너 오른쪽 위에 있는 필터를 클릭하면 아웃라이너 관련 메뉴가 표시됩니다. ❷ 그 안에 있는 선택 가능(커서 아이콘)을 클릭해 활성화합니다. 오브젝트 이름의 오른쪽 옆에 커서 아이콘이 표시됩니다.

02 밑그림 선택 비활성화하기
Step

밑그림에 있는 엠프티, 엠프티.001, 엠프티.002의 커서 아이콘을 클릭해 선택을 비활성화합니다. 커서 아이콘이 선으로 표시되면 비활성화 상태를 의미합니다.

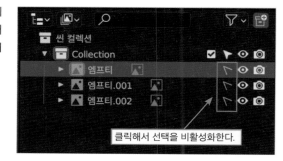

03 밑그림 이름 변경하기
Step

각 밑그림을 쉽게 알 수 있도록 아웃라이너에서 오브젝트 이름을 변경합니다. 엠프티는 앞쪽이므로 이름을 'Chara_Front', 엠프티.001은 오른쪽이므로 'Chara_Right', 엠프티.002는 뒤쪽이므로 'Chara_Back'으로 변경합니다.

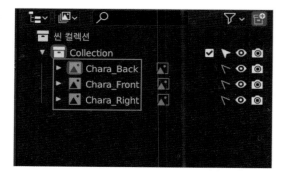

Chapter 3

머리 모델링

여기에서는 머리를 모델링합니다. 그 전에 '귀엽다'고 느끼기 쉬운 얼굴의 비율과 용어(토폴로지), 및 얼굴을 모델링할 때 주의하면 좋은 포인트에 관해 설명합니다.

3-1　귀여운 느낌을 주는 얼굴에 관해

캐릭터 모델링에서 얼굴은 매우 중요합니다. 그래서 먼저 귀엽다고 느끼기 쉬운 얼굴에 관해 살펴봅니다. 다음 그림은 미리 준비한 모델의 얼굴을 4등분한 것입니다. 이것은 2차원의 여자 아이에 많은 얼굴 비율로 눈이 상당히 아래쪽에 위치해 있습니다. 그리고 머리 부분이 상당히 크고 볼이 통통합니다. 이 비율은 아기 얼굴과 비슷합니다. 일반적으로 귀여운 얼굴이라는 것은 앳된 얼굴입니다. 모두가 그렇지는 않지만 기본적으로 2차원의 여자 아이는 이 비율을 갖는 경우가 많습니다. 단, 이 비율은 각자의 선호도나 시대에 따라 달라지므로 평균적인 비율이라 생각해 주십시오. 여기에서 준비한 밑그림도 이 비율을 사용해 그렸습니다. 모델링할 때도 이를 생각해두면 귀여운 얼굴을 쉽게 모델링할 수 있을 것입니다.

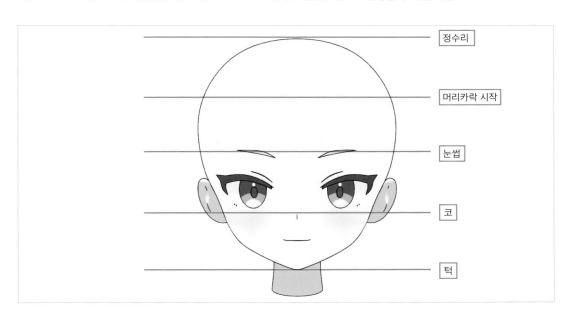

정수리

머리카락 시작

눈썹

코

턱

▣ 토폴로지에 관해, 얼굴을 모델링할 때 주의하면 좋은 포인트

토폴로지란 페이스의 흐름을 말합니다. 예를 들면 다음 그림은 사각형의 면의 나열처럼 구성되어 있습니다. 이 페이스의 흐름이 토폴로지입니다. 얼굴의 토폴로지에는 정답은 없지만 어느 정도 정해진 패턴이 있습니다. 그것은 다음과 같습니다.

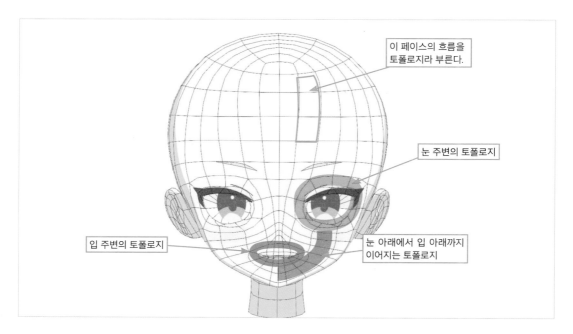

이 페이스의 흐름을
토폴로지라 부른다.

눈 주변의 토폴로지

눈 아래에서 입 아래까지
이어지는 토폴로지

입 주변의 토폴로지

▣ 눈 주변의 토폴로지
먼저 눈 주변에는 눈둘레근(眼輪筋)이라는 근육이 있습니다. 이 근육을 고려한 것이 눈 주변의 토폴로지입니다. 눈 주변에는 움푹 패인 곳이 있어 옆에서 보면 약간 들어가 있습니다. 이 부분을 고려하는 것도 중요합니다(단, 미소녀 캐릭터를 모델링할 때는 너무 과하면 눈 주변이 푹 꺼지므로, 약간만 패이게 하는 것이 좋습니다).

▣ 눈 아래에서 입 아래까지 이어지는 토폴로지
눈 아래에서 입 아래까지 이어지는 토폴로지는 주로 볼 선을 만드는 데 필수입니다. 이 토폴로지를 고려해서 만들면 비스듬히 봤을 때 얼굴의 둥근 형태를 유지하기 쉽습니다. 사실 3D 캐릭터는 비스듬한 각도에서 많이 보입니다. 때문에 비스듬한 각도에서 봤을 때 볼 선을 예쁘게 보이도록 하기 위해서는 이 토폴로지가 매우 중요합니다.

▣ 입 주변의 토폴로지
이것은 입둘레근(口輪筋)이라 불리는 입 주변을 둘러싸고 있는 근육을 고려한 토포롤지입니다. 그리고 기본적으로 입은 움직임이 많은 부분이기 때문에 많은 버텍스가 필요합니다. 이 토폴로지를 사용하면 입을 쉽게 움직일 수 있습니다.

■ 얼굴 앞쪽과 옆쪽에 관해

얼굴을 모델링할 때는 얼굴은 앞쪽과 옆쪽으로 나눠져 있다는 점을 생각합니다. 이를 생각하지 않으면 앞쪽과 옆쪽 경계가 모호해져, 비스듬한 얼굴이 깔끔하게 모델링 되지 않습니다. 가능한 앞쪽, 옆쪽으로 생각하면서 모델링하는 것이 좋습니다. 실제 사람의 얼굴은 상당히 앞쪽에 있으므로 여기에 주의합니다.

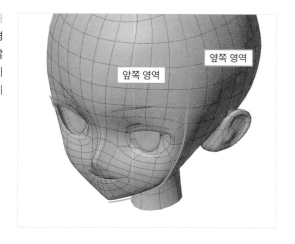

앞쪽 영역

옆쪽 영역

■ 옆쪽에 관해

옆에서 봤을 때의 얼굴에서 신경 써야 할 부분에 관해 살펴봅니다.

옆에서 봤을 때 입이 코끝과 턱끝을 연결한 선보다 안쪽에 있으면 예쁜 옆얼굴이라고 간주됩니다. 그리고 눈에서 아래로 선을 그었을 때 이 선 근처에 턱끝이 있으면 턱이 부자연스럽게 튀어나와 있는 것으로 보이지 않고 한층 귀엽게 보입니다.

눈은 옆에서 봤을 때 보이는 범위가 좁습니다. 일러스트에서는 넓게 그려져 있을 때가 많으며, 이 자체는 아무런 문제가 없으며 이는 2D의 매력이기도 합니다. 하지만 3D로 만들면 비스듬히 봤을 때 눈이 부자연스럽게 넓어지므로 여기에서는 실제적으로 보이도록 좁히는 편이 좋을 것입니다. 또한 인체 구조상 위쪽 눈꺼풀이 아래쪽 눈꺼풀보다 앞쪽에 있으므로 이 부분도 생각하면 좋습니다.

이 정도가 얼굴 모델링에 있어서의 포인트입니다. 이번 장에서는 이를 참고로 머리를 모델링합니다. 가장 먼저 눈 주변을 모델링하고 그 뒤에 머리 부문을 만드는 흐름으로 진행합니다. 눈은 얼굴에서도 가장 잘 보이고 무엇보다 귀여움과 직결되는 중요한 위치이기 때문에 이런 흐름을 사용합니다. 그래서 가장 중요한 부분인 눈 주변부터 모델링을 시작합니다.

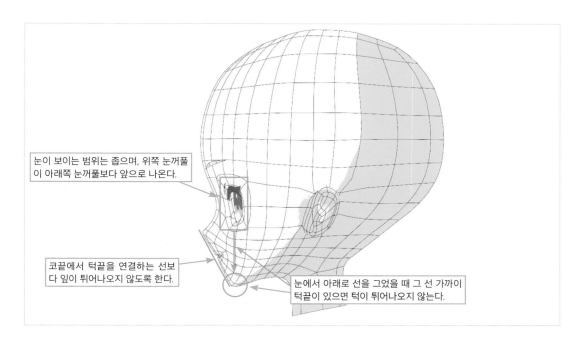

눈이 보이는 범위는 좁으며, 위쪽 눈꺼풀이 아래쪽 눈꺼풀보다 앞으로 나온다.

코끝에서 턱끝을 연결하는 선보다 잎이 튀어나오지 않도록 한다.

눈에서 아래로 선을 그었을 때 그 선 가까이 턱끝이 있으면 턱이 튀어나오지 않는다.

3-2 | 페이스를 사용한 모델링

기존 오브젝트인 페이스를 사용해 얼굴을 모델링합니다. 평면에서 시작하는 이유는 버텍스가 적은 상태에서 시작할 수 있고, 옆쪽에서 조형하기 쉽기 때문입니다.

■ 평면 설치

01
Step

오브젝트 추가하기

❶ 3D 뷰포트 왼쪽 위에서 현재 모드가 오브젝트 모드(Tab키)인지, 문자 정보에서 정사법(넘버패드 5로 원근법/정사법을 전환할 수 있습니다)인지 확인합니다.

다음으로 3D 커서를 중앙으로 되돌리는 단축키인 Shift+C키를 누릅니다. 3D 커서가 중앙에 있지 않으면 여러가지 문제의 원인이 될 수 있습니다.

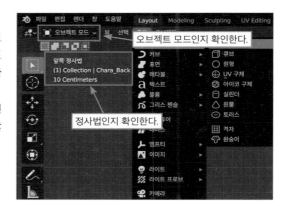

❷ 추가의 단축키인 Shift+A키를 누르고 메쉬 → 평면을 추가합니다.

❸ 평면은 기본적으로 옆으로 눕혀진 상태로 추가됩니다. 시점을 전환해 평면이 올바르게 추가됐는지 확인합니다.

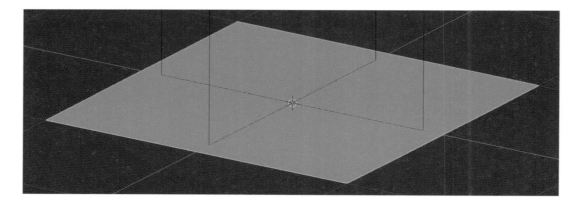

02 모드 전환하기

Step

평면을 추가했다면 이 평면이 앞쪽 시점(Front)에서 보이도록 회전시킵니다. 현재 평면에 노란색 아웃라인이 표시되어 선택되어 있는 것을 확인합니다. 3D 뷰포트 왼쪽 위에 있는 모드가 현재 오브젝트 모드이므로 에디트 모드로 전환합니다(Tab키로 모드를 전환할 수 있습니다). 2장에서 설명했지만 오브젝트 모드에서 회전하면 오브젝트에 있는 좌표축(로컬)도 회전하게 되어 편집이 어렵게 되므로 에디트 모드에서 회전시키는 것이 좋습니다.

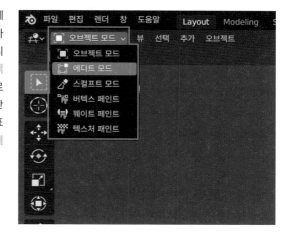

03 오브젝트 회전하기

Step

평면의 버텍스가 모두 선택되어 있는 것을 확인했다면(버텍스가 모두 선택되어 있지 않다면 A키를 눌러 모두 선택합니다), 회전의 단축키인 R키를 누릅니다. 다음으로 X키를 눌러 X축으로 고정하고 키보드 위쪽 숫자 키로 '90'을 입력한 뒤 마우스 좌클릭 또는 Enter키를 눌러서 결정합니다. 평면을 X축에 대해 90도 회전시킬 수 있습니다(결정했다면 왼쪽 아래 오퍼레이터 패널이 표시되므로 잘 회전되지 않았다면 여기에서 각도에 90을 입력하고, 좌표축을 글로벌로 해서 조정합니다).

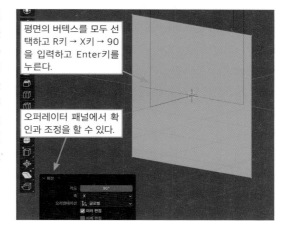

평면의 버텍스를 모두 선택하고 R키 → X키 → 90을 입력하고 Enter키를 누른다.

오퍼레이터 패널에서 확인과 조정을 할 수 있다.

04 3D 뷰포트 표시 변경하기

Step

다음으로 평면을 밑그림의 얼굴에 맞추기 위해 크기를 조정하고 이동시킵니다. 3D 뷰포트 왼쪽 위에서 현재 모드가 에디트 모드인 것을 확인하고 넘버패드 1을 눌러 시점을 앞쪽(Front)으로 전환합니다. 3D 뷰포트 오른쪽 위의 헤더에 있는 3D 뷰포트 셰이딩에서 현재 모델 작성과 확인에 사용하는 솔리드를 와이어프레임(Shift+Z키)으로 전환해 평면과 밑그림의 위치 관계를 쉽게 확인할 수 있게 합니다.

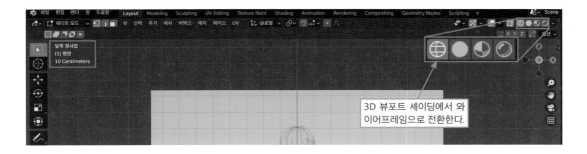

3D 뷰포트 셰이딩에서 와이어프레임으로 전환한다.

05 오브젝트 크기 변경하기

Step

현재 평면의 크기가 너무 크므로 얼굴에 맞춰 크기를 줄입니다. 평면의 버텍스를 모두 선택한 상태에서 S키를 누른 뒤, 키보드 위쪽 숫자키로 '0.05'를 입력해 축적 X, Y, Z를 '0.05'로 할 수 있습니다. 그리고 왼쪽 아래 오퍼레이터 패널에서 축적 X, Y, Z에 '0.05'를 입력해서 조정할 수도 있습니다.

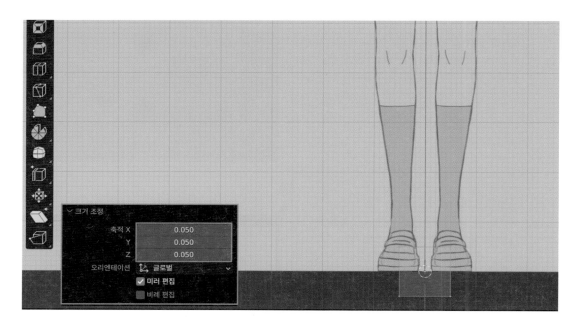

Column

수치 필드는 드래그해서 함께 변경할 수 있다

오퍼레이터 패널 안의 X, Y, Z 수치를 각각 변경하는 것은 꽤 번거롭습니다. 이들을 한 번에 변경하는 방법을 소개합니다. 먼저 위쪽 수치에 마우스 커서를 올리고, 마우스 좌클릭 상태에서 그대로 아래로 드래그해서 1개의 수치만 변경해서 다른 수치를 한 번에 변경할 수 있습니다. Enter키로 결정하고 마우스 우클릭으로 취소할 수 있습니다. 그리고 좌우로 드래그해서 수치를 드래그만으로 변경할 수도 있습니다. 오퍼레이터 패널 이외에도 블렌더 안의 수치 필드는 기본적으로 이런 방식으로 조정할 수 있으므로 직접 확인해 보기 바랍니다.

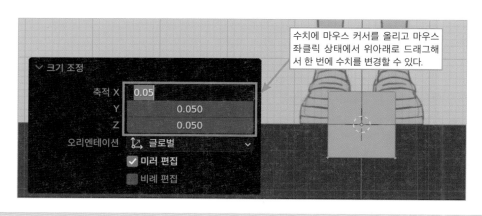

수치에 마우스 커서를 올리고 마우스 좌클릭 상태에서 위아래로 드래그해서 한 번에 수치를 변경할 수 있다.

06 오브젝트 이동하기

Step

다음으로 평면을 밑그림의 얼굴로 옮깁니다. 평면의 버텍스를 모두 선택한 상태에서 G키 → Z키 → '1.38'을 입력하면 평면이 밑그림의 얼굴 부분으로 이동할 것입니다. 왼쪽 아래 오퍼레이터 패널에서 이동 Z에 '1.38'을 입력해서 조정할 수도 있습니다.

▣ 미러 설정

01 루프 잘라내기 사용하기

Step

평면 크기와 위치를 조정했습니다. 다음으로 모디파이어의 미러를 사용해 좌우대칭으로 편집할 수 있게 합니다. 캐릭터 모델링에서 미러는 작업 시간 단축을 위해 자주 사용하는 모디파이어입니다.

그리고 미러 설정 전에 오브젝트를 분할해야 하므로, 먼저 루프 잘라내기 기능을 사용합니다. 평면의 위쪽 끝 또는 아래쪽 끝에 마우스 커서를 올리고 Ctrl+R키를 누르면 세로로 노란색 선이 표시됩니다. 마우스 좌클릭하면 에지를 놓을 위치를 결정하는 모드가 됩니다. 마우스 우클릭하면 평면의 한 가운데 에지가 추가됩니다. 루프 잘라내기는 기본적으로 어느 에지에 마우스 커서를 올리는가에 따라 노란색 선이 추가되는 점을 기억합니다. 평면이 잘 보이지 않으면 잠시 솔리드(Shift+Z키)로 전환해도 됩니다.。

위 또는 아래의 에지를 선택한다.

MEMO

루프 잘라내기
루프 잘라내기(Ctrl+R키)는 오브젝트를 절반으로 분할하는 기능입니다. 단 사각형 이상의 페이스를 연결해야만 분할할 수 있는 등 사용상 제약이 있습니다.

02

Step

버텍스 삭제하기

루프 잘라내기를 마쳤다면 왼쪽 버텍스 2개를 삭제합니다. 평면 왼쪽 버텍스 2개를 Shift+마우스 좌클릭으로 선택합니다. X키 또는 Delete키를 누르면 삭제 관련 메뉴가 표시됩니다. 여기에서 버텍스를 선택합니다.

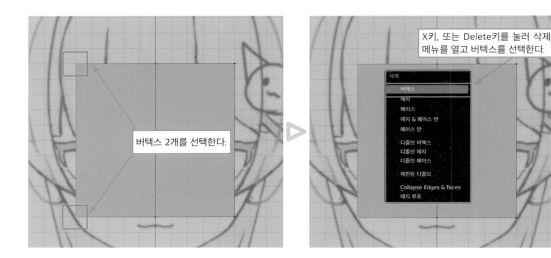

버텍스 2개를 선택한다.

X키, 또는 Delete키를 눌러 삭제 메뉴를 열고 버텍스를 선택한다.

03

Step

미러 모디파이어를 추가하기

❶ 3D 뷰포트 왼쪽 위에 있는 모드 전환에서 오브젝트 모드(Tab키)로 변경합니다.
❷ 화면 오른쪽 프로퍼티스의 모디파이어 프로퍼티스(파란색 렌치 형태 아이콘)을 클릭합니다.
❸ 모디파이어를 추가를 클릭합니다. Next Page ▶

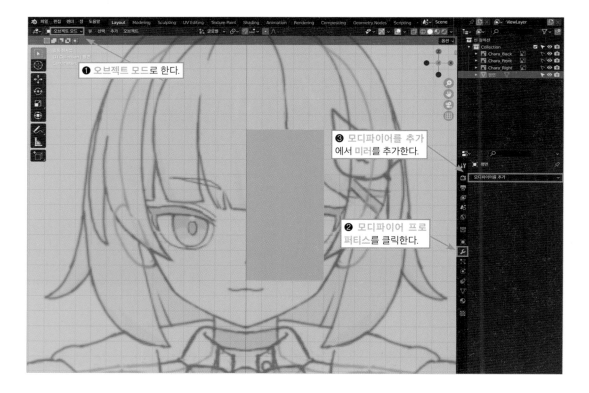

❶ 오브젝트 모드로 한다.

❸ 모디파이어를 추가에서 미러를 추가한다.

❷ 모디파이어 프로퍼티스를 클릭한다.

❹ 모디파이어를 추가에서 미러를 선택합니다.

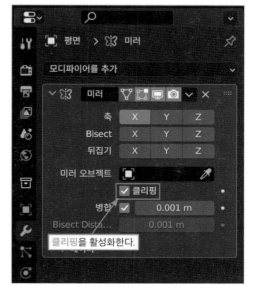

❹ 미러를 추가한다.

04
Step

클리핑 활성화하기

❶ 미러 패널 안의 클리핑을 활성화합니다. 이를 활성화하면 버텍스가 미러 측으로 튀어나오지 않도록 제한할 수 있습니다. 그리고 메쉬를 미러 측에서 떨어뜨려서 미러 가운데 빈틈이 생기는 문제도 방지할 수 있습니다. 단, 클리핑 위치로 한 번 이동한 버텍스는 고정되기 때문에 클리핑을 해제하지 않으면 움직일 수 없다는 점에 주의해야 합니다(위아래로는 이동할 수 있습니다).

❷ 위 조작을 마쳤다면 평면을 선택한 상태로 3D 뷰포트 왼쪽 위에 있는 모드 전환에서 에디트 모드(Tab키)로 전환합니다.

클리핑을 활성화한다.

MEMO

미러 안에는 다양한 항목이 있습니다. 예를 들면 축에서 대칭 축을 결정할 수 있습니다. 작업 중에 다른 방향으로 대칭이 됐다면 이 항목이 바뀌었을 가능성이 있으므로 항상 기본값인 X로 설정합니다.

◼ 변환 오리엔테이션에 관해

1장의 칼럼에서 가볍게 변환 오리엔테이션에 관해 다루었습니다. 여기에서 조금 더 설명합니다.
변환 오리엔테이션이란 이동, 회전, 축적을 사용할 때 기준이 되는 축의 설정을 수행하는 항목입니다. 3D 뷰포트 위쪽, 헤더 한 가운데 있는 변환 오리엔테이션에서 변경할 수 있으며 6개의 사전 정의된 좌표계와 사용자가 설정할 수 있는 좌표계 1개가 있습니다. 여기에서는 글로벌, 로컬, 노멀, 짐벌, 뷰, 커서의 6가지에 관해 설명합니다.

◻ 글로벌

글로벌이란 3D 뷰포트 안(월드)의 좌표계로 3D 뷰포트 안의 빨간색 선(X), 녹색 선(Y), 파란색 선(Z)을 나타냅니다. 그렇게 때문에 오브젝트 모드에서 오브젝트를 회전시켜도 좌표축은 전혀 움직이지 않습니다.

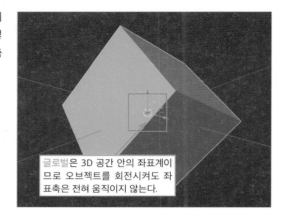

글로벌은 3D 공간 안의 좌표계이므로 오브젝트를 회전시켜도 좌표축은 전혀 움직이지 않는다.

◻ 로컬

로컬이란 각 오브젝트가 독자적으로 갖고 있는 좌표계를 나타냅니다. 이 좌표축은 오브젝트 모드에서 회전하면 동시에 오브젝트의 좌표계도 회전합니다. 에디트 모드에서 회전시켜도 오브젝트의 좌표축은 움직이지 않는 특징이 있습니다.

로컬은 오브젝트에 있는 좌표계이므로 오브젝트 모드에서 오브젝트를 회전하면 좌표축도 회전한다.

> **MEMO**
>
> 글로벌은 전역적, 로컬은 국지적이라고 번역합니다. 글로벌이 3D 공간 전체를 최우선으로 한다면, 로컬은 각 객체를 최우선으로 한다고 생각하면 이해하기 쉬울 것입니다.

🔲 노멀

노멀은 폴리곤의 방향을 기준으로 하는 좌표계로 이 버텍스 및 페이스 오리엔테이션을 노멀이라 부릅니다. 버텍스 또는 면이 바라보는 방향(수직이 되는 방향)이 Z축이 되며, 이것은 주로 에디트 모드에서 버텍스나 페이스를 부풀어 오르듯 변형하고 싶을 때 등에 사용합니다.

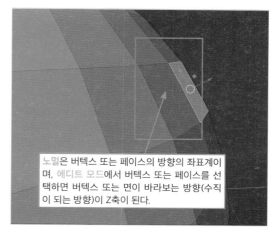

노멀은 버텍스 또는 페이스의 방향의 좌표계이며, 에디트 모드에서 버텍스 또는 페이스를 선택하면 버텍스 또는 면이 바라보는 방향(수직이 되는 방향)이 Z축이 된다.

그리고 노멀의 방향은 3D 뷰포트 오른쪽 위에 있는 뷰포트 오버레이(3D 뷰포트 안의 표시 방법을 변경할 수 있는 메뉴로, 아래쪽 방향 화살표를 클릭하면 표시됩니다. 원이 2중으로 되어 있는 아이콘은 오버레이 표시로 좌표축이나 버텍스 표시, 숨기기 등을 수행합니다) 안에 있는 노멀의 노멀을 표시에서 페이스를 클릭해서 확인할 수 있습니다. 그리고 크기에서 노멀의 크기도 조정할 수 있으므로 확인해보면 좋을 것입니다. 덧붙여 블렌더 4.0(베타 버전)에서는 3D 뷰포트 오른쪽 위에 메쉬 에디트 모드라는 항목이 새롭게 추가됐으며 그 안으로 노멀의 방향에 관한 항목 등이 이동했습니다.

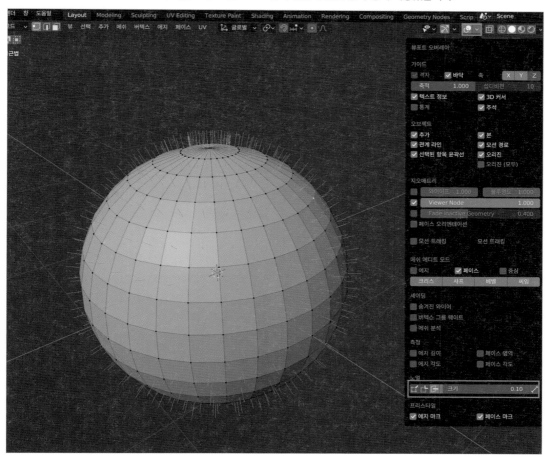

짐벌

짐벌이란 사이드바(N키)의 항목 안에 있는 회전 모드를 변경함으로써 좌표계가 변하는 모드입니다. 기본값은 XYZ 오일러각으로 되어 있으며 XYZ 오일러각에서는 Z축 방향이 항상 글로벌 Z축을 향하며, 이 모드에서 Z축 방향으로 회전하면 모든 축이 회전하게 됩니다. 여기에서 Y축을 회전하면 Z축은 회전하지 않고 X축이 회전합니다. 그리고 X축을 회전하면 Y, Z축 모두가 회전하지 않습니다.

즉, 간단히 정리하면 왼쪽 X는 가장 말단으로 Y축과 Z축에 영향을 주지 않고, Y는 중간으로 X축을 회전시키고, 가장 오른쪽 Z가 가장 높기 때문에 Z축과 Y축을 모두 회전시키는 구조입니다.

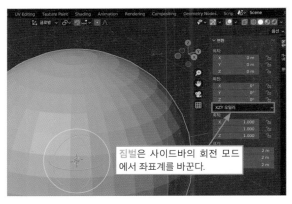

짐벌은 사이드바의 회전 모드에서 좌표계를 바꾼다.

이것은 다른 오일러각에서도 마찬가지 구조로 되어 있기 때문에 3가지 좌표축의 순서에 주의하면서 실제로 회전시키면서 확인해보기 바랍니다.

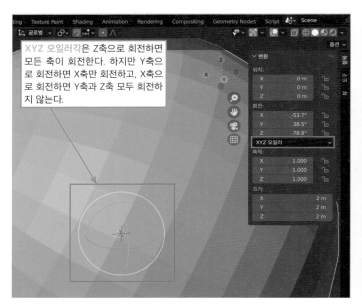

XYZ 오일러각은 Z축으로 회전하면 모든 축이 회전한다. 하지만 Y축으로 회전하면 X축만 회전하고, X축으로 회전하면 Y축과 Z축 모두 회전하지 않는다.

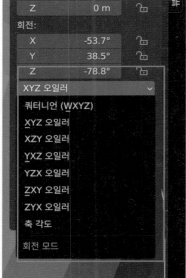

뷰

뷰는 현재 보고 있는 시점에 맞춘 좌표계입니다. Z축이 현재 보고 있는 시점에서의 깊이(앞뒤), X축이 좌우, Y축이 상하가 됩니다.

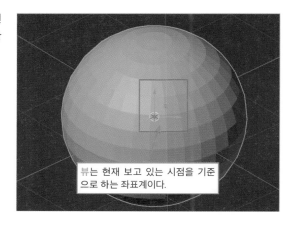

뷰는 현재 보고 있는 시점을 기준으로 하는 좌표계이다.

▣ 커서

커서는 3D 커서를 기준으로 하는 좌표계입니다. 사이드바(N키)의 뷰 안에 있는 3D 커서에서 회전 수치를 입력해 좌표계를 회전시킬 수 있습니다.

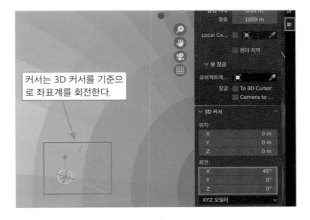

커서는 3D 커서를 기준으로 좌표계를 회전한다.

덧붙여 단축키 G키, R키, S키 만으로 조작하면 좌표계가 보이지 않아 어떤 좌표계인지 알 수 없게 될 수 있습니다. 오브젝트나 버텍스를 선택한 상태에서 화면 왼쪽 툴바(T키)에서 이동, 회전, 축적을 선택하면 현재 좌표계가 표시되므로 쉽게 알 수 있습니다.

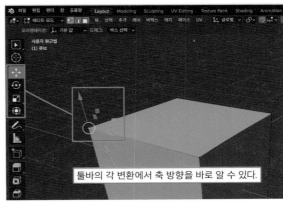

툴바의 각 변환에서 축 방향을 바로 알 수 있다.

3-3 눈 주변 모델링

여기에서는 눈 주변을 모델링합니다. 평면의 버텍스를 이동시켜 밑그림을 감싸듯이 변형합니다. 여기에서 세로와 가로로 3개의 루프 잘라내기(Ctrl+R키)을 사용해 다음 그림과 같이 모델링해 나갑니다. 인물 모델링은 형태가 복잡하기 때문에 많은 시간이 걸립니다. 한 번에 끝내려 하지 말고 조금씩 이라도 좋으니 하나씩 차근차근 완성시키는 것이 무리하지 않는 모델링이라 할 수 있습니다.

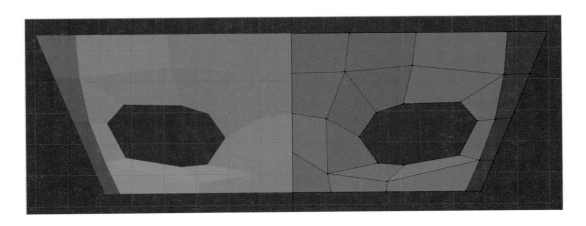

01

Step

3D 뷰 표시 전환하기

먼저 현재 시점이 앞쪽 시점(넘버패드 1)인지 확인합니다. 밑그림에서 모델링할 때는 와이어프레임을 사용할 때가 많지만, 와이어프레임만으로는 보기가 어려울 수 있으므로 여기에서는 솔리드를 중심으로 모델링을 합니다. 솔리드에서 메쉬와 밑그림을 보기 쉽게 하기 위해 3D 뷰포트 오른쪽 위의 3D 뷰포트 세이딩에서 솔리드(Shift+Z키)로 전환합니다. 다음으로 바로 왼쪽 옆에 있는 X-Ray를 토글(Alt+Z키)을 활성화하고 메쉬를 투과 시킵니다. 이것으로 솔리드로 밑그림을 쉽게 모델링할 수 있게 됩니다.

❷ 'X-Ray를 토글'을 활성화해 둔다.

❶ 솔리드로 전환한다.

POINT

X-Ray 값 변경 방법

투과를 보다 강하게 또는 보다 약하게 설정하고 싶을 때는 X-Ray 값을 조정합니다(3D 뷰포트 세이딩에 있는 아래쪽 방향 화살표를 클릭하면 메뉴가 표시됩니다). 기본값으로 0.5가 설정되어 있으며 0에 가까울수록 더 많이 투과됩니다. 1에 가까울수록 투과 정도가 약해집니다(더 적게 투과됩니다).

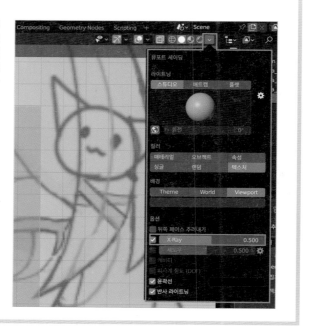

02
Step 버텍스 이동하기

❶ 먼저 평면 위쪽 버텍스 2개를 Shift+마우스 좌클릭으로 선택합니다. 다음으로 G키 → Z키를 누른 뒤 Z축 방향으로 '-0.035' 만큼 이동합니다(수치를 입력하거나 오퍼레이터 패널에서 조정합니다).

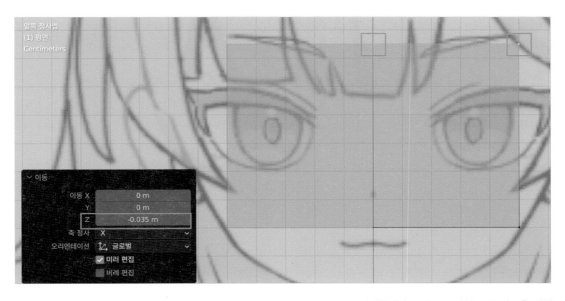

❷ 다음으로 평면 아래쪽 버텍스 2개를 마찬가지로 Shift+마우스 좌클릭으로 선택합니다. G키 → Z키를 누른 뒤 Z축 방향으로 '0.014' 만큼 이동합니다

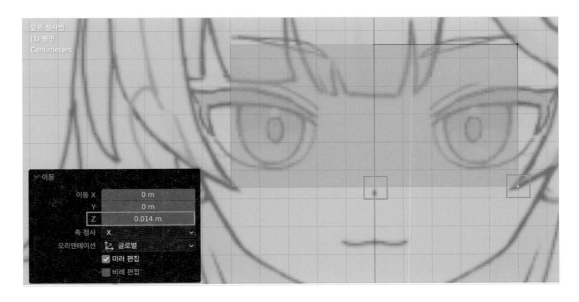

03
Step
옆쪽 버텍스를 각각 이동하기
다음은 평면 오른쪽 버텍스 2개를 각각 선택하고 G키 → X키를 눌러 X출 방향으로 하나씩 이동시킵니다. 버텍스의 위치는 밑그림에 맞춰서 결정합니다.

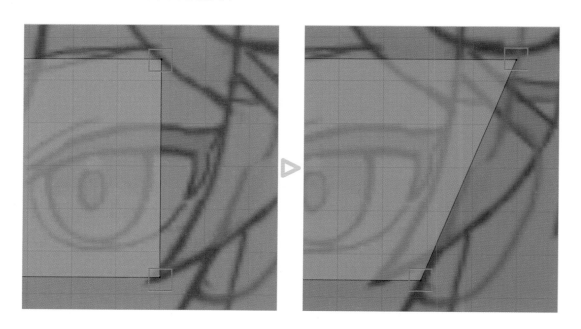

04
Step
중앙 버텍스 이동하기
❶ 옆쪽에서 봤을 때의 형태를 대략 만듭니다. 평면의 오른쪽(미러의 중심)의 버텍스를 Shift+마우스 좌클릭으로 선택합니다. NextPage

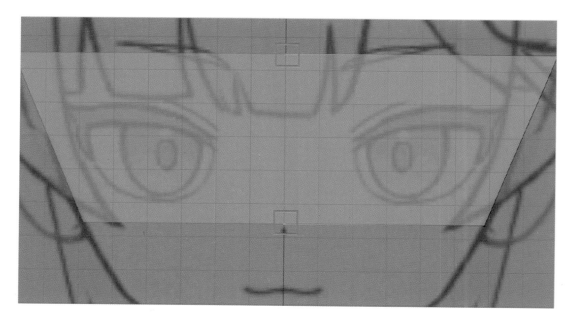

❷ 다음으로 넘버패드 3을 눌러 오른쪽 시점(Right)으로 전환합니다. 앞에서 선택한 버텍스가 다른 버텍스에 가려져 보이지 않게 됐지만, 앞쪽(Front)을 선택한 상태이므로 G키 → Y키를 눌러서 선택한 버텍스 2개를 Y축으로 이동합니다. 밑그림의 코끝까지 이동했다면 마우스 좌클릭으로 결정합니다. 이렇게 버텍스를 미리 앞으로 이동시킴으로써 앞쪽에서 메쉬를 만든뒤 옆에서 봤을 때 이미 입체감이 있는 상태에서 시작할 수 있으므로 쉽게 조정할 수 있습니다.

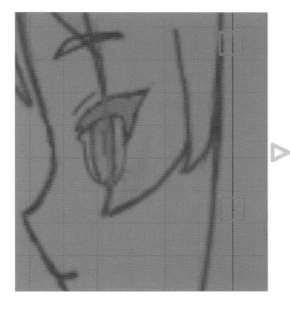
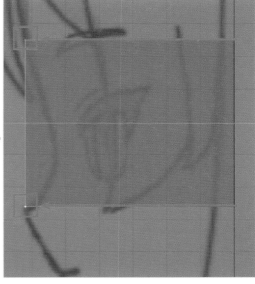

05 루프 잘라내기 적용하기

Step

❶ 다음으로 루프 잘라내기를 사용해 눈의 형태가 되도록 조정합니다. 평면의 왼쪽 끝 또는 오른쪽 끝(미러 측이 아닌 편집할 수 있는 방향의 평면)에 마우스 커서를 올리고 Ctrl+R키를 누르면 노란색 가로 선이 표시됩니다. 그대로 마우스 휠을 위아래로 움직이면 숫자를 조정할 수 있습니다. 여기에서는 잘라내기의 수를 3으로 할 것입니다. 노란색 가로선이 3개가 되면 마우스 좌클릭을 하고 그 상태에서 마우스 우클릭으로 위치를 결정해서 메쉬를 분할합니다. NextPage

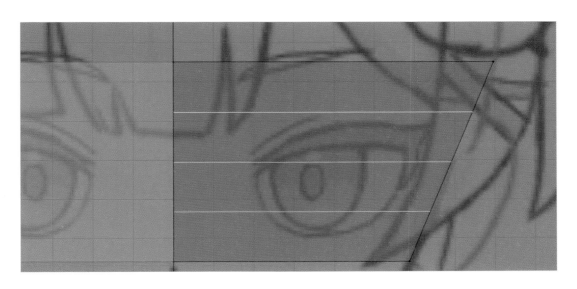

❷ 마찬가지로 평면 위쪽 끝 또는 아래쪽 끝에 마우스 커서를 올리고 Ctrl+R키를 누릅니다. 노란색 세로 선이 표시되므로 마우스 휠을 움직여 세로 선의 수를 3개로 조정합니다. 마우스 좌클릭을 한 뒤 그 상태로 마우스 우클릭으로 위치를 결정해서 메쉬를 분할합니다. 상하좌우로 분할했을 때 한 가운데가 나중에 눈이 될 부분입니다. 덧붙여 마우스 우클릭으로 루프 잘라내기를 결정하면 왼쪽 아래 오퍼레이터 패널이 표시됩니다. 이 패널에서 잘라내기의 수를 사용해 분할을 결정할 수도 있습니다.

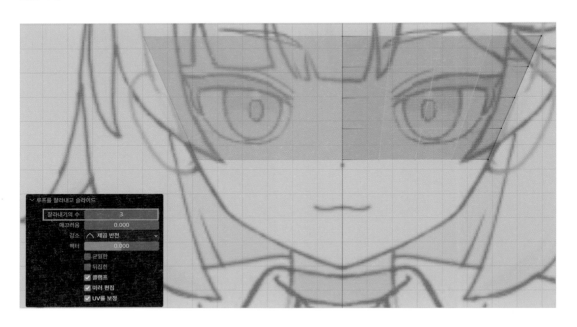

06
Step

버텍스 삭제하기
한 가운데의 버텍스는 필요하지 않으므로 마우스 좌클릭해서 선택한 뒤 X키 또는 Delete키를 누르고 삭제 메뉴에서 버텍스를 선택합니다.

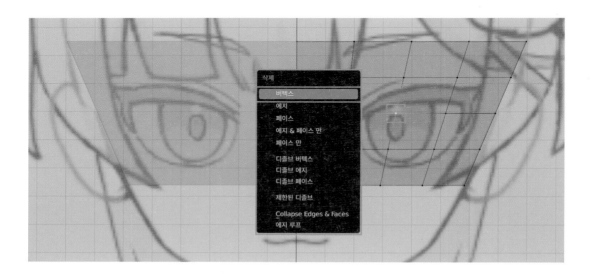

07 에지 루프 선택하기

Step

다음으로 눈 주변의 <u>토폴로지</u>를 만들기 위해 버텍스를 돌출하기 합니다. 한 가운데의 버텍스 1개를 삭제했으므로 8개의 버텍스로 구성된 구멍이 만들어졌을 것입니다. 이 8개의 버텍스를 연결하는 에지를 Alt+마우스 좌클릭으로 선택합니다(에지 루프 선택).

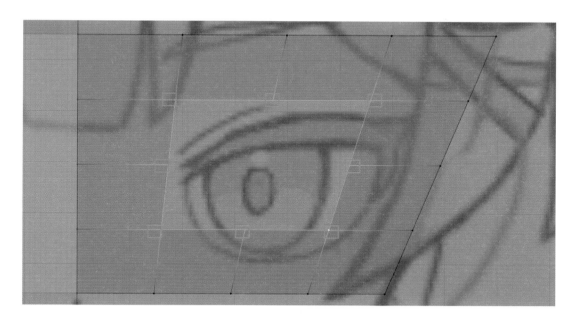

08 페이스 작성하기

Step

❶ 먼저 3D 뷰포트 위쪽에 있는 <u>피벗 포인트를 변환</u>이 <u>평균 포인트</u>로 되어 있는 것을 확인합니다(<u>평균 포인트</u> 외의 항목으로 설정되어 있으면 축적이 되지 않을 가능성이 있습니다). NextPage ➤

❷ 다음으로 돌출하기(E키)를 사용해 버텍스를 늘리듯이 추가합니다.

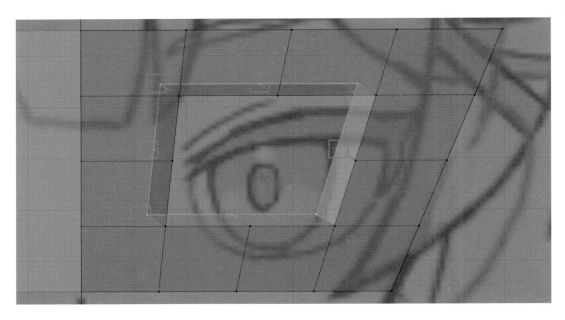

❸ 이 상태에서는 예상 외의 방향으로 돌출하기가 되므로 계속해서 축적(S키)을 사용해 구멍을 중심으로 축적할 수 있게 되므로 마우스를 움직여서 조정합니다. 작은 구멍이 만들어질 정도의 크기가 됐다면 마우스 좌클릭으로 결정합니다. 덧붙여 앞에서 확인한 피벗 포인트를 변환의 평균 포인트은 이렇게 여러 버텍스나 오브젝트를 선택한 경우, 그 중앙을 기점으로 변형한다는 특징이 있으므로 기억해 둡니다.

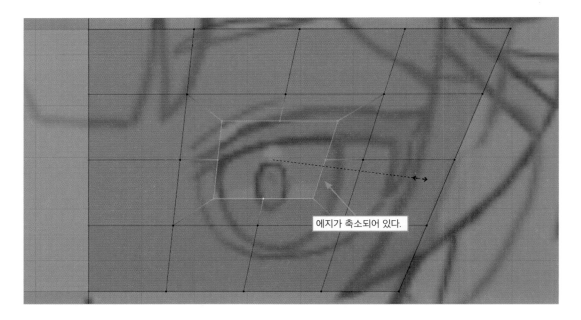

에지가 축소되어 있다.

POINT

버텍스 중복과 병합에 관해

E 키를 사용한 돌출하기의 단축키를 마우스 우클릭으로 취소하면 버텍스나 면이 중복되기 때문에 Ctrl+Z 키로 되돌리는 편이 바람직합니다. 하지만 눈치채지 못하고 취소만 실행한 상태로 모델링 할 때가 많습니다. 버텍스가 같은 위치에 있는 것을 버텍스 중복이라고 부릅니다. 이를 방치할 경우 예를 들면 섭디비전 표면(오브젝트의 메쉬를 세분화해서 표면을 부드럽게 보이는 기능)을 추가했을 때 형태가 깨지거나 베벨(각을 둥글게 만들거나 에지를 추가하는 기능으로 Ctrl+B 키가 단축키입니다)이 잘 되지 않는 등 다양한 에러의 원인이 됩니다. 중복된 버텍스를 삭제할 때는 병합 기능을 사용하면 좋습니다.

병합이란 선택한 2개 이상의 버텍스를 하나로 모으는 기능입니다. 3D 뷰포트 위쪽 헤더에 있는 메쉬 → 병합(M 키)에서 사용할 수 있습니다. 예를 들면 중심에를 선택하면 2개의 버텍스 사이의 중으로 모을 수 있습니다. 그리고 가장 처음 또는 가장 마지막에 선택한 버텍스를 기준으로 결합할 수 있으며, 결합 유형도 결정할 수 있습니다. 또한 오퍼레이터 패널에서 나중에 결합 유형도 변경할 수 있으며, 여기에서 조정하는 방법도 있습니다.

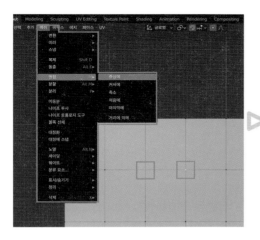 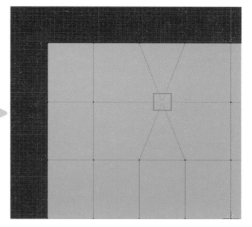

중복한 버텍스를 삭제하고 싶을 때는 거리에 의해를 사용하는 것을 권장합니다. 이 방법으로 선택한 버텍스 중에서 설정한 거리 안에 있는 버텍스를 하나로 모아주는 기능입니다. 예를 들면 오른쪽 그림은 10개의 버텍스가 중복되어 있습니다. 먼저 A 키로 모든 버텍스를 선택합니다. 다음으로 헤더에 있는 메쉬 → 병합 → 거리에 의해를 클릭합니다.

화면 맨 아래 있는 상태바를 보면 중복 버텍스가 있는 경우에는 OO개의 버텍스를 제거했습니다라고 표시됩니다. 오퍼레이터 패널에서 병합 거리를 조정할 수 있습니다(기본값은 '0.0001m'). 만약 메쉬 표시가 이상하거나 조작이 잘 되지 않는다면 버텍스 중복이 원인일 수 있으므로 거리에 의해 기능을 사용해보기 바랍니다.

09 눈 주변 버텍스 이동하기

Step

눈 주변에 만든 페이스의 흐름을 보다 깔끔하게 만들기 위해 버텍스를 G키로 이동하면서 밑그림에 맞춰 나갑니다. 먼저 구멍과 바깥쪽 사이에 있는 버텍스 8개를 각각 1개씩 선택해서 G키로 움직이면서 밑그림의 눈을 감싸도록 위치를 조정합니다. 그리고 밑그림의 눈 주변에 틀을 만들듯 버텍스를 배치합니다. 이 단계에서는 다소 눈의 형태가 어그러져도 괜찮습니다.

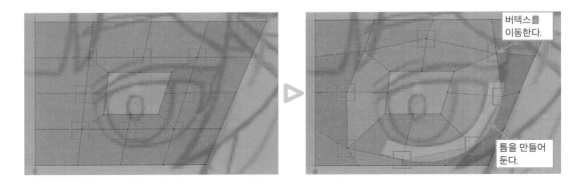

버텍스를 이동한다.

틈을 만들어 둔다.

10 버텍스 슬라이드하기

Step

이로 인해 바깥쪽 면의 형태가 어그러졌을 것이므로 바깥쪽 버텍스도 G키로 움직여서 조정합니다. 여기에서 버텍스의 조정에 도움이 되는 조작을 소개합니다. 이것은 버텍스 슬라이드입니다. 버텍스를 에지에 맞춰 움직이며 조작할 수 있습니다.

❶ 먼저 슬라이드 할 버텍스를 선택하고 G키를 2번 누릅니다(또는 Shift+V키). 그러면 에지 슬라이드 모드로 전환되며 마우스를 움직이면 노란색 선이 표시됩니다. 주변의 에지에 맞춰 버텍스의 위치를 결정할 수 있습니다. 조작은 마우스 좌클릭으로 위치를 결정하고 마우스 우클릭으로 취소합니다. 그리고 버텍스를 선택한 상태에서 헤더에 있는 버텍스(Ctrl+V키) → 버텍스를 슬라이드를 클릭하고 마우스 좌클릭 상태에서 드래그해서도 조작할 수 있습니다. Next Page

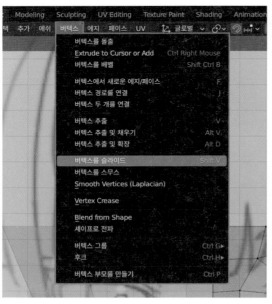

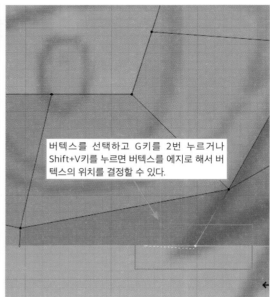

버텍스를 선택하고 G키를 2번 누르거나 Shift+V키를 누르면 버텍스를 에지로 해서 버텍스의 위치를 결정할 수 있다.

❷ 이렇게 슬라이드를 사용하면 메쉬 바깥쪽 형태가 어그러지지 않고 깔끔하게 배열되므로 이 방법을 사용해 정리해 나갑니다.

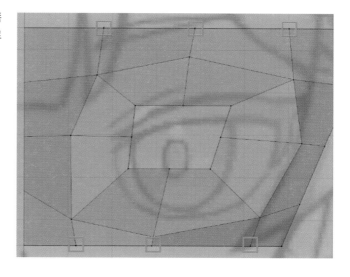

덧붙여 버텍스 슬라이드는 툴바(T키)에서도 수행할 수 있습니다. 기본값은 에지 슬라이드 로 되어 있습니다. 마우스 좌클릭을 길게 하고 버텍스 슬라이드 항목에 마우스 커서를 위치시 키고 마우스 왼쪽 버튼을 떼면, 선택한 버텍스 에 노란색 원이 표시됩니다. 마우스 좌클릭 상 태에서 드래그로 버텍스를 에지에 맞춰 슬라이 드 할 수 있으므로 시험해보기 바랍니다(작업 을 마쳤다면 툴바의 가장 위에 있는 선택 도구 로 되돌리는 것을 잊지 않습니다).

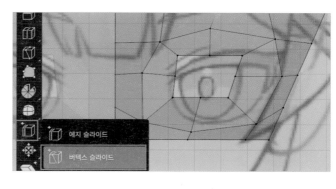

11
Step

버텍스 조정하기

마지막으로 구멍의 버텍스 8개를 G키로 움직여 조 정합니다. 여기에서의 팁은 위쪽 버텍스와 아래쪽 버텍스는 눈이 깔끔하게 감긴 것처럼 위아래를 맞 추는 것입니다. 이렇게 인물을 모델링할 때도 처음 에는 필요한 최소한의 버텍스에서 시작해야 쉽게 모델링할 수 있습니다. 버텍스는 나중에 늘릴 수 있 습니다. 그리고 이후 섭디비전 표면도 추가할 수 있 으므로 여기에서는 버텍스는 최소한으로 해서 작업 을 진행합니다.

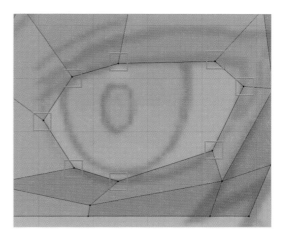

버텍스 다듬기

다음 그림과 같이 버텍스가 똑바로 정렬되지 않고 울퉁불퉁하게 되는 경우의 해소 방법에 관해 설명합니다. 먼저 문제가 있는 버텍스를 Alt+마우스 좌클릭해서 에지 루프 선택합니다. 다음으로 S 키 → Z 키 → '0' 을 입력하고 마우스 좌클릭 또는 Enter 키를 눌러 Z 축 방향으로 버텍스를 똑바로 정렬할 수 있습니다(왼쪽 아래 오퍼레이터 패널에서 축적 Z 를 '0' 으로 입력해서 조정할 수도 있습니다). 이것은 X 축, Y 축에도 응용할 수 있으므로 기억해두면 모델링에 도움이 됩니다.

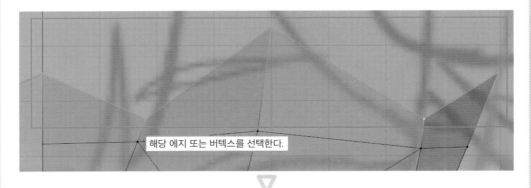

해당 에지 또는 버텍스를 선택한다.

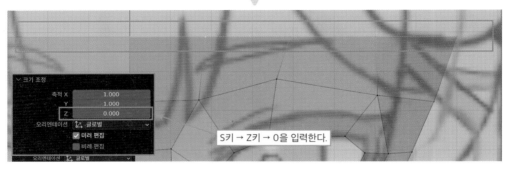

S 키 → Z 키 → 0을 입력한다.

그리고 대각선으로 기울어진 버텍스를 정렬하고 싶을 때는 변환 오리엔테이션을 노멀로 바꿉니다. 다음으로 옆쪽 버텍스를 박스 선택(B 키)나 Shift+마우스 좌클릭 등을 선택하고 S 키 → Z 키 → '0' 을 입력하고 마우스 좌클릭 또는 Enter 키를 눌러서 어느 정도 정렬할 수 있습니다(완료했다면 글로벌로 되돌립니다).

 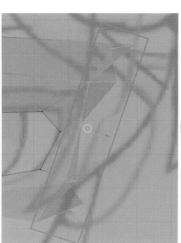 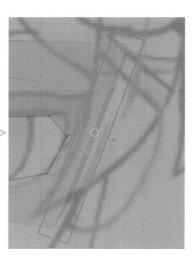

12 옆쪽 버텍스 조정하기

Step

앞쪽(Front) 편집을 마쳤다면 옆쪽 형태도 정리합니다. 넘버패드 3을 눌러 오른쪽(Right) 시점으로 전환합니다. 먼저 옆 얼굴의 윤곽을 따라 버텍스를 이동시킵니다. 왼쪽 버텍스 3개를 G키 → Y키를 눌러 Y축으로 고정하고, 밑 그림의 옆 얼굴의 윤곽에 맞춥니다.

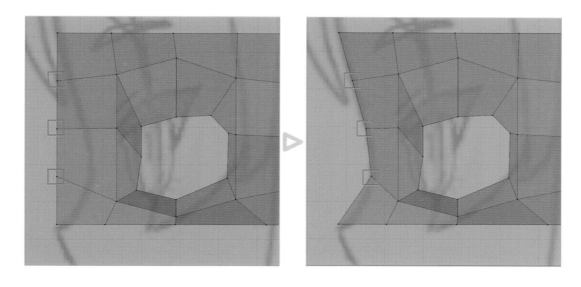

13 눈 주변 버텍스 조정하기

Step

다음으로 눈 주변의 버텍스를 정리합니다. 안쪽 구성의 버텍스 8개를 각각 G키로 이동해 밑그림의 옆 눈에 맞춥니다.

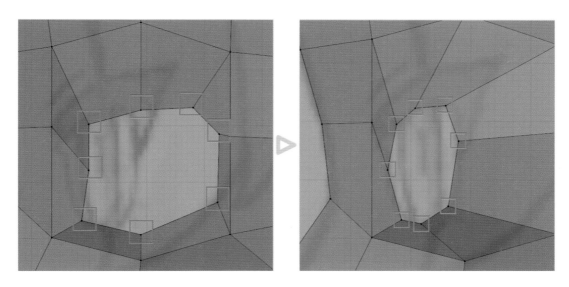

14
Step

눈 주변 바깥쪽 버텍스 편집하기

구멍 주변에 있는 버텍스 8개도 형태
를 정리합니다. 눈 주변은 약간 안쪽으
로 들어가 있으므로 눈을 중심으로 빨려
들어가는 형태로 만드는 것이 팁입니다.
눈썹 주변의 면의 보이는 넓이를 좁게
하면 비스듬한 얼굴의 모델링을 쉽게 할
수 있습니다.

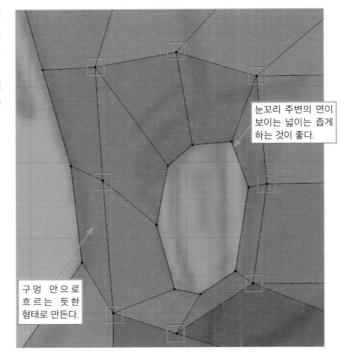

눈꼬리 주변의 면이
보이는 넓이는 좁게
하는 것이 좋다.

구 멍 안으로
흐르는 듯한
형태로 만든다.

15
Step

바깥쪽 버텍스 조정하기

바깥쪽 버텍스도 조정합니다. 여기에서
는 G키 → Y키로 Y방향으로 고정한 뒤
조정합니다(버텍스를 슬라이드 하면 앞
쪽에서 봤을 때 깨지게 됩니다). 여기에
서도 구멍으로 빨려 들어가는 듯한 형태
로 조정하면 좋습니다.

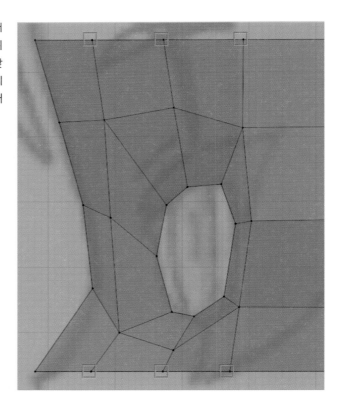

16 눈꼬리 선 수정하기

Step

넘버패드 1을 눌러 다시 한 번 앞쪽(Front) 시점으로 전환하고 부자연스러운 부분이 없는지 확인합니다. 눈꼬리 부분이 어긋났으므로 여기를 수정합니다. 눈꼬리 측의 버텍스를 각각 G키 → X키를 눌러 X축으로 고정한 뒤 버텍스를 수정합니다. 곡선을 그리듯 버텍스를 수정하고, 얼굴 옆쪽이 살짝 보이도록 하는 것이 팁입니다. 이 옆쪽 폭은 조정할 때 상당히 놓치기 쉬운 부분이므로 주의합니다.

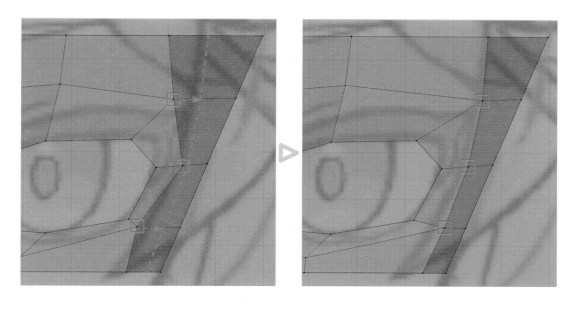

17 전체 확인하기

Step

시점을 비스듬한 각도로 전환해봅니다. 눈 주변의 앞쪽과 옆쪽을 확실하게 구별할 수 있다면 괜찮습니다. 여기에서 더 수정해도 좋지만 얼굴을 확실하게 완성하는 것을 우선하기 위해 여기에서 작업을 마칩니다. 작업을 마쳤다면 저장(Ctrl+S키)을 잊지 않도록 합니다.

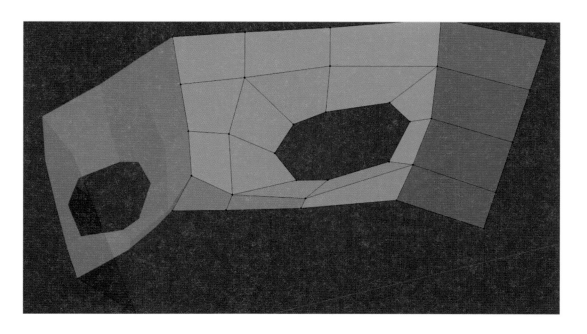

'버텍스를 스무스'에 관해

버텍스 조정이 들쑥날쑥하게 됐을 때의 대응도 소개합니다. 예를 들면 다음 이미지와 같이 됐을 때는 박스 선택(B키)나 원형 선택(C키, 취소는 마우스 우클릭)으로 마우스ㅋ 좌클릭 상태에서 드래그 하거나 Shit+마우스 좌클릭 등으로 들쑥날쑥한 버텍스만 선택합니다.

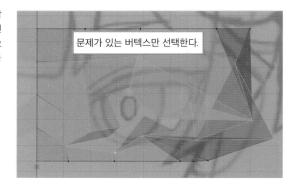

문제가 있는 버텍스만 선택한다.

버텍스를 선택했다면 헤더 안에 있는 버텍스(Ctrl+V키)를 클릭하고 메뉴 안에 있는 버텍스를 스무스를 선택합니다. 마우스 우클릭 후 메뉴에서도 선택할 수 있지만, 3D 뷰포트 왼쪽 위에 있는 버텍스 선택 모드(숫자 1키)일 때만 버텍스를 스무스가 표시되는 점에 주의합니다.

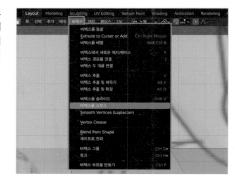

그러면 버텍스를 자동으로 정리하는 듯 변합니다. 또한 왼쪽 아래 오퍼레이터 패널의 스무딩(기본값 0.5)과 반복(기본값 1)에서 상세하게 조정할 수 있으므로, 여기에서는 수치 조정을 통해 버텍스를 스무스 해 나갑니다. 버텍스를 깔끔하게 조정하고 싶다면 이 기능을 사용해 보는 것을 권장합니다.

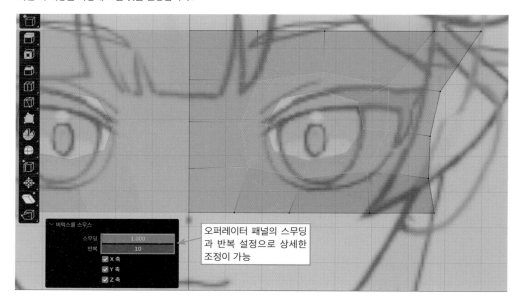

오퍼레이터 패널의 스무딩과 반복 설정으로 상세한 조정이 가능

3-4 입 주변 모델링

눈 주변 모델링을 마쳤다면 다음은 입 주변을 모델링합니다. 먼저 입 주변(볼선과 턱선)을 모델링 한 뒤 입을 모델링합니다.

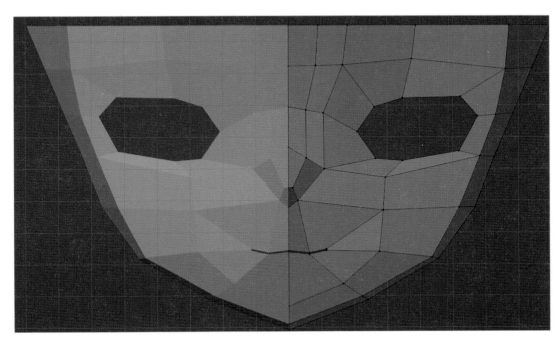

01 버텍스 추가하기

Step

현재 모드가 에디트 모드(Tab키)이고 시점이 앞쪽 시점(넘버패드 1)임을 확인했다면, 오른쪽 버텍스를 마우스 좌클릭으로 선택합니다. 다음으로 E키로 버텍스를 늘려 턱끝으로 연결합니다

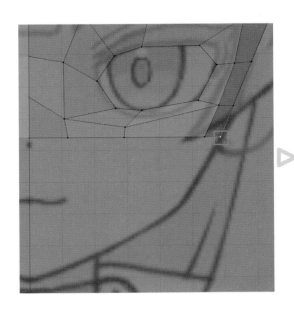

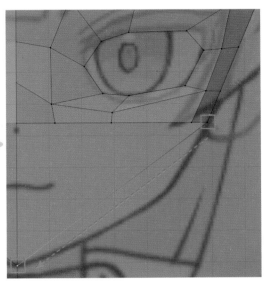

02 섭디비전 적용하기

Step

다음으로 옆쪽과 턱끝을 연결한 2개의 버텍스(에지)를 Shift+마우스 좌클릭으로 선택하고, 헤더 안의 에지 (Ctrl+E키)를 클릭해 섭디비전을 선택합니다. 그러면 에지의 한 가운데 1개의 버텍스가 추가됩니다. 섭디비전이란 선택한 에지나 페이스를 분할하는 것으로, 보다 세세한 에지와 페이스를 만들 수 있는 기능입니다. 기본값은 잘라 내기의 수가 '1'이므로 왼쪽 아래 오퍼레이터 패널에서 '2'로 설정합니다.

헤더에서 에지 → 섭 디비전을 클릭한다.

여러 버텍스를 선택한다.

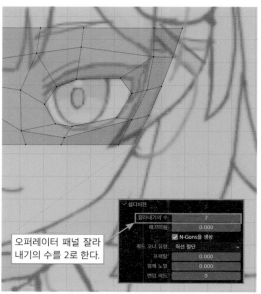

오퍼레이터 패널 잘라 내기의 수를 2로 한다.

03 얼굴선에 맞춰 버텍스 이동하기

Step

분할을 통해 늘어난 버텍스 2개를 각각 G키 → X키 로 밑그림에 맞춰 이동시킵니다. 눈에서 턱선에 걸 친 바깥쪽 윤곽은 홈베이스와 같은 형태로 만드는 것이 팁입니다.

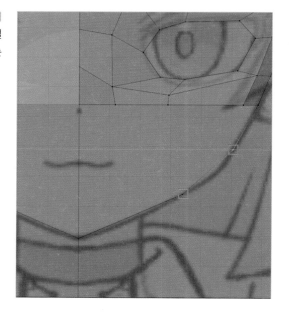

04

Step

옆선 확인하기

다음은 옆에서 본 얼굴을 모델링합니다. 넘버패드 3을 눌러 시점을 오른쪽(Right)으로 전환합니다. 옆쪽 오른쪽에서 턱끝까지의 버텍스가 모두 Y축 방향으로 정렬되어 있는지 확인하기 위해 박스 선택(B키)으로 선택한 뒤, 사이드바(N키)를 표시하고, 항목에서 변환 패널 안의 Y가 0으로 되어 있는지 확인합니다. 이 값이 0이 아니면 이후의 수치 입력 조작이 잘 동작하지 않을 수 있습니다.

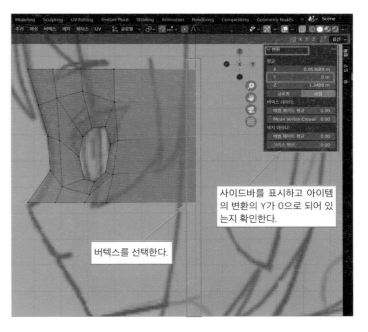

사이드바를 표시하고 아이템의 변환의 Y가 0으로 되어 있는지 확인한다.

버텍스를 선택한다.

만약 다음 그림과 같이 버텍스가 들쭉날쭉하고 Y축의 수치도 0이 아니라면 먼저 옆쪽 오른쪽에서 턱끝까지의 버텍스를 모두 선택하고 S키 → Y키 → '0'를 입력한 뒤 마우스 좌클릭 또는 Enter키를 눌러 버텍스를 Y축으로 정렬합니다.

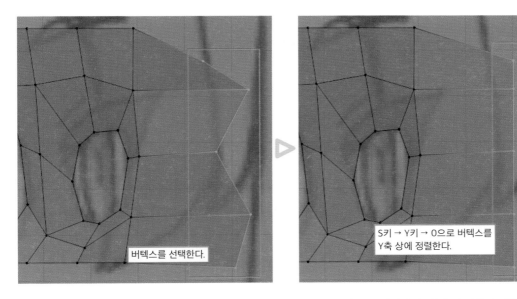

버텍스를 선택한다.

S키 → Y키 → 0으로 버텍스를 Y축 상에 정렬한다.

그리고 버텍스 선택을 유지한 상태에서 사이드바의 항목의 변환 안의 Y 값에 '0'을 입력하면 Y축에 딱 맞춰서 정렬할 수 있습니다. 다른 버텍스도 S키를 누르고 X, Y, Z에서 '0'을 입력해 조정하면 쉽게 정리할 수 있습니다. Y 값을 '0'으로 설정했을 때 버텍스가 이상한 방향으로 움직인다면 오브젝트 좌표축(로컬)이 회전했을 가능성이 있습니다. 이때는 변환 패널 안에 있는 글로벌(3D 뷰포트 안의 좌표축)을 클릭하고 한 번 더 Y 수치를 '0'으로 입력해서 깔끔하게 정리할 수 있습니다.

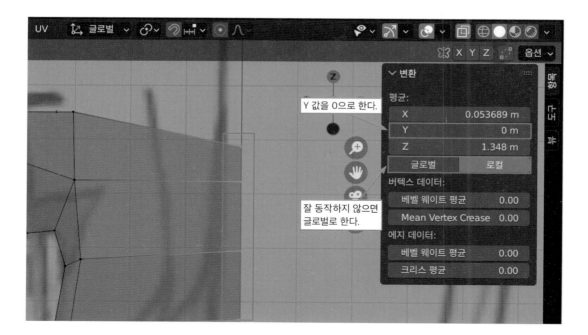

Y 값을 0으로 한다.

잘 동작하지 않으면 글로벌로 한다.

변환

평균:
X	0.053689 m
Y	0 m
Z	1.348 m

글로벌	로컬

버텍스 데이터:
베벨 웨이트 평균	0.00
Mean Vertex Crease	0.00

에지 데이터:
베벨 웨이트 평균	0.00
크리스 평균	0.00

Column

사이드바의 '변환' 패널에 관해

여기에서는 사이드바(N 키)의 항목에 있는 변환 패널에 관해 조금 짚어봅니다. 이 항목은 주로 수치를 입력해서 이동, 회전, 축적 등의 작업을 수행할 때 사용합니다. 그리고 오브젝트 모드와 에디트 모드에서는 수치가 조금 다릅니다. 예를 들면 오브젝트 모드에서는 오브젝트를 선택하면 해당 객체의 위치, 회전, 축적 수치를 확인할 수 있습니다.

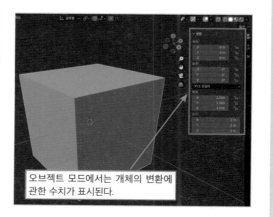

오브젝트 모드에서는 개체의 변환에 관한 수치가 표시된다.

한편 에디트 모드에서는 선택한 버텍스의 현재 위치에 관한 정보 등이 표시됩니다. 그리고 이 모드에서 편집을 해도 오브젝트 모드에서의 위치, 회전, 축적 수치에는 변화가 없습니다. 왜냐하면 에디트 모드는 오브젝트 자체를 변형하는 것이 아니라 버텍스 등을 조작해서 변형시키는 모드이기 때문입니다.

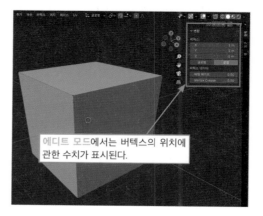

에디트 모드에서는 버텍스의 위치에 관한 수치가 표시된다.

에디트 모드에서 여러 버텍스를 선택했을 때는 이 버텍스들의 평균 포인트가 수치로 표시됩니다.
시험삼아 직접 버텍스나 페이스를 선택하고 수치가 변화하는 것을 확인해봅니다.

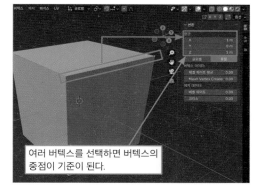

여러 버텍스를 선택하면 버텍스의 중점이 기준이 된다.

그리고 아래 글로벌(3D 뷰포트 안의 좌표축)과 로컬(오브젝트의 좌표축) 항목이 제공됩니다. 이 항목들은 글로벌 좌표축 또는 로컬 좌표축에서의 버텍스의 위치로 전환하는 항목입니다. 글로벌은 여러 버텍스를 정렬하고 싶을 때 등에 도움이 되므로 사용 방법을 익혀두는 것이 좋습니다.

05 턱선 조정하기

Step

버텍스를 정렬했다면 다음으로 아래의 버텍스 3개에 대해 각각 수치를 입력해 위치를 조정하고 턱선을 만듭니다. 먼저 가장 아래의 버텍스(턱끝이 되는 부분)을 선택하고 G키 → Y키 → '-0.038'을 입력합니다. 다음으로 2번째 버텍스를 선택하고 G키 → Y키 →'-0.015'를 입력합니다. 마지막으로 아래에서 3번째 버텍스를 선택하고 G키 → Y키 → '-0.004'를 입력합니다(오퍼레이터 패널에서 이동 Y값을 이력해서 조정할 수도 있습니다).

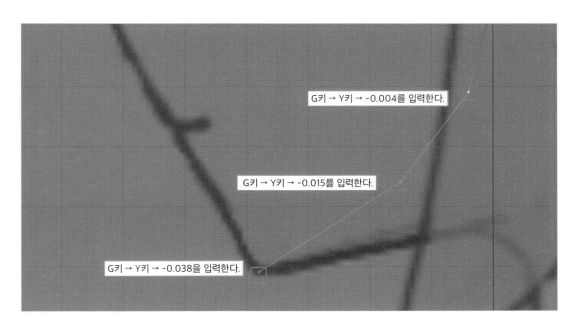

G키 → Y키 → -0.004를 입력한다.

G키 → Y키 → -0.015를 입력한다.

G키 → Y키 → -0.038을 입력한다.

06 에지 만들기

Step

다음으로 코끝과 턱끝을 에지로 연결합니다. 코끝의 버텍스와 턱끝의 버텍스 2개를 함께 선택하고 3D 뷰포트 위쪽 헤더에서 버텍스(Ctrl+V키) → 버텍스에서 새로운 에지/페이스(F키)를 선택합니다. 2개의 버텍스로 에지를 만들 수 있습니다. 이것은 선택한 버텍스 사이에 에지/페이스를 만들 수 있으며, 단축키 F키를 사용하면 메쉬를 빠르게 만들 수 있으므로 기억해 두면 좋습니다.

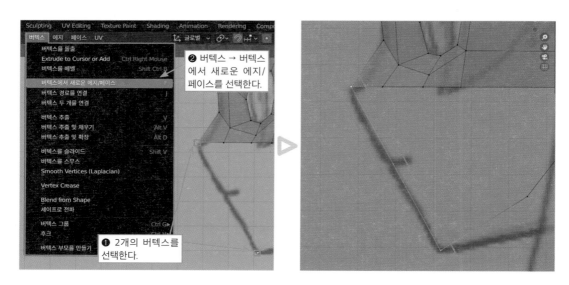

07 섭디비전 후 버텍스 이동하기

Step

❶ 현재 버텍스 2개가 선택되어 있는 상황이므로 헤더의 에지(Ctrl+E키) → 섭디비전을 클릭하고 왼쪽 아래 오퍼레이터 패널에서 잘라내기의 수에 '3'을 입력합니다. Next Page

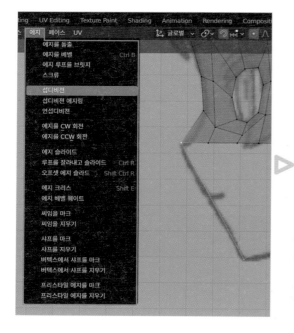

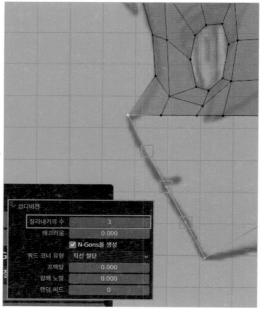

❷ 분할했다면 버텍스를 슬라이드(G키를 2번 누르거나 Shift+V키)시켜 오른쪽 그림과 같이 배열합니다. 위쪽 버텍스는 나중에 코를 구성하고, 아래쪽 2개의 버텍스는 눈 아래에서 입으로 흐르는 토폴로지가 됩니다.

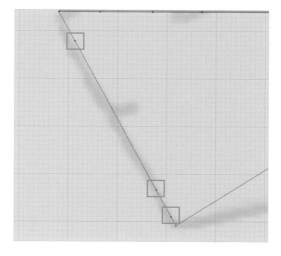

08 에지 삭제하기
Step

입 주변의 에지는 사용하지 않으므로 이 2개의 버텍스를 Shift+마우스 좌클릭으로 선택하고, X키 또는 Delete키를 누른 뒤 메뉴 안에 있는 에지를 클릭하고 에지만 삭제합니다.

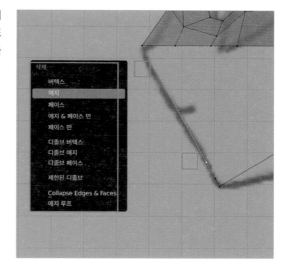

09 루프 잘라내기로 코 선 만들기
Step

다음으로 코를 만듭니다.

❶ 넘버패드 1을 눌러 시점을 앞쪽(Front)으로 전환하고 코 위쪽 에지에 마우스 커서를 위치합니다. 루프 잘라내기인 Ctrl+R키를 누르고 에지를 1개 추가한 뒤 마우스 좌클릭으로 에지의 위치를 결정하는 모드로 바꿉니다. 마우스 우클릭으로 위치를 중앙으로 결정합니다.

Next Page

여기에 마우스 커서를 올리고 Ctrl+R키로 루프 잘라내기 한다.

❷ 버텍스를 G키로 이동해 코 주변을 작게 만듭니다. 오른쪽 그림과 같이 코의 크기가 작은 편이 귀여운 느낌을 줍니다.

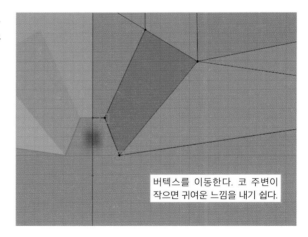

버텍스를 이동한다. 코 주변이 작으면 귀여운 느낌을 내기 쉽다.

❸ 마지막으로 코 주변 버텍스 4개를 선택하고 F키로 페이스를 작성합니다. 이것으로 간단하게 코를 완성했습니다.

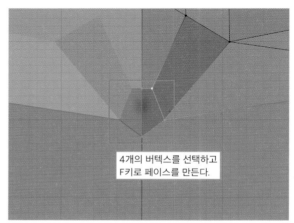

4개의 버텍스를 선택하고 F키로 페이스를 만든다.

10 Step 볼의 페이스 만들기

다음으로 나중에 볼이 되는 페이스를 만듭니다. 입 아래의 버텍스 2개와 볼의 버텍스 2개를 선택한 뒤 F키를 눌러 선택한 버텍스 사이에 페이스를 만듭니다.

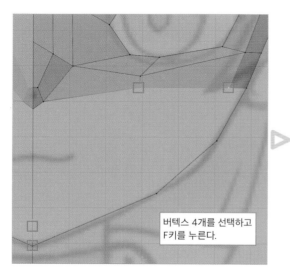

버텍스 4개를 선택하고 F키를 누른다.

▷

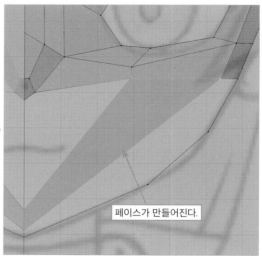

페이스가 만들어진다.

11 페이스 루프 잘라내기
Step

❶ 작성한 페이스 왼쪽(혹은 오른쪽) 에지에 마우스 커서를 올리고 루프 잘라내기(Ctrl+R 키)를 한 뒤 마우스 휠을 움직여 에지 2개를 추가합니다. 마우스 좌클릭을 한 뒤 마우스 우 클릭으로 위치를 중앙으로 결정합니다(오퍼 레이터 패널에서 잘라내기의 수를 늘릴 수 있 습니다). 이후 옆쪽에서 페이스로 메꿀 것이기 때문에 여기에서는 루프컷을 2개로 해서 메쉬 를 분할했습니다.

루프 잘라내기로 에지를 2개 늘린다.

❷ 루프 잘라내기 한 에지 2개(버텍스 4개)를 각각 선 택하고 G키를 눌러 오른쪽 그림과 같이 이동시킵니다. 볼 선의 버텍스를 기준으로 이동시키고, 옆쪽으로 간격 을 조금만 남겨두고, 입 한 가운데에 공간을 만드는 것 이 팁입니다. 이렇게 페이스를 조정하면 볼이 동그랗게 되고 앞쪽과 비스듬한 각도에서 봤을 때 귀엽게 보입니 다.

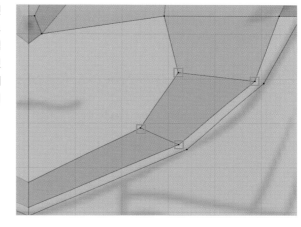

12 페이스 늘리기
Step

현재 얼굴 옆쪽이 비어 있으므로 페이스를 채 웁니다. 여기에서는 F키를 사용해 쉽게 페이 스를 만드는 방법을 소개합니다.
❶ 먼저 옆쪽 위의 버텍스 2개를 Shift+마우 스 좌클릭(또는 박스 선택)으로 선택합니다.

Next Page ▶

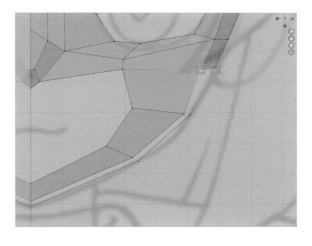

❷ 다음으로 F키를 3번 누르면 연속으로 페이스가 채워집니다. 이렇게 페이스를 만들 부분의 에지가 나열되어 있으면 쉽게 페이스를 만들 수 있습니다.

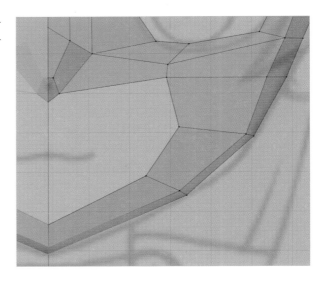

Column

F키 사용 시 주의점

이 F키를 사용해 연속으로 페이스를 채우는 기능은 작업 효율을 매우 높여주지만, F키를 너무 많이 누르면 경우에 따라서는 면이 예상치 못한 곳에 만들어질 수 있습니다. 필요한 만큼만 F키를 눌러서 페이스를 만들어야 합니다.

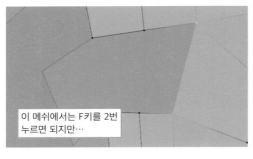

이 메쉬에서는 F키를 2번 누르면 되지만…

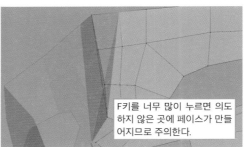

F키를 너무 많이 누르면 의도하지 않은 곳에 페이스가 만들어지므로 주의한다.

그리고 미러 가운데 부근에 에지가 있을 때는 여기에서 F키를 눌러도 연속으로 페이스를 만들 수 없습니다.

미러 가운데 부근에 에지가 있어도 여기에서 F키를 눌러 연속으로 페이스를 만들 수 없다.

13 볼 주변 만들기

Step

❶ 3D 뷰포트 위쪽에 있는 피벗 포인트를 변환이 평균 포인트인지 확인합니다.

❷ 다음으로 입 주변의 버텍스 6개를 Alt+마우스 좌클릭으로 에지 루프 선택합니다.

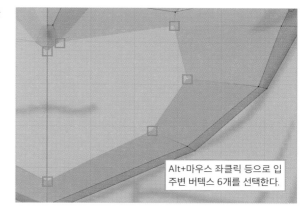

Alt+마우스 좌클릭 등으로 입 주변 버텍스 6개를 선택한다.

❸ E키 → S키로 돌출하기 및 축적해서 마우스를 움직여 조정합니다. 밑그림의 입과 같은 크기가 되도록 조정했다면 마우스 좌클릭으로 결정합니다.

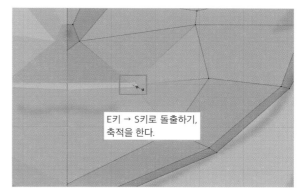

E키 → S키로 돌출하기, 축적을 한다.

마우스를 너무 많이 움직이면 돌출시킨 메쉬가 겹쳐져서 형태가 무너지므로 입인 것을 알 수 있을 정도로 만드는 것이 좋습니다.

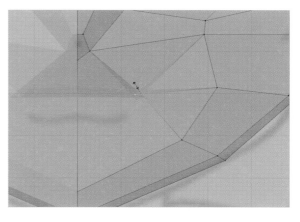

14 입 이동하기

Step

다음으로 입을 밑그림에 맞춥니다. 버텍스를 모두 선택한 상태에서 G키를 누른 뒤 움직여서 입의 위치를 조정합니다. 또한 미러의 클리핑을 활성화해 두었기 때문에 반대쪽으로 메쉬가 움직이지 않으므로 가로 방향의 크기 역시 원하는 대로 바꿀 수 있습니다. 밑그림과는 대략적인 위치만 맞추면 됩니다.

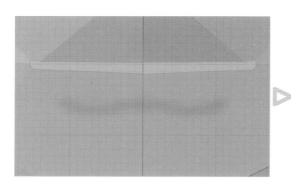
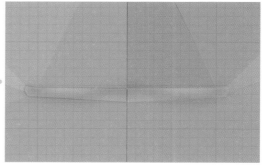

15 입의 버텍스 이동하기

Step

입의 형태를 정리합니다.

❶ 옆쪽 버텍스가 4개 있습니다. X축으로 정렬할 것이므로 위/아래 버텍스 2개를 각각 선택하고 S 키 → X키 → '0'을 입력한 뒤 마우스 좌클릭 또는 Enter키를 누릅니다(버텍스 4개를 모두 선택하고 조작하면 버텍스가 붙어버리므로 위/아래 2개 씩 선택해서 각각 정렬합니다).

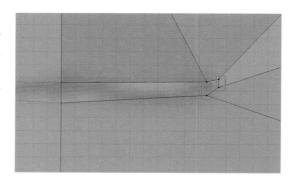

❷ X축으로 정렬했다면 가운데의 버텍스 2개를 선택하고 밑그림의 고양이 입처럼 되도록 이동시킵니다. 현재 버텍스의 수가 최소이므로 뾰족한 형태가 되지만 모델링을 쉽게 하는 것을 우선하므로 현재 상태로도 괜찮습니다.

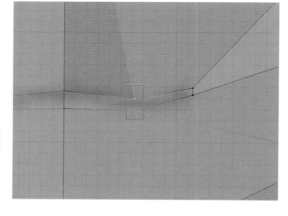

> **MEMO**
>
> 입의 위/아래 버텍스를 정렬하면 입을 열거나 닫는 등의 표정을 만들 때 버텍스가 딱 맞기 때문에 작업이 쉬워집니다.

16
Step

입 꼬리 버텍스 수정하기

우선 넘버패드 3을 눌러 시점을 오른쪽(Right)으로 전환합니다. 만약 버텍스가 겹쳐 있어 확인하기 어려운 위치가 있다면 앞쪽(Front)으로 되돌아가 버텍스를 선택, 또는 오른쪽(Right)에서 버텍스를 G키 → Y키로 이동시킵니다. 이렇게 모델링에서는 시점을 전환하면서 문제가 있는 위치를 수정하는 것이 기본입니다.

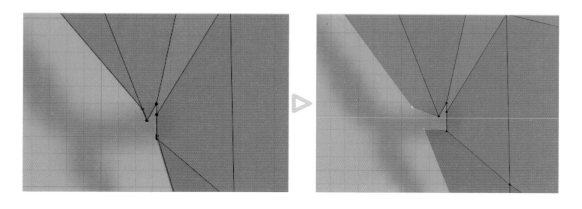

17
Step

버텍스를 밑그림에 맞추기

밑그림의 입과 맞추기 위해 입의 여러 버텍스를 박스 선택(B키) 등으로 선택하고, G키로 이동해서 조정합니다. 입의 형태와 가까워지도록 밑그림을 참고해 수정합니다.

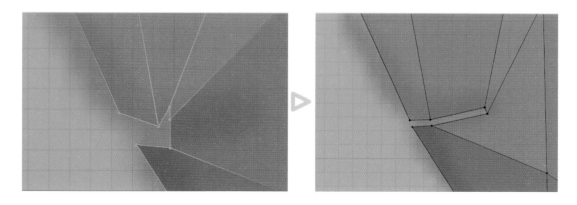

18
Step

입 꼬리의 버텍스를 밑그림에 맞추기

넘버패드 1을 눌러 시점을 앞쪽(Front)으로 전환하고 여기에서의 버텍스도 각각 G키 → Z키로 이동합니다. 덧붙여 입에는 약간의 틈을 주는 것이 좋습니다. 이후 표정을 만들 때 입을 움직이는 등의 작업을 쉽게 할 수 있습니다.

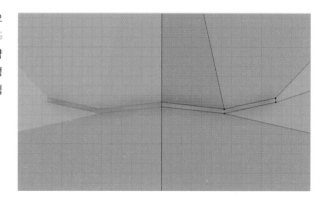

19

Step

볼 버텍스 정리하기

얼굴을 수정합니다. 넘버패드 1로 시점을 앞쪽(Front)으로 전환합니다. 현재 얼굴을 보면 밑그림과 맞지 않는 위치가 있는 등 면의 형태가 이상한 곳이 있을 것이므로 수정합니다. 여기에서 움직이는 것은 주로 볼과 옆쪽 9개 버텍스입니다. 옆쪽 버텍스 2개는 박스 선택(B키)으로 한 번에 움직이는 것이 팁입니다(각각 움직이면 조정이 어렵습니다).

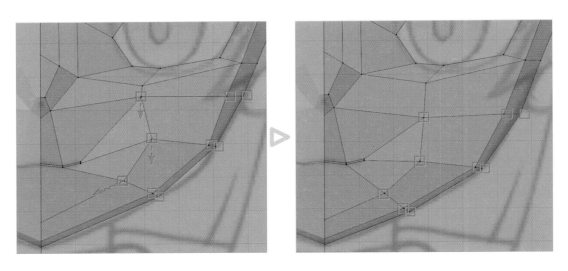

3-5 눈과 입 내부 모델링

후두부를 먼저 모델링하면 후두부를 숨기기 해야 하는 등의 번거로움이 있으므로 눈과 입 내부를 먼저 모델링합니다.

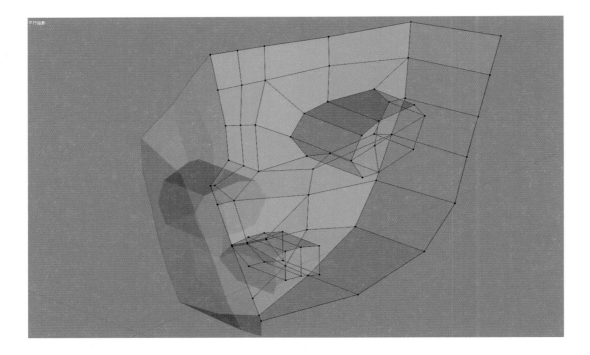

176

01 눈 버텍스 선택하기

Step

눈 주변의 에지를 Alt+마우스 좌클릭으로 에지 루프 선택한 뒤 넘버패드 7을 눌러 시점을 위쪽(Top)으로 전환합니다. 이 에지를 안으로 돌출시켜 눈 안쪽을 구성합니다.

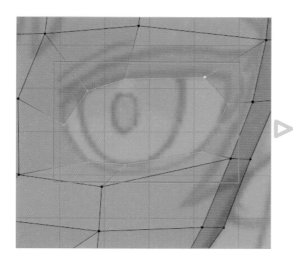
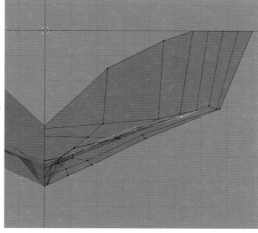

02 눈 돌출시키기

Step

앞에서 선택한 에지를 돌출시킵니다. E키 → Y키를 눌러 Y축으로 고정한 뒤 얼굴 안쪽으로 늘리고 마우스 좌클릭으로 결정합니다. 왼쪽 아래 오퍼레이터 패널(마우스 좌클릭으로 결정하면 표시됨)에서 이동 Y에 '0.023'을 입력합니다.

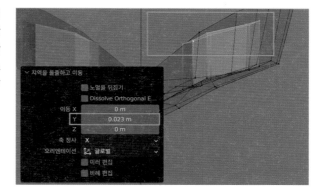

03 깊이 정렬하기

Step

에지를 선택한 상태에서 S키 → Y키 → '0'을 입력한 뒤 마우스 좌클릭 또는 Enter키를 눌러 결정합니다. 크기가 Y축에 맞춰 정렬되므로 눈 내부가 깔끔하게 정리됩니다.

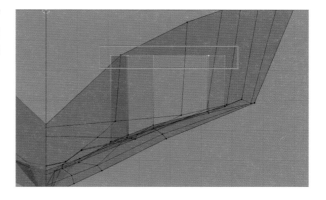

04 격자 채우기로 눈 내부 페이스 돌출하기

Step

돌출시킨 눈의 내부의 에지를 페이스로 채웁니다. 결과를 쉽게 확인할 수 있게 넘버패드 1을 눌러 시점을 앞쪽 (Front)으로 전환합니다. 3D 뷰포트 위의 헤더 안에 있는 페이스(Ctrl+F키)에서 격자 채우기(짝수 연결된 버텍스를 페이로 채우는 기능)을 선택합니다.

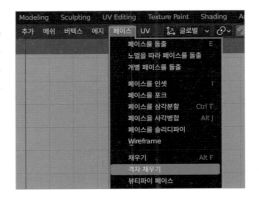

격자 채우기를 선택하면 왼쪽 아래 오퍼레이터 패널이 표시됩니다. 기간과 오프셋을 '2'로 설정합니다. 오른쪽 그림과 같이 십자 형태가 되면 됩니다. 이 수치를 입력했음에도 잘 동작하지 않는다면 각자 기간과 오프셋을 조정해 주십시오. 그리고 오른쪽 그림은 솔리드의 X-Ray를 토글(Alt+Z키)을 비활성화한 상태입니다.

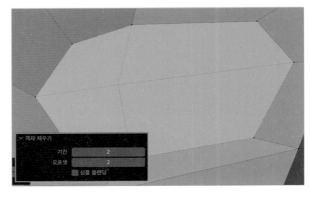

05 표시 설정하기

Step

다음은 입 내부를 모델링합니다. 신체 내부를 모델링할 때는 와이어프레임을 사용하면 모델링 결과를 보기 쉽습니다. 3D 뷰포트 오른쪽 위의 헤더에 있는 3D 뷰포트 셰이딩에서 가장 왼쪽 와이어프레임(Shift+Z키)으로 전환합니다. 그리고 와이어프레임의 X-Ray를 토글이 활성화되어 있는지 확인합니다(활성화되어 있다면 아이콘이 하늘색으로 표시됩니다). 비활성화되어 있다면 메쉬가 투과되지 않기 때문에 눈 내부나 입 내부를 볼 수 없습니다.

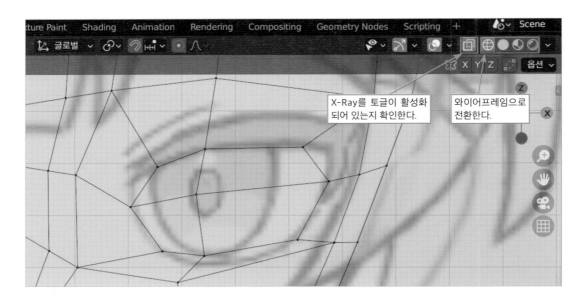

X-Ray를 토글이 활성화되어 있는지 확인한다.

와이어프레임으로 전환한다.

06 입 돌출하기

Step

❶ 입의 에지를 Alt+마우스 좌클릭으로 에지 루프 선택한 뒤 넘버패드 3을 눌러 시점을 오른쪽(Right)으로 전환합니다. 다음으로 E키 → Y키를 눌러 Y축 방향으로 돌출시킵니다. 여기에서는 왼쪽 아래 오퍼레이터 패널에서 이동 Y에 '0.008'을 입력했습니다.

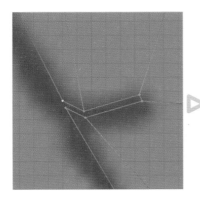

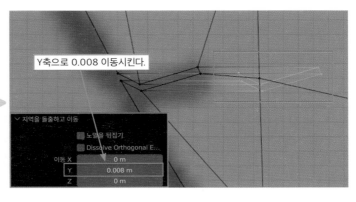

Y축으로 0.008 이동시킨다.

❷ 돌출시킨 메쉬의 위쪽 버텍스 3개를 선택하고 위쪽 방향으로, 아래쪽 버텍스 3개를 선택하고 아래 방향으로 G키 → Z키로 Z축으로 고정해 이동시킵니다.

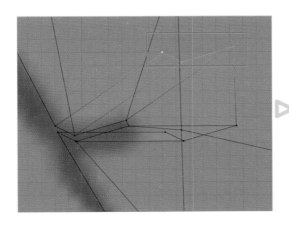

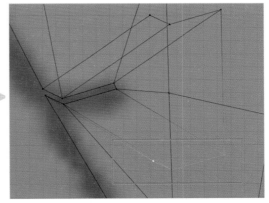

❸ 다시 위쪽 버텍스 3개를 선택하고 S키 → Z키 → '0'을 누른 뒤 마우스 좌클릭 또는 Enter키를 눌러 버텍스의 위치를 정렬합니다. 아래쪽 버텍스 3개의 위치도 같은 방법으로 정렬합니다.

Next Page

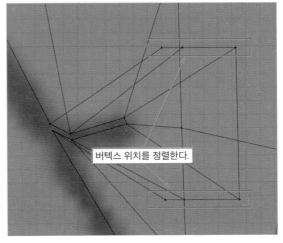

버텍스 위치를 정렬한다.

❹ 돌출시킨 버텍스 6개를 Alt+마우스 좌클릭(에지 루프 선택) 등으로 선택한 뒤 E키 → Y키를 눌러 얼굴 안쪽으로 돌출시킵니다.

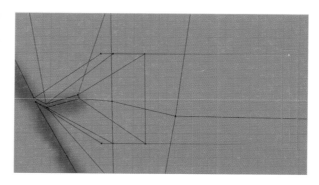

❺ 일단 대각선 시점으로 전환한 뒤 입 내부를 확인합니다. 현재 입에 구멍이 뚫려 있을 것이므로 오른쪽 버텍스 2개를 선택한 상태에서 F키를 2번 눌러페이스를 채웁니다.

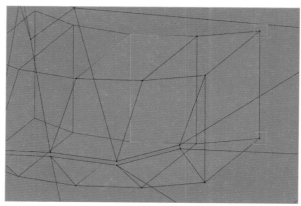

3-6 후두부 모델링

후두부는 머리카락에 가려져서 보이지 않기 때문에 제대로 만들지 않을 때가 많습니다. 하지만 후두부가 있으면 나중에 머리카락을 모델링할 때 기준으로 삼을 수 있습니다. 예를 들면 머리카락이 있는 부분이 너무 커지거나 작아지는 것을 막을 수 있습니다. 그래서 아직 모델링에 익숙하지 않은 단계에서는 후두부를 모델링하는 것을 권장합니다.
여기에서는 가능한 간단한 형태의 후두부를 만듭니다.

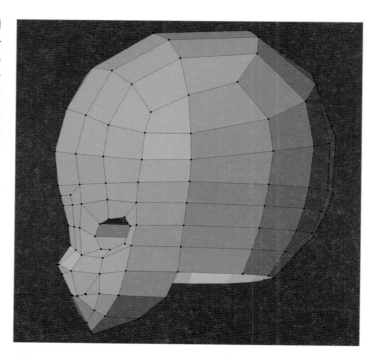

01

Step

얼굴선을 뒤로 돌출하기

❶ 넘버패드 3을 눌러 시점을 오른쪽(Right)으로 전환합니다. 3D 뷰포트 오른쪽 위, 헤더 안에 있는 3D 뷰포트 셰이딩에서 솔리드로 전환하고(X-Ray를 토글 활성화) 눈꼬리 쪽 버텍스 5개를 선택합니다.

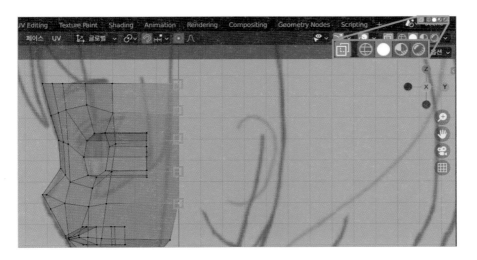

❷ 눈꼬리 쪽 버텍스 5개를 선택했다면 E키 → Y키를 눌러 Y축 방향으로 고정한 상태에서 후두부쪽으로 돌출시킵니다.

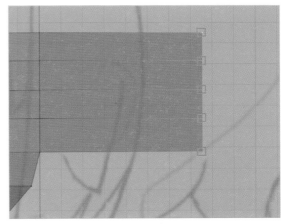

❸ 밑그림과 대략 맞았다면 마우스 좌클릭으로 결정합니다. 각 버텍스를 선택해 G키 → Y키를 눌러 밑그림의 후두부에 맞춰서 돌출시킵니다.

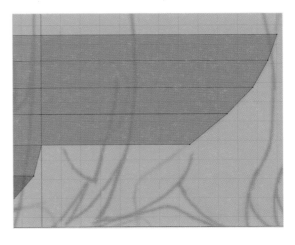

02
Step

돌출시킨 버텍스를 중심으로 연결하기
❶ 돌출시킨 버텍스를 선택한 상태에서 넘버패드 7을 눌러 시점을 위쪽(Top)으로 전환합니다.

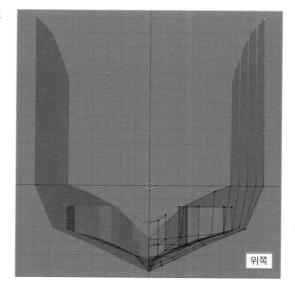

❷ G키 → X키를 눌러 X축으로 고정하고 버텍스를 한 가운데로 이동합니다 버텍스가 미러 너머로 이동한다면 미러의 클리핑이 비활성화된 것이므로 모디파이어 프로퍼티스에서 클리핑을 활성화합니다.

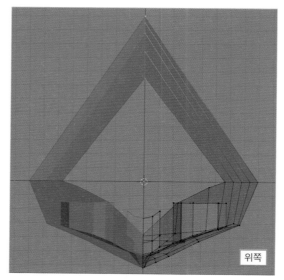

03
Step

루프 잘라내기
후두부 메쉬의 가로 방향변에 마우스 커서를 올린 뒤 Ctrl+R키로 루프 잘라내기 해 노란색 선을 표시합니다. 마우스 휠을 위아래로 회전시켜 3개로 분할한 뒤 마우스 좌클릭해 루프 잘라내기 위치를 결정하는 모드로 바꿉니다. 마우스 우클릭으로 결정해 메쉬를 분할합니다.

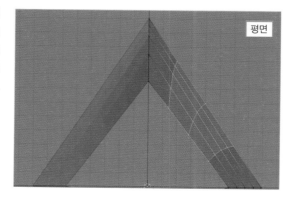

04 머리 선 만들기

Step

여기에서는 에지 위치를 조정해 후두부에 맞춥니다. 후두부는 위쪽에서 보면 계란 형태입니다. 루프 잘라내기 한 에지를 **Alt+마우스 좌클릭**해서 에지 루프 선택합니다. **G키 → Y키**나 **G키 → X키**로 축을 고정한 뒤 이동해 계란 형태가 되도록 위치를 조정합니다.

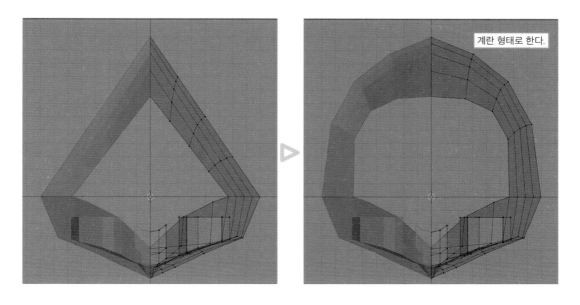

계란 형태로 한다.

여기에서는 **넘버패드 3**을 눌러 시점을 오른쪽(Right)으로 전환한 뒤, 바깥쪽 면의 넓이가 점점 작아지도록 하는 것이 팁입니다. 사람의 머리와 같이 구체에 가까운 대상은 바깥쪽에 가까울수록 눈에 보이는 넓이가 작아집니다. 이를 고려하면 입체감이 있는 모델을 쉽게 만들 수 있습니다.

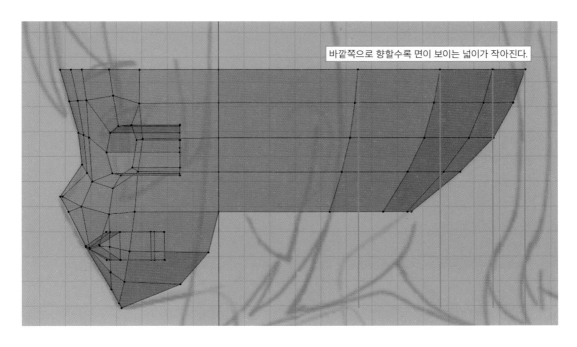

바깥쪽으로 향할수록 면이 보이는 넓이가 작아진다.

05 버텍스 돌출하기

Step

다음은 앞쪽과 후두부를 연결하기 위해 머리 옆쪽 버텍스를 돌출시킵니다. 넘버패드 1로 시점을 앞쪽(Front)으로 전환하고 옆쪽 버텍스 1개를 마우스 좌클릭으로 선택한 뒤 E키를 눌러 버텍스를 정수리쪽으로 이동합니다.

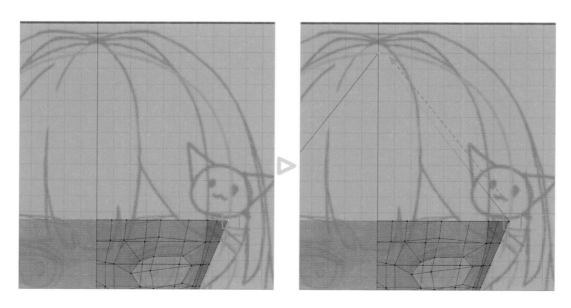

06 에지 섭디비전하기

Step

❶ 정수리와 옆쪽 버텍스 2개를 Shift+마우스 좌클릭으로 선택하고 마우스 우클릭으로 메뉴를 열어 섭디비전을 선택합니다. 왼쪽 아래 오퍼레이터 패널에서 섭디비전에 '3'을 입력합니다. NextPage

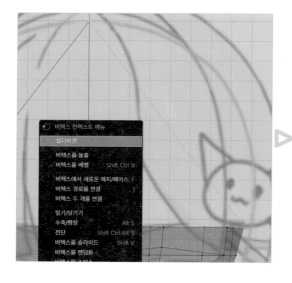

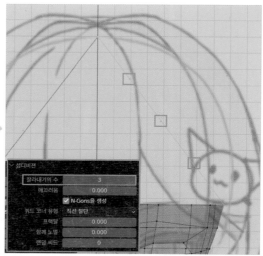

❷ 섭디비전을 통해 늘어난 버텍스 3개를 오른쪽 그림과 같이 밑그림에 맞춰 정렬합니다.

07 에지 섭디비전하기

Step

다음으로 머리 부분을 만들기 위해 에지를 섭디비전 합니다. 나중에 머리의 버텍스 4개와, 이마의 버텍스 4개 사이에 페이스를 만들기 위해 이 작업을 수행합니다. 3D 뷰포트 오른쪽 위에 있는 X-Ray를 토글(Alt+Z키)을 활성화한 상태이므로 후두부의 버텍스가 보여 앞쪽 모델링 작업이 어려우므로 우선 X-Ray를 토글을 비활성화합니다. 후두부의 버텍스를 연결하기 위해 앞쪽 버텍스를 조정합니다. 3D 뷰포트 왼쪽 위에서 에지 선택 모드(숫자 2키)로 전환하고 시점을 약간 비스듬한 각도로 합니다. 미간 주변의 에지 2개를 Shift로 선택한 뒤 마우스 우클릭으로 메뉴를 표시합니다. 표시된 메뉴에서 섭디비전을 선택합니다.

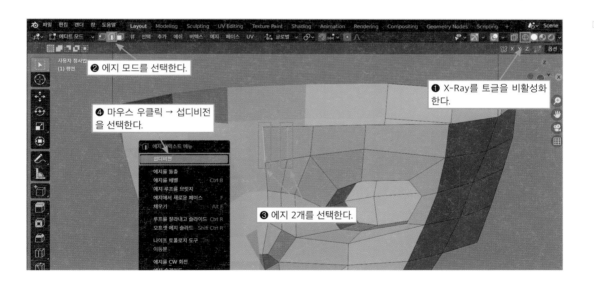

08 경로 연결하기

Step
섭디비전하면 오른쪽에 사각형이 만들어집니다. 이것을 오각형 형태로 만듭니다. 3D 뷰포트 왼쪽 위에서 버텍스 선택 모드(숫자 1키)로 전환하고, 그림과 같이 버텍스 2개를 Shift로 선택합니다. 헤더 안에 있는 버텍스(Ctrl+V 키) → 버텍스 경로를 연결(J키)를 선택합니다. 그러면 버텍스 사이의 페이스를 분할해서 에지를 만들 수 있습니다. 에지/면을 만드는 F키를 사용해서 에지를 만들 수도 있지만, 면이 분할되지 않고 에지가 붕 뜨게 되므로 버텍스끼리 연결할 때는 버텍스 경로를 연결을 사용하는 편이 좋습니다.

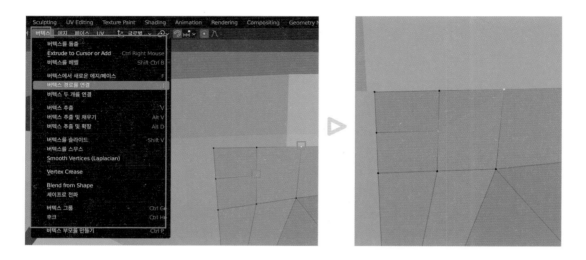

09 에지 삭제하기

Step
위쪽 버텍스를 정리합니다. 아래 그림의 버텍스 2개를 Shift키를 누른 채 선택하고 X키를 눌러 삭제 메뉴를 표시합니다. 메뉴 안의 디졸브 에지 항목을 선택합니다. 페이스는 삭제하지 않고 에지만 삭제할 수 있습니다(에지를 선택해 페이스를 삭제할 수도 있으므로 상황에 맞춰 적절하게 사용합니다). 사각형이 3개 만들어졌다면 다음으로 진행합니다.

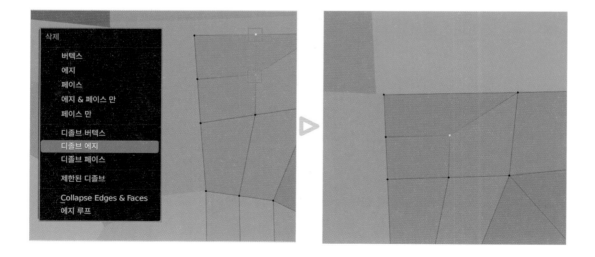

10 에지 루프를 브릿지 적용하기
다음으로 버텍스 사이에 페이스를 만듭니다

Step ❶ 미간 주변의 버텍스 4개와 두부의 버텍스 4개, 총 8개의 버텍스를 선택합니다. 헤더 안에서 에지(Ctrl+E키) →
에지 루프를 브릿지를 선택하면 선택한 여러 버텍스 사이에 페이스를 만들 수 있으며 이를 잘 활용하면 모델링 시
간을 크게 줄일 수 있습니다. 연결할 버텍스가 달라도 사용할 수 있지만 페이스 형태가 깨지므로 가능한 연결할 버
텍스를 일치시킵니다.

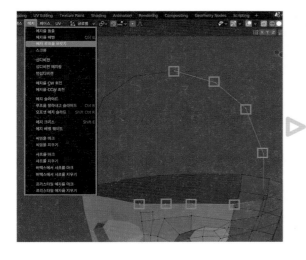 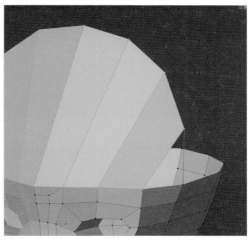

❷ 마찬가지로 뒤쪽도 두부의 버텍스 4개와 후두부의 버텍스 4개, 총 8개의 버텍스를 선택합니다. 헤더 안에서 에지
(Ctrl+E키) → 에지 루프를 브릿지를 선택해 페이스를 만듭니다.

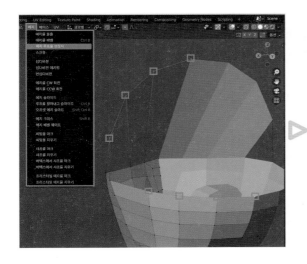 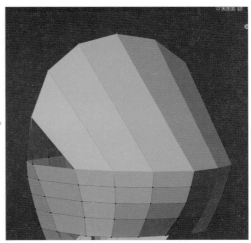

에지 루프를 브릿지를 에러로 사용할 수 없는 원인과 해결 방법

에지 루프를 브릿지를 사용할 때는 반드시 연결할 에지 2개만 선택합니다. 예를 들면 다음 그림과 같이 연결할 에지 2개 외에 연결되어 있는 에지를 선택한 상태에서 에지 루프를 브릿지를 사용하면 맨 아래 상태 바에 최소한 두 개의 에지 루프를 선택이라는 에러 메시지가 표시됩니다.

'최소한 두 개의 에지 루프를 선택'이라는 에러가 표시된다.

연결할 2개의 에지만 선택해야 에지 루프를 브릿지가 잘 동작합니다. 버텍스 선택 모드(숫자 1키)에서 연결할 에지를 선택했으나 실제로는 다른 에지가 선택되는 경우도 많으므로, 버텍스 선택이 잘 되지 않을 때는 에지 선택 모드(숫자 2키)에서 선택하는 것을 권장합니다.

11
Step

루프 잘라내기로 형태 조정하기

넘버패드 3을 눌러 시점을 오른쪽(Right)으로 전환합니다. 후두부 면의 대각선 에지에 마우스 커서를 올리고 Ctrl+R키로 에지를 추가한 뒤, 마우스 좌클릭 → 마우스 우클릭으로 메쉬를 분할합니다. 루프 잘라내기 한 직후에는 에지가 선택되어 있는 상태이므로 그대로 G키를 눌러 그림과 같이 위쪽 방향으로 이동합니다.

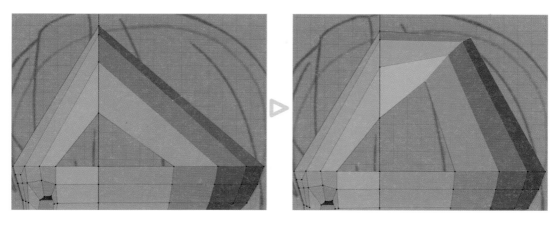

이마도 루프 잘라내기(Ctrl+R키)로 메쉬를 분할한 뒤 G키를 눌러 약간 위쪽으로 이동합니다.

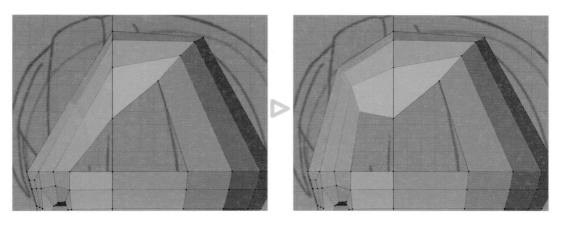

옆쪽에 구멍이 뚫려 있으므로 버텍스 4개를 선택하고 F키를 눌러 페이스를 만듭니다. 다른 쪽 버텍스 4개도 선택해서 F키를 눌러 페이스를 만듭니다.

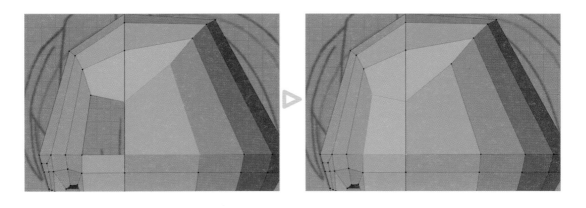

12 두부 만들기

Step

다음 그림과 같이 세로 방향 에지에 마우스 커서를 올리고 루프 잘라내기(Ctrl+R키)하고 마우스 좌클릭 → 마우스
우클릭으로 메쉬를 분할합니다. 이동의 단축키인 G키를 눌러 머리 부분의 버텍스를 조정합니다. 바깥쪽은 페이스
가 보이는 넓이를 넓게, 안쪽은 페이스가 보이는 넓이를 좁게 조정하는 것이 팁입니다.

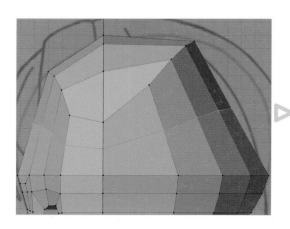 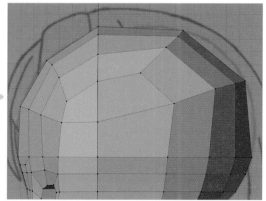

머리 부분이 울퉁불퉁하다고 판단되면 다시 루프 잘라내
기(Ctrl+R키)를 하고 버텍스를 선택한 뒤 이동(G키)을 사
용해 위치를 조정합니다. 이렇게 버텍스를 조금씩 늘리면
서 만드는 것이 모델링의 팁입니다. 그 밖에도 버텍스를
밑그림에 맞추는 등 미세하게 조정하는 것도 좋습니다.

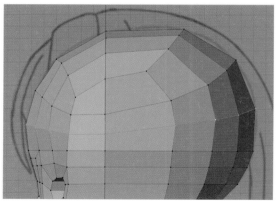

넘버패드 1을 눌러 앞쪽(Front)으로 전환한 뒤 머리 부분이 구체가 되도록 이동(G키)을 사용해 조정합니다.

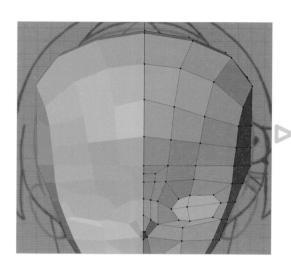 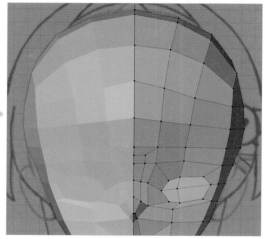

3-7 목 주변 모델링

목은 머리와 신체를 연결하는 위치이므로 버텍스의 수를 맞춰야
합니다. 그리고 턱밑 부분은 모든 각도에서 잘 보이기 때문에 나
중에 세세하게 수정합니다.

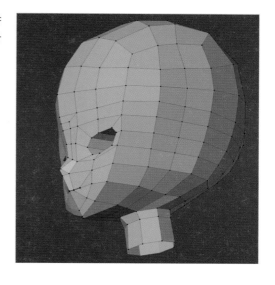

01 원형 삽입하기

Step

에디트 모드(Tab키)를 눌러 메쉬에서 원형을 새롭게 추가합니다. 여기에서는 목부터 턱밑까지의 부분을 모델링합
니다. 현재 상태에서는 원형의 버텍스가 미러의 영향으로 이중이 되어 버리므로 우선 모디파이어의 미러에서 실시
간(오른쪽에서 2번째 항목의 디스플레이 아이콘으로 비활성화하면 모디파이어 적용 전의 원래 형태가 됩니다)를
비활성화한 뒤 추가(Shift+A키) → 원형을 추가합니다(만약 3D 커서가 중앙에 있지 않다면 Shift+C키를 눌러 위
치를 중앙으로 되돌립니다).

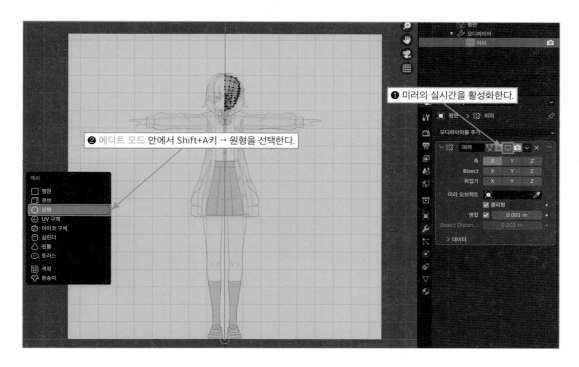

❶ 미러의 실시간을 활성화한다.

❷ 에디트 모드 안에서 Shift+A키 → 원형을 선택한다.

원형을 추가하면 왼쪽 아래에 오퍼레이터 패널이 표시됩니다. 버텍스를 '8'로 설정합니다.

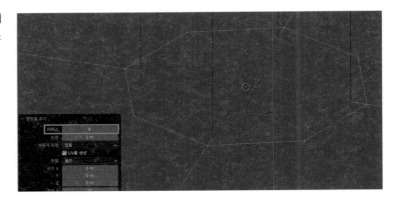

02 Step — 버텍스 삭제하기

원을 미러로 좌우대칭으로 만듭니다. 왼쪽 버텍스 3개를 박스 선택(B키) 등으로 선택하고 X키를 누른 뒤 버텍스를 삭제합니다.

03 Step — 원형 크기 변경하기

❶ 남은 버텍스 5개를 선택한 상태에서 미러의 실시간을 활성화해서 원형을 좌우대칭으로 만듭니다. 다음은 메쉬를 압축합니다. 이 상태에서는 기점이 선택 범위의 중심이 되기 때문에 형태가 깨지게 되므로 기점을 변경합니다. 3D 뷰포트 위쪽에 있는 피벗 포인트를 변환을 3D 커서로 변경합니다. 이제 3D 커서가 기점이 됩니다.

Next Page

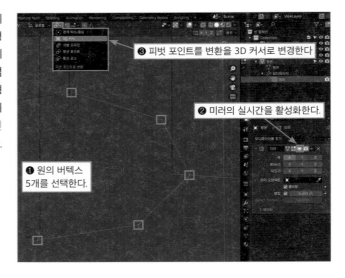

❸ 피벗 포인트를 변환을 3D 커서로 변경한다

❷ 미러의 실시간을 활성화한다.

❶ 원의 버텍스 5개를 선택한다.

❷ S키를 눌러 원형을 작게 만들고 마우스 좌클릭으로 결정합니다. 왼쪽 아래 오퍼레이터 패널에서 축적 X, Y, Z에 '0.023'을 입력합니다. 축소를 마쳤다면 피벗 포인트를 변환은 평균 포인트로 되돌려 놓습니다.

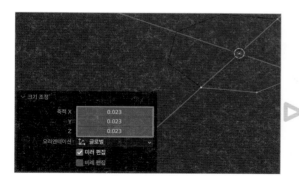
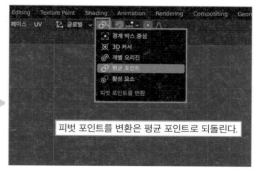

피벗 포인트를 변환은 평균 포인트로 되돌린다.

04
Step

원형 이동하기

❶ 원형을 선택한 상태에서(선택이 해제됐다면 박스 선택 등으로 다시 선택합니다) 넘버패드 1을 눌러 시점을 앞쪽(Front)으로 전환합니다. G키를 누른 뒤 마우스 좌클릭으로 결정합니다. 왼쪽 아래 오퍼레이터 패널의 이동 Z에 '1.28'을 입력해 목덜미 근처로 이동시킵니다.

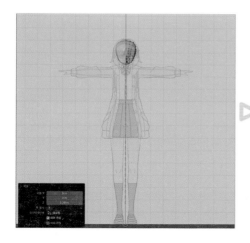
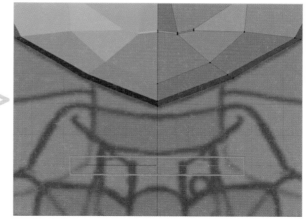

❷ 원형을 선택한 상태에서 다시 넘버패드 3을 눌러 시점을 오른쪽(Right)으로 전환합니다. G키 → Y키를 눌러 이동을 Y축으로 고정한 뒤 밑그림에 맞춥니다. 마우스 좌클릭으로 결정하고 오퍼레이터 패널에서 이동 Y에 '0.0295'를 입력합니다.

Next Page

❸ 목을 약간 앞으로 기울입니다. R키 → '-11'을 입력합니다(오퍼레이터 패널에서 조정할 수도 있습니다). 목은 인체 구조상 정확하게 아래를 향하지 않고 약간 기울어 있습니다. 목을 너무 기울이면 얼굴이 앞으로 많이 튀어나와 부자연스럽게 보이므로 적절하게 조정합니다.

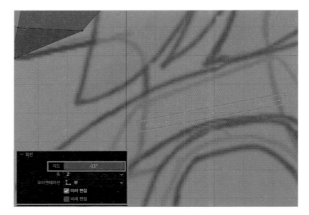

05 원형 돌출하기

Step

다음으로 이 원형을 늘려서 목을 만듭니다.
❶ 밑그림이 잘 보이도록 3D 뷰포트 오른쪽 위(헤더 안의 오른쪽)의 X-Ray를 토글(Alt+Z키)을 활성화합니다. 모델을 투과 상태로 만들었다면 원형을 선택하고 E키를 눌러 밑그림의 머리 아랫부분까지 돌출시킵니다.

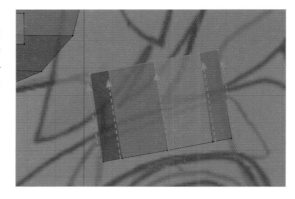

❷ 세로 방향 에지에 마우스 커서를 올리고 루프 잘라내기(Ctrl+R키)합니다. 가로로 에지를 1개 추가하고 마우스 좌클릭 후 마우스 우클릭으로 루프 잘라내기를 결정합니다. G키로 버텍스를 이동해 머리 아랫부분을 조정합니다. 머리 아랫부분과 목 사이가 지나치게 예각이 되지 않도록 하는 것이 팁입니다.

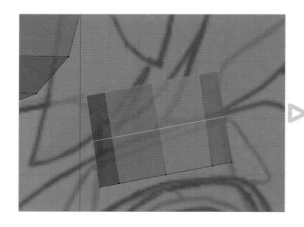

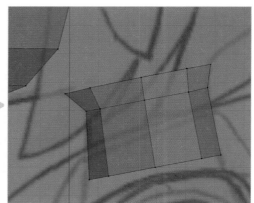

06 페이스 돌출하기

Step

❶ 목 뒤쪽 버텍스 3개와 후두부의 버텍스 3개를 Shift로 선택합니다. 3D 뷰포트 위쪽 헤더 안에 있는 에지 (Ctrl+E키) → 에지 루프를 브릿지를 선택해서 페이스를 만듭니다.

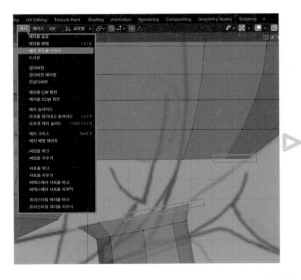
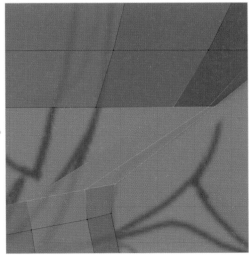

❷ 작성한 페이스의 세로 방향 에지에 마우스 커서를 올리고 루프 잘라내기(Ctrl+R키)를 누릅니다. 마우스 좌클릭 → 마우스 우클릭으로 메쉬를 분할합니다.

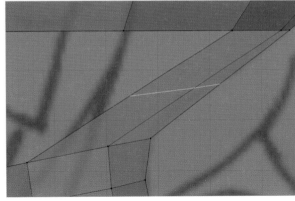

❸ 턱 아래를 페이스로 채웁니다. 턱선의 버텍스 2개와 목 앞쪽 버텍스 2개를 Shift로 선택하고 F키를 눌러 페이스를 만듭니다. NextPage▶

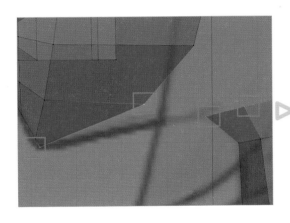
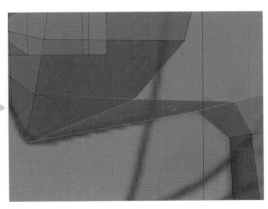

❹ 옆쪽에 큰 구멍이 만들어집니다. 이 구멍의 버텍스가 8개인 것을 확인했다면 Alt+마우스 좌클릭으로 에지 루프 선택합니다. 다음으로 3D 뷰포트 위쪽 헤더 안의 페이스(Ctrl+F키)에서 격자 채우기를 선택합니다. 왼쪽 아래의 오퍼레이터 패널에서 기간에 '2', 오프셋에 '1'을 입력해 십자가 모양으로 만듭니다(이 수치를 입력했을 때 그림과 같은 십자가 모양이 되지 않는다면 십자가 모양이 되도록 적절하게 기간과 오프셋을 조정합니다).

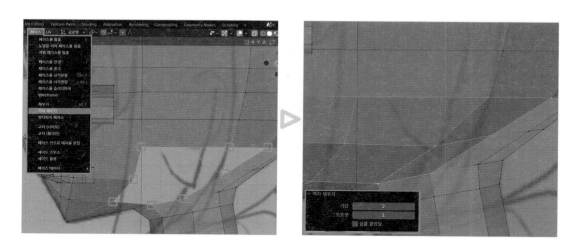

07 페이스 오리엔테이션 정렬하기

Step

❶ 페이스 오리엔테이션을 확인합니다. 3D 뷰포트 오른쪽 위 헤더 안의 뷰포트 오버레이(아래쪽 화살표를 클릭) 안에 있는 페이스 오리엔테이션을 클릭합니다. 빨갛게 표시된 면은 뒤집혀 있는 페이스를 나타냅니다. 뒤집힌 면은 다양한 문제의 원인이 되므로 바깥 방향(파란색)이 되도록 정렬합니다. 메쉬를 A키로 모두 선택하고 3D 뷰포트 위쪽 메쉬 → 노멀 → 외부를 재계산(Shift+N키)을 선택해 외부를 재계산합니다.

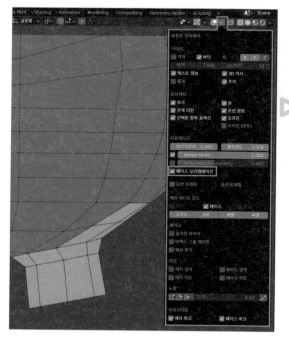

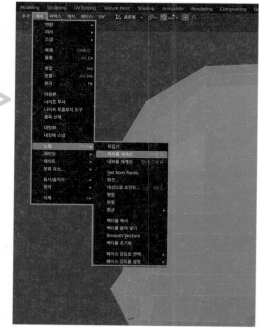

❷ 모든 면이 파란색이 됐다면 뷰포트 오버레이의 페이스 오리엔테이션의 체크를 해제합니다.

❸ 중복된 버텍스를 결합합니다. A키로 모든 메쉬를 선택한 뒤 M키를 눌러 병합 관련 메뉴를 표시합니다. 메뉴에서 거리에 의해를 선택하면 중복된 버텍스를 병합할 수 있습니다.

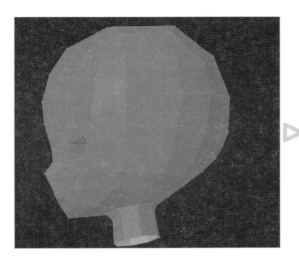
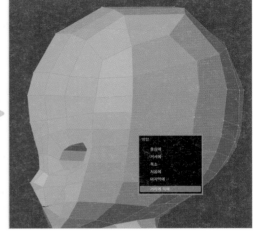

08
Step

루프 잘라내기 넣기

옆쪽 가로 방향 에지에 마우스 커서를 올리고 루프 잘라내기(Ctrl+R키)로 에지를 1개 추가합니다. 마우스 좌클릭해 위치를 결정하는 모드로 전환한 뒤 마우스 우클릭해 중앙에 위치를 결정합니다. 이때 앞쪽 얼굴과 후두부를 가르도록 메쉬를 분할합니다. 이후 귀를 모델링할 때 옆쪽에 귀가 들어가는 구멍을 뚫기 위해 여기에 루프 잘라내기를 넣어야 합니다.

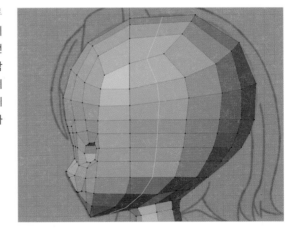

후두부의 버텍스를 세세하게 수정합니다. 이것으로 대략적인 머리 모델링을 마쳤습니다.

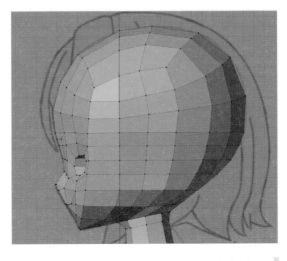

빠른 즐겨 찾기 도구 Q에 관해

블렌더에서는 빠른 즐겨 찾기 도구를 제공합니다. 등록한 조작을 간단하고 빠르게 사용할 수 있도록 하는 기능입니다. 먼저 빠른 즐겨 찾기 도구에 넣을 조작에 마우스 커서를 올리고 마우스 우클릭하면 메뉴가 표시됩니다. 메뉴 안에 있는 빠른 즐겨 찾기에 추가를 선택합니다(아래 그림에서는 페이스 오리엔테이션에서 마우스 우클릭했습니다). 다음으로 Q 키를 누르면 빠른 즐겨 찾기 도구라는 메뉴가 표시되고 앞서 등록한 기능이 이 안에 표시됩니다. 삭제할 때는 Q 키를 누르고 메뉴 안에 있는 즐겨 찾기에서 해제를 선택합니다. 자주 사용하는 기능 또는 단축키가 없는 조작을 빠르게 하고 싶을 때 빠른 즐겨 찾기 도구를 활용하면 효과적입니다.

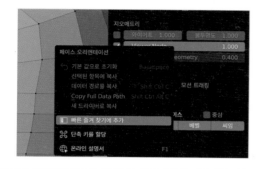

3-8 얼굴 세부 수정

앞에서 얼굴을 대략적으로 모델링했습니다. 여기에서는 버텍스를 늘려가면서 얼굴을 세부적으로 수정합니다.

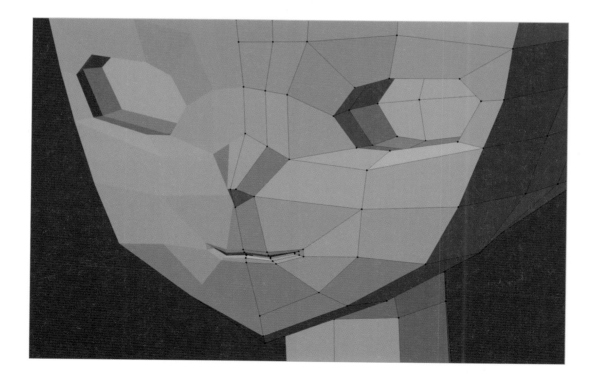

01

Step

입술 수정하기

현재 입가의 형태는 대략적이므로 입술이 되도록 수정합니다. 넘버패드 1을 눌러 시점을 앞쪽(Front)으로 전환합니다. 입 주변을 루프 잘라내기(Ctrl+R키)해서 에지를 1개 늘리고 마우스 좌클릭으로 결정합니다. 마우스를 움직여 입가에 가까워졌다면 마우스 좌클릭으로 위치를 결정합니다.

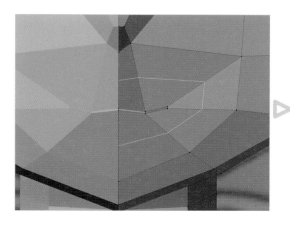
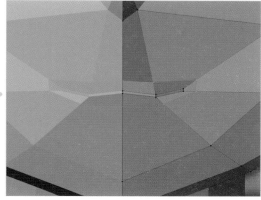

넘버패드 3을 눌러 시점을 오른쪽(Right)으로 전환합니다. 다음 그림과 같이 입술이 되도록 G키를 누르고 버텍스를 이동해 조정합니다.

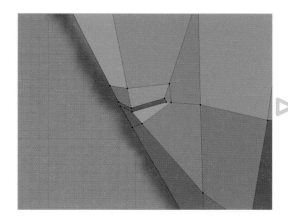
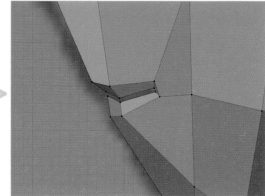

여기에서 줌 축소해서 옆 얼굴의 형태를 정리합니다. 코끝과 턱끝 선을 기준으로 입이 튀어나오지 않도록 G키로 코끝, 턱끝, 입술의 버텍스를 이동하며 조정합니다.

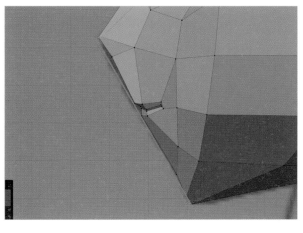

Chapter 1

Chapter 2

Chapter 3

Chapter 4

Chapter 5

입가를 줌 확대하고 입술에 루프 잘라내기(Ctrl+R키)를 넣습니다. 마우스 좌클릭 → 마우스 우클릭으로 중앙에 에지를 1개 추가하고 형태를 정리합니다. 입 주변은 많이 움직이는 위치이므로 가능한 버텍스가 많은 편이 좋습니다.

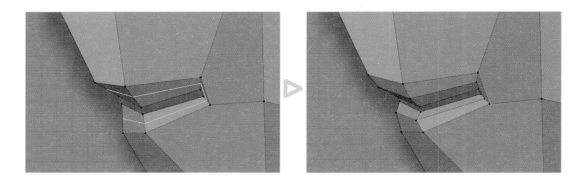

02 눈 수정하기

Step

눈 내부는 나중에 눈동자를 넣기 위해 공간을 넓힙니다. 피벗 포인트를 변환이 평균 포인트인 것을 확인합니다. 내부가 잘 보이도록 약간 비스듬한 각도에서 확인하고 눈 내부를 루프 잘라내기(Ctrl+R키)한 뒤, 추가한 에지를 S키로 조금 크게 만듭니다. 너무 크게 만들면 옆으로 눈의 내부가 튀어나오므로 주의합니다.

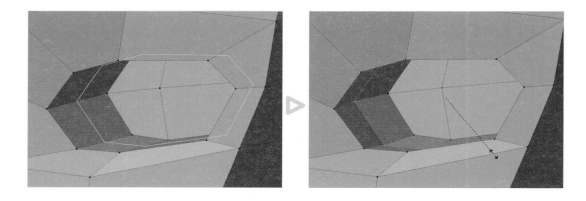

3-9 귀 모델링

다음으로 옆쪽에 귀를 추가합니다. 귀는 형태가 복잡하지만 여기에서는 가능한 최소한의 버텍스로 귀를 모델링합니다.

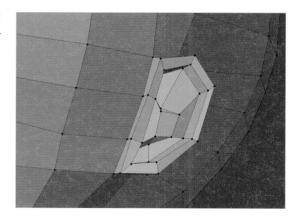

01 페이스 삭제하기

Step

3D 뷰포트 왼쪽 위에서 페이스 선택 모드(숫자 3키)로 전환합니다. 옆쪽 면 3개를 선택하고 X키를 눌러 삭제 메뉴를 표시한 뒤 페이스를 선택해 페이스만 삭제합니다.

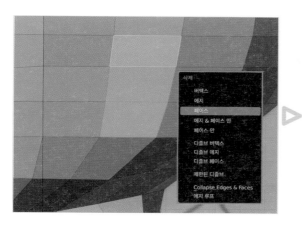
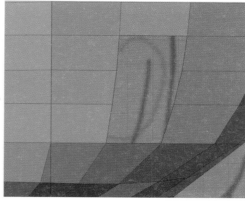

02 버텍스 형태 조정하기

Step

오른쪽(Right) 시점(넘버패드 3), 뒤쪽(back) 시점(Ctrl+넘버패드 1), 위쪽(Top) 시점(넘버패드 7)에서 각 버텍스를 G키로 이동하면서 형태를 조정합니다(다음 그림에는 밑그림이 표시되어 있지 않습니다).

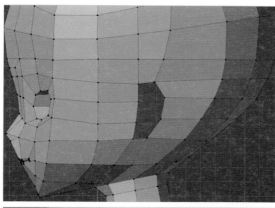
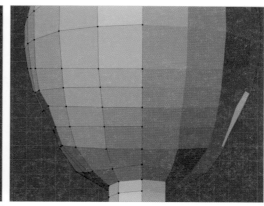
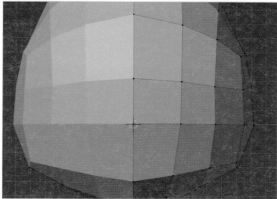

03
Step

에지 선택 및 다른 요소 숨기기

귀 밑동의 버텍스 8개를 Alt+마우스 좌클릭으로 에지 루프 선택을 합니다. 3D 뷰포트 위쪽 헤더에 있는 메쉬 → 표시/숨기기 → 비 선택된 항목을 숨기기(Shift+H키)를 눌러 귀 밑동의 버텍스만 보이도록 합니다. 비 선택된 항목을 숨기기는 글자 그대로 선택하지 않은 버텍스를 숨기는 기능입니다. 숨기고 싶은 위치를 효율적으로 숨길 수 있습니다.

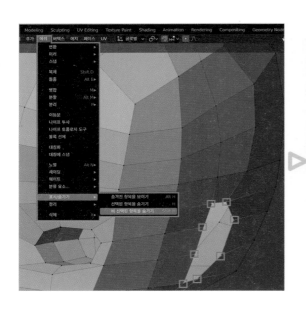
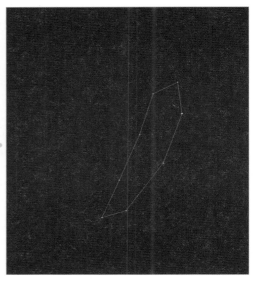

04
Step

에지 돌출하기

귀 밑동의 버텍스 8개를 선택한 상태에서 E키 → X키를 눌러 X축 방향으로 적당히 돌출시킵니다(높이가 어긋나지 않도록 주의합니다).

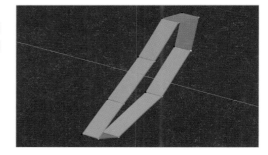

05
Step

귀 형태 만들기

시점을 앞쪽(Front)(넘버패드 1)으로 전환합니다. 3D 뷰포트 오른쪽 위에 있는 X-Ray를 토글(Alt+Z키)을 사용해 메쉬 투과를 활성화/비활성화하면서 G키로 버텍스를 이동해 귀를 밑그림에 맞게 조정합니다.

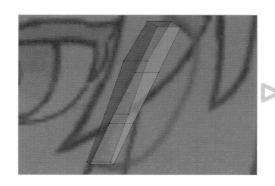
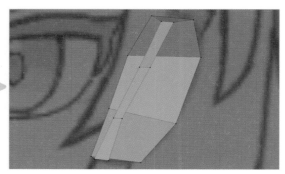

06 에지 돌출하기
Step
귀 안쪽을 Alt+마우스 좌클릭으로 선택한 뒤 E키 → S키로 축적으로 한정해 돌출시킵니다.

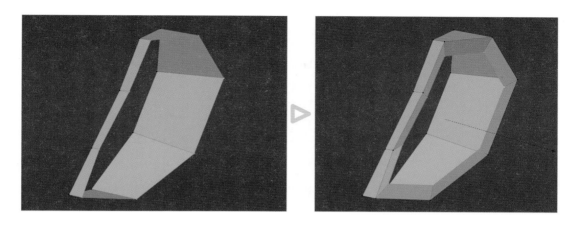

07 페이스 만들기
Step
귀 한 가운데의 버텍스 4개를 선택한 뒤 F키를 눌러 페이스를 만듭니다. 페이스를 만들었다면 Ctrl+R키로 루프 잘라내기를 수행하고 마우스 휠을 움직여 에지를 2개 추가합니다. 마우스 좌클릭 → 마우스 우클릭으로 결정해서 메쉬를 분할합니다.

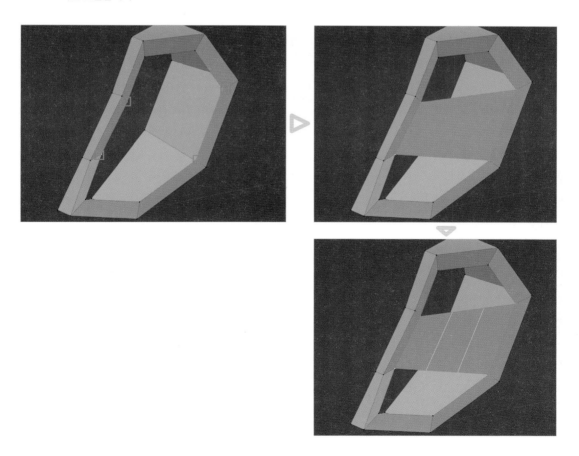

08 귀 페이스 늘리기
Step 귀 안쪽 오른쪽 위의 버텍스 2개를 선택하고 F키를 2번 눌러 페이스를 만듭니다. 안쪽 오른쪽 아래 버텍스 2개에 대해서도 동일하게 작업합니다.

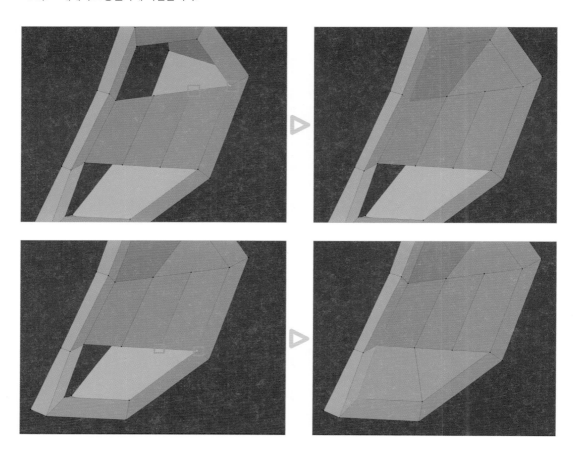

09 페이스 돌출하기
Step 3D 뷰포트 왼쪽 위에서 선택 모드(숫자 3키)로 전환한 뒤 귀 안쪽 면 5개를 선택합니다. E키 → X키를 늘러 귀를 안쪽으로 돌출시킵니다.

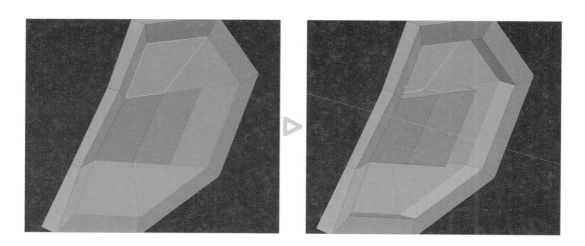

10
Step

버텍스 이동하기

시점을 오른쪽(Right)(넘버패드 3)으로 전환합니다. 귀 형태가 되도록 G키로 버텍스를 이동해서 조정합니다. 가능한 옆쪽이 보이도록 조정하는 것이 힌트입니다.

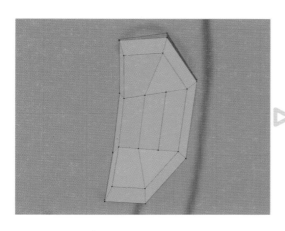 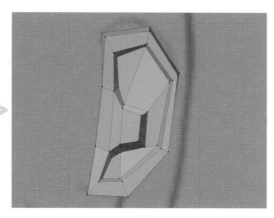

11
Step

버텍스 병합하기

귀를 좀 더 그럴듯하게 보이게 만듭니다. 이주(耳珠) 바깥쪽 위 버텍스 2개를 선택하고 M키를 누르면 병합에 관한 메뉴가 표시됩니다. 중심에를 선택해 버텍스를 하나로 모읍니다. 이주 바깥쪽 아래 버텍스 2개 대해서도 같은 작업을 수행합니다.

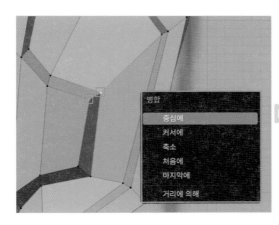 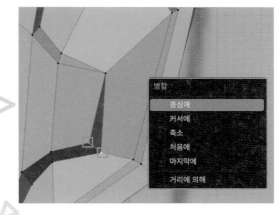

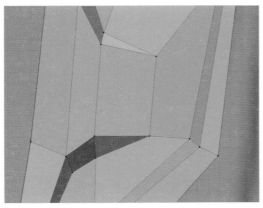

12 에지 섭디비전하기

귀 안쪽은 거의 보이지 않지만 약간 움푹 들어가게 하면 보다 귀 형태에 가까워지므로 만들어봅니다. 3D 뷰포트 왼쪽 위에서 에지 선택 모드(숫자 2키)로 전환합니다. 귀 안쪽 에지 4개를 Shift로 선택하고 마우스 우클릭 한 뒤 섭디비전을 선택합니다. 왼쪽 아래 오퍼레이터 패널에서 N-Gons을 생성을 비활성화하면 삼각 폴리곤이 만들어집니다.

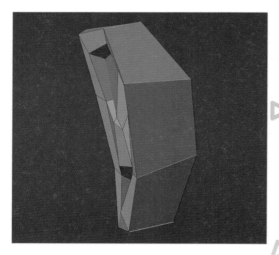
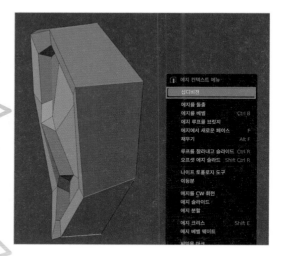
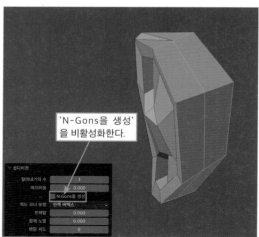

'N-Gons을 생성'
을 비활성화한다.

N-Gons에 관해

모델링에서는 기본적으로 4개의 버텍스로 구성된 사각 페이
스, 또는 3개의 버텍스로 구성된 삼각 페이스를 사용합니다.
그리고 버텍스가 5개 이상인 다각면을 N-Gons라 부릅니다.
무엇인가 명확한 목적이 있어 N-Gons를 작성하는 것이라면
문제없지만, 의도치 않은 N-Gons는 오류의 원인이 되므로 가
능한 없애는 것이 좋습니다.

N-Gons를 찾아내는 방법에 관해 설명합니다. 먼저 에디트 모
드로 전환한 뒤 3D 뷰포트 위쪽 헤더에 있는 선택 → 형질로 모
두 선택 → 측면에 의한 페이스를 클릭합니다. 다음으로 왼쪽
아래 오퍼레이터 패널에서 버텍스를 4, 유형을 보다 더 큼으로
하면 N-Gons만 선택할 수 있습니다.

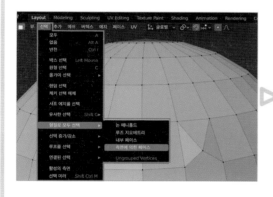

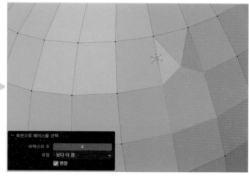

13 버텍스 축소하기

Step

귀에 두께가 생겼습니다. 3D 뷰포트 왼쪽 위에서 버텍스 선택 모드(숫자 1키)로 전환하고 3D 뷰포트 위쪽에 있는
피벗 포인트를 변환이 평균 포인트로 되어 있는지 확인합니다. 귀 밑동의 뒤쪽에 있는 4개의 버텍스를 선택하고
축적(S키)을 눌러 작게 만듭니다.

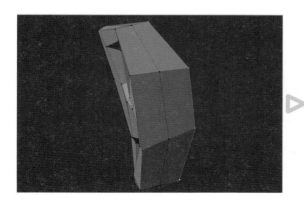

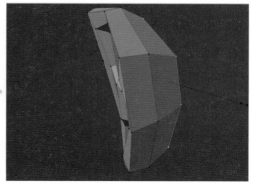

14
Step

숨겨진 버텍스 표시하기

작업을 마쳤다면 3D 뷰포트 위쪽 헤더에 있는 메쉬 → 표시/숨기기 → 숨겨진 항목을 보이기(Alt+H키)를 선택해 숨기기 했던 모든 버텍스를 표시합니다. 여기에서 중복된 버텍스(A키로 메쉬를 모두 선택하고 M키를 눌러 병합 관련 메뉴를 표시한 뒤 거리에 의해를 누릅니다) 처리, 외부를 재계산하는 처리(A키로 메쉬를 모두 선택하고 Shift+N키로 모든 페이스를 바깥쪽으로 정렬할 수 있습니다)를 합니다.

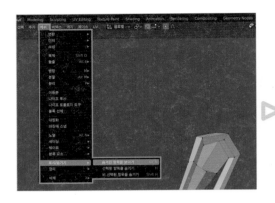
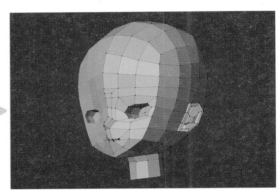

3-10 비스듬한 얼굴 모델링 팁, 섭디비전 표면 추가

여기에서는 비스듬한 얼굴 모델링과 섭디비전 표면을 추가하면서 모델링을 진행합니다. 이때 주의할 점에 관해 설명합니다.

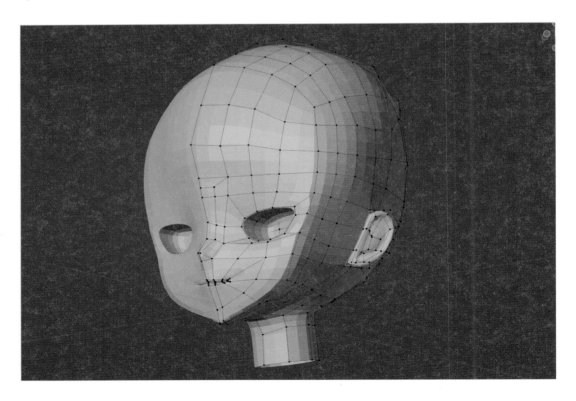

01 볼에 볼륨감을 주기

Step

비스듬한 얼굴은 역시 비스듬한 시점에서 모델링해야 하지만 그 전에 넘버패드 4, 넘버패드 6을 눌러 시점을 좌우 15도 회전시키면서 모델링하는 것이 좋습니다. 먼저 넘버패드 1을 눌러 시점을 앞쪽(Front)으로 전환한 뒤 넘버패드 4를 눌러 시점을 왼쪽으로 15도 회전합니다. 이 15도 각도에서 중요한 것은 볼 선(광대뼈 아래쪽 둥근 선)입니다. 이 부분을 둥그렇게 만들면 귀여운 느낌을 주기 쉽습니다. 너무 뾰족하면 턱이 부자연스러워지기 쉽고, 반대로 각지면 거칠게 느껴집니다(단, 의도적으로 그런 느낌의 캐릭터를 만드는 것이라면 문제없습니다). 가능한 곡선을 유지하면서 볼 선을 만드는 것이 팁입니다. G키로 이동하면서 버텍스를 조정합니다.

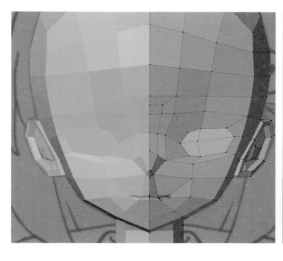

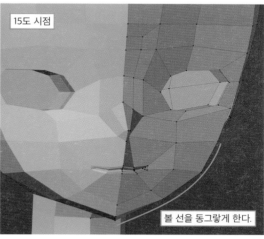

15도 시점

볼 선을 둥그렇게 한다.

02 광대뼈 선 수정하기

Step

다음으로 넘버패드 4를 계속 눌러서 45도 회전합니다. 이 각도에서 중요한 것은 광대뼈의 선으로 여기에 굴곡이 있으면 비스듬한 각도에서 봤을 때 탄탄하고 예쁜 얼굴로 보인다는 점입니다. 그리고 광대뼈 아래의 선은 약간 들어간다고 생각하면 보다 정돈된 얼굴을 만들 수 있습니다. 여기에서도 G키로 이동해 버텍스를 조정합니다. 만약 이전의 15도 각도로 돌아가고 싶다면 넘버패드 6을 누릅니다. 광대뼈는 너무 많이 튀어나오면 개성이 강조되므로 약간만 튀어나오게 하는 것이 좋습니다.

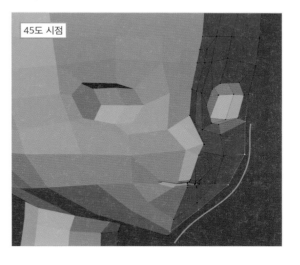

45도 시점

03 얼굴선 수정하기

넘버패드 4를 눌러 60도로 회전합니다. 60도는 상당히 비스듬한 각도이며 얼굴 형태가 깨지기 쉬운 시점이기도 합니다. 눈꼬리측 페이스가 아주 조금 보이도록 하고 눈을 약간 안쪽으로 붙이면 눈이 바깥으로 날아가지 않습니다. 그리고 눈시울쪽 버텍스가 눈보다 앞으로 나오면 눈이 가려지므로 가능한 안쪽으로 붙이는 것이 좋습니다. 이 각도에서는 특히 눈만 아니라 입에도 주의해야 합니다. 60도 각도에서 봤을 때 입이 볼보다 앞으로 나오면 입이 튀어나오며 귀여운 느낌을 주기 어렵습니다. 만약 입이 앞으로 나왔다면 여기에서도 박스 선택(B키) 등을 버텍스를 한 번에 선택해서 G키로 이동해서 버텍스를 수정합니다.ㅎ또한 여기에서의 눈꼬리측 페이스과 눈시울측 버텍스는 오른쪽 그림에서의 면과 버텍스를 말합니다.

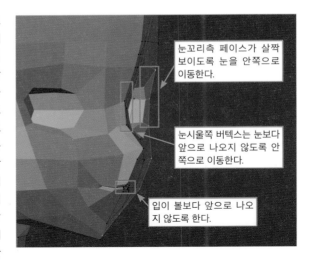

눈꼬리측 페이스가 살짝 보이도록 눈을 안쪽으로 이동한다.

눈시울쪽 버텍스는 눈보다 앞으로 나오지 않도록 안쪽으로 이동한다.

입이 볼보다 앞으로 나오지 않도록 한다.

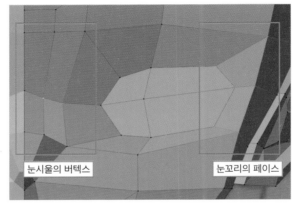

눈시울의 버텍스

눈꼬리의 페이스

04 턱선 수정하기

마지막으로 턱쪽에서 본 각도에서 조정합니다. 넘버패드 1을 눌러 시점을 앞쪽(Front)으로 전환하고 넘버패드 2를 2번 눌러 아래로 30도 회전한 뒤 넘버패드 4를 2번 눌러 왼쪽으로 30도 회전합니다. 이 각조에서 본 얼굴의 아래쪽 넓이가 넓으면 얼굴이 크게 보입니다. 여기를 약간 움푹 들어가게 하면 얼굴이 작아지고 귀여운 인상이 됩니다(너무 움푹 들어가게 하면 얼굴이 일그러져 보이므로 주의해야 합니다). 그리고 이후 섭디비전 표면을 추가해 얼굴을 수정할 것이므로, 그때 여기에서 소개한 비스듬한 얼굴 모델링의 팁을 참고로 비스듬한 얼굴을 한 번 더 조정하면 좋습니다.

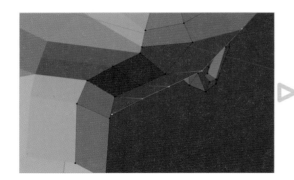

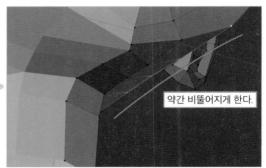

약간 비뚤어지게 한다.

05

Step

크리스 적용하기

비스듬한 얼굴의 수정을 마쳤다면 다음으로 섭디비전 표면을 추가하면서 모델링을 합니다. 섭디비전 표면은 페이스를 분할해 형태를 부드럽게 만들기는 하나 형태가 오그라들기 쉬워 완급이 없다는 단점이 있습니다. 그래서 섭디비전 표면의 영향을 받지 않도록 크리스를 사용합니다. 얼굴에서 크리스를 거는 것은 눈, 입, 귀 밑동을 기본으로 합니다.

❶ 먼저 눈의 버텍스 8개를 Alt+마우스 좌클릭으로 에지 루프 선택합니다. 크리스의 단축키인 Shift+E키를 누르고 마우스를 움직여 크리스를 추가할 수 있습니다. 마우스 좌클릭으로 결정하고 왼쪽 아래 오퍼레이터 패널에서 팩터에 '1'을 입력합니다.

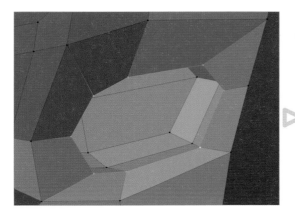 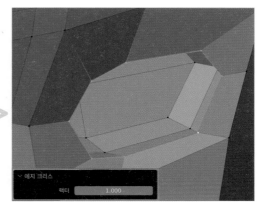

❷ 입에 대해서도 동일한 작업을 합니다. 입의 버텍스 6개를 Alt+마우스 좌클릭으로 에지 루프 선택하고 크리스(Shift+E키)로 마우스를 움직여 크리스를 추가합니다. 여기에서도 마찬가지로 오퍼레이터 패널의 팩터에 '1'을 입력합니다.

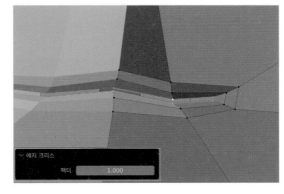

또한 귀 밑동에도 크리스를 추가합니다. 이것들은 각각 Shift+Alt+마우스 좌클릭으로 여러 에지 루프 선택할 수 있으며, 크리스(Shift+E키)에서 마우스를 움직여서 크리스를 추가합니다(다음 그림은 3D 뷰포트 오른쪽 위에 있는 X-Ray를 토글을 활성화했습니다).

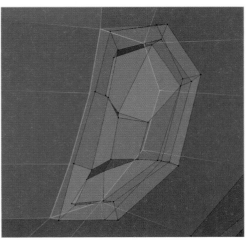

> **MEMO**
>
> 에지 루프 선택은 사각 페이스 이외의 면(삼각 페이스 또는 오각 페이스 등)이 있으면 루프 선택이 끊어지는 특징이 있습니다. 중복된 버텍스가 있어도 마찬가지로 루프 선택이 끊어집니다.

06
섭디비전 표면 추가하기

Step

프로퍼티스의 모디파이어 프로퍼티스의 모디파이어 선택에서 섭디비전 표면을 추가하면 눈과 입, 귀 밑동을 제외한 부분에 섭디비전 표면이 추가됩니다. 이 상태에서는 눈이 튀어 나온 듯 보이거나 턱끝이 그다지 뾰족하지 않게되기 때문에 여기에서는 섭디비전 표면의 실시간의 활성화/비활성화를 반복하면서 이동(G키)하거나 루프 잘라내기(Ctrl+R키)로 에지를 추가하는 등의 편집을 합니다. 덧붙여 한 번 버텍스를 조정한 뒤, 다시 섭디비전 표면을 추가해서 버텍스를 조정하기 때문에 두 번 수고한다고 생각할 수 있습니다. 하지만 처음부터 섭디비전 표면이 있는상태에서 조정하면 원래의 형태가 깨지기 쉽습니다. 그래서 나중에 수정하고 싶을 때 이를 쉽게 수정할 수 있도록하기 위해서도 이 책에서는 기본적으로 이 순서로 모델링합니다.

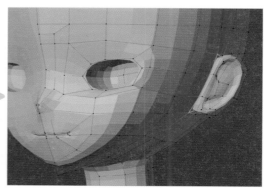

모디파이어의 섭디비전에서 실시간(디스플레이 아이콘)을 잠시 비활성화한 뒤, 턱끝 근처에 있는 버텍스 4개를 선택하고 G 키를 2번 눌러 버텍스 슬라이드(Shift+V키로도 가능)를 합니다. 선택한 버텍스 4개를 중앙 근처로 이동시킵니다(중앙으로너무 가까이 이동하면 미러의 클리핑에 따라 깨지므로 주의합니다).

섭디비전의 실시간을
잠시 비활성화한다.

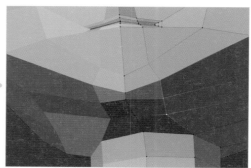

오른쪽에 공간이 생겼으므로 에지에 마우스 커서를 올리고 루프 잘라내기(Ctrl+R키)로 에지를 1개 추가합니다. 마우스 좌클릭 → 마우스 우클릭으로 중앙에 에지의 위치를 결정하고 메쉬를 분할합니다.

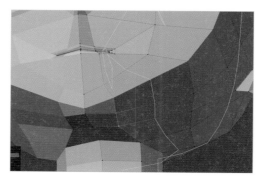

뒤쪽 페이스를 보면 루프 잘라내기에 의해 에지가 교차한 위치가 있으므로 수정합니다. 먼저 교차한 버텍스와 그 방향에 있는 버텍스를 선택하고 J키를 눌러 연결합니다.

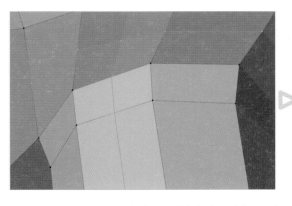
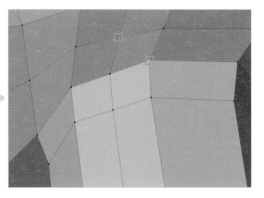

아래쪽 버텍스 3개와 뒷면의 옆에 나열되어 있는 버텍스 2개를 Shift+Alt+마우스 좌클릭으로 여러 에지 루프 선택합니다. 삭제 단축키인 X키를 누르고 메뉴에 있는 디졸브 에지를 선택해 에지만 삭제합니다.

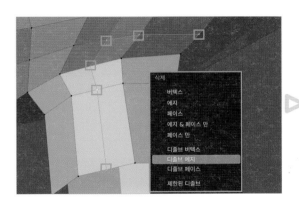
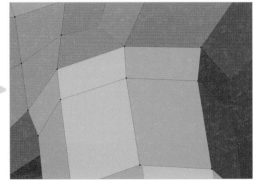

07 형태 수정하기

루프 잘라내기를 추가하면서 형태가 변했으므로 이를 수정합니다.

Step ❶ 넘버패드 1을 눌러 시점을 앞쪽(Front)으로 전환하고 3D 뷰포트 오른쪽 위에 있는 3D 뷰포트 셰이딩에서 와이어프레임(Shift+Z키)으로 전환합니다. NextPage

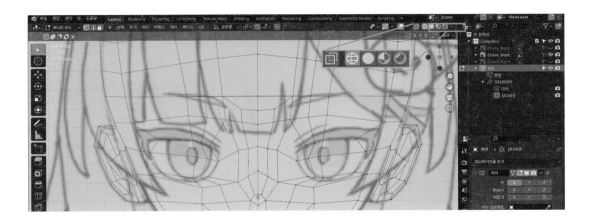

❷ 그리고 G키를 사용해 버텍스를 이동해서 얼굴을 조정합니다. 이 그림에서는 X-Ray를 토글(Alt+Z키)을 비활성화하면서 조정했지만, 눈 내부의 버텍스를 한 번에 선택해서 움직이고 싶다면 X-Ray를 토글을 활성화하고 박스 선택(B키)합니다. 이렇게 필요에 따라 X-Ray를 토글하는 것이 좋습니다. 얼굴 조정 시 팁은 턱끝과 코끝은 섭디비전 표면으로 뾰족하게 하기 위해 안쪽으로 보내고, 그 밖의 버텍스는 가능한 간격이 균등하게 되도록 나열하는 것입니다(특히 볼과 눈은 균등하면 좋습니다).

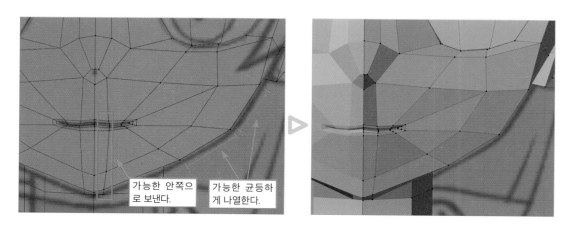

08 선 수정하기

Step

❶ 어느 정도 조정을 마쳤다면 다음으로 3D 뷰포트 셰이딩을 솔리드로 전환하고 섭디비전의 실시간(디스플레이 아이콘)을 활성화합니다. 그러면 섭디비전 표면이 오그라들어 다음 그림과 같이 얼굴이 밑그림과 맞지 않고 축소됩니다. 여기에서 원래 형태와 너무 달라지지 않을 정도로 볼의 버텍스를 G키로 이동하면서 조정합니다. 가끔 와이어프레임(Shift+Z키)를 사용해 밑그림과 잘 맞는지 확인하면서 조정합니다. Next Page

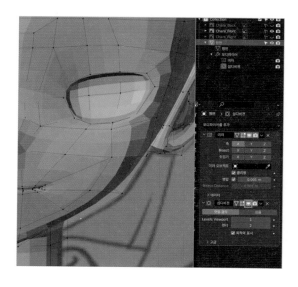

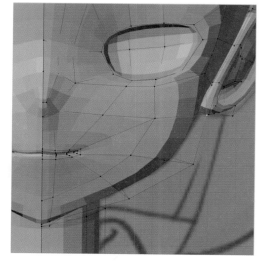

❷ 볼이 통통해졌으므로 눈꼬리 쪽 버텍스와 두부도 마찬가지로 G키로 이동해 조정합니다.

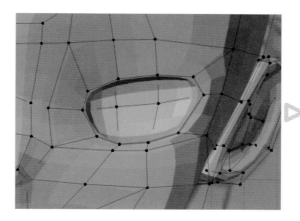

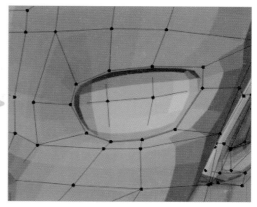

❸ 넘버패드 3을 눌러 시점을 오른쪽(Right)으로 전환해서 계속 조정합니다. 필요에 따라 3D 뷰포트 오른쪽 위에 있는 X-Ray를 토글(Alt+Z키)이나 와이어프레임(Shift+Z키)도 사용하면서 수정합니다. 그리고 코도 섭디비전 표면을 추가함에 따라 조금 움푹 들어가게 되므로 G키로 이동해 약간 늘리는 것이 좋습니다.

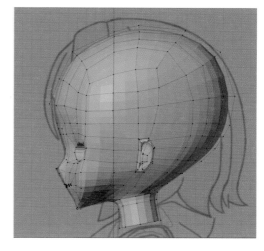

09 루프 잘라내기 넣기

Step 측면에 루프 잘라내기(Ctrl+R키)로 에지를 1개 추가하고 마우스 좌클릭 → 마우스 우클릭으로 중앙에 위치를 결정합니다. 얼굴의 앞쪽과 옆쪽이 확실히 나눠지며 얼굴의 형태에 보다 가까워집니다.

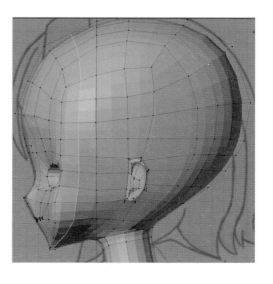

10

Step

얼굴 형태 조정하기

우측 프로퍼티스에 있는 섭디비전 표면의 실시간 활성화/비활성화를 반복하면서 앞쪽 시점(넘버패드 1), 오른쪽 시점(넘버패드 3) 등 다양한 시점에서 이동(G키) 등을 사용해 얼굴의 형태를 정리합니다(다음 그림에서는 밑그림을 숨기기 한 상태입니다).

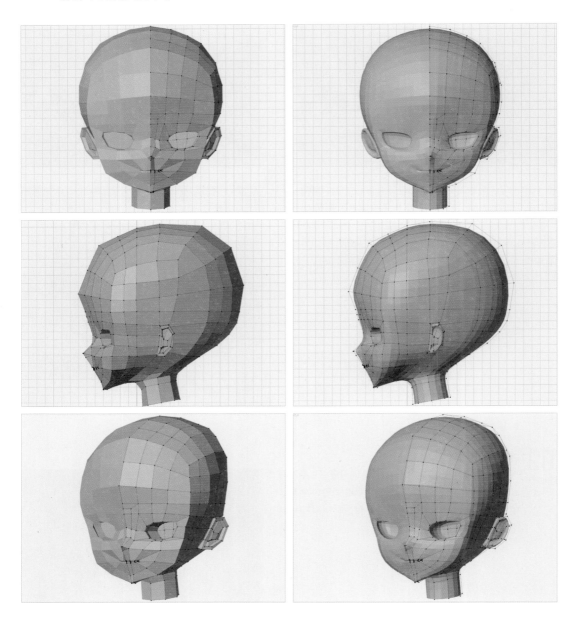

다음 그림은 45도(넘버패드 1을 눌러 앞쪽 시점으로 전환한 뒤, 넘버패드 4를 3번 누릅니다)에서 본 모델입니다. 앞서 설명 했듯 45도는 광대뼈 선이 되며 광대뼈의 볼록한 부분과 패인 부분이 중요하므로 확실하게 조정하는 것이 좋습니다.

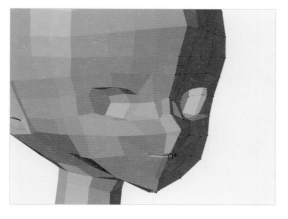
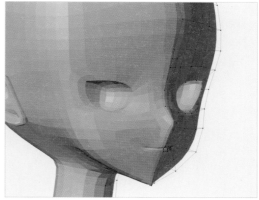

만약 버텍스가 중복되거나 메쉬가 엉켜 있는 등 원래 형태와 부드러운 형태에 차이가 크다면 수정합니다.

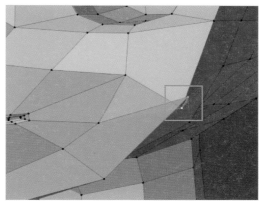

Column

옆 얼굴을 더 잘 만들기 위한 팁

광대뼈에서 입 주변으로 에지를 연결할 때는 S자를 그리는 것을 고려하면 동그랗고 귀여운 옆 얼굴을 쉽게 만들 수 있습니다. 그리고 입 끝을 옆에서 봤을 때 조금만 보이게 하면 비스듬한 각도에서 봤을 때 입이 너무 많이 나오거나 움푹 들어가는 것을 방지할 수 있습니다.

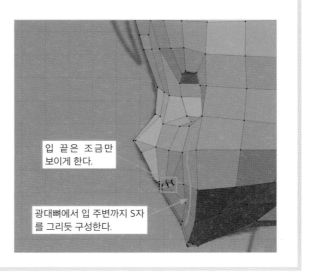

입 끝은 조금만 보이게 한다.

광대뼈에서 입 주변까지 S자를 그리듯 구성한다.

속눈썹, 눈썹, 쌍꺼풀 모델링

다음은 속눈썹, 눈썹, 쌍꺼풀을 모델링합니다. 속눈썹은 캐릭터에게 인상을 부여하는 동시에 눈을 뜨고 감는 움직임과 관련된 중요한 부분이므로 정성스레 만듭니다.

01 버텍스 크리스 적용하기

Step

넘버패드 1을 눌러 시점을 앞쪽(Front)으로 전환하고 프로퍼티스에 있는 섭디비전 표면의 실시간을 비활성화합니다. 그 상태에서 눈꼬리쪽 버텍스에 Vertex Crease를 추가합니다. 크리스는 섭디비전 표면의 영향을 받지 않는다고 설명했습니다. 버텍스 크리스는 여기에 더해 버텍스에 대해 크리스를 추가하므로 보다 세세하게 형태를 변경할 수 있습니다. 눈꼬리의 버텍스를 선택했다면 3D 뷰포트 위쪽 버텍스(Ctrl+V키) → Vertex Crease를 선택합니다. 그 뒤 마우스를 움직이면 버텍스에 크리스를 거는 정도를 결정할 수 있습니다. 우선 여기에서는 마우스 좌클릭을 하고 오퍼레이터 패널에서 팩터를 '1'로 설정합니다. 눈 내부의 버텍스도 조정합니다. 주목할 점으로 Vertex Crease는 블렌더 3.1 이후에 도입된 새로운 기능입니다. Vertex Crease가 없다면 블렌더를 최신 버전으로 업데이트합니다.

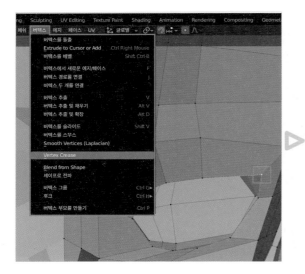

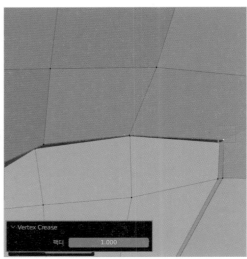

02 오브젝트 분리하기

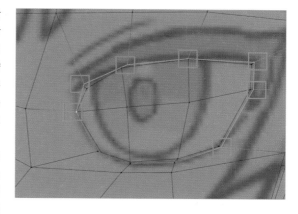

Step

❶과 같이 눈 가장자리의 버텍스 7개를 선택합니다. 선택한 위치는 이후 속눈썹이 되므로 만약 밑그림과 눈의 형태가 맞지 않는다면 먼저 이동(G키)해서 조정합니다(섭디비전 표면의 영향으로 많이 변하는지는 않지만 나름대로 맞춰두는 것이 좋습니다). 3D 뷰포트 오른쪽 위에 있는 X-Ray를 토글(Alt+Z키) 조작, 와이어프레임으로 전환(Shift+Z키)도 필요에 따라 전환합니다.

❷ 선택한 눈 가장자리의 버텍스 7개를 Shift+D키로 복제하고 마우스 우클릭으로 위치를 취소합니다. 그러면 복제한 버텍스가 눈 가장자리의 버텍스와 중복됩니다. 이 복제한 버텍스가 선택

되어 있는 상태에서 3D 뷰포트 위쪽 헤더에 있는 메쉬 → 분리(P키) → 선택을 클릭합니다. 이것은 선택한 버텍스 등을 분리하고 새로운 오브젝트로서 독립시키는 기능입니다. 만약 실수로 복제한 오브젝트의 선택을 해제했다면 Ctrl+Z키로 선택 해제 이전 상태로 되돌릴 수 있습니다.

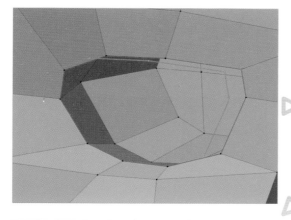

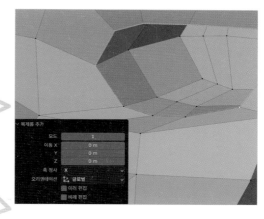

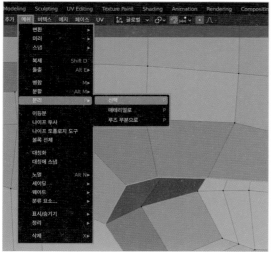

아웃라이너에 평면.001이라는 오브젝트가 추가됐을 것입니다. 현재 어떤 것이 오브젝트인지 알기 어려우므로 각 오브젝트를 더블 클릭해서 이름을 변경합니다. 여기에서는 평면을 'face', 평면.001을 'eyelash'로 변경했습니다.

 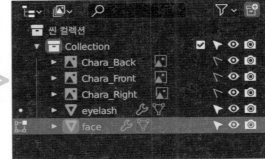

03 모드 변경하기

Step

현재 face의 에디트 모드에 있을 것입니다. 이 상태에서 전환의 단축키(Tab키)를 눌러 오브젝트 모드로 전환한 뒤 eyelash를 클릭하고 에디트 모드를 선택할 수 있지만 여기에서는 아웃라이너를 사용해 간단하게 전환하는 방법을 소개합니다.

face의 왼쪽에 사각형 아이콘이 있습니다. 이것은 이 오브젝트의 에디트 모드에 있다는 의미입니다. 여기에서 eyelash 왼쪽에 있는 작은 점을 클릭하면 eyelash의 에디트 모드로 전환할 수 있습니다(에디트 모드에서만 이 조작을 수행할 수 있습니다). 이렇게 아웃라이너에서 간단하게 모드를 전환할 수 있습니다.

04
Step

속눈썹 만들기

❶ 넘버패드 1을 눌러 시점을 앞쪽(Front)으로 전환하고 eyelash의 버텍스를 모두 선택(A키)한 뒤, E키 → S키로 늘리면서 확대합니다. 크기는 대략적이어도 괜찮습니다. 3D 뷰포트 오른쪽 위에 있는 X-Ray를 토글(Alt+Z키)도 활성화하면 좋습니다.

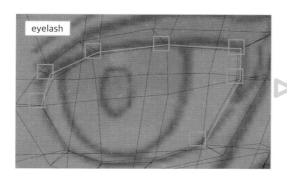
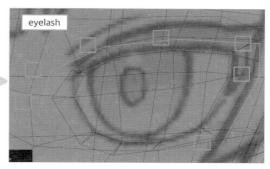

❷ 다음으로 화면의 빨간 원으로 둘러싸인 버텍스 9개를 밑그림에 맞춰 이동(G키)해 조정합니다. 그 밖의 버텍스는 눈의 버텍스와 일치하므로 움직이지 않게 합니다.

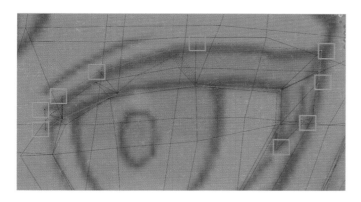

❸ 다른 각도에서 확인하면서 속눈썹의 형태가 깨졌다면 3D 뷰포트 오른쪽 위에 있는 X-Ray를 토글(Alt+Z키)을 잠시 비활성화하고, G키 → Y키로 이동해 버텍스를 조정합니다. 메쉬가 겹쳐지면 페이스가 이상하게 표시되므로 가능한 그렇게 되지 않도록 조정하는 것이 좋습니다.

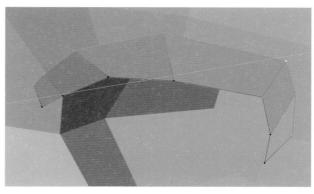

05 속눈썹 만들어 넣기

Step

❶ 넘버패드 1을 눌러 시점을 앞쪽 (Front)으로 전환합니다. 다음으로 속눈 썹을 만들어 나갑니다. 속눈썹을 가로로 나누듯이 루프 잘라내기(Ctrl+R키)로 에지 1개를 추가합니다. 마우스 좌클릭 → 마우스 우클릭으로 위치를 중앙에 결 정하고 메쉬를 분할합니다. X-Ray를 토 글(Alt+Z키)는 작업에 따라 전환합니다.

❷ 눈꼬리 쪽 가장 뾰족한 속눈썹의 버텍스 2개 를 선택하고 3D 뷰포트 위쪽 헤더에 있는 버텍스 (Ctrl+V키) → 버텍스 추출(V키)를 클릭합니다. 이것은 현재 선택중인 버텍스를 양쪽으로 가르는 기능입니다.

❸ 다음으로 가른 버텍스 방향에 마우스 커서를 올리고(여기에서는 오른쪽에 마우스 커서를 올렸 습니다), 마우스 좌클릭 상태에서 드래그해서 버 텍스를 떨어뜨릴 수 있습니다. 버텍스 추출은 마 우스 커서 위치에 따라 버텍스를 가르는 방법이 달라지므로 사용할 때 주의해야 합니다.

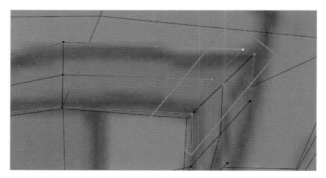

❹ 안쪽 갈라진 버텍스 3개를 선택하고 버텍스에서 새로운 에지/페이스(F키)를 눌러 페이스를 만듭니다. 다음으로 바깥쪽 갈라진 버텍스 4개를 선택하고 F키를 눌러 페이스를 만듭니다. Next Page

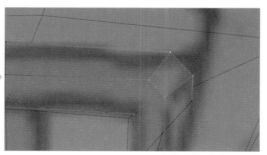

❺ 3D 뷰포트 왼쪽 위에서 에지 선택 모드(숫자 2키)로 전환하고 만든 면의 위아래 에지 2개를 선택합니다. 마우스 우클릭 후 섭디비전을 선택합니다.

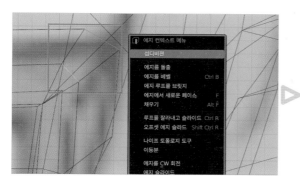 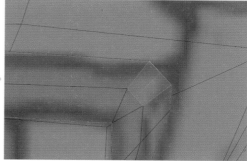

06 속눈썹 끝 조정하기

Step

❶ 버텍스 선택 모드(숫자 1키)로 되돌아옵니다. 다음으로 속눈썹의 눈시울쪽 버텍스를 조정합니다. 눈시울쪽 한 가운데 버텍스의 가로 방향에 마우스 커서를 올립니다(여기에서는 위쪽에 올렸습니다). V키를 눌러 버텍스를 가르 고 마우스 좌클릭으로 결정합니다. 버텍스를 추출하는 기능의 단축키도 E키의 돌출하기와 마찬가지로 마우스 우 클릭으로 취소할 수 있지만 우클릭으로 취소 시 버텍스가 중첩됩니다. 취소했다면 반드시 Ctrl+Z키로 되돌아갑니 다.

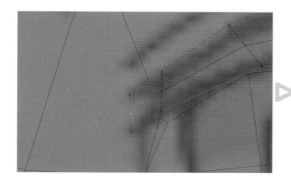 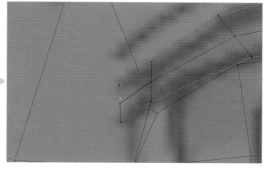

❷ 눈시울 끝의 위아래 버텍스 2개를 각각 선택하고 M키 → 중심에를 선택해 버텍스를 결합합니다. Next Page

 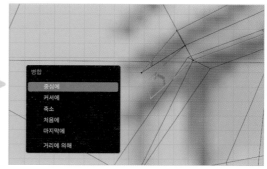

❸ 오른쪽 그림과 같은 상태가 되면 OK입니다.

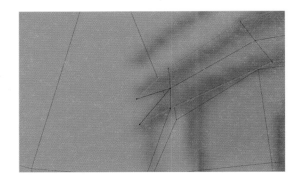

❹ 눈꼬리 쪽 버텍스 3개도 선택하고 M키 → 중심에를 선택해 버텍스를 결합합니다.

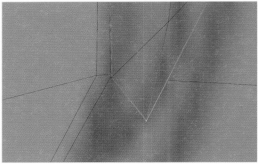

결합을 마쳤다면 이동(G키)으로 속눈썹을 밑그림에 맞춰 조정합니다. 다음 페이지의 속눈썹 이미지를 참고로 조정하면 좋습니다(단, 속눈썹과 눈이 겹쳐져 있는 버텍스는 움직이지 않도록 주의합니다).

07 크리스 조정하기

Step

❶ 현재 크리스가 제멋대로이므로 조정합니다. 앞에서 Vertex Crease를 사용해 늘렸기 때문에 한 가운데 크리스가 걸려있을 것입니다. 이것을 '0'으로 합니다. 한 가운데의 버텍스 크리스 3개를 선택하고 사이드바의 표시/숨기기 (N키)를 눌러 사이드바를 표시한 뒤 항목을 클릭합니다. 이 안의 버텍스 데이터 안에 Mean Vertex Crease가 있습니다. 여기에 '0'을 입력합니다.

NextPage

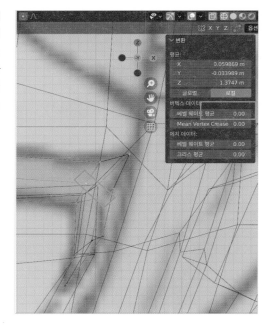

❷ 다음으로 그림과 같이 버텍스 8개를 선택하고 사이드바의 항목의 버텍스 데이터 안에 있는 Mean Vertex Crease를 '1'로 설정합니다. 주로 뽀족한 부분에 버텍스 크리스를 추가함으로써 섭디비전 표면을 추가했을 때 뽀족하게 되므로 자연스럽게 속눈썹처럼 보입니다.

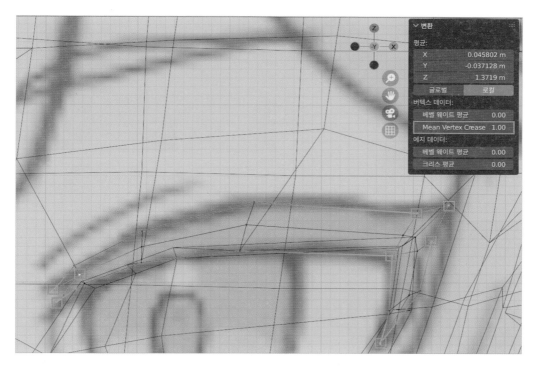

❸ 3D 뷰포트 오른쪽 위에서 에지 선택 모드(숫자키 2)를 누르고 Shift+Alt+마우스 좌클릭으로 속눈썹 바깥쪽을 여러 에지 루프 선택합니다. 사이드바의 항목의 에지 데이터에 있는 크리스 평균을 '1'로 설정합니다.

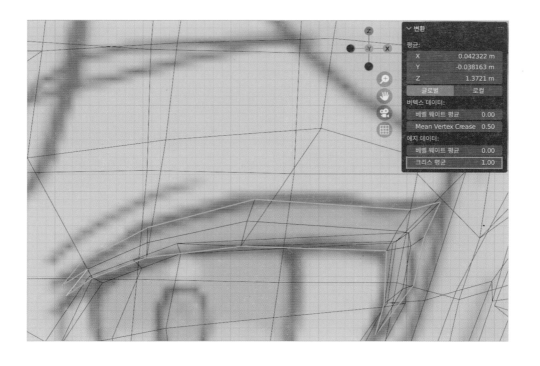

속눈썹과 눈의 버텍스가 어긋났을 때의 대책

속눈썹과 눈의 버텍스가 어긋났을 때는 스냅이라는 기능을 사
용해 되돌릴 수 있습니다. 3D 뷰포트 위쪽 헤더에 자석 아이
콘이 있습니다. 이것은 스냅이라 부르며 오브젝트의 버텍스를
다른 오브젝트의 버텍스나 면에 달라붙듯이 움직일 수 있는 기
능입니다.

먼저 속눈썹(eyelash)와 얼굴(face)의 섭디비전 표면의 실시간을 비활성화합니다.
다음으로 3D 뷰포트 위쪽에 있는 스냅을 활성화(Shift+Tab키)합니다. 오른쪽에 있는 Snap To 에서 버텍스를 선택합니다(버
텍스와 버텍스가 스냅 합니다). 이 상태에서 버텍스를 선택하고 이동(G키)으로 버텍스를 움직입니다.

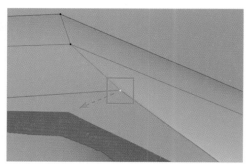

작업을 마쳤다면 스냅을 반드시 비활성화합니다.

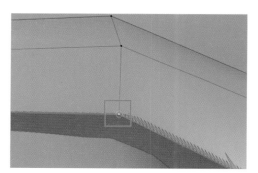

08
Step

버텍스 만들기

다음으로 눈썹을 모델링합니다. 효율적으로 모델링하기 위해 eyelash에서 작업을 진행합니다. 눈썹을 만들 때도 스냅을 사용하면 쉽게 모델링할 수 있습니다.

❶ 자석 아이콘을 클릭하고 스냅을 활성화(Shift+Tab키)합니다. 오른쪽에 있는 Snap To에서 Face Project(버텍스가 페이스 위에 스냅 합니다)를 선택합니다. 다음으로 아무것도 선택하지 않은 상태(Alt+A키)로 만든 뒤 눈시울에 마우스 커서를 올리고 Ctrl+마우스 우클릭을 1번 하면 버텍스를 1개 만들 수 있습니다. 이렇게 Ctrl+마우스 우클릭으로 아무것도 없는 상태에서 버텍스를 만들 수도 있습니다.

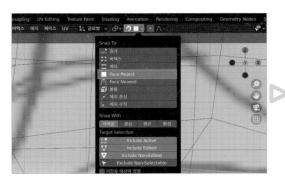 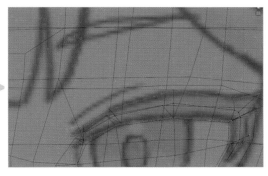

❷ 계속해서 Ctrl+마우스 우클릭으로 버텍스를 오른쪽 그림과 같이 만듭니다. 여기에서는 버텍스 7개를 연속으로 만들었습니다.

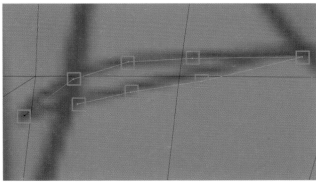

❸ 다음으로 맨 끝의 버텍스 2개를 선택하고 버텍스에서 새로운 에지/페이스 단축키인 F키를 눌러 에지로 연결합니다.

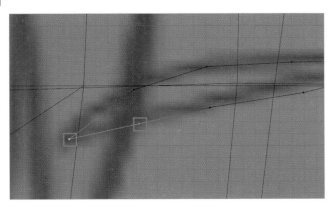

MEMO

블렌더 4.0(베타 버전)에서는 스냅 메뉴가 약간 변경됐습니다. 블렌더 4.0을 사용할 때는 Snap To 안에 있는 페이스를 선택합니다.

④ 연결했다면 눈썹의 버텍스를 각각 선택하고 버텍스에서 새로운 에지/페이스 단축키인 F키를 눌러 페이스를 1개씩 만듭니다.

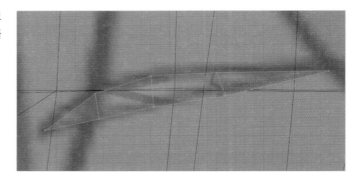

⑤ 눈썹과 눈꼬리의 버텍스 2개를 선택하고 사이드바(N키)의 항목의 버텍스 데이터 안에 있는 Mean Vertex Crease를 '1'로 설정합니다

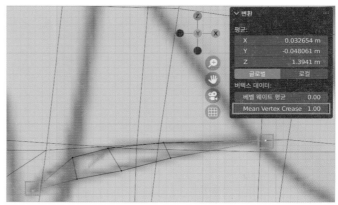

09 쌍꺼풀 만들기

쌍꺼풀이 될 부분을 모델링합니다.

Step ❶ 눈썹의 버텍스를 모두 선택하고 Shift+D키로 복제합니다. 밑그림에 맞춰 복제한 눈썹을 쌍꺼풀 주변의 적당한 위치에 배치합니다.

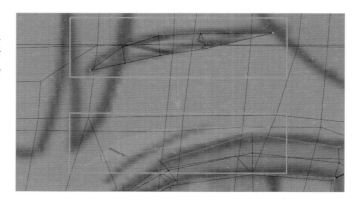

❷ 복제한 눈썹의 메쉬를 G키로 이동해서 오른쪽 그림과 같이 조정합니다.

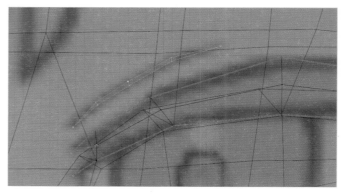

10 눈썹, 쌍꺼풀 페이스 오리엔테이션 수정하기

Step

❶ 3D 뷰포트 위쪽 헤더에 있는 스냅을 비활
성화하고(Shift+Tab키), 헤더 오른쪽에서 솔
리드로 전환합니다. 3D 뷰포트 오른쪽 위에
있는 X-Ray를 토글(Alt+Z키)을 비활성화합
니다. 이 상태에서 눈썹과 쌍꺼풀의 버텍스를
선택하고, 두부의 메쉬와 겹치지 않도록 G키
→ Y키로 Y축 고정 이동을 사용해 위치를 조
정합니다.

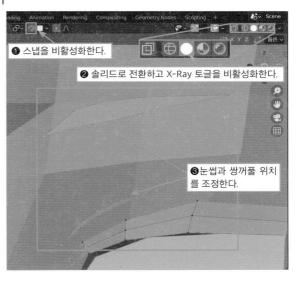

❶ 스냅을 비활성화한다.

❷ 솔리드로 전환하고 X-Ray 토글을 비활성화한다.

❸눈썹과 쌍꺼풀 위치
를 조정한다.

❷ 페이스 오리엔테이션이 각각이면 여러 문제가 발생하므로 A키로 속눈썹, 눈썹, 쌍꺼풀의 모든 버텍스를 선택하고 헤더
에 있는 메쉬 → 노멀(Alt+N키) → 외부를 재계산(Shift+N키)을 선택합니다.

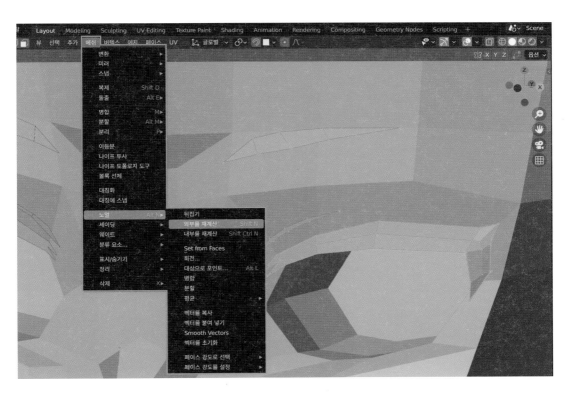

❸ 개별적으로 선택한 페이스를 정렬하고 싶을 때는 방향을 바꿀 페이스를 선택하고 헤더에 있는 메쉬 → 노멀(Alt+N키) → 뒤집기를 선택합니다. 3D 뷰포트 오른쪽 위의 헤더에 있는 뷰포트 오버레이 안의 페이스 오리엔테이션에서 면이 파란색으로 칠해지도록 조정합니다(파란색은 바깥쪽, 빨간색은 안쪽).

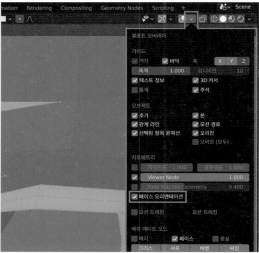

11 속눈썹, 눈썹, 쌍꺼풀 조정하기

Step

아웃라이너의 face 왼쪽 아이콘을 클릭하고 face의 에디트 모드로 전환합니다. 모디파이어 프로퍼티스에서 섭디비전 표면의 실시간을 활성화합니다. 그 뒤 아웃라이너의 eyelash 왼쪽 아이콘을 클릭하고 eyelash의 에디트 모드로 전환합니다. 여기의 섭디비전 표면의 실시간도 활성화합니다(Tab키를 사용해 모드를 전환해도 좋습니다). 다음으로 넘버패드 1로 앞쪽(Front) 시점, 넘버패드 3으로 오른쪽(Right) 시점을 전환하면서 속눈썹, 눈썹, 쌍꺼풀의 메쉬를 G키로 이동해서 조정합니다. 이 단계에서 눈의 형태가 오른쪽 밑그림과 맞지 않을 수 있지만 문제없습니다. 밑그림은 어디까지나 모델링을 쉽게 하기 위한 것이므로 모델 자체에 큰 문제가 없다면 다음으로 진행합니다.

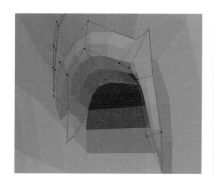
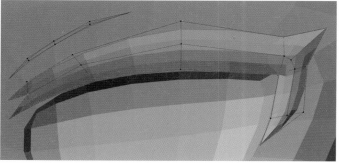

Column

Alt+Q에 관해

에디트 모드에서 다른 오브젝트의 에디트 모드로 빠르게 전환할 수 있는 단축키를 소개합니다. 먼저 현재 에디트 모드에 있는지 확인합니다. 에디트 모드로 전환할 오브젝트에 마우스 커서를 올립니다. 다음으로 Alt+Q 키를 누르면 해당 오브젝트의 에디트 모드로 곧바로 전환할 수 있습니다. 작업 효율을 상당히 높일 수 있으므로 기억해두기 바랍니다.

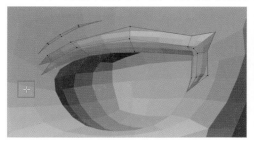 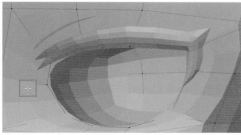

3-12 눈동자 모델링

다음으로 눈동자를 모델링합니다. 눈동자는 원형을 사용해 간단하게 형태를 만듭니다.

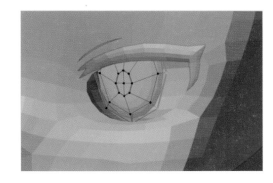

01 원형 추가하기

Step

3D 뷰포트 오른쪽 위에 있는 모드 전환에서 오브젝트 모드(Tab키)로 전환하고 3D 커서를 중앙으로 되돌립니다 (Shift+C키, 헤더 → 뷰 → 뷰를 정렬 → Center Cursor and Frame All로도 실행할 수 있습니다). 다음으로 추가 단축키(Shift+A키)로 메쉬 → 원형을 추가한 뒤, 왼쪽 아래 오퍼레이터 패널에서 버텍스를 '8'로 설정합니다.

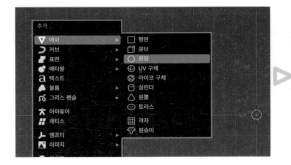 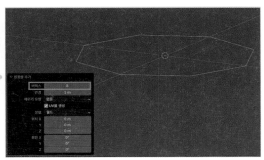

02
Step

오브젝트 회전하기

추가한 원형을 선택한 상태에서 전환 단축키
인 Tab키를 눌러 에디트 모드로 전환합니다.
회전 단축키인 R키 → X키로 X축으로 고정하
고 '90'을 입력합니다(왼쪽 아래 오퍼레이터
패널의 각도에서 입력할 수도 있습니다).

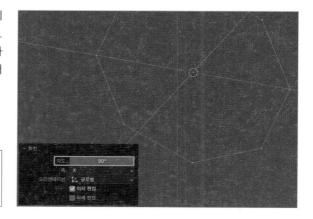

> **MEMO**
>
> 에디트 모드로 전환하는 것을 잊지 않
> 도록 합니다.

03
Step

모디파이어를 추가

다음으로 프로퍼티스의 모디파이어 프로퍼티
스에 있는 모디파이어를 추가에서 미러, 섭디
비전 표면을 순서대로 추가합니다. 그리고 미
러의 클리핑이 비활성화되어 있는지 확인합니
다. 여기에서 클리핑이 활성화되어 있으면 중
앙에 버텍스가 몰려 형태를 잘 변경할 수 없게
됩니다.

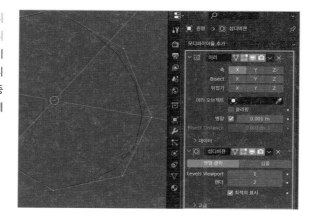

04
Step

오브젝트 크기 변경과 이동

❶ 넘버패드 1을 눌러 시점을 앞쪽(Front)으
로 전환하고 원의 버텍스를 모두 선택(A키)된
상태에서 축적의 단축키인 S키를 누른 뒤 마우
스 좌클릭합니다. 왼쪽 아래 오퍼레이터 패널
에서 축적 X, Y, Z에 '0.01'을 입력합니다.

Next Page

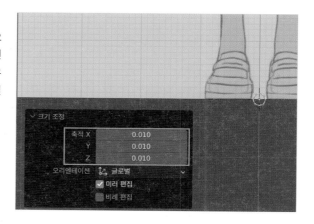

❷ 다음으로 이동(G키)을 누른 뒤 마우스 좌클릭합니다. 오퍼레이터 패널에서 이동 X에 '0.036', 이동 Y에 '-0.038', 이동 Z에 '1.368'을 입력합니다. 그리고 밑그림과 맞았는지 확인하기 위해 3D 뷰포트 오른쪽 위에 있는 X-Ray를 토글(Alt+Z키)을 활성화하면 좋습니다.

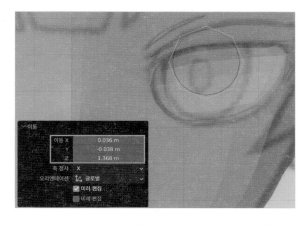

❸ 축적 단축키인 S키를 누른 뒤 마우스 좌클릭합니다. 왼쪽 아래 오퍼레이터 패널에서 축적 X에 '1.29', 축적 Y에 '1', 축적 Z에 '1.82'를 입력합니다.

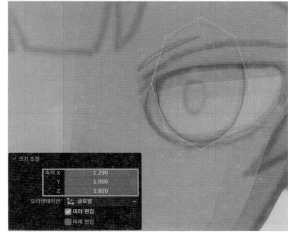

05
Step

돌출하기와 축소하기
3D 뷰포트 위쪽에 있는 피벗 포인트를 변환이 평균 포인트로 되어 있는지 확인했다면 돌출하기(E키)를 누른 뒤 S키로 축적합니다(왼쪽 아래 오퍼레이터 패널에서 축적 X, Y, Z가 모두 '0.8' 정도가 되면 좋습니다).

MEMO

안구 중앙에 눈동자를 배치하면 캐릭터의 시선이 대상물에 맞지 않아 무서운 느낌을 줄 수 있습니다. 다소 곁눈질하는 느낌으로 배치하면 시선을 쉽게 맞출 수 있고 캐릭터는 보다 귀여운 느낌을 주게 됩니다. 단, 곁눈질이 너무 과하면 오히려 역효과가 나기 쉬우므로 주의합니다.

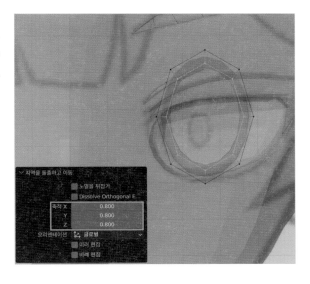

06 눈동자 페이스 만들기

Step

❶ 안쪽 버텍스를 선택한 상태에서 헤더에 있는 페이스(Ctrl+F키) → 격자 채우기를 선택합니다. 만약 격자 채우기가 잘 되지 않으면 버텍스가 겹쳐 있을 수 있습니다. 그때는 A키로 모든 메쉬를 선택하고 M키 → 거리에 의해로 중복된 버텍스를 결합한 뒤 다시 격자 채우기를 추가하면 됩니다. 왼쪽 아래 오퍼레이터 패널에서 기간에 '2', 오프셋에 '1'을 입력하고 십자가 형태가 되도록 조정합니다(십자가 형태가 되지 않으면 다른 숫자를 적절히 입력해서 조정합니다).

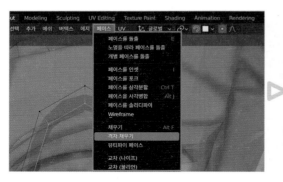 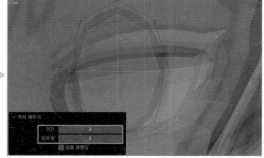

❷ 한 가운데 버텍스와 그 주변 버텍스 9개를 선택하고 G키 → Y키로 이동해 약간 앞쪽으로 튀어나오도록 합니다. 왼쪽 아래 오퍼레이터 패널의 이동 Y가 '-0.002' 정도이면 괜찮습니다.

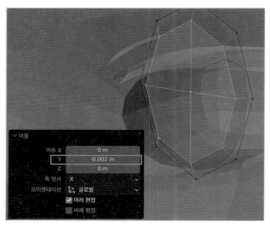

❸ 눈동자 바깥쪽을 Alt+마우스 좌클릭으로 에지 루프 선택하고 헤더에 있는 페이스(Ctrl+F키) → 격자 채우기를 선택합니다. 왼쪽 아래 오퍼레이터 패널에서 기간에 '2', 오프셋에 '1'을 입력합니다. NextPage

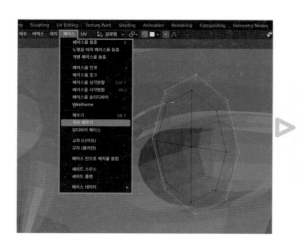 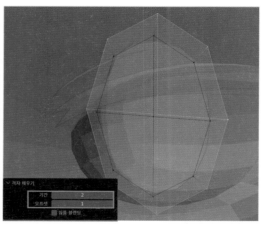

❹ 눈동자 바깥쪽 버텍스 8개만 선택하고 크리스
(Shift+E키)를 마우스 좌클릭합니다. 왼쪽 아래의 오퍼레
이터 패널의 팩터에 '1'을 입력합니다.

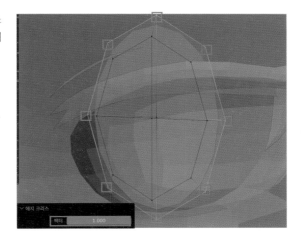

07 눈동자에 각도 주기

Step

현재 눈동자가 너무 똑바르기 때문에 다소 부자
연스럽게 보입니다. 회전을 사용해 눈동자를 조
금 기울입니다. 모두 선택의 단축키인 A키를 누
르고 눈을 모두 선택한 뒤 넘버패드 3을 눌러 시
점을 오른쪽(Right)으로 전환합니다. 회전의 단
축키인 R키 → Z키로 Z축으로 고정한 뒤 마우스
좌클릭합니다. 왼쪽 아래 오퍼레이터 패널에서
각도에 '11'을 입력합니다.

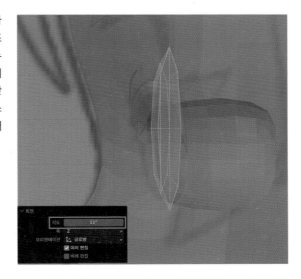

그 상태에서 R키 → X키를 눌러 X축으로 고정한 뒤 마우
스 좌클릭합니다. 왼쪽 아래 오퍼레이터 패널에서 각도에
'4.5'를 입력합니다.
이렇게 눈동자는 옆쪽이 약간 보이도록 조금 기울이는 것
이 자연스럽습니다. 여기에서는 여러차례 입력을 했지만
모델링에 익숙해지면 수동으로 하는 것도 좋습니다.

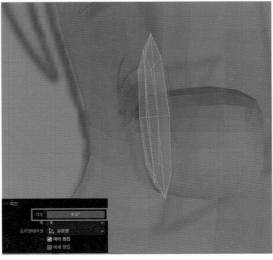

08 동공 만들기

Step 다음은 눈의 동공이 되는 부분을 모델링합니다.

❶ 3D 뷰포트 왼쪽 위에서 페이스 선택 모드(숫자키 3)로 전환하고 눈 앞쪽 면 4개를 선택합니다. 왼쪽 툴바(T키)에서 페이스를 인셋(I키)을 클릭하면 선택한 면의 중앙에 노란색 원이 표시됩니다. 이 원형을 마우스 좌클릭하면 페이스를 새롭게 끼워 넣을 수 있습니다. 마우스 좌클릭을 떼면 면 삽입을 결정합니다. 왼쪽 아래 오퍼레이터 패널에 있는 폭에서 크기를 조정할 수 있습니다. 여기에서는 축적(S키)을 사용해 조정합니다.

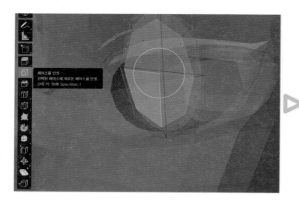 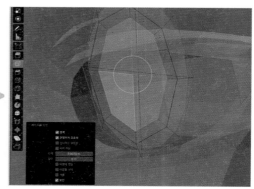

❷ 넘버패드 1를 눌러 시점을 앞쪽(Front)으로 전화하고 툴바의 가장 위의 선택 도구(W키)로 되돌립니다. 그리고 와이어프레임(Shift+Z키)으로 전환하고 그림과 같이 밑그림의 동공에 맞춰 G키로 이동, S키로 축적하며 조정합니다. 여기는 나중에 선으로 묘사하는 부분이므로 밑그림과 확실하게 맞추는 것을 권장합니다. 그리고 동공을 약간 움푹 들어가게 하면 시선을 대상에 맞추기 쉽기 때문에 모델링 익숙해졌다면 동공의 면 4개를 G키 → Y키로 약간 움푹 들어가게 하는 것도 좋습니다.

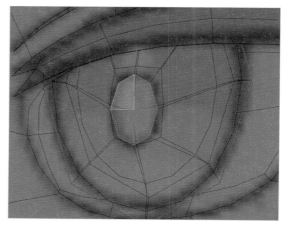

09 크리스 적용하기

Step 3D 뷰포트 왼쪽 위에서 에지 선택 모드(숫자키 2)로 전환하고 앞서 조정한 동공 주변의 에지를 Shift+Alt+마우스 좌클릭으로 선택합니다. 크리스(Shift+E키)에서 마우스 좌클릭 한 뒤 왼쪽 아래 오퍼레이터 패널의 팩터를 '1'로 설정합니다. 마쳤다면 버텍스 선택 모드(숫자키 1)로 되돌아갑니다. 이것으로 둥그런 동공을 만들었습니다.

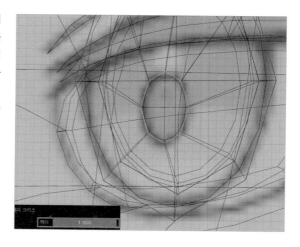

10 이름 변경하기

Step

조정을 마쳤다면 눈동자 오브젝트의 이름이 원형으로 되어 있으므로 아웃라이너에서 'eye'로 변경합니다.

Column

눈동자 위치에 관한 주의점

얼굴을 비스듬히 봤을 때 안쪽 눈동자가 앞으로 너무 많이 나오지 않았는지 확인합니다. 이 안쪽 눈이 앞으로 너무 많이 나오면 눈이 튀어나는 것처럼 보입니다. 에디트 모드에서 눈동자의 메쉬를 모두 선택(A키)한 상태에서 G키 → Y키로 Y축으로 고정하고 이동하면서 눈동자 위치를 조정합니다. 이 조정을 통해 오른쪽(넘버패드 3)에서 봤을 때 눈동자 위치가 밑그림과 어긋날 수도 있지만 여기에서는 잘 볼 수 있는 비스듬한 얼굴에서의 균형을 우선합니다.

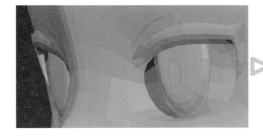 

Column

페이스를 인셋

페이스를 인셋은 에디트 모드에서 선택한 페이스 안쪽에 새로운 페이스를 만드는 기능입니다. 버텍스나 에지에는 사용할 수 없으며 반드시 페이스를 선택해야 사용할 수 있습니다. 단축키는 I키이며 페이스 선택 모드(숫자키 3)에서 페이스를 선택하고 I키를 누른 뒤, 마우스를 움직여 삽입할 페이스의 넓이를 결정합니다. 마우스 좌클릭으로 결정, 마우스 우클릭으로 취소합니다(돌출하기와 달리 취소해도 버텍스는 중복되지 않습니다). 페이스를 인셋을 결정하면 왼쪽 아래 오퍼레이터 패널이 표시되며 세세한 설정을 할 수 있습니다. 예를 들면 개별을 활성화하면 선택한 페이스에 각각 새로운 페이스를 삽입할 수 있습니다.

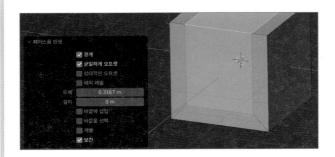

Chapter 3

4

혀와 이 모델링

혀와 이를 모델링합니다. 혀와 이는 귀여운 느낌에 큰 영향을 미치는 중요한 요소입니다(말을 하거나 웃는 얼굴을 만들 때 혀와 이가 있으면 정보량이 늘어나므로 쉽게 귀여운 느낌을 낼 수 있습니다).

4-1 혀 모델링

01
Step

입 주변 페이스 7개를 루프 선택하기

❶ 3D 뷰포트 왼쪽 위에 있는 모드 전환에서 오브젝트 모드(Tab키)로 전환하고 face 오브젝트를 선택한 뒤 에디트 모드(Tab키)로 전환합니다. 다음으로 3D 뷰포트 오른쪽 위에 있는 X-Ray를 토글(Alt+Z키)을 활성화하고 3D 뷰포트 왼쪽 위에서 페이스 선택 모드(숫자키 3)로 전환하고, 입 주변의 면 7개를 루프 선택합니다(여기에서는 섭디비전 표면의 실시간을 활성화한 상태에서 작업합니다). Next Page ▶

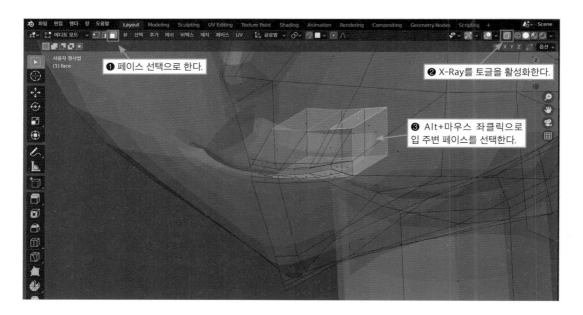

❶ 페이스 선택으로 한다.

❷ X-Ray를 토글을 활성화한다.

❸ Alt+마우스 좌클릭으로 입 주변 페이스를 선택한다.

❷ 선택한 페이스를 Shift+D키로 복제한 상태에서 마우스 우클릭으로 위치 이동을 취소하고, 이어서 분리의 단축키인 P키를 누릅니다. 메뉴 안에 있는 선택을 선택하고 새로운 오브젝트로 분리합니다.

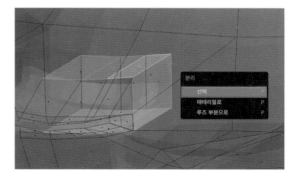

❸ 오른쪽 위 아웃라이너의 face의 눈동자 아이콘을 클릭해서 숨기기 합니다. 새롭게 분리한 face.001의 왼쪽을 클릭하고 에디트 모드로 전환합니다(Tab키로도 전환할 수 있습니다).

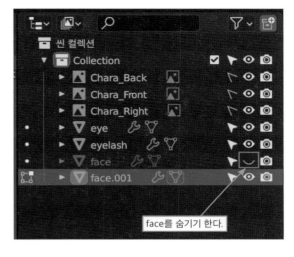

face를 숨기기 한다.

02 페이스 만들기

Step

3D 뷰포트 왼쪽 위에서 에지 선택 모드(숫자키 2)로 전환하고 오른쪽 위에 있는 X-Ray를 토글을 비활성화합니다. 오른쪽 에지를 선택하고 F키를 3번 눌러 페이스를 연속으로 만듭니다.

에지를 선택하고 F키를 3번 누른다.

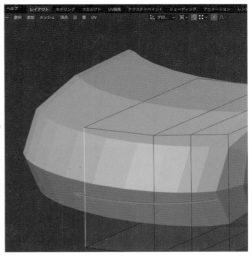

03 형태 정리하기

Step

❶ 넘버패드 7을 눌러 시점을 위쪽(Top)으로 전환하고, 혀 모양이 되도록 형태를 정리합니다. 혀의 안쪽은 Alt+마우스 좌클릭으로 에지 루프 선택하고 S키 → Y키 → '0'으로 정렬할 수 있습니다. 이어서 S키 → Y키를 사용해 안쪽으로 이동해 혀를 조금 길게 만듭니다.

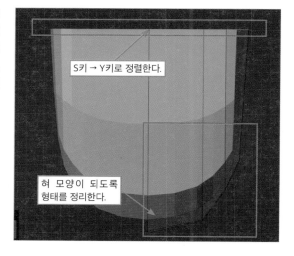

S키 → Y키로 정렬한다.

혀 모양이 되도록 형태를 정리한다.

❷ 혀를 둥글게 만듭니다. 한 가운데 루프 잘라내기(Ctrl+R키)로 에지 1개를 추가하고 마우스 좌클릭 → 마우스 우클릭으로 한 가운데 위치를 결정해 메쉬를 분할합니다. 3D 뷰포트 오른쪽 위에서 버텍스 선택 모드(숫자키 1)로 전환하고 G키 → Z키로 Z축으로 고정 이동해 그림과 같이 형태를 정리합니다.

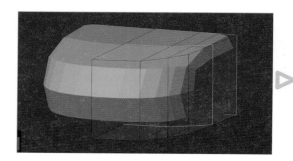 ▷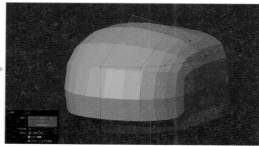

4-2 이 모델링

01 오브젝트를 복제하기

Step

다음으로 혀의 메쉬를 사용해 이를 모델링합니다. 3D 뷰포트 왼쪽 위에서 페이스 선택 모드(숫자키 3)로 전환합니다. 혀 옆쪽 페이스를 Alt+마우스 좌클릭으로 루프 선택합니다. Shift+D키로 복제한 뒤 Z키를 누르면 Z축 방향으로 고정한 채 이동할 수 있습니다. 위쪽 방향으로 배치하고 마우스 좌클릭으로 결정합니다.

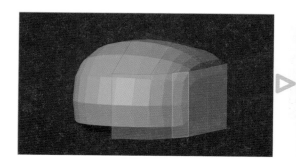 ▷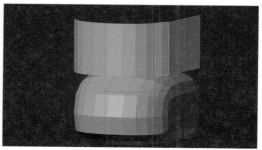

02
Step

돌출하기 및 노멀 적용하기

이가 될 메쉬를 선택한 상태에서 넘버패드 7을 눌러 시점을 위쪽(Top)으로 전환합니다. 다음으로 모디파이어 프로퍼티스의 미러의 클리핑이 활성화된 것을 확인합니다(활성화 상태가 아니면 메쉬를 잘 늘릴 수 없습니다). Alt+E키를 누르면 돌출하기와 관련된 다양한 메뉴가 표시됩니다 .여기에서는 노멀을 따라 돌출을 선택해서 두께를 추가합니다. 늘릴 면이 복잡한 경우 보통의 E키로는 두께를 균등하게 늘릴 수 없지만 노멀을 따라 돌출을 사용하면 노멀 방향으로 돌출할 수 있어 깊이를 쉽게 균등하게 할 수 있습니다.

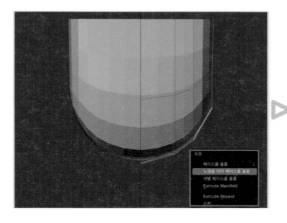
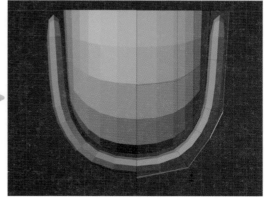

덧붙여 노멀을 따라 돌출은 왼쪽에 있는 툴바(T키)에서 수행할 수도 있으며, 지역 돌출 아이콘을 길게 마우스 좌클릭하면 오른쪽에 메뉴가 표시됩니다. 사용할 돌출하기에 마우스 커서를 올리고 마우스 버튼을 떼면 해당 돌출하기를 사용할 수 있습니다.

03
Step

크리스 적용하기

❶ 위쪽 에지 2개와 아래쪽 에지 2개를 Alt+마우스 좌클릭으로 여러 에지 루프 선택하고 크리스 추가 단축키인 Shift+E키를 누르고 마우스 좌클릭합니다. 왼쪽 아래 오퍼레이터 패널에서 팩터를 '1'로 설정합니다.

Next Page▶

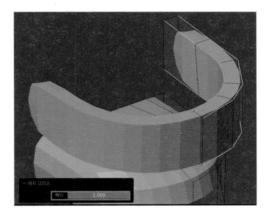

❷ 반대측으로 회전시켜 이 뒤쪽 에지 4개(페이스 선택 모드로 전환해서 페이스를 선택해도 좋습니다)를 선택합니다. 크리스 추가 단축키인 **Shift+E키**를 눌러 마우스 좌클릭 한 뒤 왼쪽 아래 오퍼레이터 패널에서 팩터를 '1'로 설정합니다.

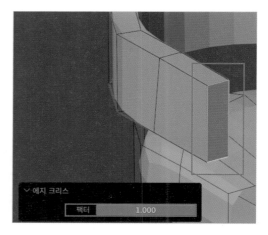

04 이 크기 축소하기

Step 현재 이의 크기가 크므로 형태를 조금 작게 만듭니다. 혀와 이가 가까이 있어 이를 선택하기 어렵다면, 혀 메쉬에 마우스 커서를 올리고 **L키**를 누릅니다. 링크 기능을 통해 연결되어 있는 메쉬를 한 번에 선택할 수 있습니다. 이 메쉬를 모두 선택했다면 **S키 → Z키**로 Z축 방향으로 이의 크기를 줄입니다.

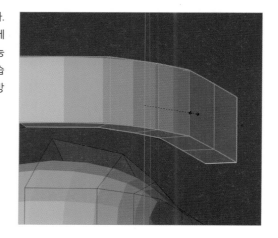

05 이 복제하기

Step 모든 이의 메쉬를 선택한 상태에서 **Shift+D키**로 복제합니다. **Z키**를 눌러 Z축으로 고정하고 아래쪽 방향으로 이동한 뒤 마우스 좌클릭으로 결정합니다.

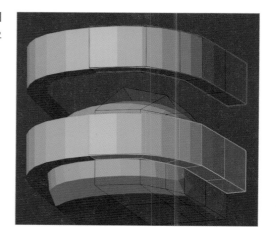

06 이 돌출하기

덧니를 모델링합니다.

Step ❶ 3D 뷰포트 왼쪽 위에서 페이스 선택 모드(숫자키 3)으로 전환하고 덧니 부분의 페이스를 선택한 뒤 E키로 돌출시킵니다. 다음으로 병합(M키)에서 중심에를 선택하고 돌출시킨 페이스를 하나의 버텍스로 만듭니다.

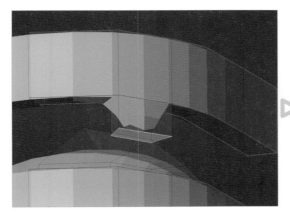
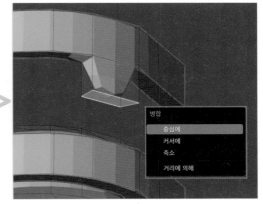

❷ 크리스 추가 단축키인 Shift+E키를 사용해 오른쪽 그림과 같이 크리스를 추가합니다. 그리고 Shift+E키는 왼쪽 아래 오퍼레이터 패널에서 팩터를 '0'으로 설정해 크리스를 삭제할 수도 있습니다. 여기에서는 바깥쪽과 안쪽 크리스는 삭제하면 좋습니다.

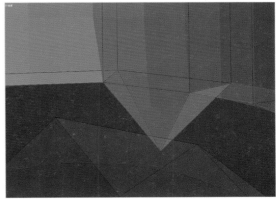

07 오브젝트 크기 변경하기

오른쪽 위 아웃라이너에서 face의 아이콘을 클릭해서 표시합니다. 3D 뷰포트 오른쪽 위에서 와이어프레임(Shift+Z키)으로 전환한 뒤 X-Ray를 토글(Alt+Z키)을 활성화합니다. 모두 선택(A키)으로 혀와 이를 선택하고 입 위치에 오도록 G키 → Z키로 Z축으로 고정해 이동합니다.

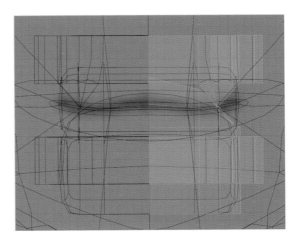

위치 조정을 마쳤다면 3D 뷰포트 오른쪽 위에서 메쉬로 전환하고 X-Ray를 토글(Alt+Z키)을 비활성화합니다. 이가 얼굴을 관통했다면 X-Ray를 토글을 활성화하고 혀와 이를 A키로 모두 선택한 뒤, S키 → Z키로 얼굴을 관통하지 않도록 Z축 방향으로 조금 이동합니다.

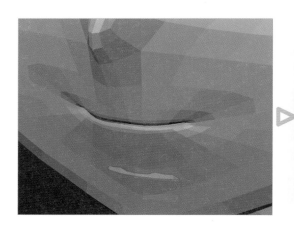 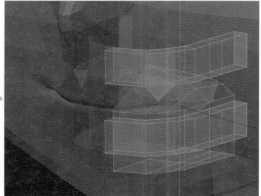

08 이름 변경하기

Step 오른쪽 위 아웃라이너에서 face.001을 더블 클릭하고 'mouth'로 변경합니다.

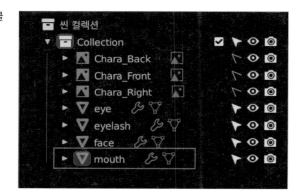

09 새로운 컬렉션 추가하기

Step 오브젝트가 늘어났으므로 여기에서 컬렉션을 사용해 아웃라이너를 정리합니다. 컬렉션이란 폴더와 같은 것으로 그 안에 오브젝트를 넣어 일괄적으로 오브젝트 표시/숨기기 등을 할 수 있습니다.

❶ 먼저 가장 위의 씬 컬렉션을 클릭합니다. 다음으로 오른쪽 위의 새로운 컬렉션 아이콘을 클릭합니다. 씬 컬렉션 안에 컬렉션 2라는 이름의 컬렉션이 추가됩니다.

Next Page

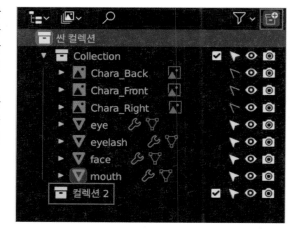

❷ 컬렉션 2를 더블 클릭하면 이름을 변경할 수 있습니다. 여기에서는 Head라고 입력합니다. 다음으로 아웃라이너에서 Ctrl키를 누른 상태에서 eye, eyelash, face, mouth를 선택한 뒤, M키를 누르면 컬렉션 관련 메뉴가 표시됩니다. 여기에서 Head를 선택합니다. 그러면 Head 컬렉션 안으로 앞에서 선택한 오브젝트 4개가 이동합니다. 이렇게 컬렉션을 사용하면서 아웃라이너를 관리하는 것이 좋습니다. 덧붙여 컬렉션은 아웃라이너의 임의의 위치로 마우스 좌클릭 한 상태로 드래그해서 이동할 수 있습니다.

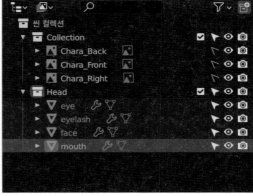

Chapter 1
Chapter 2
Chapter 3
Chapter 4
Chapter 5

Column

스컬프트 모드에서 메쉬를 정리하는 방법

왼쪽 위의 모드 전환에 스컬프트 모드가 있습니다. 이것은 수많은 버텍스를 사용해, 마치 메쉬를 점토처럼 조형하는 모드입니다. 이 모드에서는 메쉬를 간단하게 정리할 수 있는 기능을 제공하므로, 알아두면 큰 도움이 될 것입니다(이 모드의 기본 조작에 관한 설명은 생략합니다). 대상 오브젝트를 선택하고 왼쪽 위의 모드 전환에서 스컬프트 모드로 전환합니다. 툴바(T키)에 효과가 다른 다양한 브러시가 표시됩니다. 마우스 휠을 위아래로 돌려 그 안의 Slide Relax를 클릭합니다. 이것은 토폴로지를 슬라이드하는 기능이며, 버텍스를 마우스 좌클릭 상태에서 드래그해서 약간 움직입니다. 이것만으로는 메쉬가 정리되지 않으므로 Shift키를 누른 채 마우스 좌클릭 상태에서 드래그해서 폴리곤 형태를 유지하면서 균일하게 정리할 수 있습니다. 영향 범위는 헤더 안에 있는 반경에서 숫자를 좌우로 변경할 수 있습니다. 버텍스를 개별적으로 움직이면서 조정하는 것이 어려울 때는 이 기능을 사용하면 좋습니다. 이 작업을 할 때는 3D 뷰포트 오른쪽 위에 있는 뷰포트 오버레이 안에서 지오메트리에 있는 와이어프레임을 활성화해 둡니다. 이렇게 해두면 메쉬 표면에 검은 선이 표시되며 버텍스를 쉽게 조정할 수 있습니다(작업을 마쳤다면 비활성화합니다).

스컬프트 모드로 한다.

와이어프레임을 활성화한다.

5

얼굴 마무리

마지막으로 오브젝트를 보다 부드럽게 보이도록 수정합니다. 페이스 오리엔테이션이 정리되어 있지 않거나 중복된 버텍스가 있으면 페이스가 깔끔하게 표시되지 않으므로 이들도 함께 수정합니다. 그리고 모델의 형태를 명확하게 해 주는 샤프 기능에 관해 소개합니다.

5-1 스무스 적용

01
Step

페이스 오리엔테이션 확인 및 수정하기
모든 오브젝트를 에디트 모드에서 선택한 뒤 페이스 오리엔테이션을 바깥쪽 방향으로 바꿉니다 (메쉬를 선택하고 Shift+N키나 Alt+N키, 3D 뷰포트 오른쪽 위에 있는 뷰포트 오버레이에서 페이스 오리엔테이션을 확인하면 좋습니다). 중복된 버텍스도 삭제합니다(A키로 모든 메쉬를 선택하고 M키 → 거리에 의해로 삭제합니다).

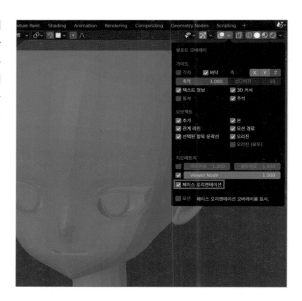

02
Step

스무스 적용하기
다음으로 3D 뷰포트 왼쪽 위에 있는 모드 전환에서 오브젝트 모드(Tab키)로 전환하고 Head 컬렉션 안에 있는 오브젝트 4개를 모두 선택합니다. 3D 뷰포트에서 마우스 우클릭 한 뒤 Shade Auto Smooth(이 기능은 블렌더 3.3 이후에서만 제공됩니다. 이 기능이 없다면 블렌더 최신 버전을 사용할 것을 권장합니다)을 선택합니다. 왼쪽 아래 오퍼레이터 패널에서 각도에 '180'을 입력합니다. 이 기능은 오브젝트를 모두 부드럽게 하는 일반적인 셰이드 스무스에 자동 스무스라는 기능이 추가된 것입니다.

Next Page

Column

자동 스무스란

자동 스무스란 페이스와 페이스 사이의 각도가 설정한 값보다 작으면 자동으로 셰이드 스무스(부드럽게)를 적용하고, 반대로 페이스와 페이스 사이의 각도가 설정한 보다 크면 플랫 셰이드(딱딱하게)를 적용하는 기능입니다. 예를 들면 육면체에서 자동 스무스를 사용하면 육면체의 페이스와 페이스 사이가 90도이므로 각도를 90보다 크게 설정하면 육면체 전체가 부드러워지고, 반대로 값이 90보다 작게 설정하면 편평하게 되는 구조입니다. 간단하게 말해 각도를 크게 하면 부드럽게, 각도를 작게 하면 딱딱하게 됩니다.

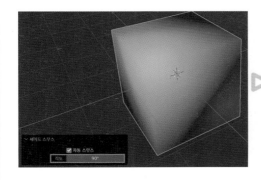
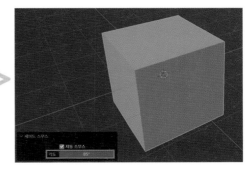

자동 스무스 조정을 나중에 하고 싶을 때는 셰이드 스무스가 적용된 오브젝트를 선택한 상태에서 오른쪽에 있는 프로퍼티스의 오브젝트 데이터 프로퍼티스에서 노멀 패널을 클릭합니다. 패널 안에 있는 자동 스무스에서 같은 작업을 수행할 수 있습니다. 덧붙여 이 안에 있는 체크 버튼으로 자동 스무스를 활성화/비활성화할 수 있으므로 필요에 따라 활용하면 좋습니다.

03 샤프 적용하기

Step 자동 스무스에서 각도를 180도로 입력하면 모든 오브젝트가 부드럽게 되지만 강약은 없어집니다. 여기에서 샤프라는 기능을 사용해 일부를 선명하게 만듭니다. 샤프란 각도에 관계없이 플랫 셰이드를 적용하는 기능입니다.

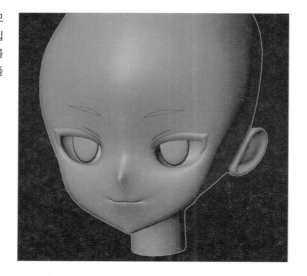

❶ 먼저 face만 클릭해서 선택하고 Tab키를 눌러 에디트 모드로 전환합니다. 얼굴에서 샤프를 넣는 위치는 주로 크리스를 추가한 눈, 입, 귀 밑동입니다. 3D 뷰포트 왼쪽 위에서 에지 선택 모드(숫자키 2)로 전환하고 크리스가 추가된 에지를 1개만 선택합니다. 헤더에 있는 선택 → 유사한 선택(Shift+G키) → Crease를 클릭하면 크리스를 추가한 위치만 선택할 수 있습니다.

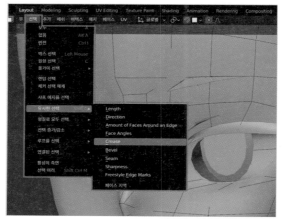

❷ 크리스가 추가된 에지를 선택했다면 헤더에 있는 에지(Ctrl+E키) → 샤프를 마크를 선택합니다. 샤프가 추가된 위치가 확실하게 표시됩니다. 반대로 삭제할 때는 샤프가 추가된 에지를 선택하고 에지 → 샤프를 지우기를 선택합니다.

Next Page ▶

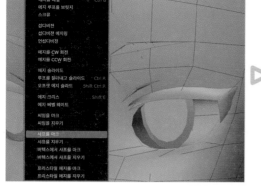

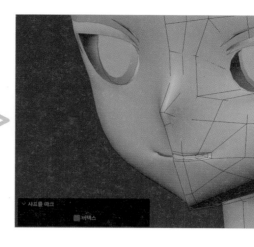

Column

에지에 여러 효과가 적용되어 있다면

현재 에지에는 크리스와 샤프가 동시에 적용되어 있습니다. 분홍색의 크리스만 표시되어 있어 샤프가 정말로 추가되어 있는지 알 수 없는 상태입니다. 3D 뷰포트 오른쪽 위에 있는 뷰포트 오버레이에서 메쉬 에디트 모드 안에 크리스, 샤프, 베벨, 심의 4개 항목이 존재합니다. 여기에서 크리스 항목을 비활성화하면 분홍색 크리스가 숨기기 되고 나머지 항목들이 표시됩니다. 샤프가 걸려 있는 에지는 하늘색으로 표시됩니다. 에지가 하늘색으로 표시되면 샤프가 문제없이 적용되어 있는 것이므로 계속 진행합니다. 이 메뉴에서 현재 에지에 어떤 효과가 적용되어 있는지 표시/숨기기 할 수 있으므로 향후에 활용해 주십시오.

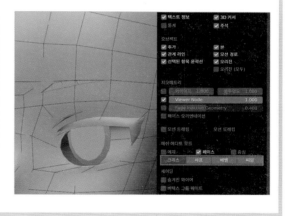

04
Step

눈의 에지에 샤프 적용하기

다른 오브젝트에도 샤프를 추가합니다. 전환 단축키인 Tab키, 아웃라이너 왼쪽 아이콘, 다른 오브젝트의 에디트 모드로 빠르게 전환하는 Alt+Q키 등을 사용해 eye 오브젝트의 에디트 모드로 전환합니다. 눈에서는 바깥쪽 에지에만 샤프를 적용합니다. 3D 뷰포트 오른쪽 위에 있는 X-Ray를 토글(Alt+Z키)을 활성화하고 Shift+Alt+마우스 좌클릭으로 여러 에지 루프 선택합니다. 헤더에 있는 에지 → 샤프를 마크를 선택합니다.

05
Step

이에 샤프 적용하기

mouth 오브젝트의 에디트 모드(Tab키)로 전환한 뒤 크리스가 추가된 에지를 1개만 선택합니다. 헤더에 있는 선택 → 유사한 선택(Shift+G키) → Crease를 클릭합니다. 그리고 헤더에 있는 에지(Ctrl+E키) → 샤프를 마크를 선택해 샤프를 적용합니다.

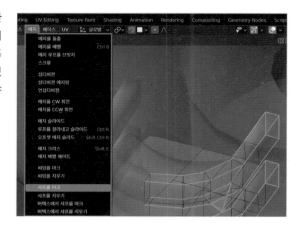

Column

얼굴이 페이스처럼 보이지 않게 하려면

얼굴을 아래쪽에서 봤을 때 평평해서 페이스처럼 느껴진다면 옆쪽 버텍스와 속눈썹을 약간 뒤쪽으로 밀어서 코 주변의 버텍스를 조정하는 것이 좋습니다. 먼저 오브젝트 모드에서 옆쪽과 속눈썹을 선택하고 3D 뷰포트 왼쪽 위에서 페이스 선택 모드(숫자키 3)으로 전환하고 옆쪽과 속눈썹의 눈꼬리 쪽을 선택합니다. 다음으로 G키 → Y키를 눌러 Y축으로 고정한 뒤 이동해서 얼굴을 조정합니다. 이때 대각선 45도(넘버패드 1을 눌러 앞쪽 시점으로 전환한 뒤 넘버패드 4를 3번 누름)에서 얼굴을 확인하면서 얼굴의 형태가 깨지지 않도록 조정하는 것이 좋습니다. 그 밖에도 버텍스 선택 모드(숫자키 1)로 전환해 코 주변 버텍스를 G키 → Y키를 사용해 Y축으로 고정해 이동해서 얼굴이 가능한 평평해지지 않도록 조정하는 것도 좋습니다.

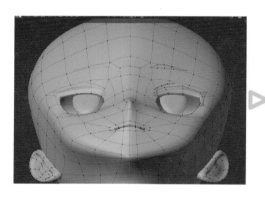
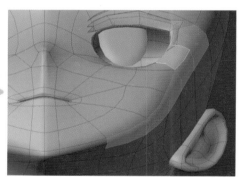

아래쪽에서 확인했을 때 통통하게 보이면 괜찮습니다.

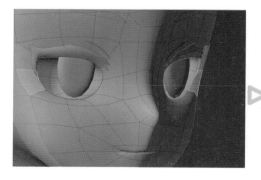
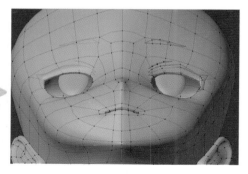

덧붙여 이 그림에서는 오른쪽 프로퍼티스의 섭디비전 표면의 케이지에서 (가장 왼쪽 아이콘)을 활성화하면서 조작했습니다.

06 눈 흰자위 수정하기

Step

마지막으로 눈을 세부적으로 수정합니다. 눈을 아래쪽에서 보면 눈동자 윗부분이 흰자위에 가려져 있는 것처럼 보이므로 흰자위를 조금 크게 만듭니다. face 오브젝트의 에디트 모드(Tab키)로 전환합니다. 3D 뷰포트 오른쪽 위에 있는 X-Ray를 토글(Alt+Z키)을 활성화합니다. 다음으로 앞쪽 시점(넘버패드 1)으로 전환한 뒤 흰자위 위쪽 버텍스 4개를 선택하고 G키 → Z키로 Z축으로 고정해서 위쪽으로 이동합니다.

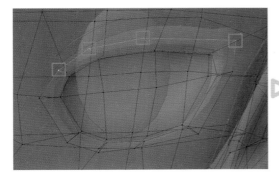

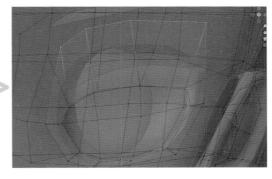

X-Ray를 토글(Alt+Z키)을 비활성화하고 한 번 더 아래쪽에서 보면 이번에는 눈이 가려지지 않은 것으로 보입니다. 이것으로 일단 눈 모델링을 마쳤습니다.

Chapter 3

6

머리카락 모델링

머리의 모델링을 마쳤으므로 이제 머리카락을 모델링합니다. 머리카락은 여러가지 방법으로 모델링할 수 있습니다. 카툰 렌더링을 할 때는 선을 넣는 것이 매우 중요하므로 이를 쉽게 하기 위해 평면에서 시작해 모델링하는 방법으로 진행합니다.

6-1 머리카락은 크게 4개 영역으로 구분

카툰 렌더링에서는 머리카락을 모델링할 때 크게 머리카락 덩어리로 모델링하는 것이 좋습니다. 그리고 머리카락은 크게 4개 영역으로 나뉘며 앞머리, 더듬이머리, 옆머리, 뒷머리라 부릅니다.

앞머리는 캐릭터의 성격을 잘 드러내는 영역입니다. 예를 들면 앞머리가 길면 얌전하고 수수께끼에 쌓인 캐릭터로, 앞머리가 짧으면 건강하고 활발한 인상을 줍니다.
옆머리는 캐릭터의 귀여움과 직결되는 중요한 부분입니다. 비스듬한 얼굴이 중요한 것은 얼굴 모델링에서도 설명했습니다. 비스듬한 얼굴을 매력적으로 만드는 데는 얼굴뿐 아니라 옆머리도 중요합니다. 그리고 옆머리에는 더듬이머리라는 영역이 있습니다. 더듬이머리는 얼굴을 작게 보이게 하는 효과를 내기 때문에 귀여운 인상을 쉽게 만들 수 있습니다.

뒷머리는 머리카락 형태에 있어 매우 중요한 영역입니다. 예를 들면 말총머리(ponytail)나 양 갈래 머리(twin tail)는 캐릭터의 인상을 좌우하므로 공을 들일 필요가 있습니다. 또한 짧은 머리카락을 가진 캐릭터를 모델링할 때는 아래에서 보는 각도가 매우 중요합니다. 만약 뒷머리 안쪽에 머리카락이 전혀 없다면 두피가 그대로 보이는 상황이 발생합니다. 이를 방지하기 위해 여기에서는 안쪽에도 머리카락을 모델링하는 방법까지 설명합니다.

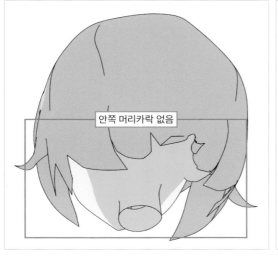

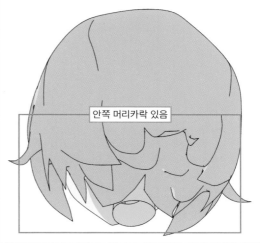

그리고 머리카락 모델링을 마친 뒤 얼굴을 다양한 각도에서 봤을 때 두피가 보일 때가 있습니다. 여러가지 방법으로 이를 방지할 수 있으나, 이 책에(2권)에서는 매테리얼을 사용해 두피를 숨기는 방법을 소개합니다.

Column

머리카락 덩어리 모델링 팁

원칙적으로 머리카락은 끝으로 갈수록 점점 가늘어지므로 끝을 뾰족하게 만들면 머리카락처럼 보입니다. 단, 캐릭터의 개성을 표현하기 위해 의도적으로 끝을 둥글게 하거나 갈라지거나 중간 부분을 가늘게 만들기도 합니다. 그럴 때는 부드러운 곡선을 생각하면서 머리카락 덩어리를 모델링하면 깔끔한 머리카락 덩어리를 쉽게 만들 수 있습니다. 길이, 방향, 간격이 균일한 머리카락 덩어리가 계속되면 단조로운 느낌을 줍니다. 머리카락 덩어리 길이와 방향을 바꾸면 보다 자연스럽게 보입니다. 만약 여러분이 처음부터 모델링을 한다면 머리카락 모델링에서는 이것을 기억해 주십시오.

6-2 앞머리 모델링

먼저 앞머리부터 모델링합니다. 얼굴 모델링과 마찬가지로 처음에는 최소한의 버텍스에서 간단하게 모델링합니다.

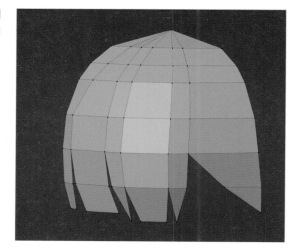

01 평면 오브젝트 추가하기

Step

❶ 현재 모드가 오브젝트 모드인지 3D 뷰포트 왼쪽 위 모드에서 확인합니다. 오른쪽 위 아웃라이너에서 Head 컬렉션의 눈동자 아이콘을 클릭해 숨기기 합니다.

❷ 3D 커서를 중앙으로 되돌리는 단축키인 Shift+C키를 누르고 추가의 단축키인 Shift+A키를 누른 뒤 메쉬 → 평면을 추가합니다. 전환의 단축키인 Tab키를 눌러 평면의 에디트 모드로 전환합니다. R키 → X키 → '90'을 입력해 X축으로 90도 회전합니다.

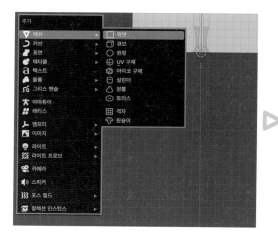

▷

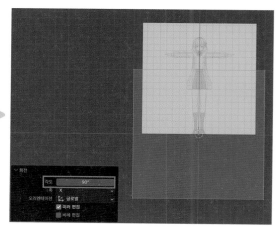

02 크기 변경과 위치 조정하기

Step
넘버패드 1을 눌러 시점을 앞쪽(Front)으로 변경하고 S키를 누른 뒤 마우스 좌클릭으로 결정합니다. 왼쪽 아래 오 퍼레이터 패널의 축적 X, Y, Z에 '0.028'을 입력합니다. G키를 누르고 마우스 좌클릭으로 결정한 뒤, 오퍼레이터 패널의 이동 Y에'-0.075', 이동 Z에 '1.405'를 입력하고 머리카락 위치를 결정합니다.

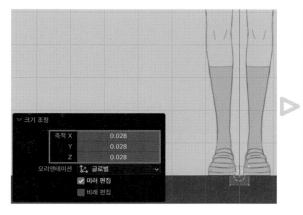
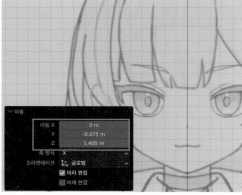

03 버텍스 이동과 분할하기

Step
위쪽 버텍스 2개를 선택하고 G키 → Z키로 Z축에 고정해 이동합니다(오퍼레이터 패널의 이동 Z가 '0.04' 정도가 되면 좋습니다). 이동했다면 좌우 에지에 마우스 커서를 올리고 루프 잘라내기(Ctrl+R키)를 사용합니다. 마우스 휠을 움직여 가로로 에지를 3개로 돌출시킨 뒤 마우스 좌클릭 → 마우스 우클릭으로 결정해서 메쉬를 분할합니다.

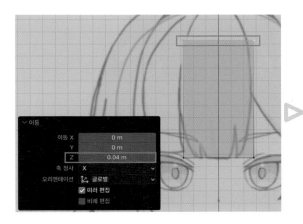
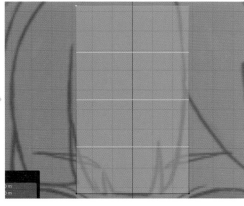

04 밑그림에 버텍스 맞추기

Step

각 버텍스를 G키 → X키로 X축으로 고정하고 이동해서 밑그림의 앞머리 덩어리에 대략 맞춥니다. 이 시점에서는 작업하기 쉽게 하기 위해 버텍스를 줄여서 모델링합니다(이 시점에서 버텍스가 너무 많으면 모델링이 어렵습니다).

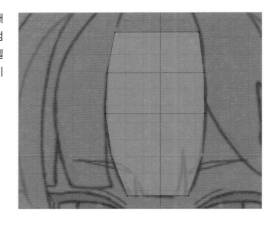

05 버텍스 복제하기

Step

다음 덩어리도 모델링합니다. 현재 덩어리를 박스 선택(B키) 등으로 선택하고 복제(Shift+D키) → X키로 X축으로 고정 이동하면 밑그림에 맞춰 마우스 좌클릭으로 위치를 결정합니다. 하나 더 복제(Shift+D키)한 뒤 X키로 X축으로 고정 이동합니다. 총 3개의 덩어리를 만듭니다.

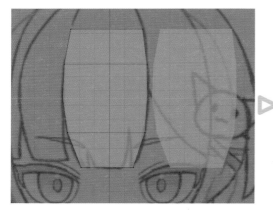 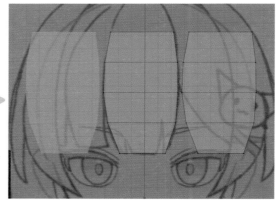

06 밑그림에 버텍스 맞추기

Step

각 버텍스를 G키 → X키로 X축으로 고정 이동해밑그림의 앞머리에 대략적으로 맞춥니다. 그림과 같이 에지를 가로로 정렬하면 후작업이 쉬워지며, 앞머리 형태도 깔끔하게 만들기 쉽습니다.

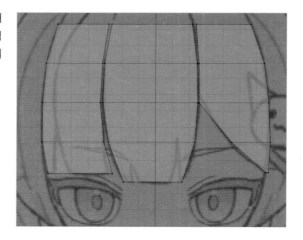

07 머리카락 끝 표현하기
Step

작은 머리카락 끝을 표현하기 위해 한 가운데 덩어리에 대해 루프 잘라내기(Ctrl+R키)을 수행하고 마우스 휠을 움직여 세로로 2개의 에지를 추가합니다. 마우스 좌클릭 → 마우스 우클릭으로 중앙에 위치를 결정하고 메쉬를 분할합니다. 추가한 에지를 G키를 2번 눌러 버텍스를 슬라이드(Shift+V키)해 밑그림에 대략적으로 맞춥니다. 머리카락 끝의 버텍스 2개를 각각 선택하고, 리프의 단축키인 V키를 누른 뒤 X키로 버텍스를 X축으로 고정 이동해 밑그림에 맞춰 위치를 조정합니다.

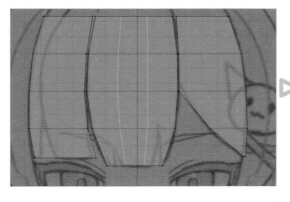 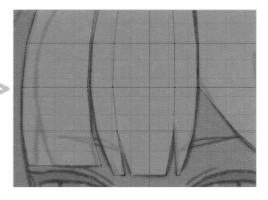

마찬가지로 왼쪽 덩어리에 대해서도 같은 작업을 합니다. 여기에서는 에지를 세로로 1개만 추가합니다 (Ctrl+R키). 밑그림의 선에 맞춰 버텍스를 G키 → X키로 조정하면 좋습니다.

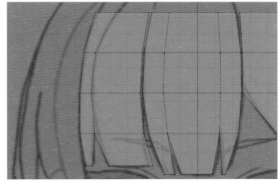

08 버텍스 결합하기
Step

덩어리 사이의 버텍스 2개를 선택하고 병합(M키)을 누릅니다. 메뉴 안에 있는 중심에를 선택하고 그림과 같이 6곳의 버텍스 사이를 채웁니다. 카툰 렌더링을 할 때 덩어리와 덩어리 사이를 결합하지 않으면 의도하지 않은 선이 그려지므로 틈새는 가능한 결합하는 것이 좋습니다.

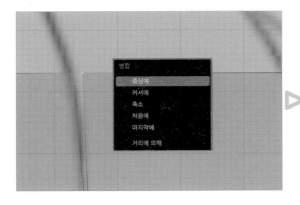 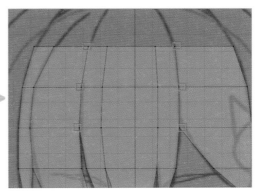

09 깊이 만들기

Step

다음은 좌우 덩어리에 깊이를 만들어줍니다.

❶ 좌우 덩어리와 한 가운데 덩어리 좌우의 버텍스만 선택합니다. 넘버패드 3을 눌러 시점을 오른쪽(Right)으로 전환합니다. 밑그림의 앞머리와 옆머리 선 부근까지 G키 → Y키를 눌러 Y축 방향으로 이동합니다.

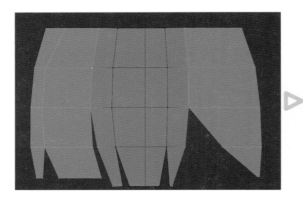
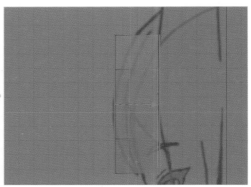

❷ 한 가운데 덩어리의 좌우 버텍스를 선택하고 다시 넘버패드 3을 눌러 시점을 오른쪽(Right)으로 전환합니다. 밑그림의 덩어리와 덩어리 사이의 버텍스를 G키 → Y키를 눌러 Y축 방향으로 이동합니다.

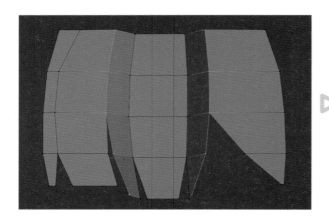
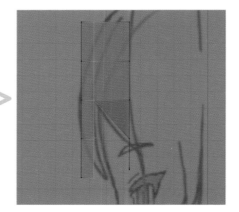

10 버텍스 결합하기

Step

3개의 각 머리카락 끝의 버텍스 2개를 선택하고 M키 → 중심에를 선택해 결합합니다.

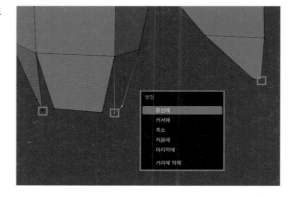

11 버텍스 조정하기

Step
그림과 같이 버텍스를 조정합니다. 오른쪽 시점(넘버패드 3)과 왼쪽 시점(Ctrl+넘버패드 3)을 번갈아 보면서 G키
→ Y키를 사용해 깊이 방향으로만 이동해 둥근 이마를 생각하면서 버텍스를 조정하는 것이 팁입니다.Y축으로만
이동함으로써 버텍스가 망가지는 것을 막을 수 있습니다.

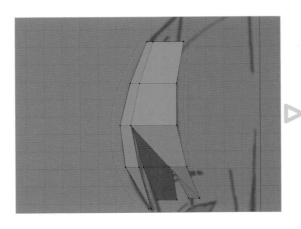
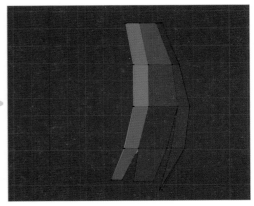

12 앞머리에 볼륨감 주기

Step
부감하는 시점에서 보면서 앞머리의 옆쪽으로
나열되어 있는 버텍스도 머리의 동그란 형태에
맞춰 곡선을 그리듯이 G키 → Y키를 사용한 이
동만으로 조정합니다. 그리고 오른쪽 위에 있는
아웃라이너에서 Head 컬렉션을 우선 표시(눈동
자 아이콘을 클릭)해서 머리의 메쉬와 겹치지 않
게 합니다. 조정을 마쳤다면 Head 컬렉션은 다
시 숨기기 합니다.

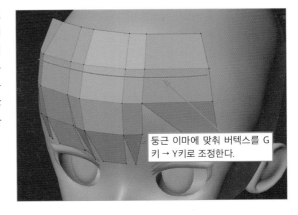

둥근 이마에 맞춰 버텍스를 G
키 → Y키로 조정한다.

13 버텍스를 중심으로 모으기

Step
❶ 넘버패드의 1을 눌러 시점을 앞쪽(Front)으
로 전환한 뒤, 앞머리 위쪽을 Alt+마우스 좌클릭
으로 에지 루프 선택합니다.

Next Page

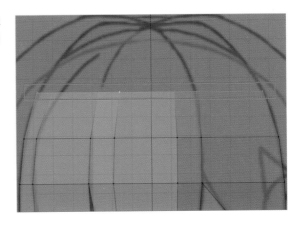

❷ E키 → Z키로 Z축 방향으로 고정하고 밑그림의 앞머리 위쪽까지 돌출시킵니다. 마우스 좌클릭으로 결정하고 계속해서 축적의 단축키인 S키를 누른 뒤 '0'을 눌러, 여러 버텍스를 결합하지 말고 기댄 듯이 만듭니다(뒤에서 루프 잘라내기를 하기 위함입니다. 루프 잘라내기는 사각 페이스가 아니면 잘 동작하지 않습니다).

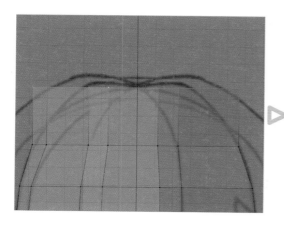
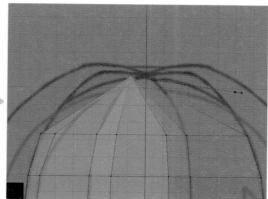

❸ 결합되어 있지 않은 여러 버텍스를 선택한 것을 확인하고 확인하고 사이드바(N키)를 표시합니다. 항목의 변환이 글로벌로 설정됐는지 확인합니다. 중점의 X에 '0'을 입력하면 여러 버텍스가 중앙에 모이게 됩니다.

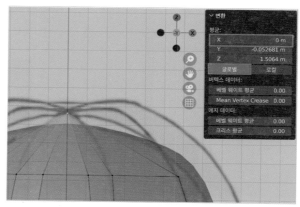

14 루프 잘라내기 적용하기

Step

위쪽 머리카락의 세로 방향 에지에 마우스 커서를 올리고 루프 잘라내기(Ctrl+R키)로 마우스 휠을 움직여 가로로 2개의 에지를 추가합니다. 마우스 좌클릭 → 마우스 우클릭으로 결정해 메쉬를 분할합니다.

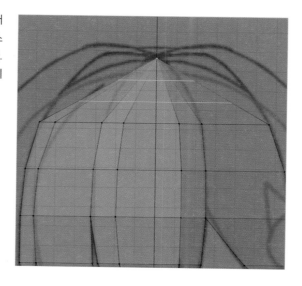

15 버텍스를 밑그림에 맞추기

Step

그림과 같이 밑그림에 맞추면서 버텍스를 수정합니다. 앞쪽 시점(넘버패드 1)인 경우에는 G키 → X키를 눌러 좌우 이동만 하고, 오른쪽 시점(넘버패드 3)인 경우에는 G키 → Y키를 눌러 깊이 이동만 하면서 조정합니다. 그리고 다른 시점에서도 확인해 둥근 머리를 생각하면서 축 고정을 활용해 조정합니다.

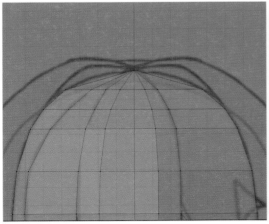

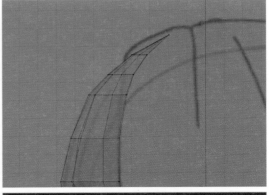

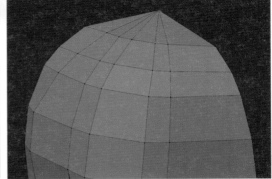

> **MEMO**
>
> 앞머리는 머리의 메쉬와 너무 정확하게 겹치면 머리카락의 청결한 느낌이나 볼륨감이 사라지기 쉽습니다. 귀여운 앞머리를 표현하기 위해서는 둥글고 포근한 느낌이 중요하므로 앞과 마찬가지로 Head 컬렉션 표시/숨기기를 하면서 머리에 맞춰 조정하면 좋습니다.

16 버텍스에 리프 적용하기

Step

세세한 조정을 합니다. 넘버패드 1을 눌러 시점을 앞쪽(Front)으로 전환하고 왼쪽 덩어리의 버텍스를 선택하고 좌우 중 한 쪽으로 마우스 커서를 옮겨 둡니다. 다음으로 버텍스 추출(V키)를 적용하고 X키로 X축으로 고정 이동하고 마우스 좌클릭으로 결정합니다. 이후 G키 → X키를 사용해 위치 이동으로 조정합니다.

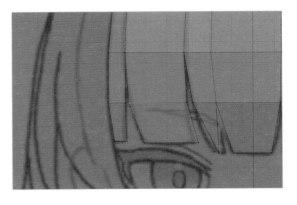

6-3 옆머리 모델링

다음으로 옆머리를 모델링합니다. 옆머리에는 필자가 더듬이머리라 부르는 영역이 있습니다. 이를 생각하면서 모델링합니다. 옆머리는 볼륨감이 매우 중요합니다. 볼륨감이 없으면 귀여운 느낌이 사라지기 쉬우므로 가능한 둥그렇고 포근한 느낌이 나게 모델링하는 것이 중요합니다.

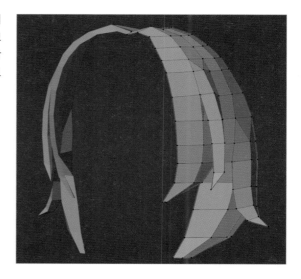

01

Step

평면 삽입하기

3D 뷰포트 왼쪽 위에 있는 모드 전환에서 현재 모드를 오브젝트 모드(Tab키)로 전환합니다. 오른쪽 위 아웃라이너에서 앞에서 모델링한 앞머리(평면)를 숨기기 합니다. 다음으로 3D 커서가 중앙에 있는 것을 확인하고(Shift+C키로 초기화) 추가의 단축키인 Shift+A키를 누른 뒤 메쉬 → 평면을 추가합니다. 평면을 에디트 모드(Tab키)로 전환하고 모든 버텍스를 선택한 상태(A키)에서 R키 → X키 → '90'을 입력해 X축으로 90도 회전합니다.

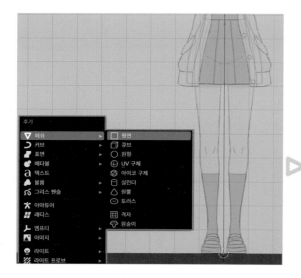

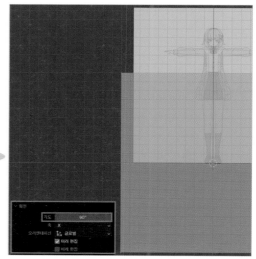

02
평면 축소하기와 이동하기

Step

계속해서 S키를 누르고 마우스 좌클릭 한 뒤, 왼쪽 아래 오퍼레이터 패널에서 축적 X, Y, Z에 '0.1'을 입력합니다.
다음으로 G키를 누르고 마우스 좌클릭 한 뒤 왼쪽 아래 오퍼레이터 패널에서 이동 X에 '0.08', 이동 Y에 '-0.045',
이동 Z에 '1.4'를 입력합니다.

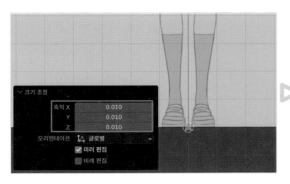

03
평면 돌출하기

Step

❶ 평면의 위쪽 버텍스 2개를 선택하고 E키로
돌출하기를 8번 수행해 오른쪽 그림과 같이 대
략적으로 작성합니다.
E키를 누른 뒤 늘리고 마우스 좌클릭으로 결정,
다시 E키를 누른 뒤 늘리고 마우스 좌클릭으로
결정⋯을 반복하면 됩니다.

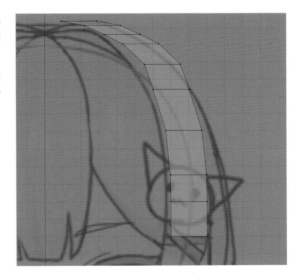

❷ 오른쪽 위 아웃라이너에서 앞머리(평면)을 표시하고,
앞머리와 옆머리(평면.001)을 함께 선택합니다. 다음으로
에디트 모드(Tab키)로 전환하면 여러 오브젝트를 대상으
로 한 에디트 모드에 들어갈 수 있습니다(단, 분리되어 있
는 오브젝트의 버텍스를 결합하는 등의 작업은 할 수 없
습니다).

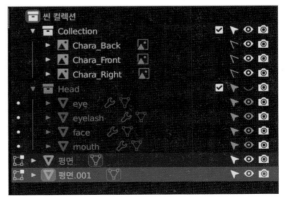

04
Step

옆머리를 앞머리에 맞추기

옆머리(평면.001)을 앞머리(평면)의 옆 에지와 나란히 되도록 조정합니다. 위쪽 버텍스는 대략 밑그림에 맞도록 합니다.

이 그림에서는 3D 뷰포트 오른쪽 위에 있는 X-Ray를 토글(Alt+Z키)을 비활성화했습니다.

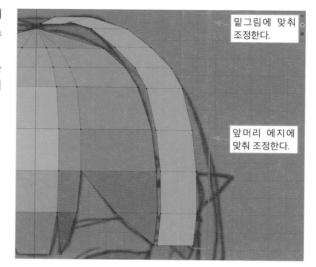

밑그림에 맞춰 조정한다.

앞머리 에지에 맞춰 조정한다.

05
Step

에지 돌출하기

옆 머리의 끝 부분의 버텍스 2개를 선택한 뒤 돌출하기(E키)를 2번 수행하고 밑그림을 참고해 조정합니다. 머리끝은 축적(S키)으로 작게 만듭니다. 머리끝으로 갈수록 가늘어지는 것이 팁입니다.

06
Step

옆머리에 미러 추가하기

3D 뷰포트 왼쪽 위에 있는 모드 전환에서 오브젝트 모드(Tab키)로 전환하고, 옆머리만 마우스 좌클릭 한 뒤 Tab키를 눌러 에디트 모드로 전환합니다. 프로퍼티스의 모디파이어 프로퍼티스 안에 있는 모디파이어를 추가에서 미러를 추가해 옆머리를 좌우대칭으로 만듭니다. 미러 안에 있는 클리핑을 활성화해 버텍스가 반대편으로 이동하지 않도록 합니다.

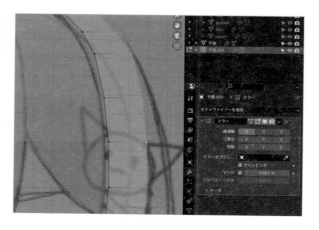

07 옆머리 에지 이동하기

Step

옆머리의 바깥쪽을 Alt+마우스 좌클릭으로 에지 루프 선택합니다. 넘버패드 3을 눌러 시점을 오른쪽(Right)으로 전환합니다. G키 → Y키로 옆머리의 선(더듬이머리와 옆머리 사이) 부근까지 이동합니다.

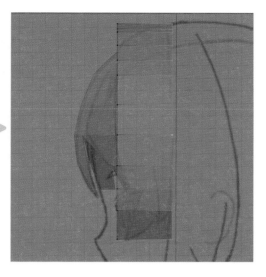

08 옆머리 조정하기

Step

오른쪽 위 아웃라이너에서 앞머리(평면)을 숨기기 하고 그림과 같이 밑그림에 맞춰 G키 → Y키로 Y축 방향으로만 조정합니다(오른쪽 시점의 경우). 넘버패드 1을 눌러 시점을 앞쪽 시점(Front)로 전환하고 여기에서는 G키 → X키로 좌우 이동으로만 수정합니다. 위쪽 가마 부분은 미러의 클리핑을 활성화했으므로 중앙으로 붙입니다.

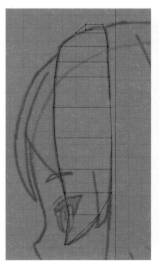

중앙으로 붙인다.

09 옆머리 돌출하기
Step
오른쪽 시점(넘버패드 3)으로 전환하고 옆머리 위쪽 오른쪽 버텍스 10개만 선택한 뒤 E키 → Y키를 사용해 돌출 시킵니다. 밑그림의 옆머리 선에 맞도록 G키 → Y키로 버텍스를 이동해 조정합니다.

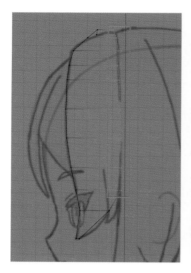
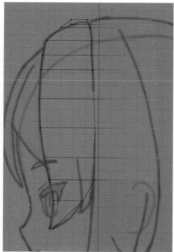
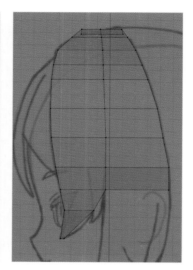

10 옆머리 돌출하기
Step
옆머리 아래쪽 버텍스 2개를 선택하고 E키로 돌출하기를 4번합니다. 밑그림에 맞도록 G키 → Y키로 이동하며 조정합니다.

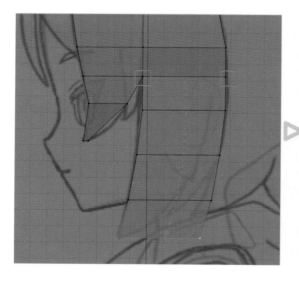
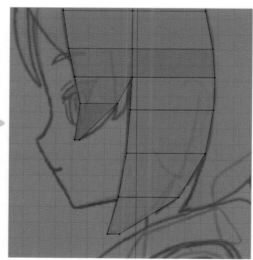

11
Step

옆머리 조정하기

옆머리의 오른쪽 버텍스 8개를 선택하고 넘버패드 1을 눌러 시점을 앞쪽(Front)으로 전환합니다. G키 → X키로 이동해 그림과 같이 버텍스를 조정합니다.

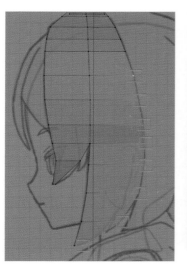

12
Step

에지 삽입하기

❶ 옆머리를 더 만들어 넣습니다. 더듬이머리와 옆머리를 각각 루프 잘라내기(Ctrl+R키)으로 에지 1개를 추가하고, 마우스 좌클릭 → 마우스 우클릭으로 중앙에 위치를 결정합니다. 다음에 추가한 에지를 Shift+Alt+마우스 좌클릭으로 여러 에지 루프 선택한 뒤 G키 → X키로 이동해 입체감을 표현합니다. NextPage

❷ 입체감을 한층 더 내기 위해 다양한 시점에서 확인하면서 G키 → X키/Y키로 축에 따라 이동하면서 조정합니다.

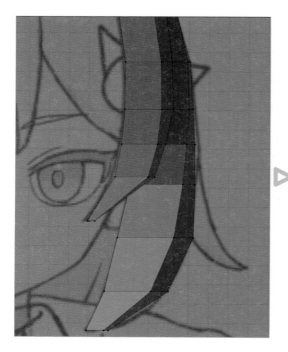 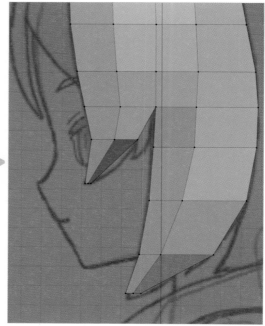

13 에지 섭디비전하기

다음으로 머리카락 갈라짐을 모델링합니다.

Step ❶ 에지 선택 모드(숫자키 2)로 전환하고 더듬이 머리의 오른쪽 위에 있는 가로로 나열된 에지 2개, 옆머리의 밑그림의 귀 위쪽에 있는 에지 2개를 Shift로 선택합니다.(밑그림에서 머리카락의 갈라짐이 시작하는 부분보다 조금 위를 선택하는 것이 팁입니다). NextPage

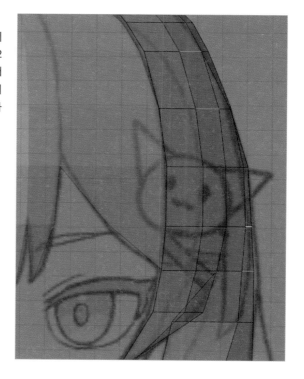

❷ 마우스 우클릭 후 섭디비전을 선택합니다. 왼쪽 아래 오퍼레이터 패널에서 N-Gons을 생성을 비활성화합니다. 이 섭디비전 한 메쉬를 기반으로 머리카락을 가릅니다. 세로로 루프 잘라내기(Ctrl+R키)해서 가를 수도 있지만 버텍스가 늘어나면 모델링하기 어려워집니다. 여기에서는 삼각 페이스를 생성해서 버텍스를 늘려 나가는 방법을 사용합니다.

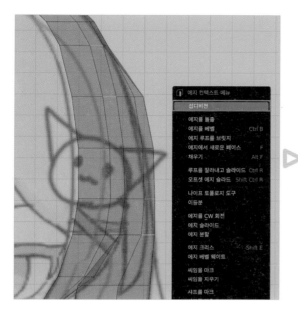
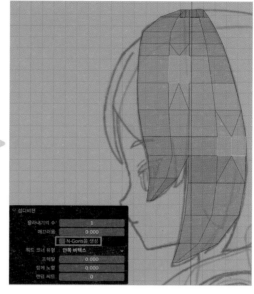

14 버텍스 가르기

Step 섭디비전 했다면 아래의 버텍스를 선택하고 마우스 커서를 선택한 버텍스 보다 위쪽에 둔 상태에서 V키 → Z키로 버텍스를 가르고 Z축에 고정 이동한 뒤 적당한 위치에서 마우스 좌클릭으로 결정합니다.

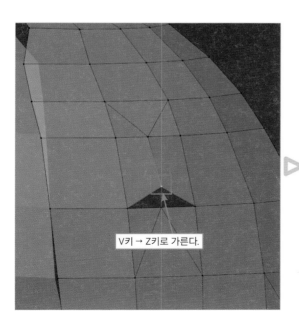

V키 → Z키로 가른다.

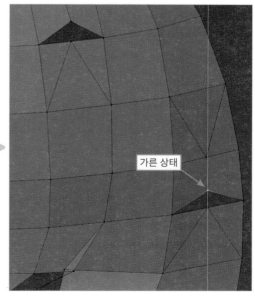

가른 상태

15 버텍스 이동
Step

아래의 버텍스를 가르면 사각형 구멍이 생깁니다. 위쪽 버텍스 3개를 선택하고 G키 → X키로 X축으로 이동하고 적당한 위치에서 마우스 좌클릭합니다. 이 사각형 구멍을 늘려서 갈라진 머리카락을 모델링합니다.

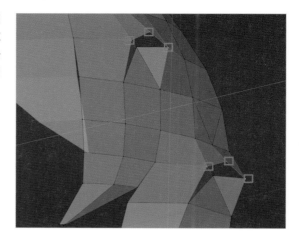

16 버텍스 돌출하기
Step

❶ 오른쪽 시점(넘버패드 3)으로 전환하고 더듬이머리쪽 구멍의 버텍스 4개를 선택한 뒤 E키 → Z키로 밑그림의 머리끝 위치까지 돌출시킵니다.

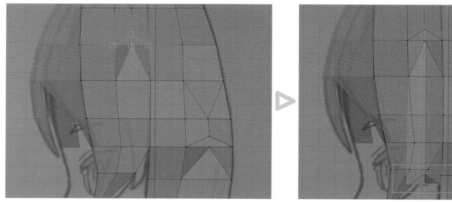 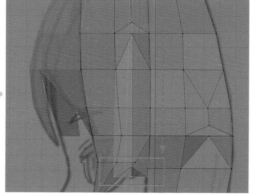

❷ 다음으로 돌출시킨 메쉬의 세로 방향 에지에 마우스 커서를 올리고 루프 잘라내기(Ctrl+R키)를 사용합니다. 마우스 휠을 돌려 에지를 3개 늘리고, 마우스 좌클릭 → 마우스 우클릭으로 중앙에 에지의 위치를 결정합니다. 머리카락 끝의 버텍스 4개를 선택하고 S키 → '0'으로 결합하지 않고 기울입니다.

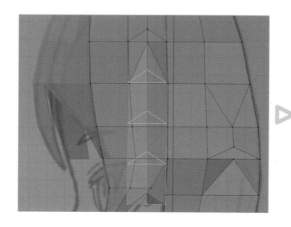 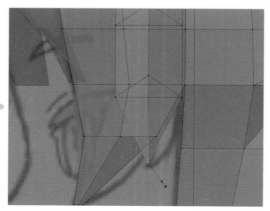

17

Step

형태 조정하기

❶ 앞쪽 시점(넘버패드 1)으로 전환하고 밑그림을 참고로 형태를 정리합니다. 그전에 할 일이 있습니다. 3D 뷰포트 오른쪽 위에 있는 X-Ray를 토글(Alt+Z키)을 활성화하면 배경의 버텍스가 겹쳐져서 보기 어렵습니다. 뒤쪽 옆 머리를 선택하고 숨기기의 단축키인 H키를 눌러 버텍스를 숨기기 할 수 있습니다. 이를 적용하면 편집이 편해집니다.

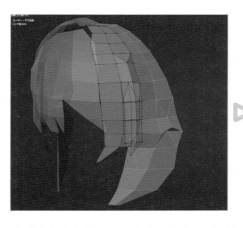 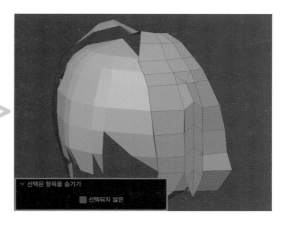

❷ 갈라진 머리카락을 조정할 때는 머리카락이 정수리의 가마에서 아래쪽으로 흐르는 것을 생각해야 합니다. 특히 갈라짐이 시작되는 부분이 중요합니다. 이 부분이 확실하지 않으면 어디에서 머리카락이 나오는지 알기 어렵습니다. 그리고 갈라진 머리카락과 큰 덩어리 사이에는 초승달 모양을 생각하면서 메쉬를 구성하면 좋습니다. 머리카락 끝에 기울어 있는 버텍스 4개를 움직이고 싶을 때는 X-Ray를 토글(Alt+Z키)을 활성화하고 박스 선택(B키)으로 함께 선택합니다. NextPage

여기에서 머리카락이 나오는 것을 생각해 머리카락의 흐름을 만든다.

초승달 모양이 되도록 한다.

Column

머리카락 끝의 버텍스를 결합하지 않고 기울인 이유

결합하지 않고 기울여 두면 루프 잘라내기로 버텍스를 늘리는 등 세세하게 조정할 수 있습니다. 그 밖에 UV 전개라는, 3D를 평면으로 만드는 작업이 있습니다. 이때 격자 형태로 전개하기 때문에 의도적으로 기울이지 않는 경우도 있습니다. 이 책에서는 그 방법을 소개하기 위해 의도적으로 기울였습니다. 루프 잘라내기는 수행하지 않고 나중에 머리카락 끝을 결합합니다. 세세하게 머리카락을 만들고 싶을 때는 이 기법을 사용하면 좋습니다.

❸ 오른쪽 시점(넘버패드 3)도 조정합니다. X-Ray를 토글(Alt+Z키)을 사용해 뒤쪽 버텍스도 움직이면 좋습니다.

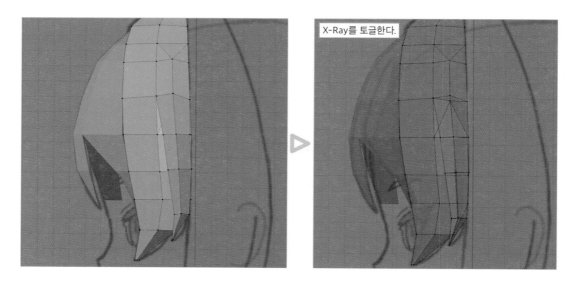

X-Ray를 토글한다.

18 버텍스 표시/숨기기
Step 조정을 마쳤다면 앞서 옆머리를 H키로 숨기기 했으므로 Alt+H키로 재 표시합니다. 다음은 더듬이머리의 버텍스를 선택하고 H키를 눌러 숨기기 합니다.

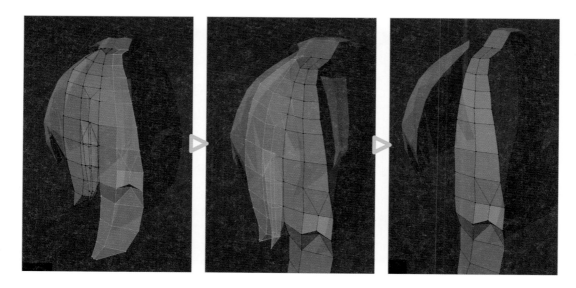

19

Step

나이프 도구 사용하기

측면의 머리카락 갈라짐을 모델링하기 전에 끝에 있는 머리카락 끝을 모델링합니다. 여기에서는 나이프 도구라는 기능을 사용해서 조작합니다. 나이프 도구는 칼로 자르듯 메쉬를 편집할 수 있는 기능입니다. 나이프 도구는 왼쪽에 있는 툴바에서 조작할 수 있지만 단축키인 K키가 편하므로 단축키를 사용합니다. K키를 누르면 마우스 커서가 나이프 모양이 됩니다. 버텍스에 마우스 커서를 올리고 빨간 프레임이 있는 사각형이 녹색이 되므로 마우스 좌클릭합니다. 그러면 어느 방향으로 자를 것인지 결정하는 모드로 진입합니다. 위쪽 에지에 마우스 커서를 올리고 마우스 좌클릭 후 Enter키를 눌러 에지를 추가할 수 있습니다. 덧붙여 Esc키 또는 Ctrl+Z키로 조작을 취소할 수 있습니다.

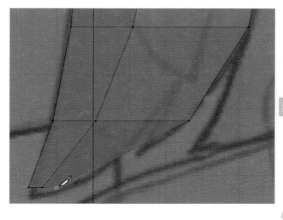

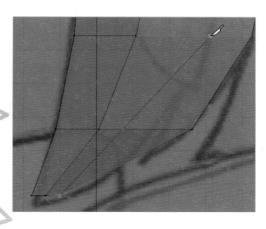

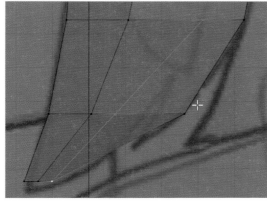

> **MEMO**
>
> **나이프 도구 주의점**
> 나이프 도구는 Enter키로 결정하지 않으면 계속해서 잘라내기 때문에, 잘라낼 부분을 결정했다면 반드시 Enter키를 누릅니다.

위쪽 면이 오각형이 됩니다. 그림과 같이 버텍스를 연결의 단축키인 J키를 눌러 연결합니다.

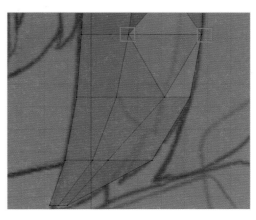

상태 바에서 다양한 조작을 확인할 수 있다

화면 가장 아래의 상태는 무언가 조작을 수행하는 도중에 다음에 수행할 수 있는 다양한 조작을 표시합니다. 예를 들면 G키로 오브젝트를 움직이고 있는 도중에 상태 바를 보면 다음에 수행할 수 있는 작업이 표시됩니다.

또한 나이프 도구(K키)를 사용하는 동안에도 상태바 안에서 일련의 조작을 확인할 수 있습니다. 나이프 도구의 조작은 독특하므로 상태바를 참고해 파악하면 좋습니다.

20 버텍스 가르기

Step

❶ 오른쪽 아래의 안쪽 버텍스 2개를 선택하고 마우스 커서를 오른쪽에 두고 버텍스 추출(V키)를 실행합니다. 적절한 위치에서 마우스 좌클릭으로 결정합니다. NextPage▶

버텍스 2개를 선택하고 버텍스 추출(V키) 한다. 오른쪽 위치에서 마우스 좌클릭 한다.

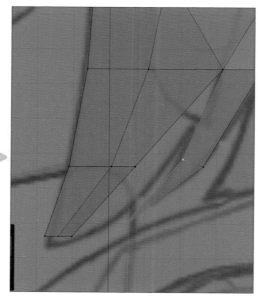

❷ 그리고 이동(G키)으로 밑그림에 대략 맞춥니다. 가는 머리카락 끝은 앞쪽(넘버패드 1)에서 보이지 않으므로 큰 덩어리에 숨겨지게 배치하면 좋습니다.

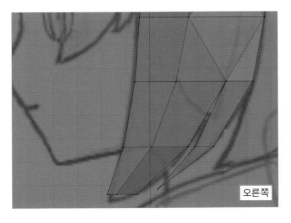

오른쪽

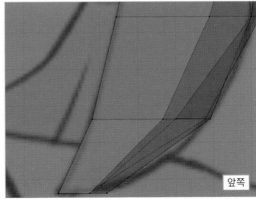

앞쪽

21 갈라짐 모델링하기

옆면의 갈라짐을 모델링합니다.

Step ❶ 오른쪽 시점(넘버패드 3)으로 전환하고 옆머리의 버텍스 4개를 선택합니다. E키 → Z키로 밑그림의 머리끝까지 돌출시킨 뒤 마우스 좌클릭으로 결정합니다. `Next Page`

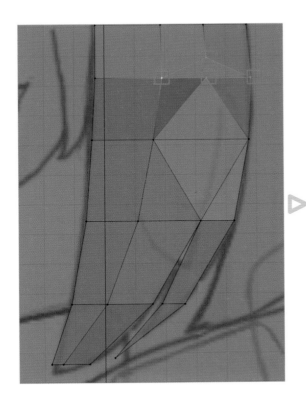

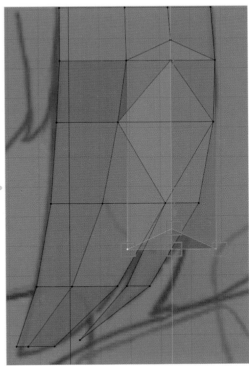

❷ 다음으로 좌우의 에지에 마우스 커서를 올리고 루프 잘라내기(Ctrl+R키)를 적용합니다. 마우스 휠을 움직여 가로 방향으로 에지 3개를 추가하고 마우스 좌클릭 → 마우스 우클릭으로 에지 위치를 결정합니다. 다음으로 끝 부분의 버텍스 4개를 선택하고 S키 → '0'으로 결합하지 않고 중심으로 모읍니다.

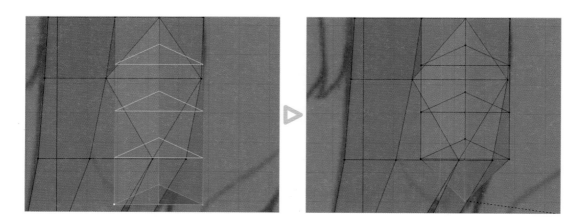

22 갈라진 머리카락 만들기
Step

갈라진 머리카락을 모델링할 때의 팁은 앞쪽(넘버패드 1)에서 봤을 때, 갈라지는 머리카락과 큰 덩어리 사이가 뾰족한 산처럼 되도록 하는 것입니다. 오른쪽 시점(넘버패드 3)에서 봤을 때는 밑그림과 같이 그대로 만나게 하려고 하면 형태가 일그러지므로 밑그림에는 머리카락 끝부분만 정확하게 맞추고, 그 이외의 부분은 곡선을 그리듯 정리함으로써 머리카락을 부드럽게 보일 수 있습니다.

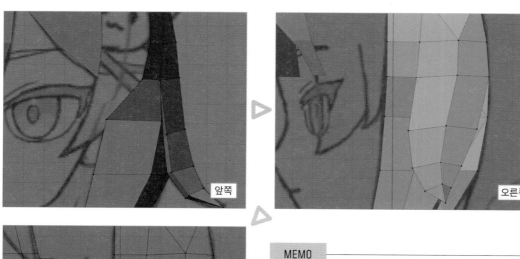

앞쪽

오른쪽

MEMO

이 부분만 일부러 바깥쪽으로 향하게 한 것은 흐름과 어긋나는 머리카락을 약간 추가함으로써 포근한 느낌을 자연스럽게 줄 수 있기 때문입니다. 머리카락은 각 가닥이 독립되어 있으므로 모두 똑같은 흐름이면 오히려 부자연스럽게 보입니다.

23

Step

크리스 추가하기

재표시(Alt+H키)로 버텍스를 표시합니다. 다음으로 크리스를 추가합니다(앞머리를 표시한 상태라면 오른쪽 위 아웃라이너에서 숨기기 합니다). 옆머리에 크리스를 걸면 머리카락의 바깥쪽과 안쪽이 나눠지는 위치가 됩니다. 그래서 먼저 메쉬 바깥쪽만 선택하는 방법을 소개합니다. 3D 뷰포트 왼쪽 위에서 에지 선택 모드(숫자키 2)로 전환하고 헤더에 있는 선택 → 형질로 모두 선택 → 논 매니폴드를 선택하면 메쉬 바깥쪽만 선택할 수 있습니다.

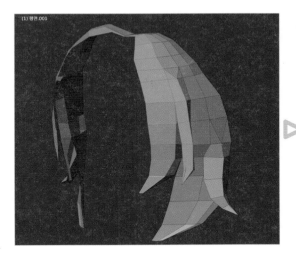

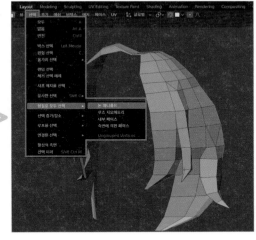

다음으로 갈라진 옆쪽 머리카락의 바깥쪽과 안쪽으로 나눠진 좌우의 에지를 Shift+Alt+마우스 좌클릭으로 여러 번 루프 선택합니다.

갈라짐이 시작되는 부분의 안쪽에 있는 에지, 갈라짐이 시작되는 부분에서 옆머리의 끝까지 이어져 있는 중앙 에지, 머리카락과 머리카락 사이의 에지를 Shift+Alt+ 마우스 좌클릭합니다. 여기에 크리스를 추가함으로써 섭디비전 표면을 추가했을 때 머리카락의 모양을 쉽게 정리할 수 있습니다.

여러 에지를 선택한다.

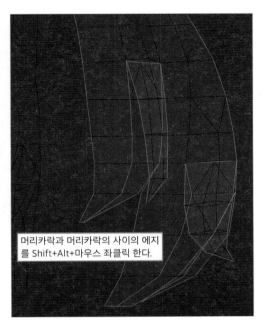

머리카락과 머리카락의 사이의 에지를 Shift+Alt+마우스 좌클릭 한다.

크리스 추가(Shift+E키)를 누르고 마우스 좌클릭 후 왼쪽 아래
오퍼레이터 패널에서 팩터에 '1'을 입력합니다.

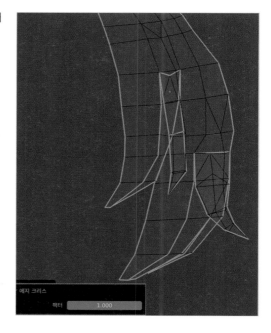

> **MEMO**
>
> 어떤 에지를 선택해야 좋은 지 이미지에서는 알 수 없거
> 나 올바른 위치에 크리스가 추가됐는지 알 수 없을 때
> 는 샘플 파일에 수록된 'Chapter03B.blend'도 함께 참
> 조해 주십시오.

24 옆머리의 안쪽 페이스 작성

Step 옆머리의 안쪽 페이스를 만듭니다. 더듬이머리의 두꺼운 덩어리쪽 안쪽 버텍스 4개를 선택합니다. 버텍스에서 새
로운 에지/페이스(F키)를 사용합니다. 다음으로 위쪽 버텍스 2개를 선택하고 F키를 눌러 페이스를 만듭니다.

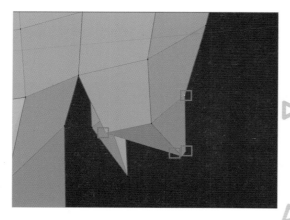

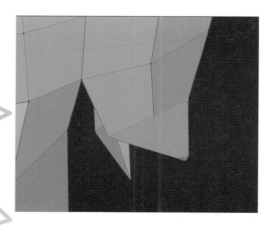

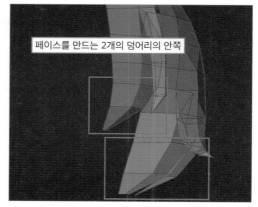

페이스를 만드는 2개의 덩어리의 안쪽

앞의 조작과 같은 조작을 옆머리의 안쪽면에도 수행했다면 옆머리의 작업은 일단 완료입니다. 옆면이 상당히 비어 있지만 여기는 나중에 머리카락을 복제해서 간격을 채워갑니다.

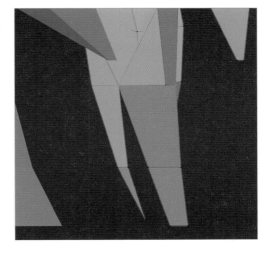

6-4 뒷머리 모델링

다음으로 뒷머리를 모델링합니다. 아래쪽에서 봤을 때 두피가 드러나는 것을 방지하기 위한 모델링도 합니다. 뒷머리도 옆머리와 마찬가지로 볼륨감이 중요하지만, 볼륨감이 너무 많으면 이번에는 머리가 커 보이므로 적당하게 균형을 맞춰야 합니다.

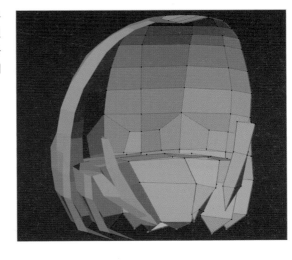

01
옆머리를 뒤로 돌출하기

Step

❶ 뒷머리는 옆머리 오브젝트(평면.001) 안에서 만들어 나갑니다. 오른쪽 시점(넘버패드 3)으로 전환하고 옆머리의 위쪽 절반 정도에 있는 버텍스 10개를 선택합니다.

NextPage

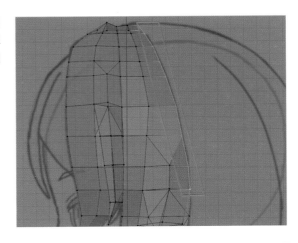

❷ E키 → Y키로 밑그림의 가장 뒤쪽까지 돌출시킵니다. G키 → Y키로 이동해 밑그림에 맞춰 조정합니다.

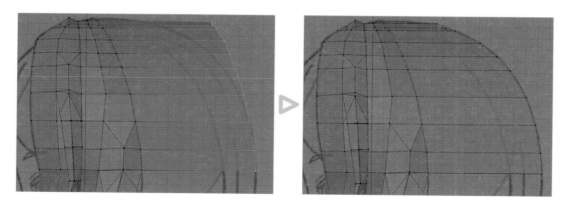

❸ 돌출시킨 버텍스에 크리스가 추가되어 있습니다. 여기에서는 필요하지 않으므로 Shift+E키를 누르고 마우스 좌클릭 한 뒤 팩터를 '-1'로 입력해 크리스를 삭제합니다. 다음으로 뒤쪽 시점(Ctrl+넘버패드 1)으로 전환하고 돌출시킨 버텍스를 G키 → X키로 중앙으로 기울입니다(미러의 클리핑을 활성화합니다).

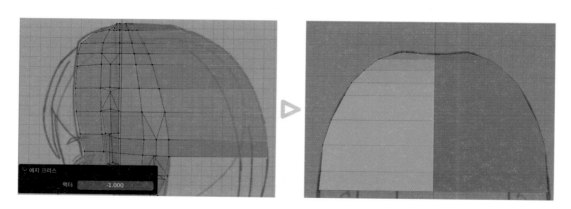

02 루프 잘라내기 적용하기

Step 뒷머리 영역만 선택한 뒤 선택하지 않은 버텍스를 숨기기 하는 Shift+H키를 누릅니다. 다음으로 가로 방향 에지에 마우스 커서를 올리고 루프 잘라내기(Ctrl+R키)를 사용합니다. 마우스 휠을 움직여 세로로 에지를 3개 추가하고, 마우스 좌클릭 → 마우스 우클릭으로 중앙에 에지의 위치를 결정합니다.

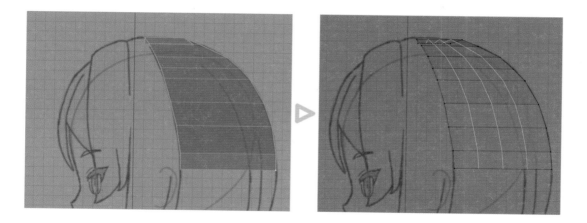

03

Step

뒷머리 형태 만들기

오른쪽 시점(넘버패드 3), 뒤쪽 시점(Ctrl+넘버패드 1), 위쪽 시점(넘버패드 7)을 사용해 조정합니다. 밑그림의 머리카락의 선을 참고해 G키로 버텍스를 이동합니다. 밑그림의 선과 버텍스를 맞추면 뒤쪽 선이 그리기 쉬워지므로 가능한 밑그림의 선과 맞춰서 조정하는 것이 좋습니다. 밑그림과 정확하게 맞추기 어려울 때는 머리카락의 흐름을 생각하면서 부드럽게 곡선을 그리도록 버텍스를 조정합니다.

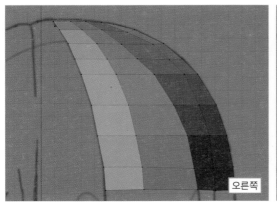

오른쪽

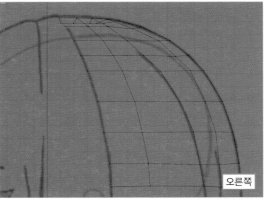

오른쪽

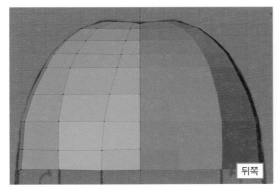

뒤쪽

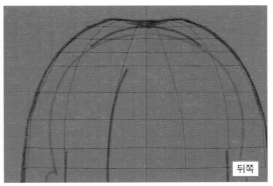

뒤쪽

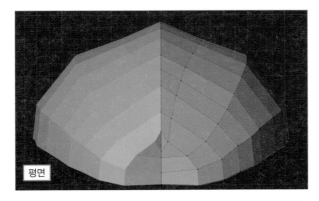

평면

여기에서는 뒷머리를 다소 딱딱하게 만들었습니다. 뒷머리를 동그랗게 만들고 싶을 때는 위에서 위쪽 시점에서 뒷머리를 보면서 머리 부분의 둥그런 형상을 생각하면서 G키등으로 버텍스를 이동해 조정하면 좋습니다. 뒷머리는 너무 움푹 들어가거나 볼록 튀어나오는 경우 모두 부자연스럽게 보이기 때문에 세세하게 조정해야 합니다. 적어도 머리의 둥근 형태 정도로는 맞춰두는 것이 좋습니다.

MEMO

평면에서 본 메쉬의 가르마가 그림과 같이 되지 않았다면 미러의 클리핑을 일단 비활성화하고 버텍스를 조정합니다. 그리고 다음 페이지의 버텍스 병합도 참고하면 좋습니다.

04 버텍스 병합하기

Step 위쪽 시점(넘버패드 7)에서 보면 중앙에 3개의 버텍스가 있습니다. 이 버텍스들을 선택하고 병합의 단축키인 M키를 누릅니다. 메뉴 안에 있는 중심에를 눌러 1개로 만듭니다. 이것으로 형태가 정리됩니다.

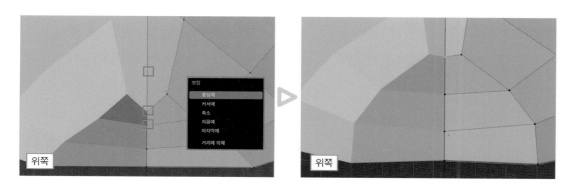

05 뒷머리 돌출하기

Step 오른쪽 시점(넘버패드 3)으로 전환하고 아래쪽 버텍스 5개를 선택한 뒤 E키 → Z키를 눌러 돌출하기를 합니다. 대략 밑그림의 뒷머리 끝까지 돌출시킵니다.

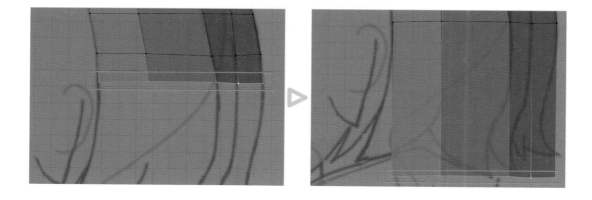

06 버텍스에 리프 적용하기

Step 아래 버텍스 3개를 각각 선택하고 버텍스 추출(V키)로 가른 뒤 마우스 좌클릭으로 결정합니다. 이동(G키)으로 그림과 같은 위치에 대략 배치합니다.

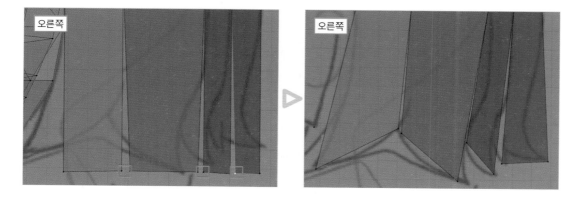

07 루프 잘라내기 삽입 및 형태 만들기

Chapter 1

Step

4개의 덩어리 각각의 좌우의 에지에 마우스 커서를 올리고 루프 잘라내기(Ctrl+R키)를 사용합니다. 마우스 휠을 움직여 가로로 에지 2개를 추가한 뒤 마우스 좌클릭 → 마우스 우클릭으로 에지의 위치를 결정합니다. 다시 G키로 이동해 형태를 정리합니다.

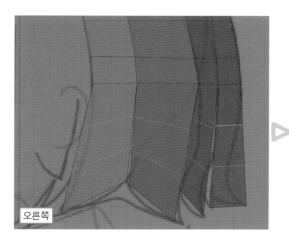
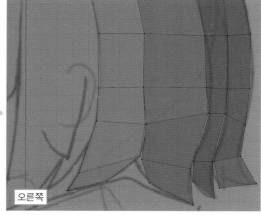

오른쪽 / 오른쪽

08 목덜미에 섭디비전 적용하기

Step

3D 뷰포트 왼쪽 위에서 에지 선택 모드(숫자키 2)로 전환하고 그림과 같이 에지를 선택합니다(밑그림은 숨기기 한 상태입니다). 마우스 우클릭하면 표시되는 메뉴 안의 섭디비전에서 에지를 추가합니다. 섭디비전 한 뒤, 왼쪽 아래 오퍼레이터 패널의 N-Gons을 생성을 비활성화하고 오각형이 된 부분을 사각형으로 만듭니다.

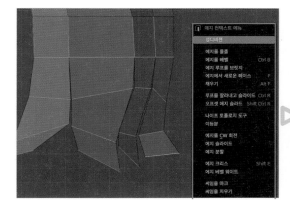
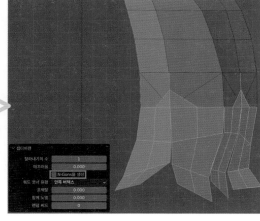

09 목덜미 형태를 밑그림에 맞추기

Step

3D 뷰포트 왼쪽 위에서 버텍스 선택 모드(숫자키 1)로 전환합니다. 오른쪽 시점(넘버패드 3), 뒤쪽 시점(Ctrl+넘버패드 1)으로 전환해 대략적으로 밑그림에 맞춰 조정합니다. 이후 안쪽면도 모델링할 것이므로 덩어리의 한가운데 버텍스를 이용해 볼륨감을 만듭니다.

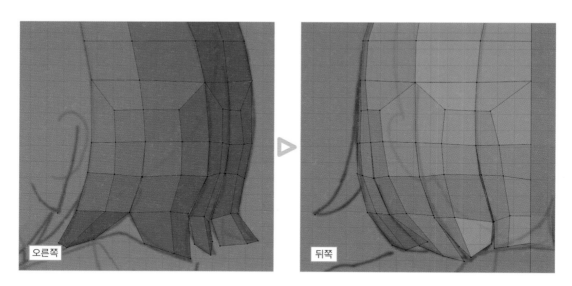

10 섭디비전해서 모양 만들기

Step

오른쪽 시점(넘버패드 3)으로 전환해 뒷머리의 가장 오른쪽을 가립니다. 에지 선택 모드(숫자키 2)로 전환하고 그림과 같이 에지 2개를 선택합니다. 마우스 우클릭으로 섭디비전하고 왼쪽 아래 오퍼레이터 패널에서 N-Gons을 생성을 비활성화합니다. 버텍스 선택 모드(숫자키 1)로 아래쪽 버텍스 1개를 선택하고 버텍스 추출(V키)을 사용해 머리카락을 가르고 G키로 이동해 밑그림에 맞춰 조정합니다.

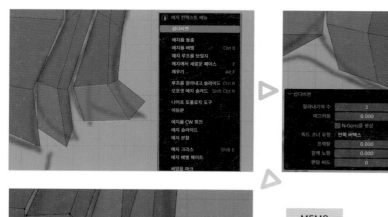

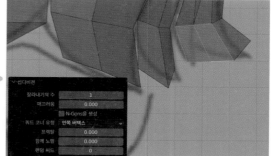

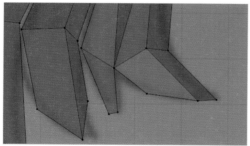

> **MEMO**
>
> 뒷머리를 만들 때의 팁은 완전하게 균일하지 않도록 하는 것입니다. 같은 덩어리가 균일하게 늘어져 있으면 기계적인 느낌이 들고 포근함이 사라지므로 주의합니다.

11 크리스 적용하기

Step

에지 선택 모드(숫자키 2)로 전환하고 그림과 같이 덩어리 바깥쪽을 Alt+마우스 좌클릭으로 선택합니다. 크리스 (Shift+E키)에서 마우스 좌클릭 한 뒤 왼쪽 아래 오퍼레이터 패널에서 팩터를 '1'로 합니다.

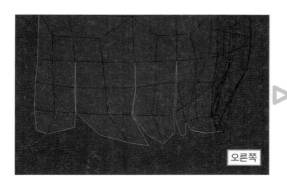
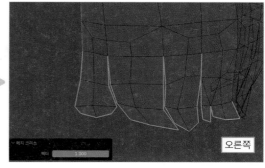

12 페이스 만들기

Step

머리카락의 안쪽을 모델링합니다. 버텍스 선택 모드(숫자키 1)로 전환하고 4개의 버텍스를 선택해 면/변을 만듭니다(단축키 F키). 위쪽 버텍스 2개를 선택하고 F키를 1번 눌러 페이스를 만듭니다. 나머지 덩어리 2개에도 동일하게 작업합니다.

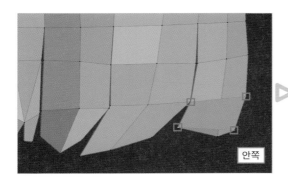
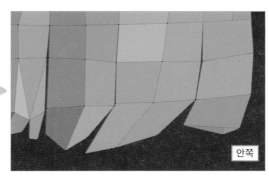

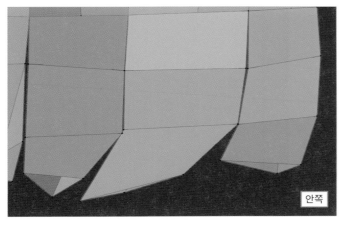

13 페이스 만들기와 버텍스 연결하기

다음으로 가장 뒤에 있는 머리카락 덩어리의 안쪽을 모델링합니다.

Step

❶ 옆쪽 버텍스 2개를 선택하고 E키 → X키를 사용해 중앙으로 돌출시킵니다. 늘릴 때 만들어지는 크리스는 Shift+E키를 누르고 마우스 좌클릭 한 뒤 왼쪽 아래 오퍼레이터 패널에서 팩터에 '-1'을 입력해서 삭제합니다.

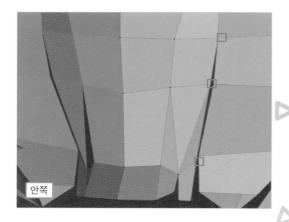

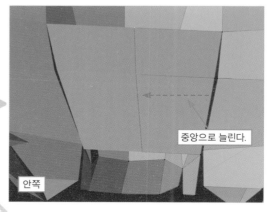

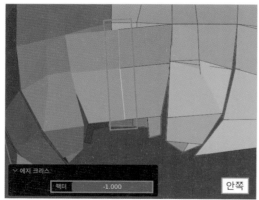

> **MEMO**
>
> 버텍스가 중앙에 붙지 않을 때는 미러의 클리핑을 활성화합니다.

❷ 돌출시킨 메쉬의 가로 방향 에지에 마우스 커서를 올리고 루프 잘라내기(Ctrl+R키)를 사용해 에지를 1개 추가합니다.

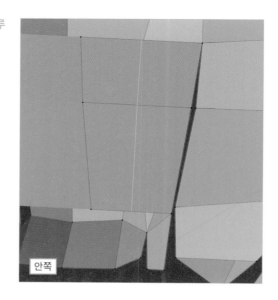

Next Page

❸ 마우스 좌클릭 → 마우스 우클릭으로 중앙에 에지의 위치를 결정합니다. 다음으로 안쪽 가장 아래 버텍스, 가는 머리카락이 갈라지는 부분의 버텍스를 순서대로 선택하고 병합(M키)을 사용해 메뉴에 있는 마지막에로 결합합니다.

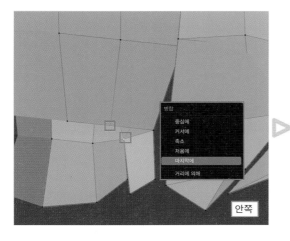

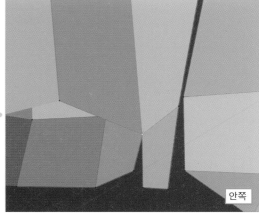

14 버텍스 돌출하기

Step 안쪽 버텍스 2개를 선택하고 E키 → Z키로 적당한 위치까지 돌출시킵니다.

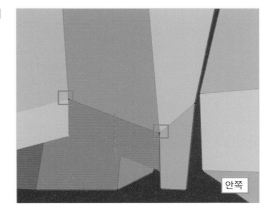

15 버텍스 결합하기와 중심으로 이동하기

Step ❶ 다음으로 머리카락 끝의 버텍스 5개를 선택하고 M키를 누릅니다. 메뉴 안에 있는 중심에로 결합합니다.

Next Page ▷

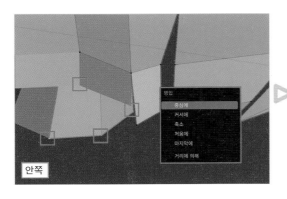

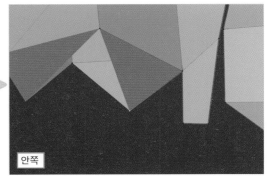

❷ 결합한 버텍스를 선택하고 G키 → X키로 X축에 고정해 중앙으로 이동합니다.

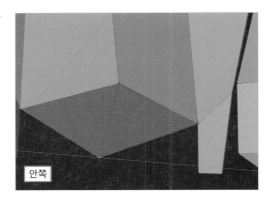

16 Step   머리카락 끝 처리하기

현재 뒷머리의 옆쪽 덩어리 3개의 머리카락 끝에 구멍이 있습니다. 각 덩어리의 버텍스 3개를 각각 선택하고 M키 → 중심에로 결합합니다.

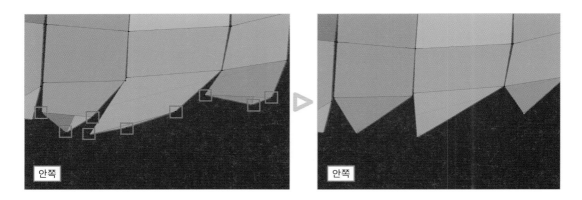

17 Step   뒷머리 상세 조정하기

오른쪽 시점(넘버패드 3), 뒤쪽 시점(Ctrl+넘버패드 1)을 전환하면서 G키로 버텍스를 이동해 상세하게 조정합니다.

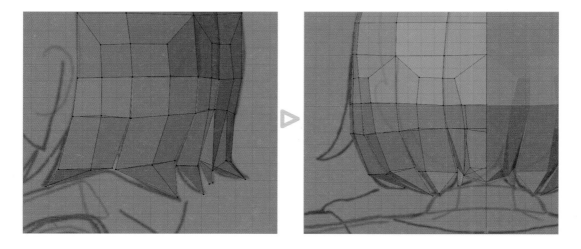

18
머리카락 복제하기

Step

❶ 뒷머리 내부를 모델링합니다. 뒷머리의 옆쪽 덩어리 3개를 밑동째 선택합니다. 다음으로 Shift+D키로 복제하고 뒷머리 내부에 배치합니다.

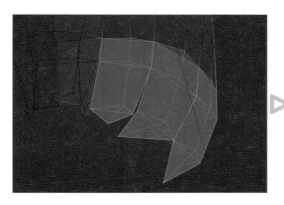 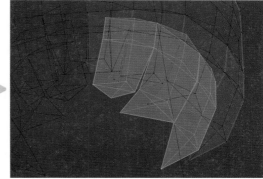

❷ 복제한 머리카락만 선택한 상태이므로 선택하지 않은 버텍스를 숨기기 합니다. Shift+H키를 누르고 바깥쪽 머리카락을 숨기기 합니다.

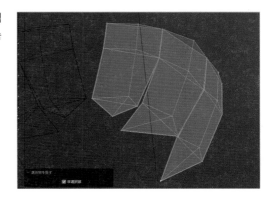

19
머리카락 복제하기

Step

오른쪽 위 아웃라이너에서 Head 컬렉션을 표시합니다. 머리 부분을 표시/숨기기 하면서 머리카락을 채워갑니다. 뒷머리 내부의 덩어리 3개를 모두 선택한 상태에서 Shift+D키 → Y키로 복제한 머리카락을 머리 쪽으로 이동합니다. 이때 머리카락이 머리 내부로 들어가도 문제없으므로 신경 쓰지 말고 이동합니다.

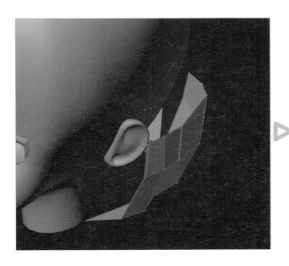 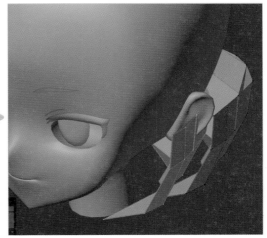

선택하지 않은 버텍스를 숨기기 하는 단축키인 Shift+H키
를 눌러 이 복제한 머리카락을 숨기기 합니다.

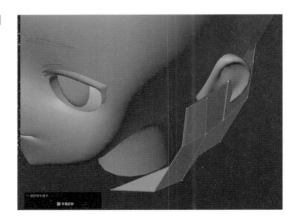

20 버텍스 가르기

Step

Head 컬렉션을 숨기기 하고 옆쪽 쪽 덩어리 2개
사이의 버텍스 1개를 선택합니다. 마우스 커서를
위쪽에 놓고 버텍스 추출(V키)을 사용해 가릅니
다.

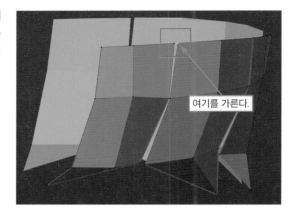

여기를 가른다.

21 가른 덩어리 숨기기

Step

가른 덩어리의 임의의 버텍스 1개를 선택한 상태에서 Ctrl+L키를 누릅니다. 링크한 대상을 모두 선택 기능을 사용
해 선택한 메쉬와 연결되어 있는 메쉬를 선택할 수 있게 됩니다(3D 뷰포트 위쪽 헤더에 있는 선택 → 링크 선택 →
링에서 선택할 수도 있습니다). 이 기능은 메쉬가 겹쳐져 있어 선택하기 어려울 때 자주 사용하므로 기억해두면 좋
습니다. 갈라진 덩어리 1개를 H키로 숨기기 합니다(그림에서는 우선 표시한 상태입니다).

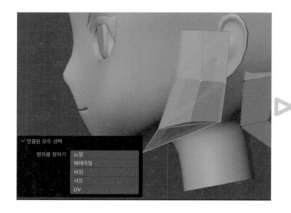

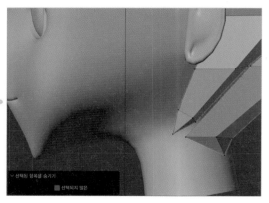

22
Step

덩어리 조정하기

붙어있는 뒷머리 쪽 2개 덩어리만 G키 → X키, Y키, Z키로 축 고정 이동해 조정합니다. 여기는 잘 보이지 않는 위치이므로 머리카락의 안쪽이 머리 메쉬에 조금 들어가더라도 문제없습니다. 단, 바깥쪽은 머리 부분을 관통하지 않도록 조정합니다. 그리고 아래쪽에서 봤을 때 두피가 보이지 않도록 머리카락으로 가리는 것이 좋습니다.

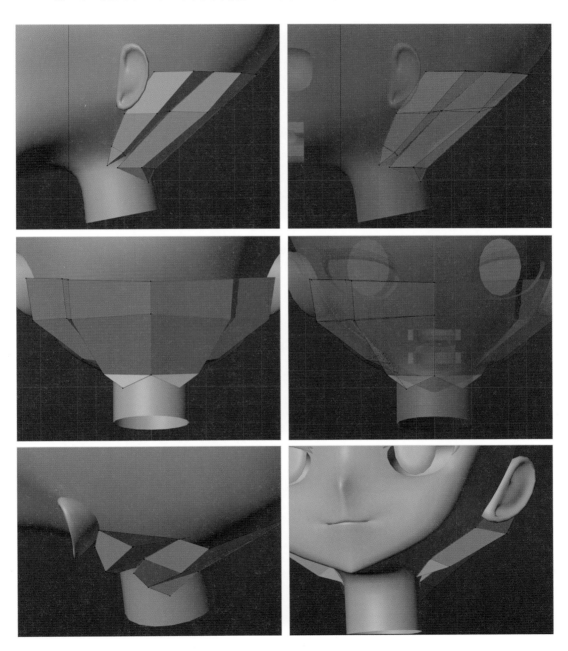

23
Step

버텍스 표시/숨기기 하기

여기에서 숨기기한 대상을 모두 표시하는 단축키인 Alt+H키를 누르면 바깥쪽 머리카락이 모두 표시됩니다. 바깥쪽 머리카락의 메쉬 중 하나를 선택하고 링크한 대상을 모두 선택(Ctrl+L키)을 누른 뒤 H키를 눌러 숨기기 합니다.

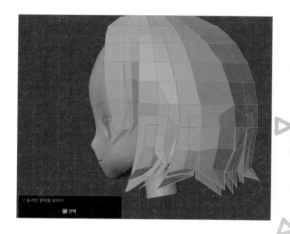
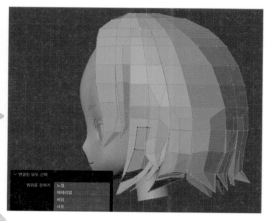

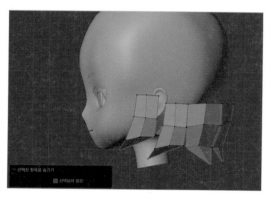

24
Step

뒷머리 조정하기

얼굴 옆쪽에 있는 분리한 덩어리를 그림과 같이 G키로 이동해서 조정합니다.

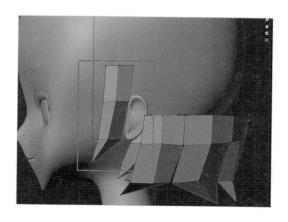
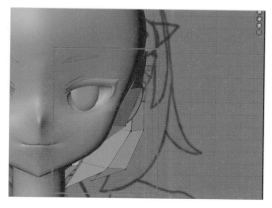

292

숨겨진 대상을 모두 표시하는 단축키인 Alt+H키를 눌러 안쪽 머리카락이 바깥쪽 머리카락을 관통하지 않는지 확인합니다. 바깥쪽 머리카락 형태에 문제가 있다면 G키로 이동해 조정합니다. 조정을 마쳤다면 바깥쪽 머리카락의 버텍스를 1개 선택하고 연결된 모두 선택(Ctrl+L키)을 눌러 연결되어 있는 메쉬를 한 번에 선택합니다. 이후 H키를 눌러 숨기기 합니다.

안쪽 머리카락이 바깥쪽 머리카락을 관통하지 않도록 조정한다.

25
Step

버텍스를 중심으로 이동하기
바깥쪽 머리카락을 숨기기 (H키)한 상태에서 안쪽 머리카락 덩어리의 버텍스를 중심으로 기울입니다(미러의 클리핑을 활성화합니다).

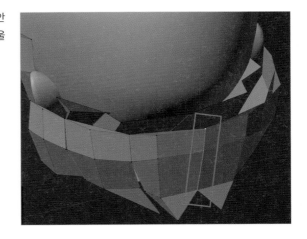

26
Step

페이스 돌출하기
안쪽 덩어리가 시작하는 부분을 페이스로 채웁니다. 그림과 같이 버텍스를 선택하고 버텍스에서 새로운 에지/페이스(F키)를 사용합니다. 다른 위치도 페이스로 채웁니다. 덧붙여 바깥쪽 머리카락(현재 숨기기 상태)과 안쪽 머리카락을 버텍스를 결합하거나 페이스를 만들어서 연결해도 좋지만, 연결된 모두 선택(Ctrl+L키)으로 바깥쪽 머리카락만 선택하고 숨기기 해서 안쪽 머리카락을 쉽게 편집할 수 있으므로 여기에서는 분리 상태를 유지합니다.

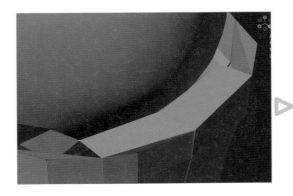

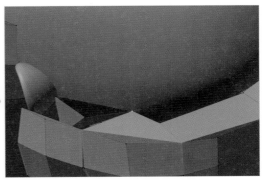

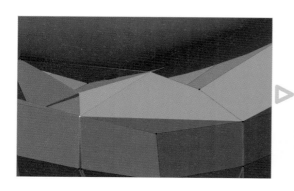 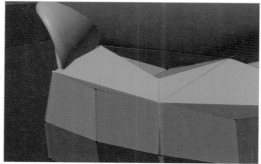

27 머리카락 끝 버텍스 가르기

Step

숨겨진 항목을 보이기(Alt+H키)를 눌러 머리카락을 모두 표시합니다. 더듬이머리 끝을 결합합니다. 그림의 4개 버텍스를 각각 선택하고 병합(M키) → 중심에로 1개로 합칩니다. 작업하기 쉽도록 Head 컬렉션을 숨기기 하거나, 3D 뷰포트 오른쪽 위에 있는 X-Ray를 토글(Alt+Z키)을 활성화하고 박스 선택(B키)으로 머리카락 끝의 버텍스를 모아서 선택합니다.

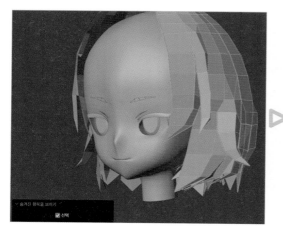 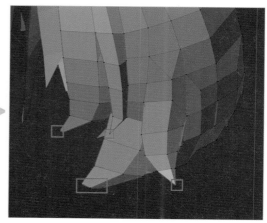

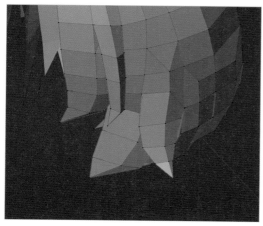

28 버텍스에 크리스 적용하기

Step

이 상태에서는 나중에 섭디비전 스페이스를 추가했을 때 머리카락 끝이 둥글게 되어 버립니다. 각 머리카락 끝의 버텍스들을 선택한 뒤 헤더에 있는 버텍스(Ctrl+V키) → Vertex Crease를 선택합니다. 마우스 좌클릭으로 결정하고 왼쪽 아래 오퍼레이터 패널에서 팩터에 '1'을 입력합니다.

 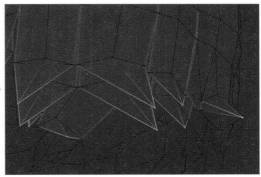

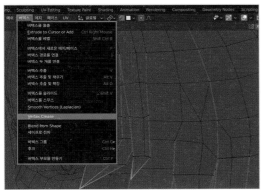 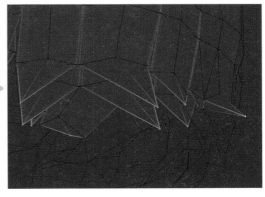

29 샤프 마크하기

Step

샤프(셰이드 스무스를 추가해 모델의 형태를 부드럽게 만들고 싶은 경우 날카롭게 유지하고 싶은 위치가 있을 때 사용하는 기능)을 추가합니다. 에지 에디트 모드(숫자키 2)로 변환하고 크리스가 추가되어 있는 에지 1개를 선택하고 유사한 선택(Shift+G키)에서 Crease를 선택합니다. 다음으로 헤더에 있는 에지(Ctrl+키) → 샤프를 마크를 선택합니다. Next Page

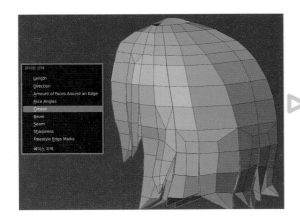 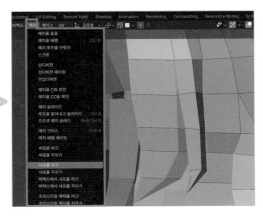

더듬이머리와 옆 머리의 한 가운데에도 샤프가 추가되지만 이는 필요하지 않습니다. 해당 에지를 선택하고 헤더에 있는 에지(Ctrl+E키) → 샤프를 지우기를 선택합니다.

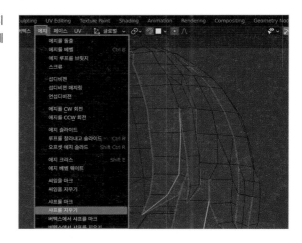

6-5

머리카락 마무리

마지막으로 머리카락에 셰이드 스무스와 섭디비전 표면을 추가하고 객체를 결합하는 등 머리카락 모델링을 마무리합니다.

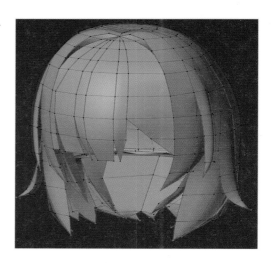

01 미러 모디파이어 적용하기

Step

❶ 다음으로 미러 모디파이어를 적용합니다. 모디파이어 적용이란 모디파이어를 메쉬로 변환하는 기능입니다. 한 번 적용하면 원래대로 되돌릴 수 없으므로 걱정이 된다면 화면 오른쪽 위 탑바에서 파일 → 다른 이름으로 저장으로 적용 전의 데이터를 남겨 둡니다.

Next Page

Column

미러 적용 전의 중요한 확인 사항

미러 안에 있는 클리핑 바로 아래 병합이라는 항목이 있습니다. 이 항목은 미러 중앙의 버텍스를 얼만큼의 거리에서 결합할지 결정하는 기능입니다(기본값은 0.001m). 여기가 비활성화되어 있으면 적용했을 때 중앙이 분리되므로 반드시 활성화합니다.

❷ 모디파이어 적용은 오브젝트 모드에서만 가능하므로 현재 모드를 오브젝트 모드(Tab키)로 전환합니다. 옆머리와 뒷머리(평면.001)의 오브젝트를 선택한 상태에서 모디파이어 프로퍼티스의 미러 안에 있는 아래쪽 화살표를 클릭하면 나타나는 적용을 클릭합니다. 그러면 미러 모디파이어가 사라집니다. 하지만 모델을 확인해 보면 반대편이 메쉬로 되어 있어 버텍스를 편집할 수 있습니다.

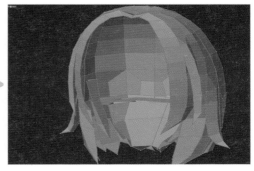

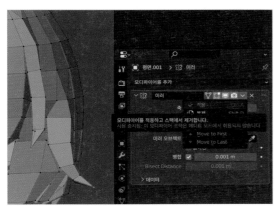

덧붙여 에디트 모드에서 모디파이어를 적용하려 하면 에러 메시지가 표시됩니다. 반드시 오브젝트 모드에서 적용합니다.

02 오브젝트 통합하기

Step

현재 모드가 오브젝트 모드(Tab키)인지 확인합니다. 다음으로 오른쪽 위 아웃라이너에서 앞머리(평면)를 표시하고, 옆머리와 뒷머리(평면.001)을 Shift로 선택합니다. 선택하는 순서는 관계없습니다. 만약 모디파이어가 있다면 가장 마지막 선택된 활성 오브젝트의 모디파이어가 추가됩니다. 선택했다면 3D 뷰포트의 위쪽에 있는 헤더의 오브젝트 → 결합(Ctrl+J키)를 선택하면 오브젝트를 1개로 모을 수 있습니다.

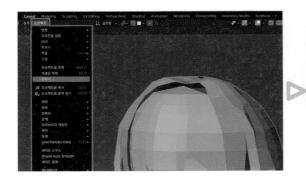
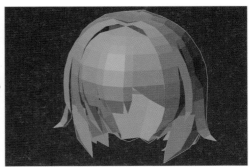

미러를 적용한 상태에서 좌우대칭으로 움직이는 방법

에디트 모드(Tab키)로 전환하면 3D 뷰포트 오른쪽 위에 X키, Y키, Z키 아이콘이 표시됩니다. X키를 활성화하면 미러를 적용한 메쉬도 좌우대칭으로 이동해줍니다. 단, 완전하게 좌우대칭이어야 하며 조금이라도 어긋나면 정상 기능하지 않습니다.

그래서 좌우대칭으로 하고 싶은 버텍스를 선택하고 위쪽 헤더에 있는 메쉬 → 대칭에 스냅을 선택하면 자동으로 좌우대칭으로 만들어줍니다. 단, 버텍스가 좌우대칭에서 너무 멀리 떨어져 있으면 잘 동작하지 않습니다. 이때는 왼쪽 아래 오퍼레이터 패널에의 임곗값을 키우면 좌우대칭의 허용 범위를 키울 수 있습니다. 또한 생각한 형태가 되지 않을 때는 팩터에 '1' 또는 '0'으로 하면 좌우 중 하나의 버텍스와 일치하게 됩니다(기본값은 0.5이며, 대칭이 되는 버텍스의 중간에 오게 됩니다). 방향 축을 변경함으로써 좌우 방향 버텍스 또는 깊이 방향 버텍스 등을 결정할 수도 있습니다.

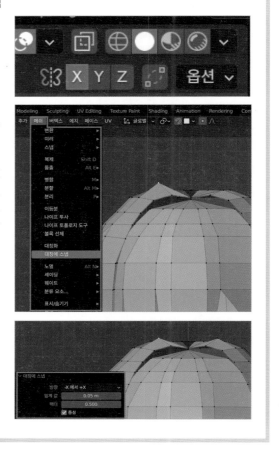

03 버텍스 통합하기

Step

다음으로 앞머리 좌우의 버텍스 5개와 더듬이머리의 버텍스 5개를 병합의 단축키(M키)로 결합합니다. 더듬이머리와 앞머리 사이는 대각선 시점에서 봤을 때 가능한 곡선을 그리도록 구성합니다.

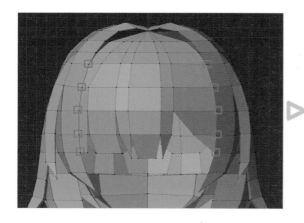

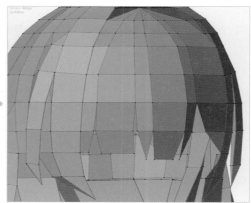

04 에지 삽입하기

Step

앞머리와 더듬이머리 사이를 면으로 생성하기 쉽도록 앞머리 위쪽 세로 방향의 면에 마우스 커서를 올리고 루프 잘라내기(Ctrl+R키)로 에지 1개를 추가합니다. 마우스 좌클릭 → 마우스 우클릭으로 에지의 위치를 결정합니다. 다음으로 G키 → Z키로 추가한 에지를 조금 위쪽으로 들어올립니다.

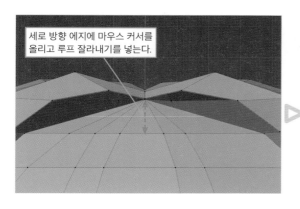

세로 방향 에지에 마우스 커서를
올리고 루프 잘라내기를 넣는다.

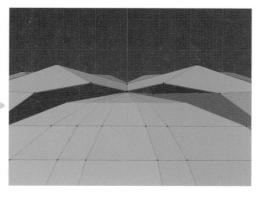

05 버텍스 병합하기

Step

앞머리의 위쪽 버텍스가 기울어진 상태이므로 3D 뷰포트 오른쪽 위에 있는 X-Ray를 토글(Alt+Z키)을 활성화하고 박스 선택(B키)으로 기울어져 있는 앞머리 위쪽 버텍스를 한 번에 선택합니다. 이때 앞머리 이외의 다른 버텍스를 선택하지 않도록 주의합니다. 선택했다면 병합(M키)에서 중심에를 선택합니다.

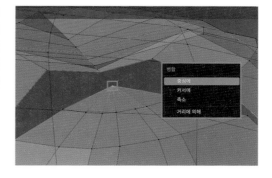

06 버텍스 결합하기

Step

앞머리의 위쪽 버텍스를 결합했다면 X-Ray를 토글(Alt+Z키)을 비활성화합니다. 위쪽 더듬이머리의 버텍스와 앞머리의 버텍스 2개를 선택하고 병합(M키)에서 중심에를 선택합니다.

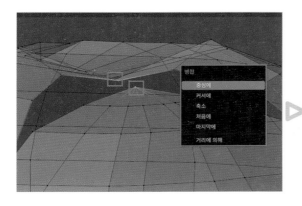

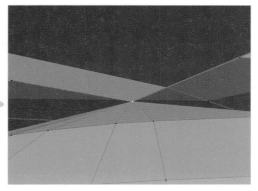

07
Step

페이스 만들기

앞머리와 더듬이머리 사이의 틈을 채웁니다. 그림과 같이 버텍스에서 새로운 에지/페이스(F키)를 사용해 페이스를 만듭니다.

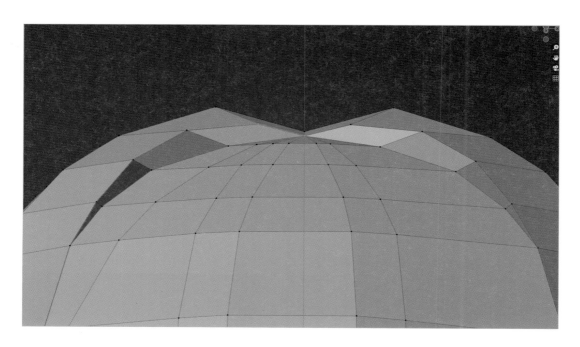

08
Step

크리스 적용하기

다음으로 앞머리에 크리스를 추가합니다. 에지 선택 모드(숫자키 2)로 전환하고 앞머리의 에지를 그림과 같이 Shift로 선택합니다. 크리스 추가 단축키인 Shift+E키를 누르고 마우스 좌클릭 한 뒤 왼쪽 아래 오퍼레이터 패널에서 팩터에 '1'을 입력합니다(그림에서는 3D 뷰포트 오른쪽 위에 있는 뷰포트 오버레이에서 크리스, 샤프 표시를 비활성화했습니다).

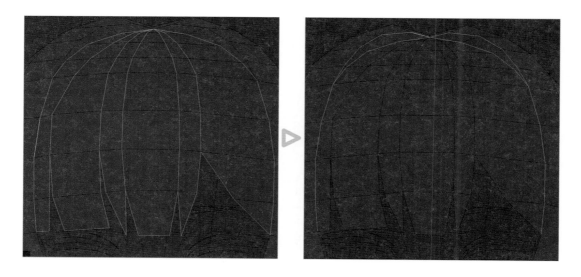

09
Step

샤프를 마크 적용하기

그림과 같이 에지를 Shift로 선택하고 마우스 우클릭 한 뒤 메뉴에서 **샤프를 마크**를 클릭합니다. 이렇게 마우스 우클릭 메뉴에서도 샤프를 추가할 수 있습니다. 여기에 샤프를 추가함으로써 옆머리와 앞머리의 경계가 명확한 탄력 있는 머리카락이 완성됩니다.

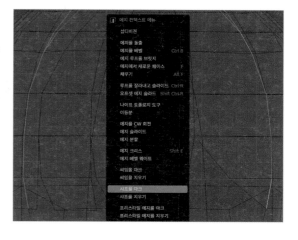

10
Step

머리카락에 섭디비전 표면 추가하기

오브젝트 모드(Tab키)로 돌아온 뒤 머리카락이 선택된 상태에서 프로퍼티스에 있는 **모디파이어 프로퍼티스**에서 **섭디비전 표면**을 추가합니다. 다음으로 머리카락을 마우스 우클릭해서 Shade Auto Smooth를 선택합니다. 왼쪽 아래 오퍼레이터 패널에서 각도에 '180'을 입력합니다.

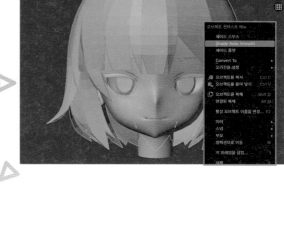

11
Step

최종 조정하기

머리카락의 에디트 모드(Tab키)로 전환해 페이스 오리엔테이션으로 모두 바깥쪽(메쉬를 A키로 선택하고, 면의 방향을 바깥쪽으로 하는 단축키인 Shift+N키를 누른다)으로 조정하고 중복된 버텍스를 삭제합니다(메쉬를 A키로 모두 선택하고 병합의 단축키인 M키를 누르고 거리를 돌출시킵니다). 이것으로 표시가 이상한 부분은 모두 삭제됩니다.

 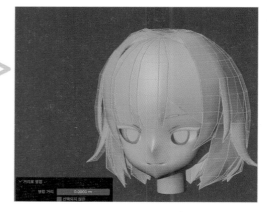

다음으로 앞쪽 시점(넘버패드 1), 오른쪽 시점(넘버패드 3), 그밖의 다양한 각도에서 확인하면서 머리카락의 형태를 선호에 맞춰 수정합니다. 옆머리와 더듬이머리는 얼굴을 비스듬한 각도에서 봤을 때 볼륨감이 있으며 얼굴이 귀엽게 보입니다. 옆쪽 30도(넘버패드 4와 넘버패드 6을 2번 누른다)를 기준으로 바깥쪽으로 부풀어 오르도록 조정합니다. 뒷면 중앙의 머리카락은 좌우대칭 상태여서 밑그림과 맞지 않지만 모델링하기 어려워지므로 여기에서는 수정하지 않습니다. 도전해보고 싶은 분들은 뒤쪽 시점(Ctrl+넘버패드 1)으로 전환해서 편집해 보기 바랍니다.

12
Step

이름 수정하기

현재 머리카락의 이름이 평면.001로 되어 있습니다. 아웃라이너 안에서 더블 클릭하고 이름을 'Hair'로 변경합니다. 이름을 변경했다면 새 컬렉션을 만들고 M키를 누른 뒤 Head 컬렉션으로 이동합니다.

제2부 실전편
캐릭터의 몸을 만들자!

앞 장에서 머리 부분의 모델링을 마쳤습니다. 이번 장에서는 몸을 모델링합니다.

인체 모델링에 관한 기본 지식

캐릭터 모델링에서는 인체 구조 이해가 매우 중요합니다. 인체에 관한 지식이 있으면 위화감을 즉시 눈치채고 수정할 수 있습니다. 단, 해부학은 그 깊이가 깊으므로 여기에서 모든 것을 설명할 수는 없습니다. 따라서 최소한의 반드시 기억해 두면 좋은 포인트를 선별해서 설명합니다.

1-1 인체 모델링 시 고려하면 좋은 포인트

◼ 인체를 부분으로 나누기

인체 구조는 매우 복잡하기 때문에 인체를 그림과 같이 부분별로 나눠 단순화해서 어디에 무엇이 있는지 파악하는 것이 좋습니다. 이렇게 함으로써 인체를 모델링할 때 지금 무엇을 모델링하고 있는지 간단하게 파악할 수 있습니다.

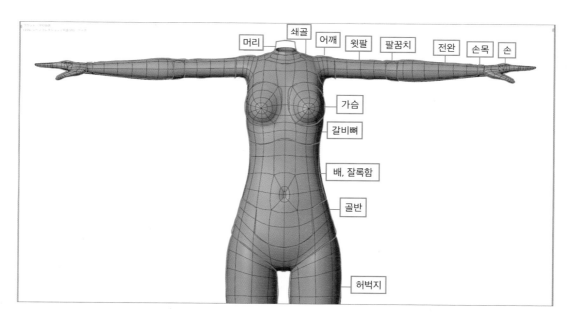

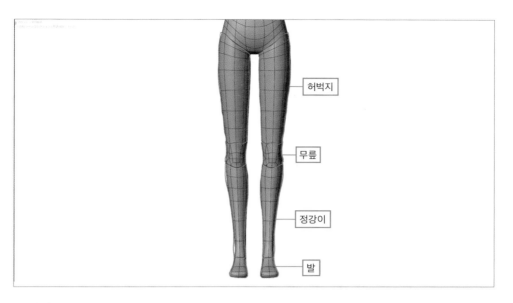

■ 인체를 부분으로 나누기

다음으로 여자 캐릭터의 인체를 모델링할 때 최소한으로 고려해야 할 포인트에 관해 설명합니다. 이 내용은 등신(사람과 1:1 비율의 신체) 여부나 모델 사용 목적에 따라 변하므로 모두 옳다고 말할 수는 없습니다. 그러나 인체의 위화감을 찾아낼 때 도움이 될 것입니다. 그림은 옆에 아마추어라 불리는 뼈대를 사용해 등신을 측정한 것입니다(아마추어에 관해서는 후편에서 설명합니다).

팔의 길이는 팔을 아래로 내렸을 때 손끝이 가랑이 혹은 그보다 약간 위에 오도록 하면 적당합니다. 가랑이 보다 아래로 너무 많이 내려가면 팔이 부자연스럽게 긴 인상을 줍니다. 그때는 팔의 길이를 바꾸는 것이 좋습니다. 갈비뼈의 크기는 머리 1개 정도가 적당합니다. 골반은 갈비뼈 보다 세로로 길지 않도록 합니다. 골반이 길면 신체가 이상하게 긴 사람이 되기 때문에 주의해야 합니다. 허벅지 바깥쪽은 근육이어서 바깥쪽이 너무 크면 근육질 캐릭터가 되므로 주의합니다(단 지방을 표현하기 위해 약간 크게 하는 정도라면 문제없습니다). 그리고 종아리는 바깥쪽이 높고 안쪽이 낮습니다. 반대로 복숭아뼈는 안쪽이 높고 바깥쪽이 낮습니다.

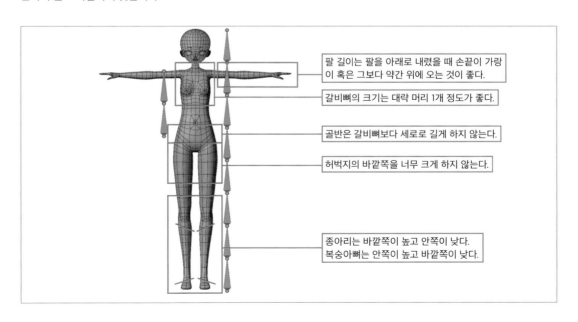

팔 길이는 팔을 아래로 내렸을 때 손끝이 가랑이 혹은 그보다 약간 위에 오는 것이 좋다.

갈비뼈의 크기는 대략 머리 1개 정도가 좋다.

골반은 갈비뼈보다 세로로 길게 하지 않는다.

허벅지의 바깥쪽을 너무 크게 하지 않는다.

종아리는 바깥쪽이 높고 안쪽이 낮다.
복숭아뼈는 안쪽이 높고 바깥쪽이 낮다.

■ 인체의 옆쪽에 관해

옆에서 보았을 때의 포인트입니다만, 기본적으로 인체는 직선이 아니고, 곡선으로 되어 있습니다. 목, 갈비뼈, 골반은 인체의 구조상 조금 비스듬하게 기울어져 있으며, 이 기울기 때문에 등쪽이 S 자를 그립니다. 그리고 다리는 허리보다 허벅지가 앞에 나옵니다. 모델링할 때 다리를 단지 막대 모양으로 하는 것이 아니라, 인체의 구조를 이해한 후에 형상을 정돈하면, 외형에 설득력이 생깁니다.

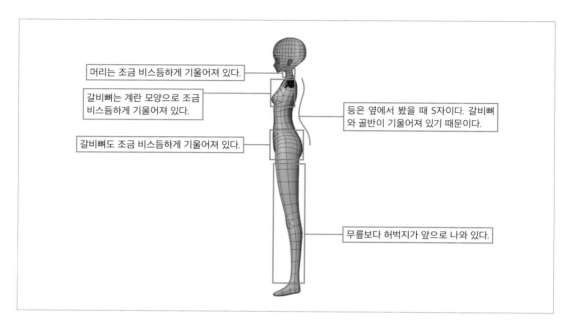

■ 관절 부분의 메쉬에 관해

그리고 애니메이션을 전제로 하는 인체를 모델링할 때 잊어서는 안 되는 것이 이후 **리깅과 스키닝을 수행한다는 점**입니다. 리깅은 모델을 움직이기 위한 **뼈대**를 만드는 것이며 스키닝은 그 뼈대와 메쉬를 연관 짓는 작업입니다. 다음 그림은 팔꿈치를 위쪽 시점(넘버패드 7)에서 본 것입니다. 팔꿈치와 무릎 같은 관절 부분에는 안쪽 버텍스는 적고 바깥쪽 버텍스는 많게 만드는 것을 권장합니다. 바깥쪽은 메쉬가 늘어나기 때문에 버텍스가 적으면 각이 지게 되고, 안쪽은 메쉬가 줄어들기 때문에 버텍스가 많으면 안쪽이 접히는 경우가 많습니다. 그림과 같이 메쉬를 구성함으로써 굽혔을 때 메쉬가 깨지기 어렵고, 스키닝을 원활하고 쉽게 할 수 있습니다.

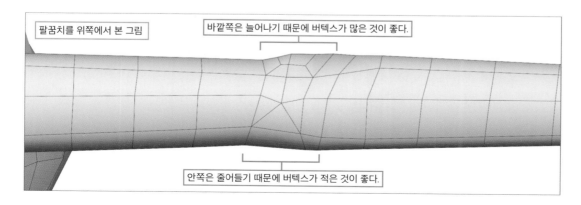

간단한 모델로 설명하면(한 가운데의 에지를 관절이라고 가정) 그림과 같이 됩니다. 이렇게 관절 부분은 필요에 따라 버텍스를 조정해야 합니다. 덧붙여 섭디비전 표면을 추가하면 모처럼 안쪽 버텍스를 줄였음에도 불구하고 분할되기 때문에 안쪽이 튀어 나올 수 있습니다. 이때는 추가한 섭디비전 표면을 적용해 안쪽 버텍스를 줄여야 합니다. 이에 관해서는 후편에서 자세히 설명합니다.

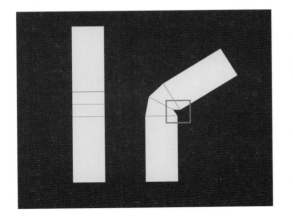

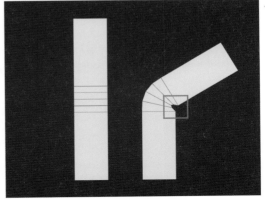

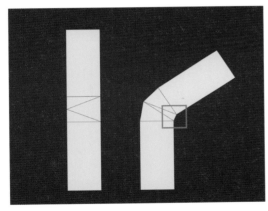

> **MEMO**
>
> 후편에서는 뼈대와 메쉬를 연결해 동작시키기 위한 수치를 설정합니다. 그렇기 때문에 이 책에서의 순서와 크게 다른 인체를 모델링하면 수치를 그대로 입력해도 잘 동작하지 않고, 스키닝을 수행하는 단계에서 메쉬 수정에 많은 시간이 걸릴 수 있으므로 가능한 순서를 그대로 따라 진행해 주십시오.

2

상반신 모델링

인체도 얼굴과 마찬가지로 한 번에 완성시키는 것은 어렵습니다. 처음에는 상반신을 만들고 그 뒤에 하반신을 만드는 식으로 조금씩 만들어 나갑니다.

2-1 원, UV구체 배치하기

먼저 원, UV 구체라는 프리미티브 오브젝트를 배치하고 인체를 쉽게 모델링하기 위한 준비를 합니다. 프리미티브 오브젝트는 팔 연결 부분, 다리 연결 부분, 머리 연결 부분, 가슴에 배치합니다. 그 뒤 이들을 기준으로 페이스를 생성하고 버텍스를 늘리면서 인체를 구성합니다.

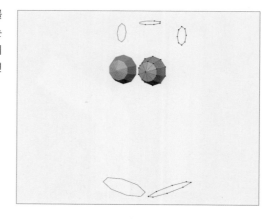

01 원 삽입하기

Step

3D 뷰포트 왼쪽 위에서 모드를 **오브젝트 모드(Tab키)**로 전환하고 오른쪽 위 아웃라이너에서 Head 컬렉션을 숨기기 합니다. 다음으로 3D 커서를 중앙으로 되돌리는 단축키인 **Shift+C키**를 누르고, 추가의 단축키인 **Shift+A키** → 메쉬 → 원형을 선택합니다. 왼쪽 아래 오퍼레이터 패널에서 버텍스를 '8'로 설정합니다.

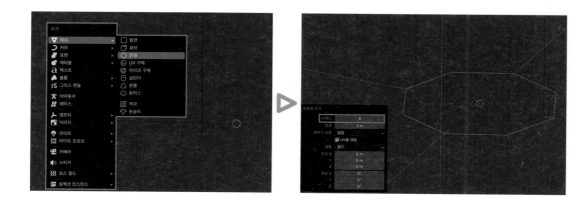

02 미러 추가하기와 원 회전하기

Step

이 원형을 팔 밑동으로 배치합니다. 넘버패드 1을 눌러 시점을 앞쪽 시점(Front)로 전환하고 오른쪽 프로퍼티스의 **모디파이어 프로퍼티스의 모디파이어를 추가**에서 **미러**를 추가합니다. 원형을 선택한 상태에서 에디트 모드(Tab 키)로 전환합니다. 원이 모두 선택(A키)된 상태에서 R키 → Y키를 눌러 Y축으로 회전을 고정한 뒤 마우스 좌클릭합니다. 왼쪽 아래 오퍼레이터 패널에서 각도에 '90'을 입력합니다.

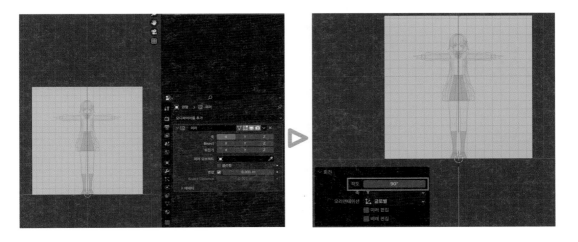

03 축적과 위치 수정하기

Step

다음으로 원이 모두 선택(A키)되어 있는 상태에서 **축적(S키)**을 누른 뒤 마우스 좌클릭합니다. 왼쪽 아래 오퍼레이터 패널에서 축적 X, Y, Z에 '0.025'를 입력합니다. 그리고 **이동(G키)**을 누른 뒤 왼쪽 아래 오퍼레이터에서 이동 X에 '0.09', 이동 Y에 '0', 이동 Z에 '1.243'을 입력합니다. 팔 연결 부분 근처로 원이 이동합니다.

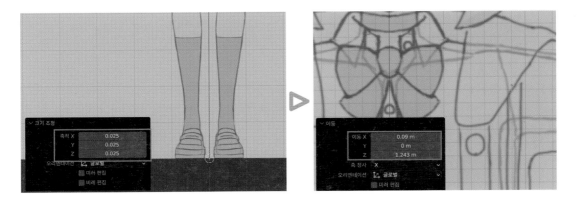

MEMO

이동이 잘 되지 않는다면 미러의 클리핑이 비활성화되어 있는지, 3D 뷰포트 오른쪽 위에 있는 X, Y, Z라고 표시된 3개의 아이콘 (좌우대칭으로 편집할 수 있는 기능)도 비활성화되어 있는지 확인합니다.

04 원 복제하기

Step 팔 연결 부분(팔의 밑동)에 배치한 원형을 선택한 상태에서 복제의 단축키인 **Shift+D키**를 누르고 **R키 → Y키**를 눌러 복제한 원형을 Y축으로 회전 고정하고 마우스 좌클릭합니다. 왼쪽 아래 오퍼레이터 패널에서 회전에 '65'를 입력합니다. 다음으로 축적의 단축키인 **S키**를 누르고 마우스 좌클릭 한 뒤 축적 X, Y, Z에 '2.2'를 입력합니다. 다음으로 이동의 단축키인 **G키**를 누르고 마우스 좌클릭 한 뒤 이동 X에 '-.0.022', 이동 Y에 '0', 이동 Z에 '-0.424'를 입력합니다. 이것으로 가랑이 허벅지 연결 부분(허벅지 밑동) 근처에도 원형을 배치했습니다.

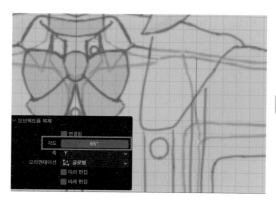
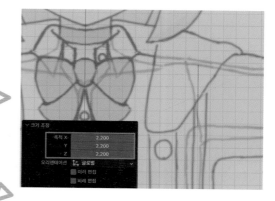

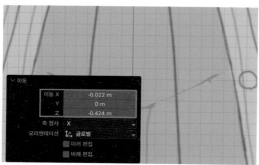

05 원 추가하기

Step ❶ 3D 뷰포트 왼쪽 위에서 현재 모드가 에디트 모드인지 확인합니다. 3D 커서를 중앙으로 되돌리는 단축키인 **Shift+C키**를 누르고 추가의 단축키인 **Shift+A키**를 누른 뒤 원형을 추가합니다. 왼쪽 아래 오퍼레이터 패널에서 버텍스를 '8'로 설정합니다. 현재 미러가 추가되어 있어 원이 이중으로 만들어지므로 절반을 삭제합니다. 원의 왼쪽 버텍스 3개를 선택합니다. Next Page

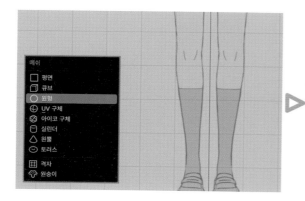
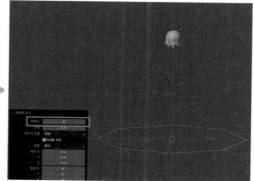

❷ 삭제의 단축키인 X키를 누르고 버텍스를 선택한 뒤 버텍스를 삭제해서 원을 절반으로 줄입니다.

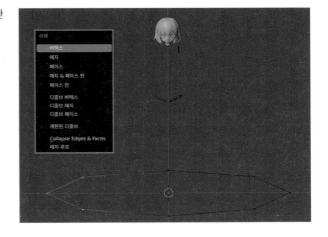

06 클리핑 활성화하기
Step
오른쪽 프로퍼티스에서 미러의 클리핑을 활성화합니다. 버텍스가 반대측으로 가지 않게 합니다.

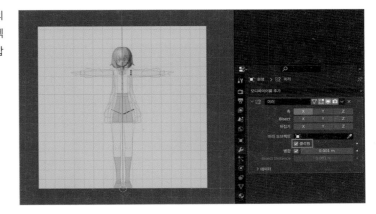

07 버텍스 축소하기
Step
앞에서 절반으로 수를 줄인 원(버텍스 5개)만 선택하고 3D 뷰포트 위쪽에 있는 **피벗 포인트를 변환**을 **3D 커서**로 변경합니다. 이제 기점이 3D 커서 위치가 됩니다. 축적의 단축키인 **S**키를 누르고 마우스 좌클릭 한 뒤 축적 X에 '0.03', 축적 Y에 '0.025', 축적 Z에 '0.03'을 입력합니다.

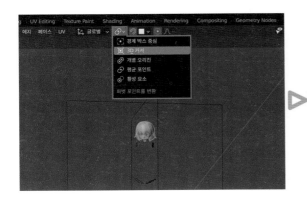
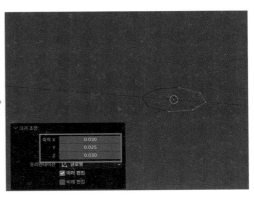

08 버텍스 이동하기

Step 절반으로 수를 줄인 버텍스를 선택한 상태에서 이동의 단축키인 **G키**를 누르고 마우스 좌클릭합니다. 왼쪽 아래 오퍼레이터 패널에서 이동 X에 '0', 이동 Y에 '0.03', 이동 Z에 '1.275'를 입력합니다.

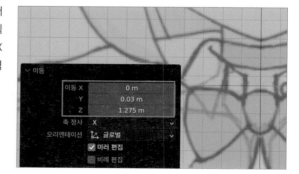

09 각도 붙이기

Step 3D 뷰포트 위쪽에 있는 피벗 포인트를 변환을 평균 포인트로 되돌립니다. 절반으로 수를 줄인 버텍스를 선택한 상태에서 **R키 → X키**로 X축으로 고정해 마우스 좌클릭한 뒤 각도에 '7'을 입력합니다(목의 단면은 약간 기울어져 있습니다).

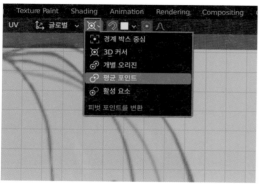 ▷

10 버텍스 이동하기

Step 넘버패드 **3**을 눌러 오른쪽 시점(Right)으로 전환합니다. 팔 밑동의 단면과 허벅지 밑동의 단면의 크기를 조정합니다. 먼저 팔 밑동만 **Alt+마우스 좌클릭**으로 에지 루프 선택하고 이동의 단축키인 **G키**를 누른 뒤 마우스 좌클릭합니다. 왼쪽 아래 오퍼레이터 패널에서 이동 Y에 '0.04'를 입력합니다.

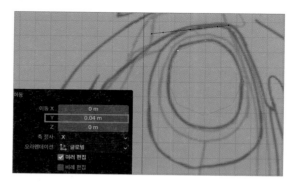

11 밑동의 원 이동하기, 축적 변경하기

Step

다음으로 허벅지 밑동의 버텍스만 Alt+마우스 좌클릭으로 에지 루프 선택하고 이동의 단축키인 G키를 누른 뒤 마우스 좌클릭합니다. 왼쪽 아래 오퍼레이터 패널에서 이동 Y에 '0.019'를 입력합니다. 다음으로 S키 → Y키로 Y방향으로 축적한 뒤 마우스 좌클릭으로 결정합니다. 왼쪽 아래 오퍼레이터 패널에서 축적 Y에 '1.35'를 입력합니다.

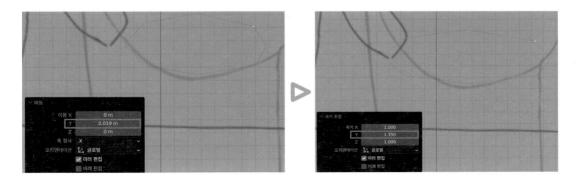

12 UV 구체 삽입하기

Step

다음으로 가슴을 배치합니다. 3D 뷰포트 왼쪽 위에서 현재 모드가 에디트 모드인지 확인합니다. 추가의 단축키인 Shift+A키를 누르고 UV 구체를 추가합니다. 추가한 뒤 왼쪽 아래 오퍼레이터 패널에서 부분에 '10', 링에 '4', 반경에 '0.04'를 입력합니다. 또한 이동 X에 '0.044', 이동 Y에 '-.0.035'. 이동 Z에 '1.15', 회전 X에 '90'을 입력합니다.

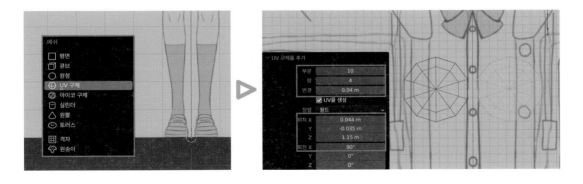

13 버텍스 삭제하기

Step

넘버패드 3을 눌러 오른쪽 시점(Right)으로 전환합니다. 3D 뷰포트 오른쪽 위에 있는 X-Ray를 토글(Alt+Z키)을 활성화합니다. UV 구체의 오른쪽 절반을 박스 선택(B키)으로 선택하고 삭제의 단축키인 X키를 누르고 버텍스를 선택해 오른쪽 절반을 삭제합니다. 작업을 마쳤다면 X-Ray를 토글을 비활성화합니다.

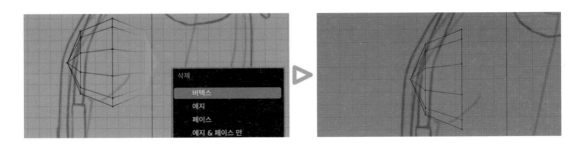

상반신 모델링

다음은 상반신을 만듭니다. 가슴, 팔 밑동, 목의 버텍스를 기준으로 페이스를 만들어가며 모델링합니다.

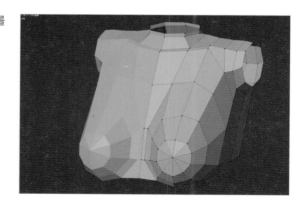

01 버텍스 돌출하기

Step

페이스를 만들기 전에 전에 돌출하기를 사용해 상반신 형태를 정리합니다.

❶ 팔 밑동의 버텍스를 **Alt+마우스 좌클릭**으로 에지 루프 선택합니다. **돌출하기(E키)**로 길이를 돌출시킨 뒤 **X키**를 눌러 X축으로 고정해 겨드랑의 맨 아래 부분까지 돌출시킨 뒤 마우스 좌클릭으로 결정합니다.

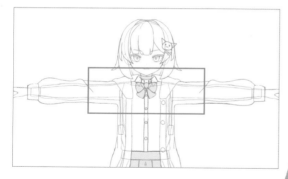

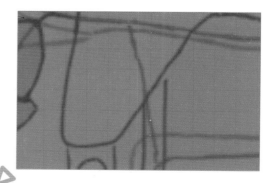

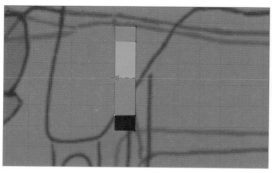

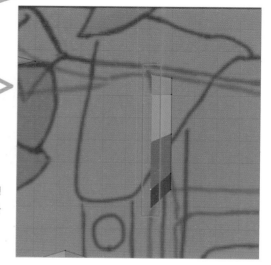

❷ **축적(S키,** 3D 뷰포트 위쪽에 있는 **피벗 포인트를 변환을 평균 포인트로 합니다), 이동(G키)**을 사용해 그림과 같이 형태를 정리합니다./

02

목 돌출하기

다음으로 목을 돌출시킵니다.

Step ① 오른쪽 위 아웃라이너에서 **Head** 컬렉션을 표시하고 **원형** 오브젝트와 **Head** 컬렉션 안에 있는 **Face** 오브젝트의 위치를 확인합니다.

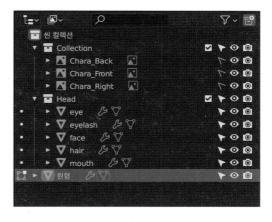

② **원형** 오브젝트의 목의 버텍스를 **Alt+마우스 좌클릭**으로 선택하고 **돌출하기(E키)** → **Z키**로 Z축으로 고정한 뒤 메쉬를 돌출시킵니다. **Head** 컬렉션 안에 있는 **Face**의 목과 지금 돌출시킨 **원형** 오브젝트의 목은 나중에 결합하고 버텍스도 맞붙일 것이므로 결합 부분의 버텍스는 일치시킵니다(여기에서는 미러 측을 포함해 8개의 버텍스로 만들었습니다).

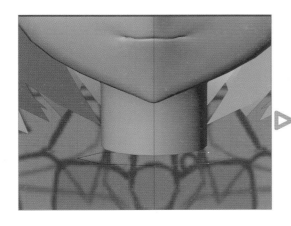

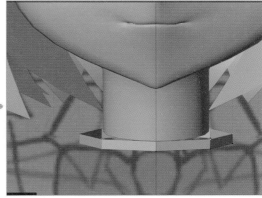

MEMO

목 부부분의 메쉬와 어깨의 메쉬는 '5-2 Step 05'에서 버텍스를 8로 조정했으므로 거기에서 변경하지 않았다면 신경 쓰지 않아도 됩니다.

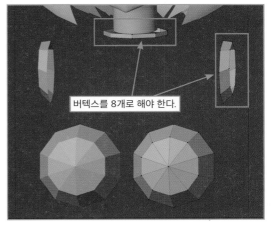

버텍스를 8개로 해야 한다.

03 에지 돌출하기

Step

처음에는 상반신의 앞쪽, 어깨 주변을 대략적으로 모델링합니다. 오른쪽 위 아웃라이너에서 Head 컬렉션을 숨기기 한 뒤 앞쪽 시점(넘버패드 1)으로 전환합니다. 가슴의 안쪽 버텍스 4개를 선택하고 E키 → X키로 X축으로 고정해 돌출하기를 하고 중심으로 가깝게 합니다(미러의 클리핑을 활성화합니다).

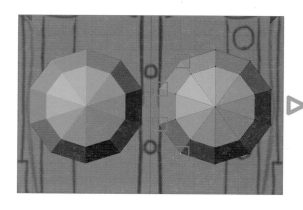 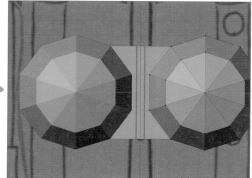

04 에지를 위로 돌출하기

Step

가슴의 위쪽 버텍스 3개를 선택하고 E키 → Z키로 Z축으로 고정한 뒤 팔 밑동 중간의 버텍스 부근까지 돌출시킵니다.

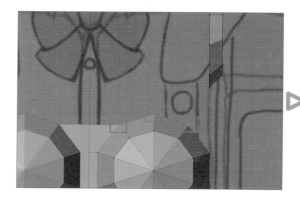 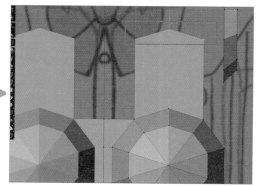

05 어깨 선 돌출하기

Step

앞에서 돌출시킨 버텍스 3개를 선택한 상태에서 오른쪽 시점(넘버패드 3)으로 전환합니다. 어깨 앞쪽 윗부분에서 어깨 뒤쪽으로 4번 돌출시킵니다. Next Page

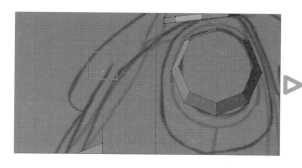 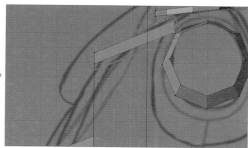

❸ 오른쪽 그림과 같이 어깨 주변 형태를 대략 만듭니다.

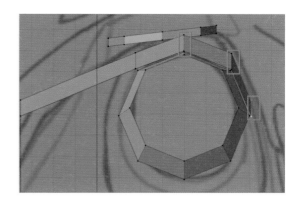

06 페이스 돌출하기

Step

앞에서 돌출시킨 메쉬와 팔 밑동의 버텍스 사이를 페이스로 채웁니다.

❶ 돌출시킨 메쉬의 버텍스 2개와 팔 밑동의 버텍스 2개를 그림과 같이 선택합니다. **버텍스에서 새로운 에지/페이스(F키)를 눌러 페이스를 만듭니다.**

❷ 그 위쪽 버텍스 2개를 선택하고 F키를 3번 눌러 페이스를 연속으로 만듭니다.

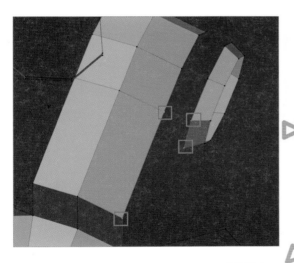

버텍스 2개를 선택하고
F키를 3번 누른다.

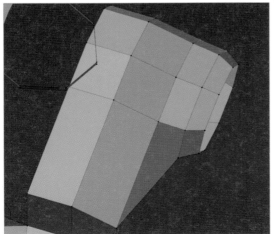

07 어깨 버텍스 이동하기

Step

어깨 주변의 메쉬가 목에 너무 가깝습니다. 앞쪽 시점(넘버패드 1)으로 전환하고 목과 어깨 주변의 버텍스를 이동 (G키)해 그림과 같이 조정합니다.

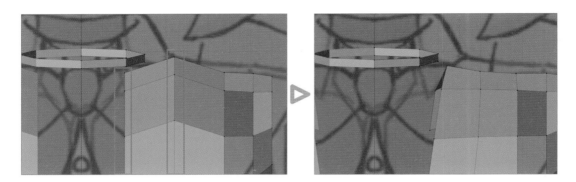

08 목 옆쪽 페이스 만들기

Step

목의 옆쪽 버텍스 2개와 어깨 주변의 버텍스 2개를 선택하고 버텍스에서 새로운 에지/페이스(F키)로 페이스를 만 듭니다.

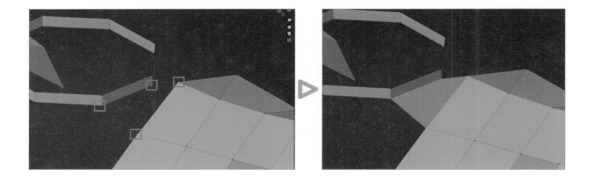

09 가슴 페이스 돌출하기

Step

그림의 버텍스 2개를 선택하고 E키 → X키로 X축에 고정해 늘려서 중심으로 가깝게 합니다.

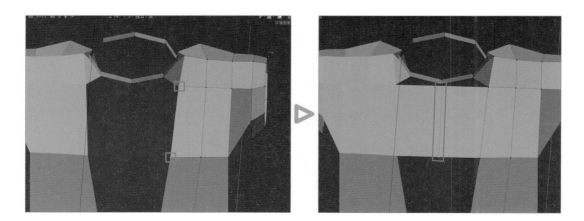

10 버텍스 수정하기

Step 오른쪽 시점(넘버패드 3)으로 전환하고 그림과 같이 오른쪽에서 본 형태를 밑그림을 참고해 정리합니다. 대흉근과 쇄골 주변의 페이스가 약간 보이게 하는 것이 팁입니다.

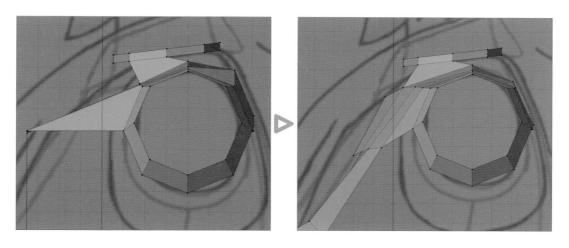

11 가슴 위와 목 아래 페이스 돌출하기

Step 대흉근과 쇄골 주변에 페이스를 만듭니다. 각각의 버텍스를 2개 선택하고 버텍스에서 새로운 에지/페이스(F키)로 페이스를 만듭니다.

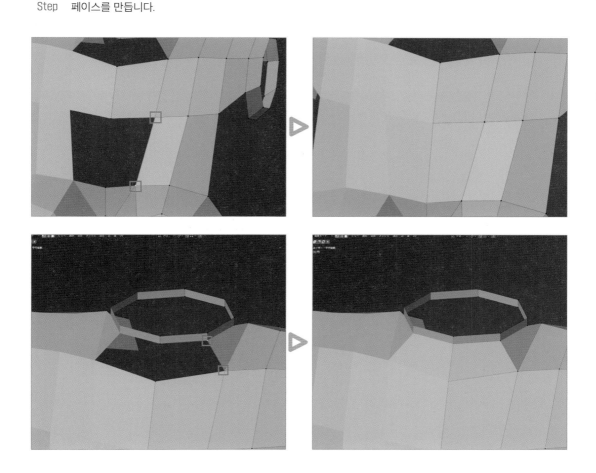

12 가슴 옆 버텍스 돌출하기

Step

앞쪽과 어깨 주변을 대략적으로 모델링했습니다. 다음으로 상반신의 옆쪽과 뒤쪽을 모델링합니다. **오른쪽 시점(넘버패드 3)**으로 전환하고 가슴 오른쪽 버텍스 2개를 선택합니다. **E키 → Y키**로 Y축 방향으로 등쪽으로 돌출시킵니다.

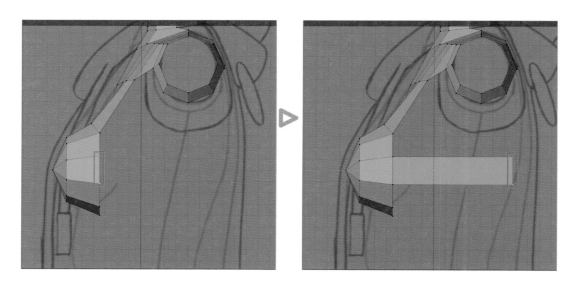

13 페이스 돌출하기

Step

가슴과 팔을 연결하기 위해 가슴 오른쪽 위 버텍스 2개와 겨드랑이에 가까운 팔 밑동의 버텍스 2개를 선택합니다. **버텍스에서 새로운 에지/페이스(F키)**로 페이스를 만듭니다.

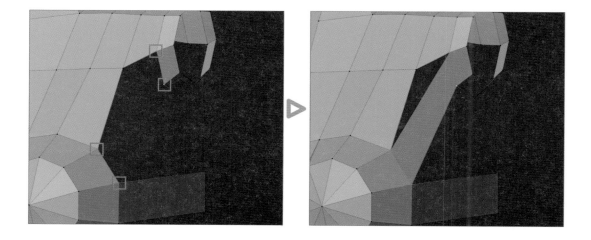

14 루프 잘라내기 와 병합하기

Step

생성한 면에 **루프 잘라내기(Ctrl+R키)**로 한 가운데 에지를 1개 만들면 위쪽에 구멍이 뚫려 있을 것입니다. 사이의
버텍스 2개를 선택하고 **병합(M키)**을 사용해 **중심에**를 선택해서 결합합니다.

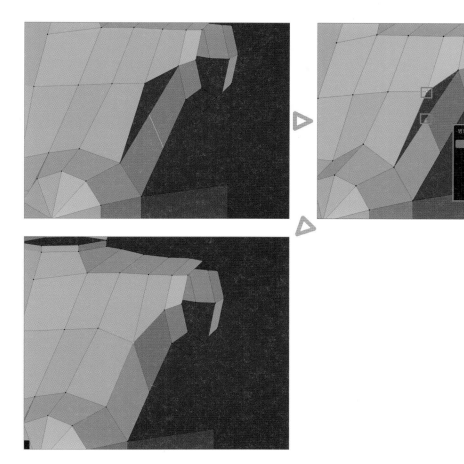

15 겨드랑이 부분의 페이스 돌출하기

Step

❶ 오른쪽 시점(넘버패드 3)으로 전환하고 가슴의 옆 메쉬를 **루프 잘라내기(Ctrl+R키)**해서 한 가운데 에지 1개를
추가합니다. 팔 밑동의 뒤쪽 버텍스 2개와 방금 루프 잘라내기 한 메쉬의 뒤쪽 버텍스 2개를 선택합니다.

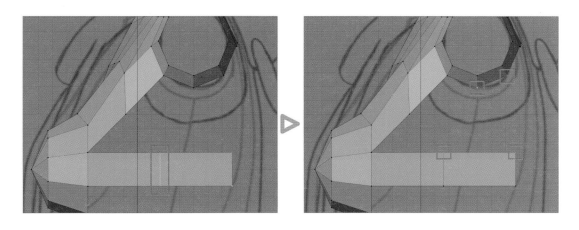

❷ 버텍스에서 새로운 에지/페이스(F키)로 페이스를 만듭니다. 이렇게 팔 밑동에서 겨드랑이 아래로 흐르는 듯한 토폴로지를 만들면 옆쪽이 깔끔한 인체를 쉽게 만들 수 있습니다.

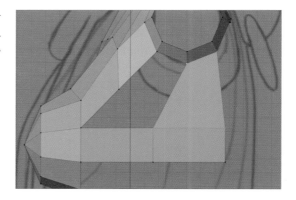

16
Step
구멍 메꾸기
앞에서 생성한 페이스를 루프 잘라내기(Ctrl+R키)하고 한 가운데 에지를 1개 추가합니다. 구멍 아래쪽 버텍스 2개를 선택하고 버텍스에서 새로운 에지/페이스(F키)로 페이스를 만듭니다.

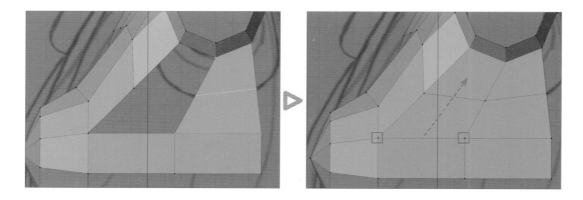

17
Step
등쪽 페이스 돌출하기
측면의 뒤쪽 버텍스 4개를 선택하고 E키 → X키로 X축 방향으로 중심까지 돌출시킵니다.

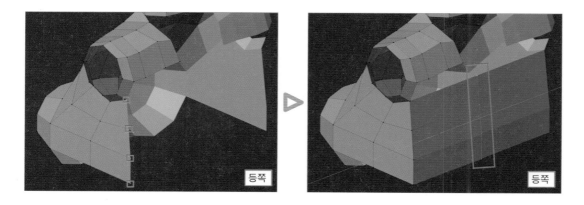

18 등쪽 페이스 돌출하기
Step

돌출시킨 메쉬에 루프 잘라내기(Ctrl+R키)를 수행하고 세로로 에지를 3개 추가합니다. 뒤쪽에 비어 있는 위치를 채우기 위해 팔 밑동의 뒤쪽 버텍스 2개를 선택하고 버텍스에서 새로운 에지/페이스(F키)를 3번만 눌러서 페이스를 채웁니다.

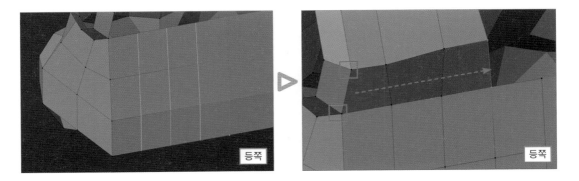

19 등쪽 에지 돌출하기
Step

목 뒤쪽과 등 가운데의 경계 부근의 버텍스 2개를 선택하고 E키 → X키로 X축 방향으로 중심까지 돌출시킵니다.

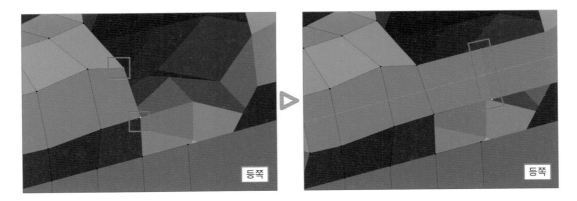

20 목 주변과 등의 페이스 돌출하기
Step

목 밑동의 뒤쪽 버텍스 2개를 선택하고 F키를 2번 눌러 페이스를 만듭니다. 등의 버텍스 2개를 선택하고 F키를 눌러 페이스를 만들어 등을 간략하게 완성합니다.

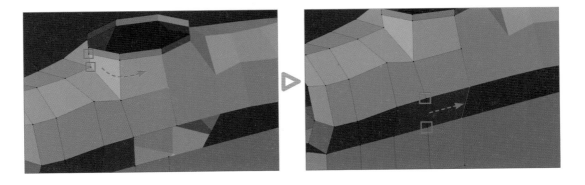

21 전체적인 선 조정하기

Step

등이 현재 사각형으로 되어 있으므로 오른쪽 시점(넘버패드 3), 뒤쪽 시점(Ctrl+넘버패드 1) 등 다양한 각도에서 보면서 옆쪽이 보이도록 버텍스를 조정합니다. 후두부를 모델링할 때도 다루었지만 바깥에 가까울수록 보이는 면의 넓이를 작게 만들면 모델이 입체감을 갖게 됩니다. 그리고 갈비뼈는 약간 기울어져 있으므로 이 기울기를 생각하면서 버텍스를 조정하면 좋습니다. 또한 곡선을 그리듯 등의 선을 구성하는 것이 팁입니다.

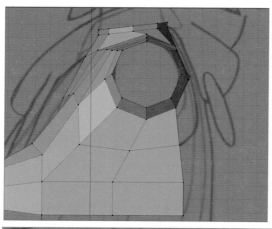 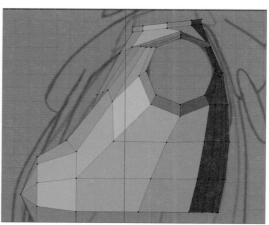

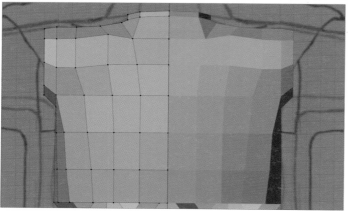

22 가슴에 루프 잘라내기 삽입하기 및 선 정리하기

Step

❶ 앞쪽측도 수정합니다. 가슴 한 가운데를 루프 잘라내기(Ctrl+R키)해서 에지를 1개 축하합니다. 그리고 가슴 위쪽 버텍스 4개를 선택합니다. Next Page

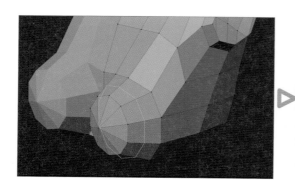 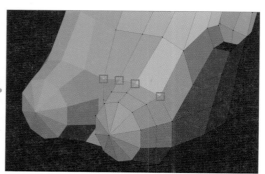

❷ G키를 2번(또는 Shift+V키) 눌러 버텍스를 위쪽으로 슬라이드 합니다. 버텍스를 슬라이드해 두면 나중에 가슴을 쉽게 조정할 수 있습니다.

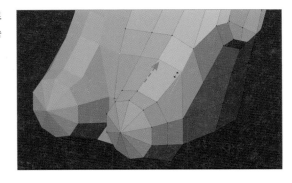

23 가슴 부분 선 수정하기

Step 앞쪽 시점(넘버패드 1), 오른쪽 시점(넘버패드 3) 등 다양한 시점에서 확인하면서 가슴 주변을 만듭니다. 옆쪽은 가슴과 대흉근이 팔 밑동을 향해 모이는 느낌을 생각하면서 모델링하면 좋습니다. 그리고 가슴은 옆쪽에서 봤을 때 젖꼭지가 살짝 위를 향하는 편이 젊게 보입니다. 그리고 가슴의 형태는 물풍선이 가슴에 붙어있는 듯한 느낌을 상상하면 파악하기 쉽습니다.

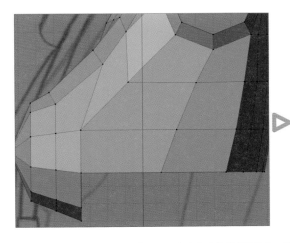

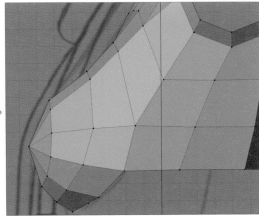

그림으로는 다소 알기 어려울 수도 있지만 가슴의 안쪽(가슴과 가슴 사이)의 형태에도 주의합니다. 앞과 마찬가지로 몸체에 붙은 물풍선을 떠올리면서 조정하면 쉽게 작업할 수 있을 것입니다. 3D 뷰포트 오른쪽 위에 있는 X-Ray를 토글(Alt+Z키)을 사용하면서 조정합니다.

Next Page▶

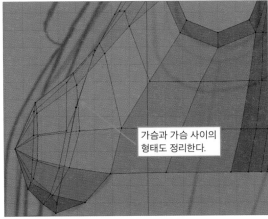

가슴과 가슴 사이의 형태도 정리한다.

가슴은 앞쪽에서 봤을 때 똑바르지 않고 약간 바깥쪽으로 향하고 있습니다.

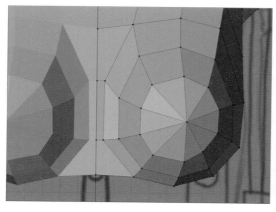 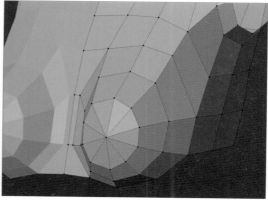

덧붙여 가슴을 조정할 때 부풀어 오르도록 형태를 조정하고 싶을 때는 3D 뷰포트 위에 있는 **변환 오리엔테이션**을 **노멀**로 하고 버텍스를 선택한 뒤 이동의 단축키인 **G키**를 누르고 **Z키**를 누르면 면 또는 버텍스에 수직인 방향으로 변형할 수 있으므로 활용해 주십시오(조정을 마쳤다면 좌표계를 글로벌로 되돌립니다).

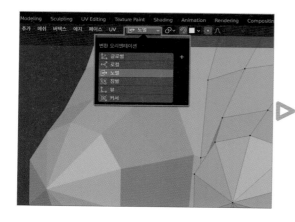 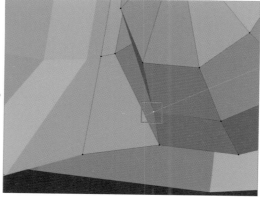

24 쇄골 표현하기

Step
다음으로 쇄골을 표현합니다. 대흉근 한 가운데 부근의 에지를 Shift+Alt+마우스 좌클릭으로 여러 에지 루프 선택합니다. 슬라이드의 단축키인 **G키**를 2번(또는 **Shift+V키**) 누르고 버텍스를 위쪽 버텍스에 가깝게 이동한 뒤 마우스 좌클릭으로 위치를 결정합니다.

25
Step

대흉근의 에지를 위로 슬라이드하기
대흉근 앞쪽 버텍스 3개를 선택하고 슬라이드의 단축키인 G키(또는 Shift+V키)를 누르고 버텍스를 보다 위쪽에 가깝게 슬라이드한 뒤 마우스 좌클릭으로 결정합니다.

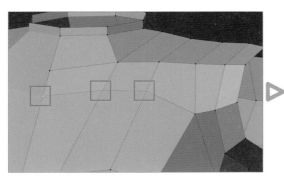 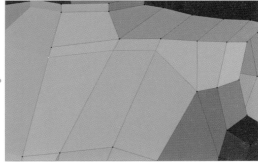

26
Step

쇄골 작성하기
앞쪽 시점(넘버패드 1)으로 전환합니다 X-Ray를 토글(Alt+Z키)을 비활성화하거나 와이어프레임(Shift+Z키)으로 전환하면서 밑그림을 참고해 쇄골을 만들어갑니다.

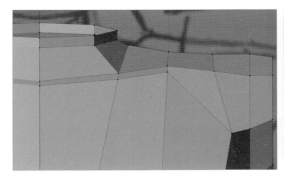 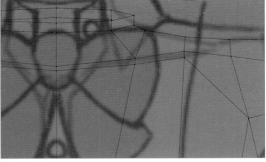

27
Step

에지 이동하기
형태를 조금 정리합니다. 대흉근 주변의 버텍스를 Shift+Alt+마우스 좌클릭으로 여러 에지 루프 선택합니다. 슬라이드의 단축키인 G키를 2번(또는 Shift+V키)를 누르고 대략 가운데쯤 왔다면 마우스 좌클릭으로 결정합니다. 다음은 밑그림을 참조해 상반신의 형태를 G키를 사용해 이동하는 등으로 조정합니다.

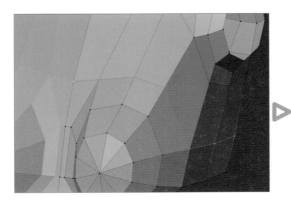 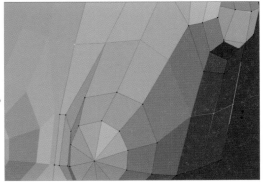

28
Step

형태 정리하기

앞쪽 시점(넘버패드 1), 오른쪽 시점(넘버패드 3) 등 다양한 각도에서 보면서 형태를 정리합니다(여기에서는 밑그림을 숨기기 했습니다).

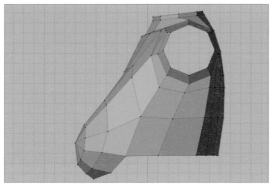
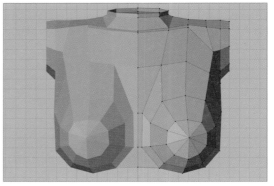

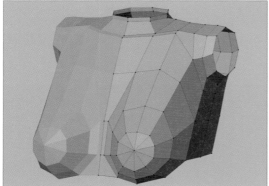

> **MEMO**
>
> **쇄골의 형태에 관해**
> 쇄골은 앞쪽에서 보면 중앙을 향해 급격하게 내려가
> 있는 것이 아니라 실제로는 상당히 수평이기 때문에
> 쇄골을 모델링할 때는 이를 고려하는 것이 좋습니다.

상반신의 아래쪽 버텍스는 이후 에지와 에지 사이에 페이스를 만드는 **에지 루프를 브릿지**를 사용해 신체를 구성하므로 버텍스가 11개인지 확인합니다(11개 보다 많다면 **M키**를 사용해 버텍스를 결합하고, 11개 보다 작다면 **나이프 도구(K키)** 등을 사용해 버텍스를 조정합니다). 버텍스를 간단하게 확인하는 방법을 소개합니다. 3D 뷰포트 오른쪽 위에 있는 **뷰포트 오버레이** 안에 있는 **통계**를 활성화하면 버텍스, 에지, 면 등의 정보가 왼쪽 위에 표시됩니다. 현재 선택한 버텍스나 에지의 수 등을 알 수 있으므로 이 기능을 기억해 두면 좋을 것입니다.

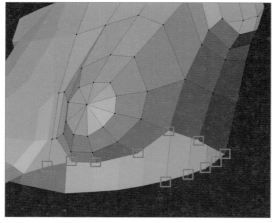

Chapter 4

3

하반신 모델링 및 신체 전체 조정

하반신은 골반, 고관절 등 복잡한 위치가 많습니다. 여기에서는 최소한으로 고려할 점에 관해 설명합니다.

3-1 배부터 하반신까지의 모델링

상반신 다음은 하반신을 모델링합니다. 이후 신체 전체를 조정합니다.

01 버텍스 돌출하기

Step

먼저 다리 밑동 주면에서 모델링을 시작해 상반신으로 연결합니다. 허벅지 밑동의 버텍스를 Alt+마우스 좌클릭으로 에지 루프 선택합니다. 다음으로 돌출하기(E키)로 그림과 같이 아래로 이동한 뒤 마우스 좌클릭으로 결정합니다. 계속해서 축적(S키)을 사용해 밑그림에 맞춰 조금 크게 만든 뒤 마우스 좌클릭으로 결정합니다. 3D 뷰포트 오른쪽 위에 있는 X-Ray를 토글(Alt+Z키) 등도 사용하면서 작업을 수행하면 좋습니다.

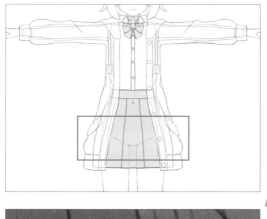
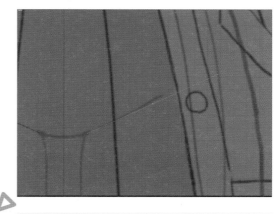
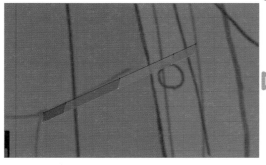
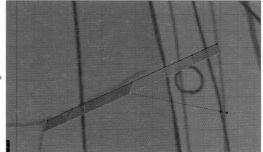

02 다리 밑동의 안쪽 돌출하기
Step

다음으로 다리 밑동의 안쪽 버텍스 3개를 선택합니다. 돌출하기(E키) → X키로 X축으로 조정해 안쪽으로 돌출시킵니다(미러의 클리핑을 활성화합니다).

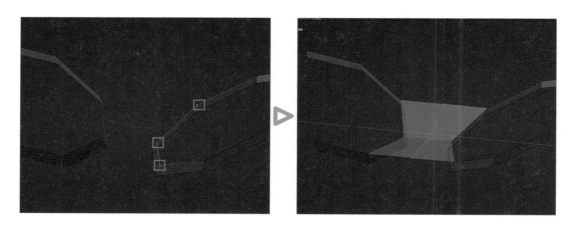

03 버텍스 연결하기
Step

돌출시킨 메쉬에 루프 잘라내기(Ctrl+R키)를 수행하고 에지를 1개 추가합니다. 바깥쪽 버텍스 11개를 Alt+마우스 좌클릭으로 에지 루프 선택합니다. 상반신 아래쪽 버텍스 11개를 Shift+Alt+마우스 좌클릭으로 여러 에지 루프 선택합니다. 3D 뷰포트 위쪽 헤더에 있는 에지(Ctrl+E키) → 에지 루프를 브릿지를 선택하고 버텍스 사이에 페이스를 만듭니다.

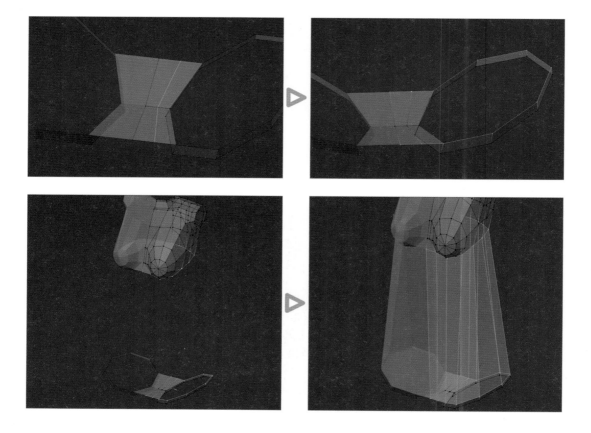

04

Step

루프 잘라내기 삽입하기

앞쪽 시점(넘버패드 1)으로 전환합니다. 가로로 루프 잘라내기(Ctrl+R키)를 수행하고 에지를 4개 추가합니다.

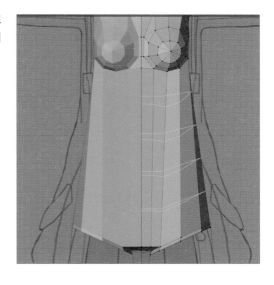

05

Step

신체 선 만들기

앞쪽 시점(넘버패드 1), 오른쪽 시점(넘버패드 3), 뒤쪽 시점(Ctrl+넘버패드 1)를 번갈아 가면서 그림과 같이 이동 (G키)나 Alt+마우스 좌클릭으로 에지 루프 선택을 하고, 축적(S키) 등으로 형태를 정리합니다. 기본적으로 상반신 은 갈비뼈와 잘록한 부분을 고려합니다. Next Page

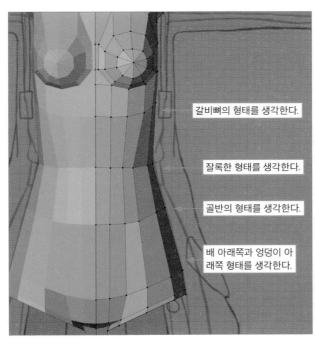

갈비뼈의 형태를 생각한다.

잘록한 형태를 생각한다.

골반의 형태를 생각한다.

배 아래쪽과 엉덩이 아 래쪽 형태를 생각한다.

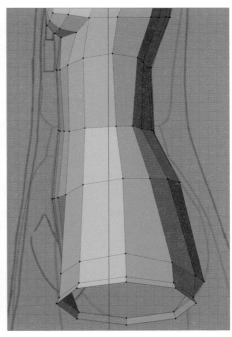

하반신은 골반, 배와 엉덩이 아래쪽을 구성하는 것을 생각하면서 모델링하면 좋습니다(그렇다 하더라도 해부학에 엄밀하게 맞도록 하려고 하면 모델링의 난이도가 높아지기 때문에 대략적인 위치라도 괜찮습니다).이 단계에서는 옆쪽에서 봤을 때 엉덩이가 둥글지 않지만 나중에 에지를 늘리면서 형태를 정리할 것이므로 괜찮습니다. 그리고 엉덩이는 갈라진 틈을 표현하기 위해 안쪽 버텍스는 중심쪽으로 움직이고 조금 뒤쪽으로 이동했습니다

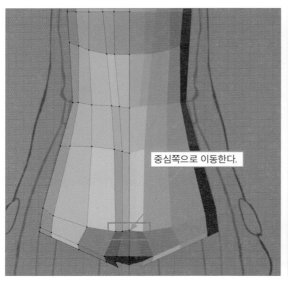

중심쪽으로 이동한다.

엉덩이의 갈라진 부분의 버텍스는 안쪽으로 이동한다.

06 엉덩이 부분에 루프 잘라내기를 넣어 형태 정리하기

Step 골반의 에지와 아래쪽 에지 사이에 **루프 잘라내기(Ctrl+R키)**를 수행하고 에지를 1개 추가해서 배와 엉덩이의 형태를 정리합니다. 버텍스를 선택하고 **이동(G키)**을 사용해 약간 부푼 듯 조정합니다.

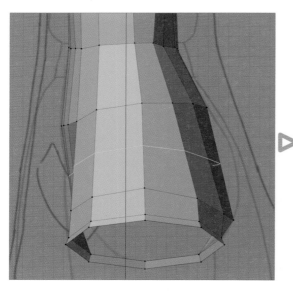

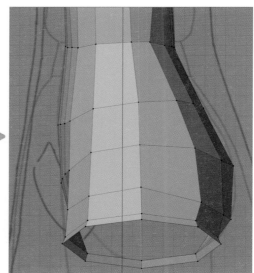

07
Step

갈비뼈 부분에 루프 잘라내기를 넣어 형태 정리하기

다음으로 갈비뼈 부분에도 **루프 잘라내기(Ctrl+R키)**를 수행하고 에지를 1개 추가해서 밑그림을 참고해 형태를 정리합니다. 덧붙여 여기의 에지를 선택한 상태에서 **Alt+S키**를 입력하면 수축/팽창을 사용해 노멀 방향으로 축적할 수 있습니다. 부푼 듯 형태를 정리하거나 반대로 축소하고 싶을 때는 이 단축키를 사용하면 좋습니다.

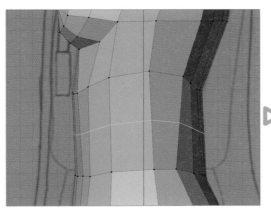 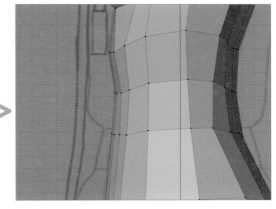

그리고 이 작업은 왼쪽 **툴바**에 있는 **수축/팽창**에서도 수행할 수 있습니다. 이 기능은 메쉬를 선택하면 노란색 매니퓰레이터가 표시되고, 마우스 좌클릭 상태로 드래그해서 수축/팽창할 수 있습니다.

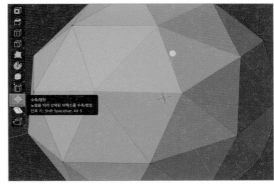

08
Step

배꼽 모델링하기

❶ 배꼽을 모델링합니다. 3D 뷰포트 왼쪽 위에서 **페이스 선택 모드(숫자키 3)**로 전환하고 배 부분을 1개 선택합니다. 다음으로 **페이스를 인셋(I키)**해 마우스 커서를 움직이면 면 안에 페이스를 삽입할 수 있습니다. Next Page

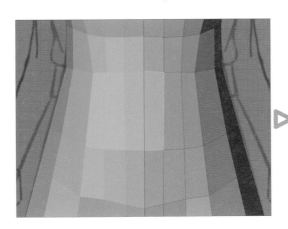 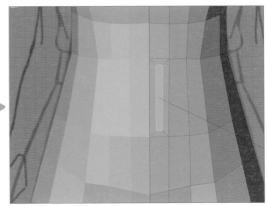

❷ 적당한 크기로 조정했다면 마우스 좌클릭으로 결정합니다. 왼쪽 아래 오퍼레이터 패널에서 **경계**를 비활성화합니다. 이를 비활성화하면 미러 중심쪽에 맞춰 페이스를 삽입할 수 있습니다.

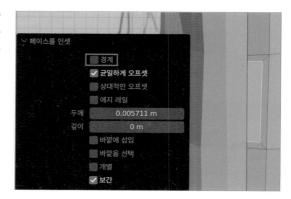

❸ 배꼽의 페이스를 선택한 상태에서 **축적(S키)**을 사용해 크기를 조정합니다. **돌출하기(E키)**로 안쪽으로 돌출시킨 뒤 마우스 좌클릭으로 결정합니다.

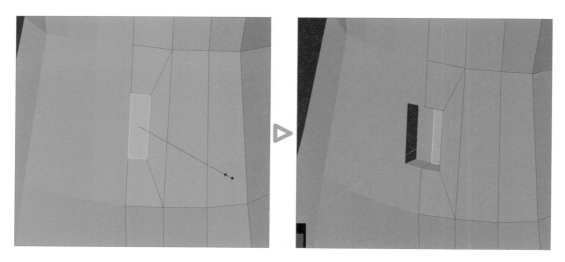

❹ 다시 **S키**를 사용해 조금 작게 만든 뒤 마우스 좌클릭합니다. 앞쪽 시점(넘버패드 1)으로 전환하고 버텍스 선택 모드(숫자키 1)로 전환한 뒤 배꼽의 형태를 정리합니다.

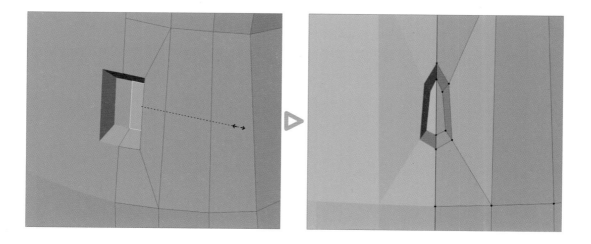

09 신체 선 수정하기

Step

다음은 비스듬한 시점에서 신체 전체의 형태를 수정합니다. 왼쪽 15도로 회전하는 넘버패드 4를 2번 눌러 왼쪽 30도로 회전합니다. 여기에서는 바깥쪽이 완만한 S자를 그리면 신체 균형을 쉽게 잡을 수 있습니다. 잘록한 부분은 확실하게 들어가고, 가슴 아래쪽은 갈비뼈가 부풀고, 하체의 골반도 부풀어 오른 형태를 생각합니다.

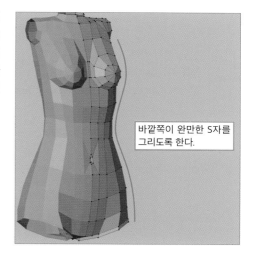

바깥쪽이 완만한 S자를 그리도록 한다.

10 루프 잘라내기 삽입하기, 신체 선 수정하기

Step

루프 잘라내기(Ctrl+R키)로 배 부분 주변에 에지를 2개 돌출시킵니다. 이동(G키)을 사용해 대략적으로 신체를 만들어 나갑니다.

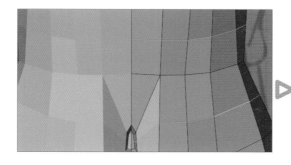 

11 버텍스 수정하기

Step

모두 선택(A키)로 모든 메쉬를 선택하고 노멀을 재계산(Shift+N키)로 모든 페이스를 바깥쪽으로 만듭니다. 그리고 모든 메쉬를 선택한 상태에서 병합(M키)을 누르고 거리에 의해를 선택해 중복된 버텍스를 삭제합니다.

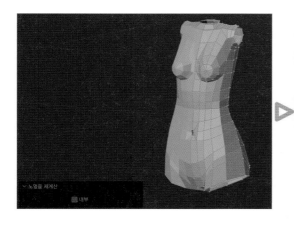 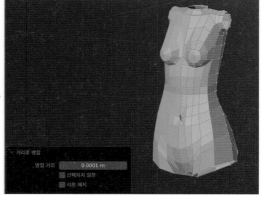

전체 조정

01 신체 전체 형태 조정하기
Step 앞쪽 시점(넘버패드 1), 오른쪽 시점(넘버패드 3), 뒤쪽 시점(Ctrl+넘버패드 1) 등 다양한 시점에서 확인하면서 신체 전체 형태를 정리합니다. 때때로 모델을 멀리서 보면서 전체의 균형을 확인하는 것이 좋습니다.

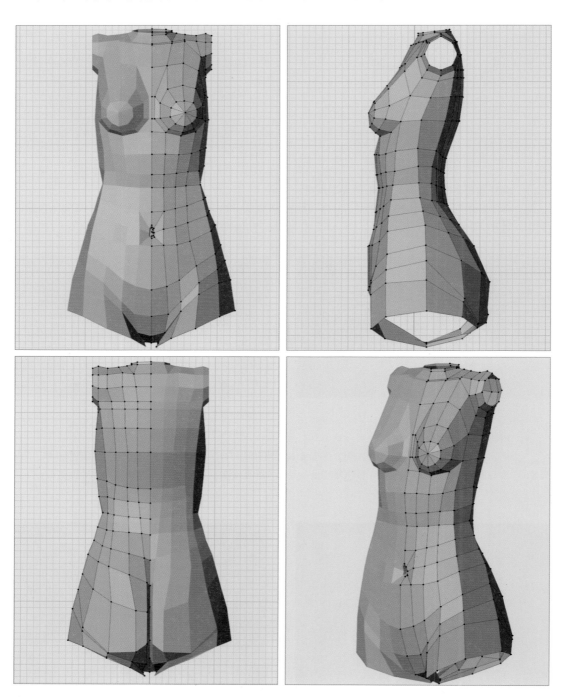

02

Step

섭디비전 표면을 적용해 신체 선 수정하기

오른쪽에 있는 프로퍼티스의 모디파이어 프로퍼티스 안의 모디파이어를 추가에서 섭디비전 표면을 추가하고 형태를 정리합니다.

앞에서도 다뤘지만 섭디비전 표면을 사용하면서 모델링할 때는 원래 형태와 부드러운 형태가 너무 다르지 않도록 프로퍼티스에 있는 실시간(오른쪽에서 2번째 항목인 디스플레이 아이콘)의 활성화/비활성화를 반복하면서 모델링합니다.

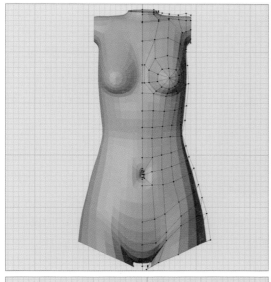

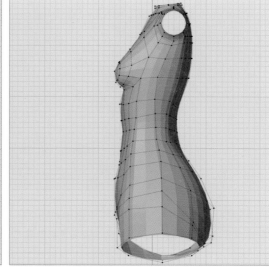

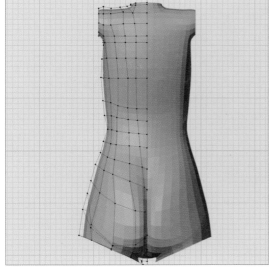

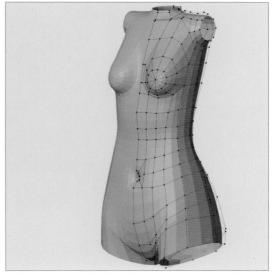

다리 끝 부분의 메쉬 구성에서(여기에서는 섭디비전 표면의 실시간은 비활성화했습니다) 바깥쪽 버텍스를 위로 올리면 다리를 구부렸을 때 메쉬가 깨지지 않습니다.

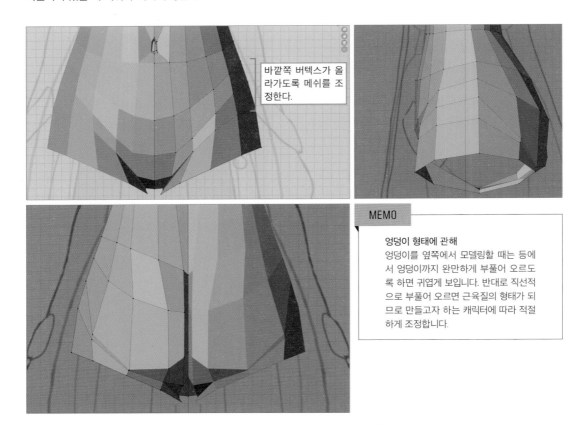

바깥쪽 버텍스가 올라가도록 메쉬를 조정한다.

MEMO

엉덩이 형태에 관해
엉덩이를 옆쪽에서 모델링할 때는 등에서 엉덩이까지 완만하게 부풀어 오르도록 하면 귀엽게 보입니다. 반대로 직선적으로 부풀어 오르면 근육질의 형태가 되므로 만들고자 하는 캐릭터에 따라 적절하게 조정합니다.

허리 부분의 단면에서 배꼽 아래 주변은 약간 볼록합니다. 그리고 가랑이 부분 보다는 허벅지가 앞쪽으로 나와 있습니다. 만약 신제를 모델링할 때 고민이 된다면 인체에 관련한 포인트를 기억하면 도움이 됩니다.

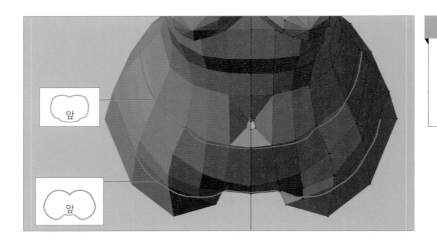

앞

앞

MEMO

엉덩이 부분을 더 잘 만들고 싶다면 384쪽의 칼럼의 '엉덩이 모델링 방법'도 참고해 주십시오.

Chapter 4

팔과 손 모델링

다음으로 팔을 모델링합니다. 특히 관절 부분은 나중에 애니메이션을 할 때 중요한 부분이므로 확실하게 만들어둡니다.

4-1 팔 모델링

01 팔 밑동 돌출하기

Step

오른쪽 프로퍼티스 안에 있는 섭디비전의 **실시간(디스플레이 아이콘)**을 비활성화했다면 **앞쪽 시점(넘버패드 1)**으로 전환하고 팔 밑동의 바깥쪽을 **Alt+마우스 좌클릭**으로 에지 루프 선택합니다. 다음으로 **돌출하기(E키)**로 조금 돌출시킨 뒤 마우스 좌클릭합니다. 만약 밑그림과 크게 맞지 않는다면 **축적(S키)**으로 크기를 조정합니다.

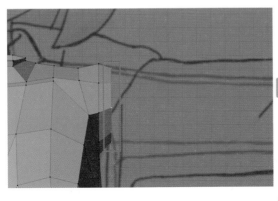
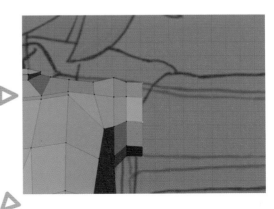
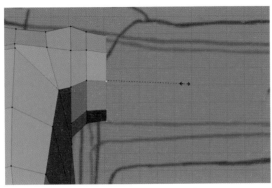

02 손목까지 돌출하기

Step

앞에서 돌출시킨 바깥쪽 버텍스를 **Alt+마우스 좌클릭**으로 선택한 뒤 손목 부근까지 **E키**로 돌출시킨 뒤 마우스 좌클릭으로 결정합니다.

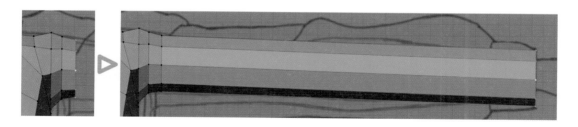

03 루프 잘라내기 삽입하기

Step

루프 잘라내기(**Ctrl+R키**)로 세로로 에지 4개를 추가하고 마우스 좌클릭 → 마우스 우클릭해 메쉬를 분할합니다 (그림에서는 투명 표시 전환(**Alt+Z키**)을 활성화했습니다).

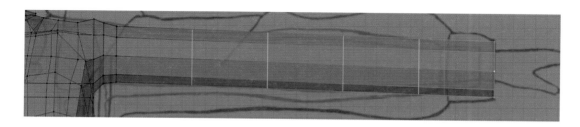

04 베벨로 분할하기

Step

팔꿈치 부근 에지를 **Alt+마우스 좌클릭**으로 에지 루프 선택한 뒤 베벨(**Ctrl+B키**)를 사용해 마우스 커서를 움직이며 폭을 조정합니다. 마우스 좌클릭으로 메쉬를 분할합니다.

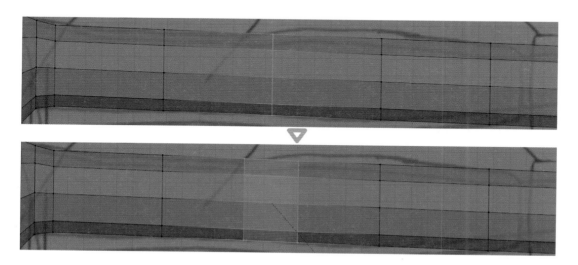

05 팔꿈치 섭디비전하기

Step

3D 뷰포트 왼쪽 위에서 **에지 선택 모드(숫자키 2)**로 전환하고 팔꿈치 안쪽 에지 5개를 선택합니다. 마우스 우클릭 해서 메뉴를 열고 **섭디비전**을 클릭합니다. 왼쪽 아래 오퍼레이터 패널에서 **N-Gons을 만들기**를 비활성화하고 삼 각 페이스를 만듭니다. 관절 부분은 나중에 **리깅**을 할 때 안쪽 잘라내기의 수는 적고, 바깥쪽 잘라내기의 수는 많 은 것이 좋습니다. 그리고 **섭디비전 표면**이 연결되면 안쪽이 잘라내기의 수가 되지만, 이쪽은 나중에 적용하고 안 쪽 버텍스를 삭제하는 조작 등을 합니다.

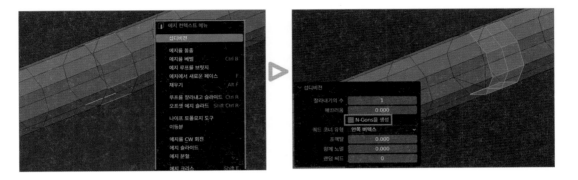

06 팔 형태 정리하기

Step

앞쪽 시점(넘버패드 1)으로 전환하고 이동(G키), 축적(S키)을 사용해 형태를 정리합니다. 오른쪽 프로퍼티스에서 섭디비전 표면의 **실시간(디스플레이 아이콘)**을 활성화/비활성화하면서 조정하면 좋습니다.

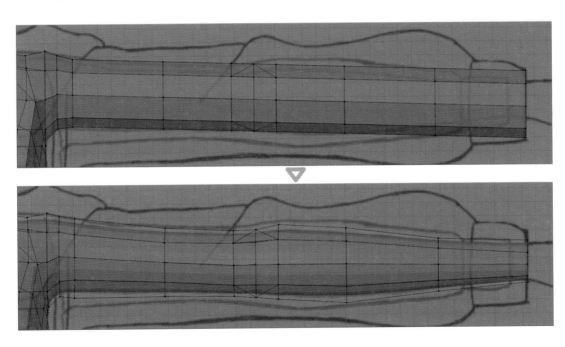

07 어깨 주변 형태 바꾸기

Step

어깨 주변 형태를 정리합니다. 오른쪽 프로퍼티스에서 섭디비전 표면의 실시간(디스플레이 아이콘)을 비활성화합니다. 한 가운데 근처의 에지를 **Alt+마우스 좌클릭**으로 에지 루프 선택합니다. 베벨의 단축키인 **Ctrl+B키**를 사용해 2개로 분할합니다. 어깨 부분을 팔을 올렸다 내리는 등 움직임의 범위가 넓으므로 메쉬가 잘 깨지지 않도록 안쪽과 바깥쪽 모두에 많은 수의 버텍스를 확보하는 것이 좋습니다.

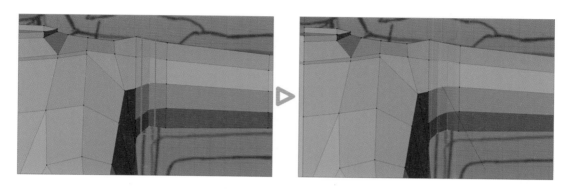

08 어깨 주변 형태 정리하기

Step

이동(G키)을 사용해 어깨 주변의 형태를 정리합니다. 이때 어깨 바깥쪽 버텍스를 머리쪽으로 이동하면 이후 작업에서 팔을 내렸을 때 바깥쪽 형태가 잘 깨지지 않습니다. 오른쪽 프로퍼티스에서 **섭디비전 표면의 실시간(디스플레이 아이콘)**도 활성화해서 조정하면 좋습니다.

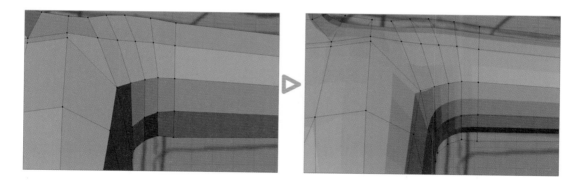

09 손목 수정하기

Step

❶ 오른쪽 프로퍼티스에서 **섭디비전 표면의 실시간**을 비활성화합니다.

Next Page

❷ 손목의 단면은 완전한 원이 아니고 옆으로 넓은 타원입니다. 이동(G키), 축적(S키)을 사용해 손목의 단면을 타원으로 만듭니다(S키 → Y키로 깊이 방향으로 축적, S키 → Z키로 위아래 방향으로 축적 등 축 고정 축적). 앞쪽 시점(넘버패드 1)으로 전환하고 손목의 위치를 신체쪽으로 조금 이동합니다.

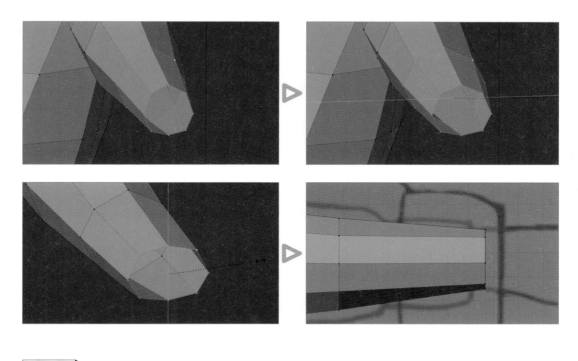

4-2 손 모델링

손은 얼굴에 이어 감정이 잘 드러나는 부분입니다. 철저하게 모델링합니다.

01 원 삽입하기

Step

3D 뷰포트 왼쪽 위에서 현재 모드를 오브젝트 모드(Tab키)로 전환합니다. 오른쪽 위 아웃라이너에서 신체(원형)을 숨기기 합니다(일단 밑그림도 숨기기 하면 좋습니다). 앞쪽 시점(넘버패드 1)으로 전환하고 3D 커서를 중앙으로 되돌리는 단축키인 Shift+C키를 누릅니다. 추가의 단축키인 Shift+A키를 누르고 메쉬 → 원형을 추가합니다. 왼쪽 아래 오퍼레이터 패널에서 버텍스에 '6', 반경에 '0.006'을 입력합니다. 이 원은 나중에 손가락이 되므로 미리 크기를 줄여 놓습니다.

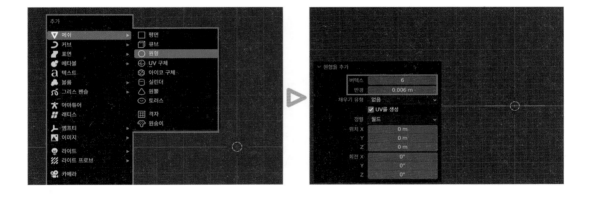

02 원 회전 및 돌출하기

Step

원을 선택한 상태에서 **에디트 모드(Tab키)**로 전환합니다. 원의 버텍스가 모두 선택(**A키**)되어 있는지 확인하고 회전의 단축키는 **R키 → Z키**를 입력해 Z축으로 고정한 뒤 '90'을 입력합니다(왼쪽 아래 오퍼레이터 패널에서 회전 Z에 '90'을 입력해도 됩니다). 다음으로 **E키 → Z키**로 Z축으로 돌출시킨 뒤 마우스 좌클릭으로 결정합니다. 왼쪽 아래 오퍼레이터 패널에서 이동 Z에 '0.05'를 입력합니다.

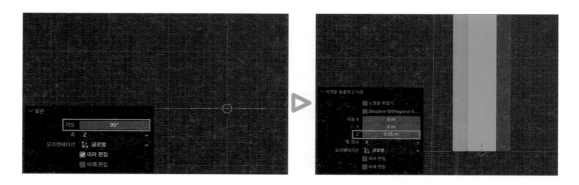

03 에지를 중심으로 돌출하기

Step

3D 뷰포트 위쪽 **피벗 포인트를 변환**이 평균 포인트인 것을 확인합니다. 돌출시킨 원의 위쪽 버텍스 6개를 선택한 상태(**Alt+마우스 좌클릭**)에서 **돌출하기(E키) → 축적(S키)**으로 메쉬를 중앙으로 돌출시킨 뒤 마우스 좌클릭으로 결정합니다. 결정한 직후에는 돌출시킨 메쉬가 선택된 상태이므로, 그 상태에서 **결합(M키)**에서 **중심에**를 선택해 버텍스를 결합합니다.

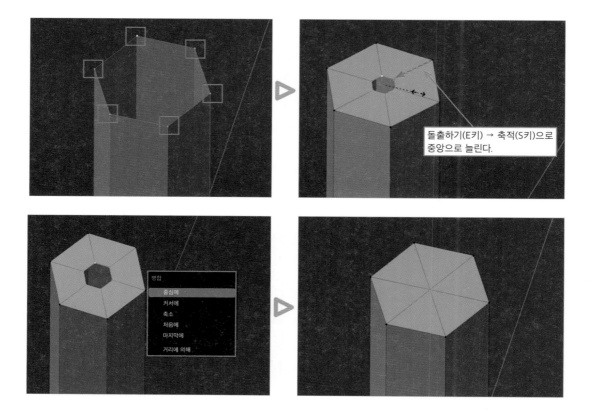

돌출하기(E키) → 축적(S키)으로 중앙으로 늘린다.

344

04 메쉬 루프 잘라내기 하기

Step

❶ 앞쪽 시점(넘버패드 1)으로 전환하고 마우스 커서를 좌우 중 한쪽 끝에 올린 뒤, 루프 잘라내기(Ctrl+R키)합니다. 마우스 좌클릭 → 마우스 우클릭으로 중앙에 에지를 1개 추가합니다. 그 위쪽에도 마찬가지로 루프 잘라내기(Ctrl+R키)로 중앙에 에지를 1개 추가합니다. 이 추가한 에지는 손가락의 관절 부분이 됩니다.

 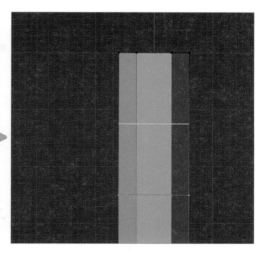

❷ 그 위쪽에도 루프 잘라내기로 앞과 마찬가지로 에지를 1개 추가합니다. 추가한 에지는 손톱이나 손가락의 볼록한 부분을 표현할 때 사용합니다.

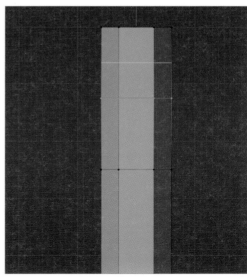

05 베벨과 루프 잘라내기 삽입하기

Step
3D 뷰포트 왼쪽 위에서 에지 선택 모드(숫자키 2)로 전환합니다. 손가락 관절 부분의 에지 2개를 Shift+Alt+마우스 좌클릭으로 여러 에지 루프 선택합니다. 다음으로 베벨(Ctrl+B키)를 사용해 마우스를 움직여 폭을 결정한 뒤 마우스 좌클릭합니다. 관절 중앙 부분과 아래 부분에도 루프 잘라내기(Ctrl+R키)로 에지를 추가하고 마우스 좌클릭 → 마우스 우클릭으로 위치를 결정합니다(손가락의 부푼 모습을 표현합니다).

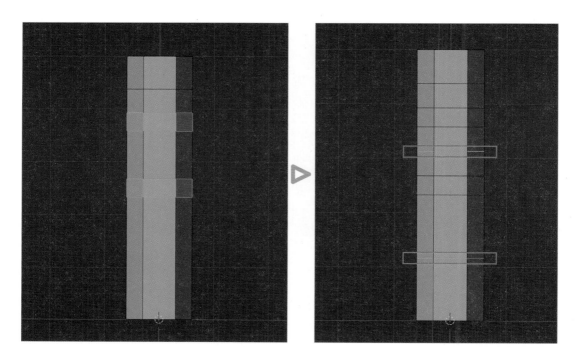

06 손가락 형태 만들기

Step
앞쪽 시점(넘버패드 1), 오른쪽 시점(넘버패드 3)으로 전환하면서 손가락을 그림과 같이 이동(G키), 3D 뷰포트 오른쪽 위에 있는 X-Ray를 토글(Alt+Z키)을 활성화 등을 사용해 박스 선택(B키)해서 뒷면의 버텍스도 함께 조정합니다. 손가락 끝으로 갈 수록 손가락을 점점 작게 만드는 것이 팁입니다. 손가락을 옆에서 봤을 때 안쪽 관절은 움푹 패여 있습니다. 그리고 손가락을 앞쪽에서 보면 관절이 약간 부풀어 있습니다. 하지만 이 부분을 너무 부풀게 만들면 손가락이 거칠어지므로 가능한 부드러운 곡선을 그리도록 조정하는 것이 중요합니다. 손가락 끝은 옆에서 봤을 때 약간 젖혀지게 하면 가녀린 인상을 줍니다.

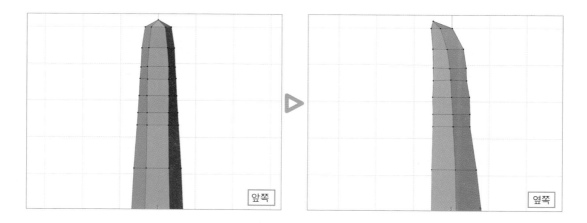

07 손가락 복제하기

Step

❶ 모두 선택의 단축키인 **A키**를 누르고 복제(**Shift+D키**)를 사용해 손가락을 4개 만듭니다. 이때 가운뎃손가락은 집게손가락보다 위쪽에, 약손가락은 가운뎃손가락과 집게손가락 중간 정도에 위치시키면 더욱 손처럼 보입니다.

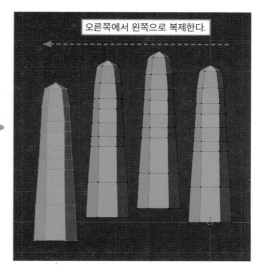

오른쪽에서 왼쪽으로 복제한다.

❷ 새끼손가락은 모든 손가락 중 가장 작으므로 **축적(S키)**으로 작게 만든 뒤, **이동(G키)**으로 아래로 이동합니다.

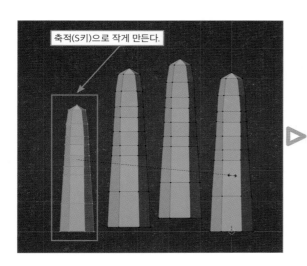

축적(S키)으로 작게 만든다.

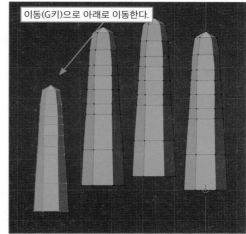

이동(G키)으로 아래로 이동한다.

MEMO

여기에서는 나중에 수행할 **리깅**을 쉽게 하도록 하기 위해 손가락을 미리 넓히지 않고 똑바로 배열했습니다. 리깅을 포함해 캐릭터 모델링에 익숙해졌다면 이 손가락을 회전해 끝이 벌어지도록 배치하면 보다 손을 잘 표현할 수 있습니다.

08

Step

손가락끼리 연결하기

다음으로 손가락 사이의 골 부분을 만듭니다. 3D 뷰포트 오른쪽 위에 있는 **X-Ray**를 토글(**Alt+Z키**)으로 메쉬를 투과시키고, 집게손가락과 가운뎃손가락의 밑동 사이의 버텍스 6개를 선택한 뒤 에지 메뉴(**Ctrl+E키**)에서 에지 **루프를 브릿지**를 선택하면 메쉬를 만들 수 있습니다(3D 뷰포트 위쪽 헤더 안에 있는 에지에서도 수행할 수 있습니다). 이후, 이 조작을 다른 손가락 골 부분(가운뎃손가락과 약손가락, 약손가락과 새끼손가락 사이)에도 수행합니다.

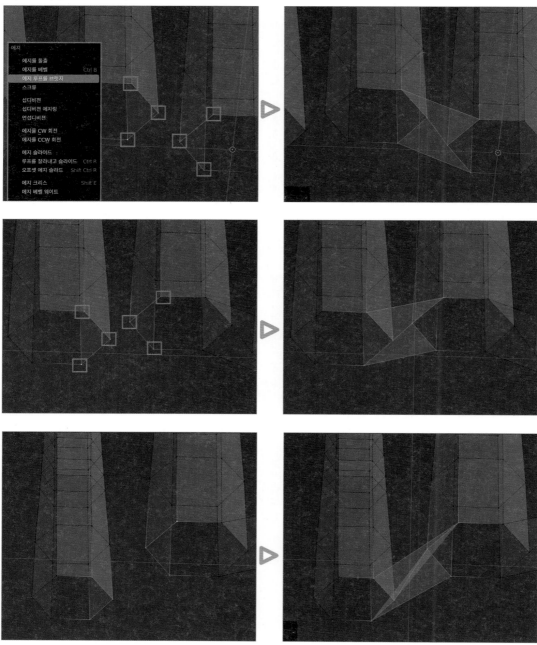

09 루프 잘라내기 넣기와 에지 아래로 내리기

Step

3D 뷰포트 오른쪽 위에 있는 **X-Ray**를 토글(**Alt+Z키**)을 비활성화합니다. 작성한 각 골 부분에 루프 잘라내기 (**Ctrl+R키**)로 에지를 1개 추가하고 마우스 좌클릭 → 마우스 우클릭으로 위치를 결정해 메쉬를 분할합니다. 3D 뷰 포트 왼쪽 위에서 **에지 선택 모드(숫자키 2)**로 전환하고 분할한 에지 3개를 모두 선택해 **G키** → **Z키**로 Z축으로 고 정하고 아래쪽 방향으로 이동한 뒤 마우스 좌클릭으로 결정합니다.

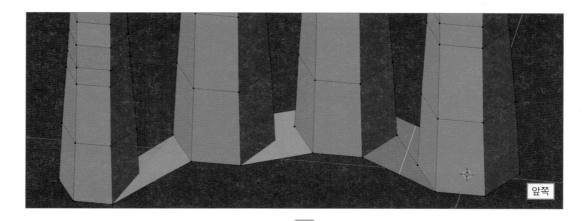

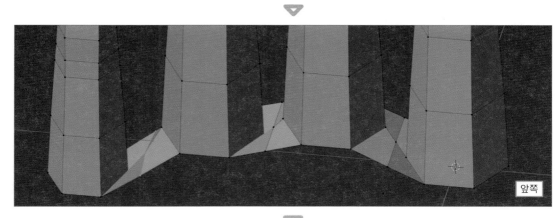

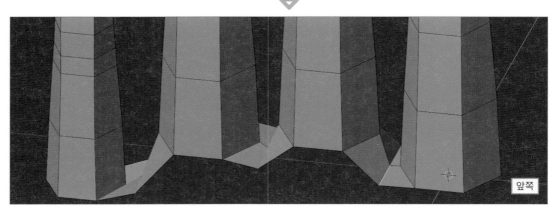

10 에지 돌출하기

Step

버텍스 선택 모드(숫자키 1)로 전환하고 앞쪽 각 손가락의 버텍스를 선택(총 8개)합니다. 돌출하기(E키) → Z키로 Z축으로 고정하고 아래로 돌출시킨 뒤 마우스 좌클릭으로 결정합니다. 왼쪽 아래 오퍼레이터 패널의 이동 Z에 '-0.01'을 입력합니다. 여기는 이후 세 번째 관절이 됩니다.

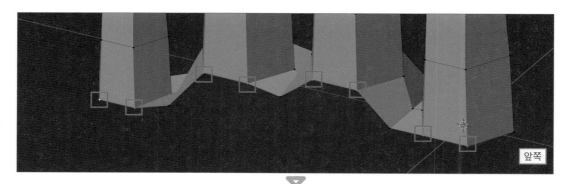

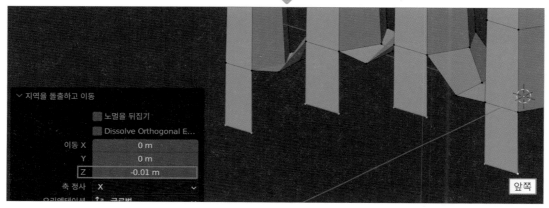

11 페이스 채우기

Step

❶ 손가락 사이를 채웁니다. 집게손가락과 가운뎃손가락 사이의 버텍스 3개를 선택하고 버텍스에서 새로운 에지/페이스(F키)로 페이스를 만듭니다.

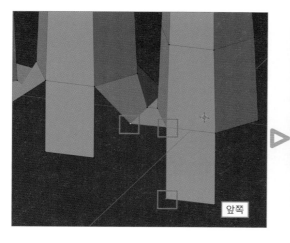

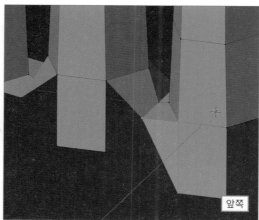

❷ 같은 작업을 다른 버텍스에도 수행합니다. 3개의 삼각 페이스가 되도록 구성하고 각 손가락 사이를 채웁니다. 이것은 손등쪽입니다.

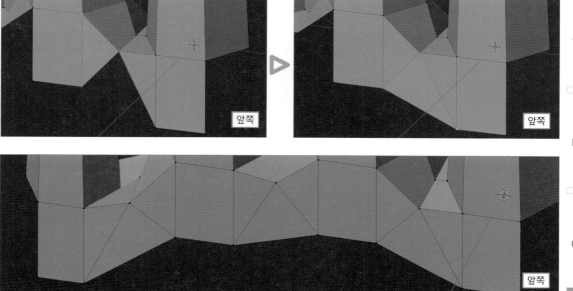

12 버텍스 돌출하기
Step
손바닥쪽으로 시점을 이동해 골 부분의 버텍스 3개를 선택하고 E키 → Z키로 Z축으로 고정해서 돌출시킨 뒤 마우스 좌클릭으로 결정합니다. 왼쪽 아래 오퍼레이터 패널에서 이동 Z를 '-0.01'로 입력합니다.

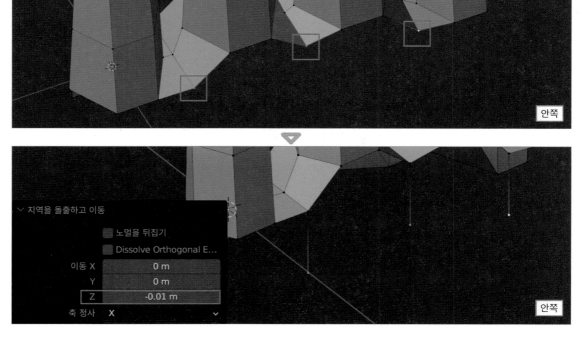

13 손바닥 페이스 돌출하기
Step

돌출시킨 버텍스와 골 부분을 합쳐 3개의 버텍스를 선택한 뒤 삼각 페이스를 만듭니다. 반대쪽도 마찬가지로 3개의 버텍스를 선택하고 **F키**로 삼각 페이스를 만듭니다. 다른 돌출시킨 버텍스에도 마찬가지로 2개의 삼각 페이스를 만듭니다.

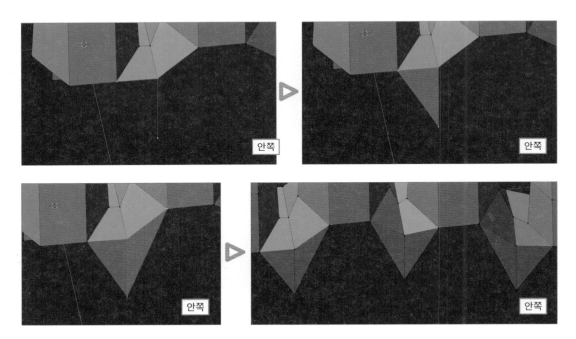

14 손바닥쪽 에지 들리기
Step

그림과 같이 손 옆쪽 버텍스 4개를 선택하고 **돌출하기(E키)** → **Z키**를 눌러 Z축으로 고정해 돌출시킨 뒤 마우스 좌클릭으로 결정합니다. 왼쪽 아래 오퍼레이터 패널에서 이동 Z에 '-0.001'을 입력합니다.

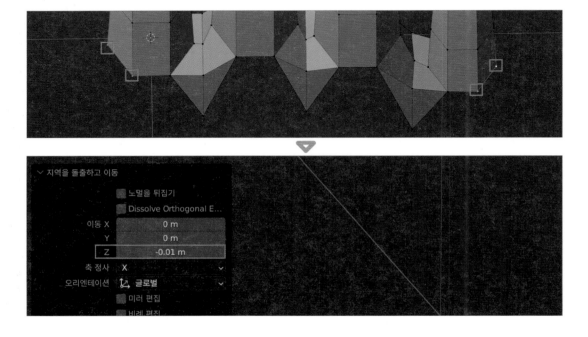

15

옆쪽과 손바닥에 페이스 돌출하기

Step

각 메쉬 사이가 비어 있으므로 페이스로 채웁니다. 4개의 버텍스를 선택하고 버텍스에서 새로운 에지/페이스(F키)로 페이스를 만듭니다. 옆쪽도 잊지 않고 F키를 사용해 페이스를 채웁니다.

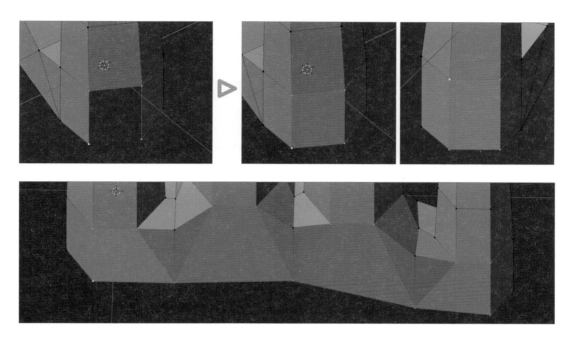

16

버텍스 복사하기

Step

다음은 엄지손가락을 만듭니다. 앞쪽 시점(넘버패드 1)으로 전환하고 3D 뷰포트 오른쪽 위에 있는 **X-Ray**를 토글 (**Alt+Z키**)을 활성화하고 집게손가락 끝에서 밑동까지 박스 선택(B키) 혹은 Shift+마우스 좌클릭 등으로 선택하고 복제(**Shift+D키**)를 사용해 그림과 같이 엄지손가락쪽으로 배치합니다. 엄지손가락 끝을 집게손가락의 세 번째 마디보다 약간 위쪽으로 하는 것이 팁입니다.

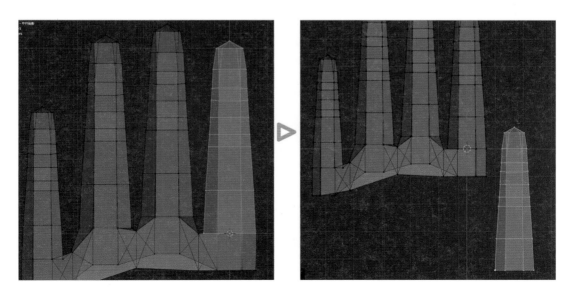

17 엄지손가락 회전하기

Step

다음으로 엄지손가락을 회전해 정확한 위치를 결정합니다.

❶ 엄지손가락의 버텍스를 모두 선택한 상태에서 **R키** → **Z키** → '90'을 입력해 Z축으로 90도 회전합니다. 엄지손가락은 인체 구조상 조금 앞쪽으로 향하고 있습니다.

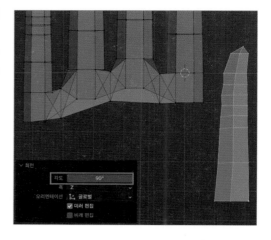

❷ 오른쪽 시점(넘버패드 3)으로 전환하고 엄지손가락의 버텍스를 모두 선택한 상태에서 **R키** → **X키** → '-20'을 입력해 X축에 대해 -20도 회전시킵니다. 여기에서는 **X-Ray를 토글(Alt+Z키)**을 비활성화했습니다.

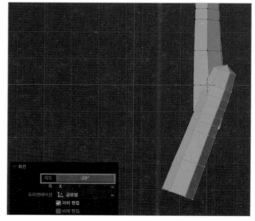

18 엄지손가락 이동하기

Step

이동(G키) → Y키로 Y축에 고정 이동해 엄지손가락을 조금 손 앞쪽으로 이동합니다. 왼쪽 아래 오퍼레이터 패널의 이동 Y가 '0.02' 정도면 괜찮습니다. 이렇게 엄지손가락은 다른 손가락들보다 조금 아래 있으므로 이 점을 고려합니다.

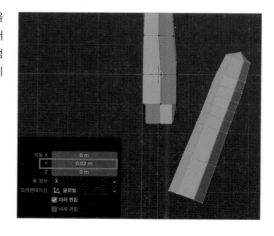

19 에지 돌출하기
Step

다음은 손과 손바닥을 모델링합니다. 세 번째 관절 바깥쪽을 **Alt+마우스 좌클릭**으로 에지 루프 선택을 하고 엄지 손가락쪽 버텍스 3개만 Shift로 마우스 좌클릭으로 선택 해제합니다. 총 12개의 버텍스를 선택했다면 **돌출하기(E 키) → Z키**로 Z축으로 고정해서 돌출시킨 뒤 마우스 좌클릭으로 결정합니다. 왼쪽 아래 오퍼레이터 패널에서 이동 Z에 '-0.04'를 입력합니다. 손의 크기는 대략 손가락의 길이와 손등의 길이가 1:1이 되도록 하는 것이 적당합니다 (어디까지나 기준이므로 반드시 일치하지 않아도 됩니다).

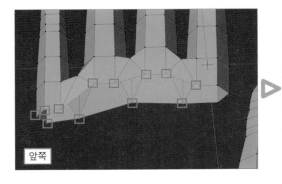
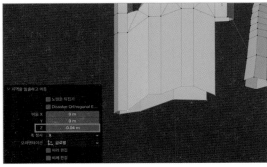

20 버텍스 조정하기
Step

현재 손목쪽이 울퉁불퉁하므로 앞쪽 시점(넘버패드 1)으로 전환하고 **축적(S키) → Z키 → '0'**으로 버텍스를 정렬합 니다. 정렬했다면 **축적(S키), 이동(G키)**을 사용해 조정합니다.

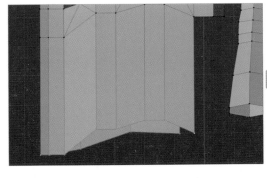
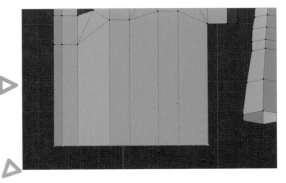

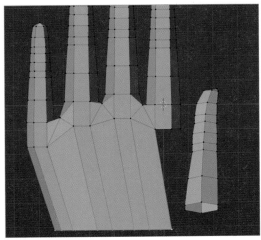

21 버텍스 삭제하기

Step
엄지손가락과 집게손가락 밑동쪽으로 연결합니다. 엄지손가락 안쪽 버텍스 2개를 선택하고 삭제의 단축키인 X키를 눌러 버텍스를 삭제합니다.

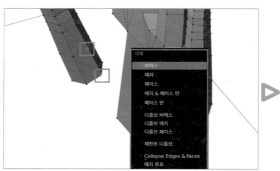
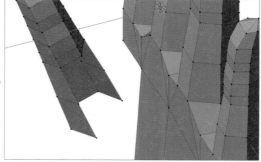

22 메쉬 생성하기

Step
다음으로 엄지손가락과 집게손가락 부근의 버텍스 6개를 선택하고 에지 메뉴의 단축키인 **Ctrl+E키**를 누릅니다. 메뉴 안의 **에지 루프를 브릿지**를 선택해 메쉬를 만듭니다(이 그림에서는 **X-Ray를** 토글을 비활성화했습니다).

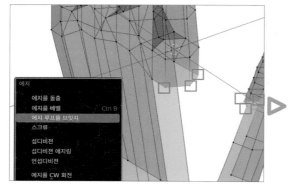
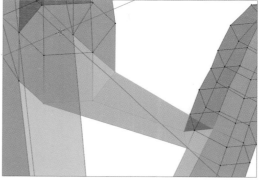

23 메쉬 분할하기

Step
에지 루프를 브릿지로 만든 메쉬를 루프 잘라내기(**Ctrl+R키**)로 세세하게 분할합니다. 또한 손등, 손바닥쪽 메쉬에도 루프 잘라내기(**Ctrl+R키**)로 에지를 3개 추가하고 마우스 좌클릭 → 마우스 우클릭으로 위치를 결정해 메쉬를 나눕니다.

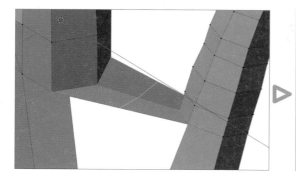
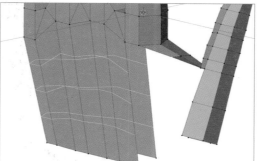

24
Step

페이스 만들기

집게손가락, 엄지손가락 사이를 페이스로 채웁니다. 손등쪽에서 그림과 같이 4개의 버텍스를 선택하고 **버텍스에** 서 새로운 에지/페이스(F키)로 페이스를 만듭니다.

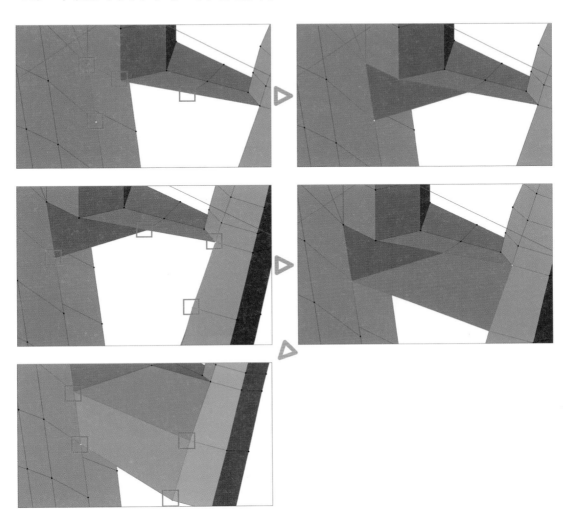

25
Step

페이스 분할하기

그림의 버텍스 2개를 선택하고 **연결(J키)**를 눌러 페이스를 분할하고 에지를 만듭니다.

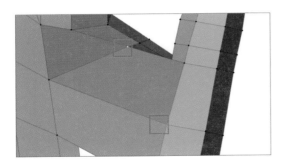
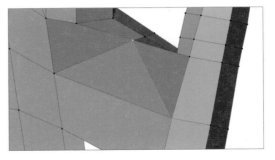

Chapter 1

Chapter 2

Chapter 3

Chapter 4

Chapter 5

26 손바닥 페이스 만들기

Step

다음으로 손바닥쪽으로 이동합니다. 위쪽 버텍스 2개를 선택하고 버텍스에서 새로운 에지/페이스(F키)를 4번 눌러 연속으로 페이스를 만듭니다.

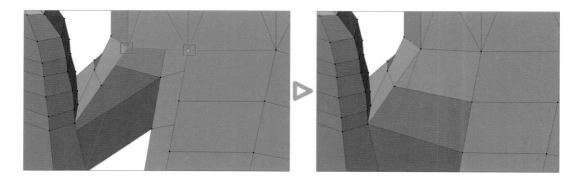

27 손등 페이스 만들기

Step

손등쪽으로 이동해 그림의 버텍스 4개를 선택합니다. 버텍스에서 새로운 에지/페이스(F키)로 페이스를 만듭니다.

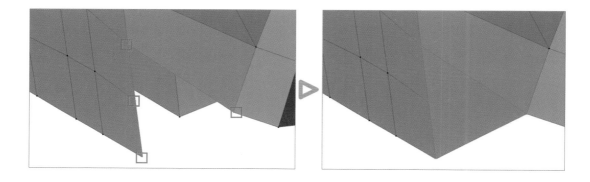

28 에지 회전하기

Step

다음으로 에지를 회전시켜 메쉬 형태를 정리합니다. 그림의 버텍스 2개를 선택한 뒤, 에지 메뉴를 표시(Ctrl+E키)합니다. 메뉴 안에 있는 에지를 CW 회전을 선택하면 에지를 시계 방향으로 회전시킬 수 있습니다. 위쪽 버텍스 2개에 대해서도 같은 조작을 합니다.

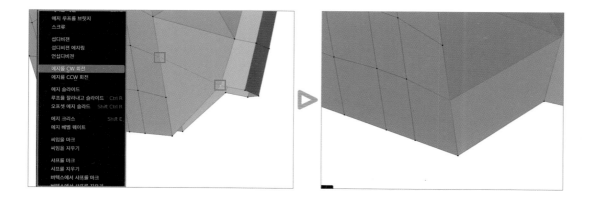

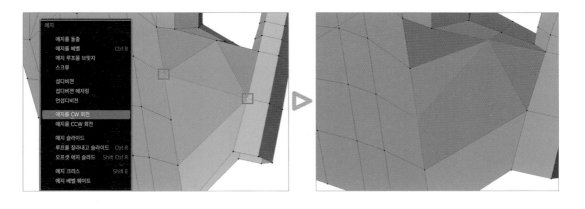

29 버텍스 정렬하기

Step

앞쪽 시점(넘버패드 1)으로 전환하고 손목쪽 버텍스를 Alt+마우스 좌클릭으로 에지 루프 선택합니다. 축적(S키) →
Z키 → '0'을 눌러 버텍스를 정렬합니다.

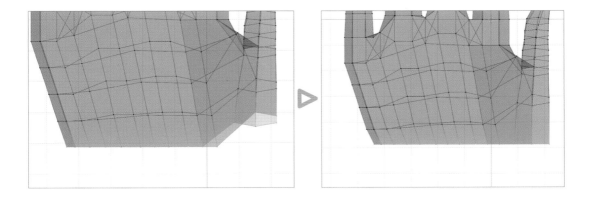

30 에지 섭디비전하기

Step

❶ 손가락 관절을 섭디비전 합니다. 3D 뷰포트 왼쪽 위에서 에지 선택 모드(숫자키 2)로 전환한 뒤, 앞쪽 시점(넘
버패드 1)으로 전환합니다. 손가락 관절 부분을 선택합니다. 다음으로 마우스 우클릭 후 메뉴를 표시한 뒤 섭디비
전을 선택합니다.

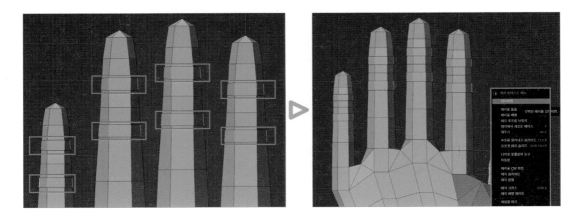

❷ **섭디비전** 한 뒤 왼쪽 아래 오퍼레이터 패널에서 **N-Gons을 생성**을 비활성화합니다. 엄지손가락은 첫 번째 관절만 섭디비전
합니다. 여기에서는 여러 손가락을 한 번에 선택했지만 복제(**Shift+D키**)하기 전의 손가락 1개에 대해 섭디비전 해도 좋습니다.

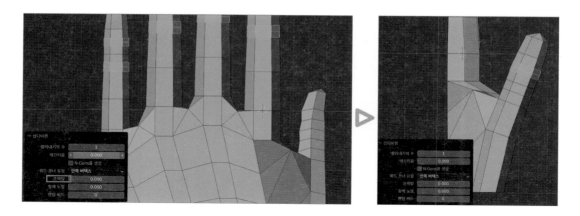

31
Step

에지 디졸브하기

다음으로 손목과 팔을 연결하기 위해 손목쪽 버텍스를 팔의 버텍스 8개에 맞춥니다. 손등쪽 시점으로 전환하고 에
지 선택 모드(숫자키 2)로 전환했는지 확인합니다. 손등의 가운데 부근에 가로로 나열되어 있는 에지 2개를 선택
하고(가운뎃손가락과 약손가락 사이) 마우스 우클릭 한 뒤 **섭디비전**을 선택합니다. 왼쪽 아래 오퍼레이터 패널에
서 **N-Gons을 생성**을 비활성화합니다. 다음으로 아래쪽 별 4개, 대각선 위의 에지 2개 총 6개의 에지를 선택한 뒤
디졸브(Ctrl+X키)로 에지를 없앱니다.

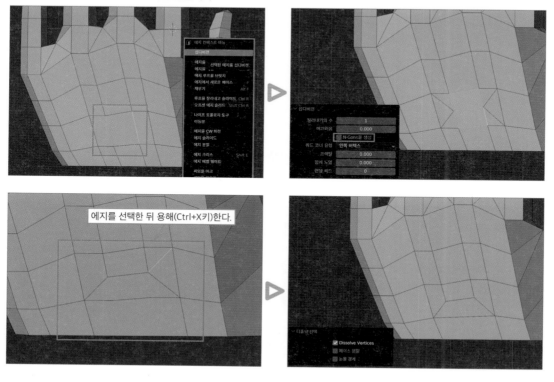

32 버텍스 이동하기와 페이스 만들기

Step
새끼손가락쪽 면의 아래쪽 버텍스 3개를 선택합니다. 버텍스를 슬라이드의 단축키인 **G키**를 2번(또는 **Shift+V키**) 눌러 위쪽으로 슬라이드를 이동합니다. 아래쪽에 공간이 생기므로 버텍스 5개를 선택하고 버텍스에서 새로운 에 지/페이스(**F키**)로 페이스를 만듭니다. 그리고 생성한 면이 오각형이므로 그림과 같이 결합(**J키**)를 사용해 페이스 를 분할하면서 에지를 만듭니다.

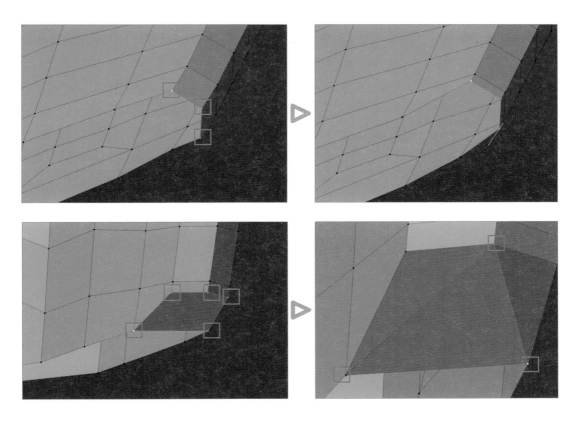

33 버텍스 이동하기와 페이스 돌출하기

Step
❶ 시점을 손바닥쪽으로 이동합니다. 엄지손가락 밑동 근처의 버텍스 2개를 선택하고 슬라이드의 **G키**를 2번(또 는 **Shift+V키**) 눌러 버텍스를 위쪽으로 버텍스를 슬라이드 합니다.

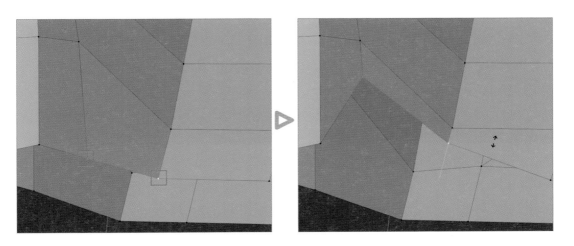

❷ 아래쪽에 공간이 생기므로 버텍스 4개를 선택한
뒤 버텍스에서 새로운 에지/페이스(F키)로 페이스를
만듭니다.

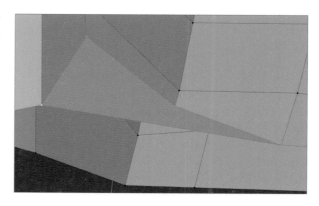

34
Step

버텍스 이동하기와 페이스 돌출하기

엄지손가락 옆쪽 버텍스 2개를 선택하고 슬라이드의 G키를 2번(또는 Shift+V키) 눌러 버텍스를 위쪽으로 버텍
스를 슬라이드 합니다. 아래쪽에 공간이 생기므로 버텍스 4개를 선택하고 버텍스에서 새로운 에지/페이스(F키)로
페이스를 생성합니다. 손목쪽 버텍스를 확인하고 8개라면 다음으로 진행합니다(만약 버텍스가 8개가 아니라면 지
금까지의 순서를 참고해 버텍스를 조정합니다).

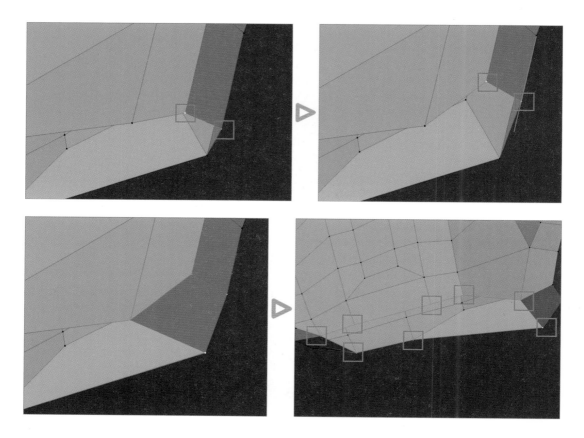

35 버텍스 돌출하기

Step
앞쪽 시점(넘버패드 1)로 전환하고 손목쪽 버텍스 8개를 **Alt+마우스 좌클릭**으로 에지 루프 선택합니다. **돌출하기(E키) → Z키**로 Z축으로 고정하고 약간 아래쪽으로 돌출시킨 뒤 마우스 좌클릭으로 결정합니다.

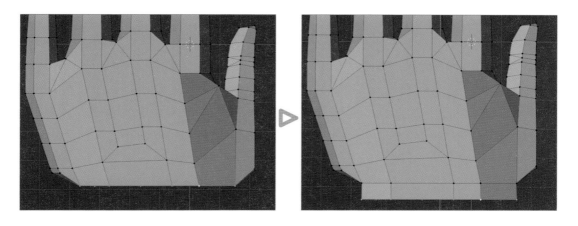

36 손 조정하기

Step
이제부터는 손을 조정합니다. **앞쪽 시점(넘버패드 1), 오른쪽 시점(넘버패드 3), 뒤쪽 시점(Ctrl+넘버패드 1), 왼쪽 시점(Ctrl+넘버패드 3), 위쪽 시점(넘버패드 7)** 등 다양한 각도에서 확인하면서 **이동(G키)**을 사용해 조정합니다. 손가락의 위치가 크기를 변경하고 싶을 때는 3D 뷰포트 오른쪽 위에 있는 **X-Ray를 토글(Alt+Z키)**을 활성화하고 손가락의 버텍스를 박스 선택(B키) 등으로 함께 선택한 뒤 **이동(G키)**, **축적(S키)**을 사용해 이동과 축적을 하면서 조정합니다. 그리고 손바닥쪽은 실제로 여러분의 손을 보면 알겠지만, 옆에서 봤을 때 상당히 두껍습니다. 손을 옆쪽에서 봤을 때는 삼각형 모양이 되도록 구성하면 좋습니다.

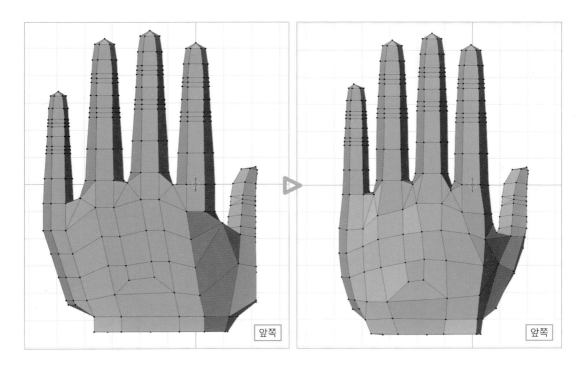

앞쪽

앞쪽

Chapter 1 / Chapter 2 / Chapter 3 / Chapter 4 / Chapter 5

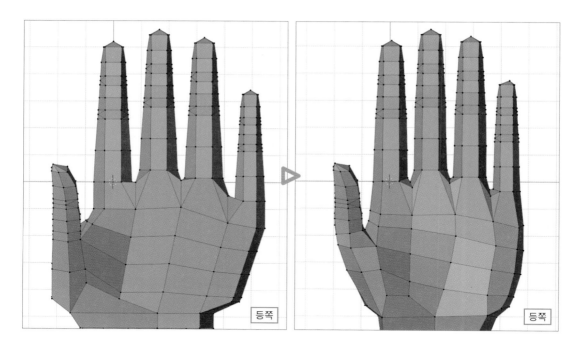

등쪽 등쪽

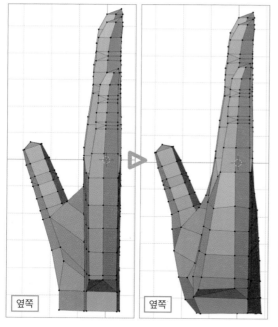

옆쪽 옆쪽

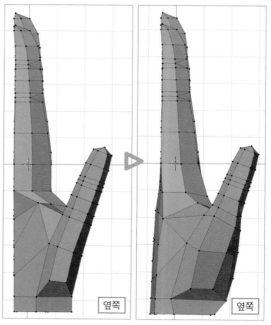

옆쪽 옆쪽

MEMO

손의 입체감을 만들기 위해 옆쪽에서 봤을 때 손등을
약간 보이도록 합니다. 그 상태에서 약간 통통하게 하
면서 손가락 방향으로 내려오듯이 경사지게 만들면
귀여운 느낌을 줄 수 있습니다.

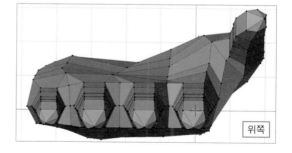

위쪽

손을 다양한 각도에서 확인하면서 **이동(G키)**을 사용해 버텍스를 이동하면서 조정합니다.

MEMO

손가락 4개는 위쪽에서 보면 일직선이 아니라 곡선을 그리고 있습니다. 다만 여기에서는 이후 리깅 작업을 쉽게 할 수 있도록 의도적으로 일직선 상태를 유지했습니다.

37

세 번째 관절 조정하기

다음은 세 번째 관절을 정리합니다. 세 번째 관절은 잘 움직이는 위치이므로 확실하게 만들어야 합니다.

Step

❶ 3D 뷰포트 왼쪽 위에서 에지 선택 모드(숫자키 2)로 전환하고 엄지손가락 이외의 손가락 4개의 세 번째 관절의 손등쪽 가로로 배열되어 있는 에지 8개를 선택합니다. 마우스 우클릭 한 뒤 메뉴에서 **섭디비전**을 선택합니다. 왼쪽 아래 오퍼레이터 패널에서 **N-Gons을 생성**을 비활성화합니다.

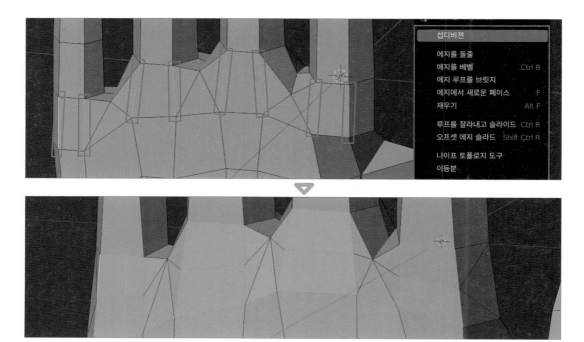

❷ **섭디비전**으로 추가한 세번째 관절의 에지 4개를 선택합니다. 이동(G키) → Y키로 Y축으로 고정해 약간 위쪽으로 이동합니다.

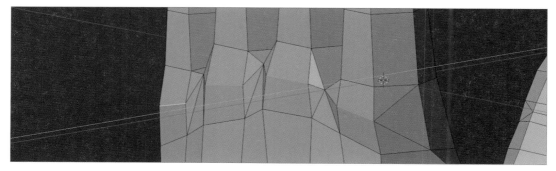

세 번째 관절을 구부릴 때 주의할 점이 있습니다. 구부리는 것은 손가락 밑동이 아니라 그 아래에 있는 세번째 관절까지 구부린다는 점입니다. 여기를 잘못 조정하면 이후 리깅을 할 때 손가락이 이상한 방향으로 구부러지므로 주의합니다.

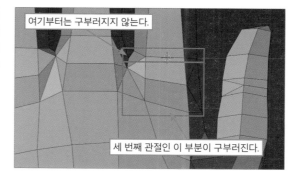

여기부터는 구부러지지 않는다.

세 번째 관절인 이 부분이 구부러진다.

38 손가락 조정하기

Step 손가락이 너무 길거나 짧다고 느껴질 때는 길이를 조정하면 좋습니다. 3D 뷰포트 오른쪽 위에 있는 **X-Ray**를 토글(Alt+Z키)을 활성화하고 엄지손가락 이외의 손가락 4개를 선택합니다. 두 번째 관절부터 손가락 끝까지 박스 선택(B키) 등으로 선택하고 이동(G키) → Z키로 Z축으로 고정 이동해 손가락 끝을 조정합니다. 손가락 조정으로 인해 손등이나 손바닥과 비율이 맞지 않는다면 이것도 함께 조정합니다.

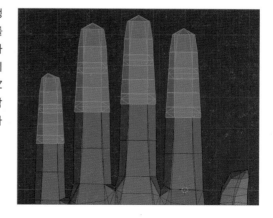

39 크리스 적용하기

Step 다음으로 섭디비전 표면을 추가합니다. 현재 상태에서는 손가락 밑동이 이상하게 구부러집니다. 이를 방지하기 위해 엄지손가락 이외의 손가락 4개의 밑동을 **Shift+Alt+마우스 좌클릭**으로 여러 에지 루프 선택하고 크리스 (**Shift+E키**)를 사용해 왼쪽 아래 오퍼레이터 패널에서 팩터를 1로 설정합니다.

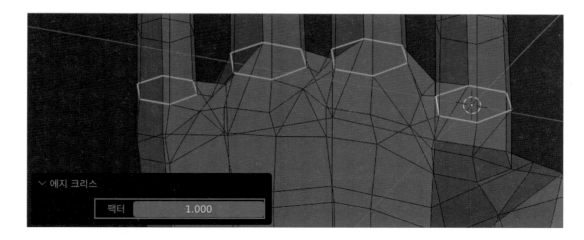

40 오리진을 3D 커서로 이동하기

Step 다음으로 손을 밑그림에 맞춰 배치합니다. 3D 커서를 중앙에 배치하는 단축키인 **Shift+C키**를 누르고 3D 뷰포트 왼쪽 위에 있는 모드 전환에서 **오브젝트 모드(Tab키)**로 전환합니다. 3D 뷰포트 위쪽 헤더에 있는 **오브젝트 → 오리진을 설정 → 오리진을 3D 커서로 이동**을 선택하면 월드 중앙으로 오리진이 이동합니다. 이렇게 해야 모디파이어의 미러를 추가했을 때 미러가 깨지지 않고 정확하게 동작하게 됩니다.

41
Step
손을 대칭으로 회전하기
❶ 손(원형.001)을 선택한 상태에서 오른쪽 프로퍼티스에 있는 **모디파이어 프로퍼티스 → 미러**를 추가합니다(클리핑은 비활성화합니다). 오른쪽 위 아웃라이너에서 밑그림을 모두 표시한 뒤 손(원형.001)을 선택한 상태에서 3D 뷰포트 왼쪽 위에 있는 모드 전환에서 **에디트 모드(Tab키)**로 전환합니다. 메쉬의 모두 **선택(A키)**을 선택하고 **회전(R키) → Z키 →** '-90'을 입력합니다.

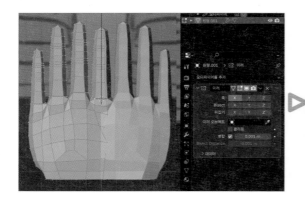 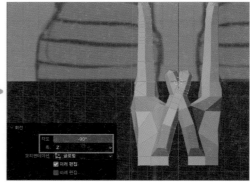

❷ **회전(R키) → Y키 →** '90'을 입력해 손을 옆으로 눕힙니다.

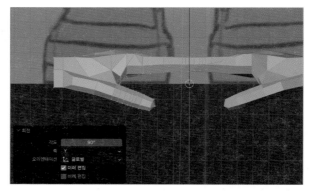

42
Step
손 위치 맞추기
다음으로 손의 메쉬를 모두 선택한 상태에서 **이동(G키)**을 사용해 손을 오른쪽에 배치하고 대략적으로 위치를 결정했다면 마우스 좌클릭으로 결정합니다.(밑그림과 맞지 않는다 하더라도 엄밀하게 맞출 필요는 없으므로 대략적인 위치에 배치하면 됩니다).

 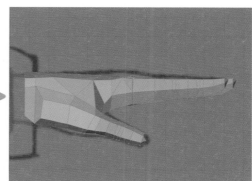

43
Step

손과 팔을 맞추기

오른쪽 위 아웃라이너에서 **신체 오브젝트(원형)**을 표시합니다. 손 오브젝트(원형.001)을 신체의 팔과 맞추어 **이동(G 키)**을 사용해 위치를 조정합니다.

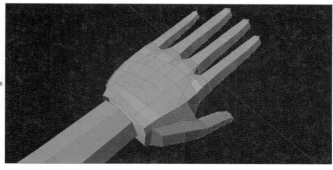

44
Step

오브젝트 결합

신체(원형)과 **손(원형.001)**을 결합해 1개의 오브젝트로 만듭니다.

❶ 3D 뷰포트 왼쪽 위에서 현재 모드를 **오브젝트 모드(Tab키)**로 전환합니다. 먼저 **손(원형.001)**을 선택하고 **신체 (원형)**을 Shift로 선택한 뒤 신체를 활성화합니다. 마지막으로 3D 뷰포트 위쪽 헤더 안에 있는 **오브젝트**에서 **합치 기(Ctrl+J키)**를 선택합니다.

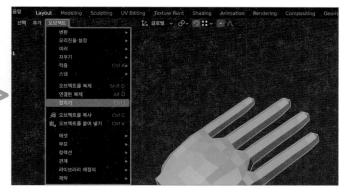

❷ 오른쪽 위 아웃라이너를 확인하면 **손(원형.001)** 오브젝트가 사라지고 그 손은 **신체(원형)** 오브젝트와 하나로 결합되어 있습니다.

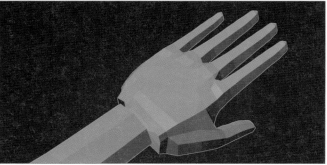

동시에 모디파이어를 확인하면 실시간을 비활성화한 섭디 비전 표면도 추가됩니다. **결합은 활성 오브젝트의 모디파 이어를 우선하므로 결합하는 순서도 중요합니다.**

45 에지 연결하기
Step
결합했다면 손과 팔 사이를 페이스로 채웁니다. 손목과 팔의 단면의 버텍스 16개를 선택한 뒤 **Ctrl+E키 → 에지 루 프를 브릿지**를 선택합니다.

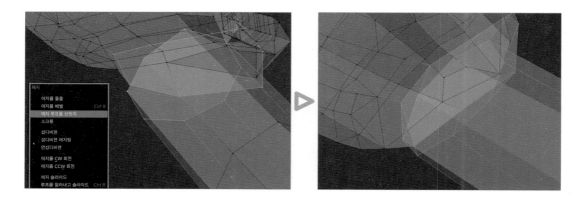

46 연결 부분 정리하기
Step
현시점에서는 손목이 벗어난 듯 보입니다. **앞쪽 시점(넘버패드 1), 뒤쪽 시점(Ctrl+넘버패드 1), 위쪽 시점(넘버패 드 7), 아래쪽 시점(Ctrl+넘버패드 7)** 등 다양한 시점에서 확인하면서 **이동(G키)**으로 손목을 조정합니다.

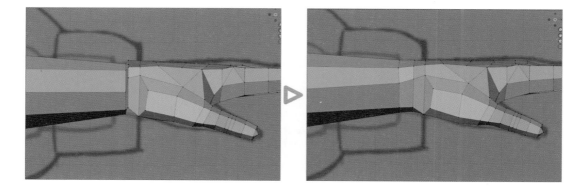

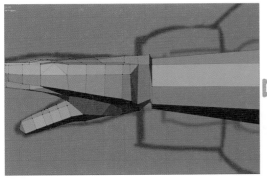 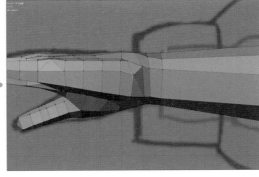

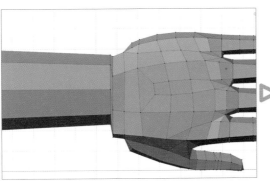 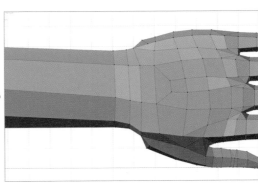

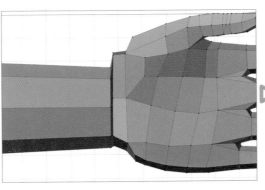 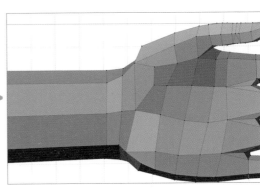

Column

가운뎃손가락의 세 번째 관절

손을 옆쪽에서 모델링할 때 가운뎃손가락의 세 번째 관
절은 손 구조상 다른 세 번째 관절보다 높습니다. 이를
생각하면 좋습니다.

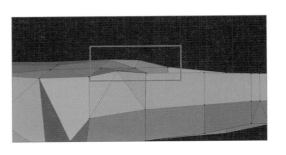

47
버텍스 수정하기

Step

조정을 마쳤다면 모두 선택의 단축키인 A키를 눌러 모든 메쉬를 선택하고, 페이스를 바깥쪽으로 향하게 하는 단축키인 **Shift+N**키로 모든 페이스를 바깥쪽으로 합니다. 또한 모든 메쉬를 선택한 상태에서 **병합(M키)에서 거리에 의해**를 선택해 중복된 버텍스를 삭제합니다.

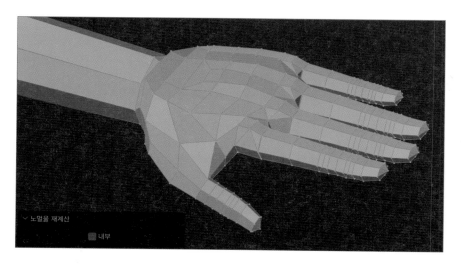

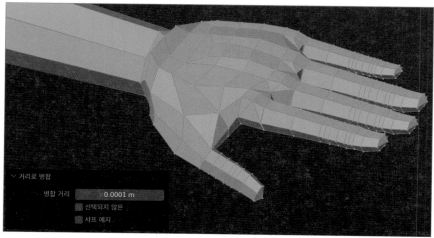

48
컬렉션 추가하기, 오브젝트 이름 변경하기

Step

아웃라이너 오른쪽 위에서 **씬 컬렉션**을 선택하고, 오른쪽 위에 있는 **새로운 컬렉션**으로 새로운 컬렉션을 추가한 뒤 이름을 'Body'로 입력합니다. 다음으로 원형도 마찬가지로 'Body'라고 입력한 뒤 이 Body 오브젝트를 선택하고 컬렉션을 이동하는 M키를 눌러 Body 컬렉션으로 이동합니다.

Chapter 4
5

다리/발 모델링

다음으로 다리와 발을 모델링합니다. 여기에서는 편의상 다리를 다리 밑동부터 발목까지, 발을 발목부터 발끝까지로 정의합니다. 발뒤꿈치가 살짝 떠있는 것은 이후 신발(구두)을 모델링하기 위해서 입니다.

5-1 다리 모델링

01
Step

다리 돌출하기
❶ 앞쪽 시점(넘버패드 1)으로 전환하고 다리 밑동의 버텍스 8개를 **Alt+마우스 좌클릭**으로 에지 루프 선택합니다. **돌출하기(E키)** → **Z키**로 Z축으로 고정해 발목 부근까지 돌출시킨 뒤 마우스 좌클릭으로 결정합니다.

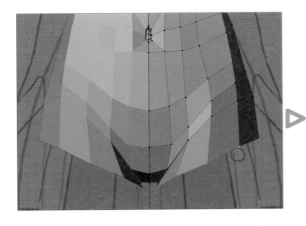 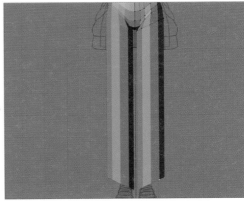

❷ 다음으로 **S키** → **Z키** → **'0'**을 입력해 버텍스를 정렬합니다.

02 루프 잘라내기 적용하기

Step 3D 뷰포트 오른쪽 위에 있는 **X-Ray**를 토글 (**Alt+Z키**)을 활성화합니다. 루프 잘라내기 (**Ctrl+R키**)에서 마우스 휠을 움직여 가로로 에지를 3개 추가합니다. 마우스 좌클릭 → 마우스 우클릭으로 위치를 결정합니다.

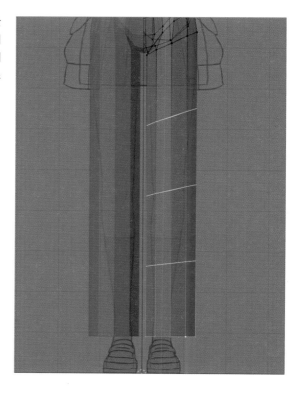

03 베벨 적용하기

Step 중앙의 에지를 **Alt+마우스 좌클릭**으로 에지 루프 선택한 뒤 베벨(**Ctrl+B키**)을 사용해 대략적인 폭을 결정한 뒤 마우스 좌클릭으로 결정합니다.

04 다리 조정하기

Step

앞쪽 시점(넘버패드 1), 오른쪽 시점(넘버패드 3)을 번갈아 확인하면서 다리를 이동(G키), 축적(S키), 회전(R키)을 사용해 조정합니다. 에지를 Alt+마우스 좌클릭으로 에지 루프 선택한 뒤 축적(S키)으로 조정하면 다리 단면의 크기를 손쉽게 바꿀 수 있습니다.

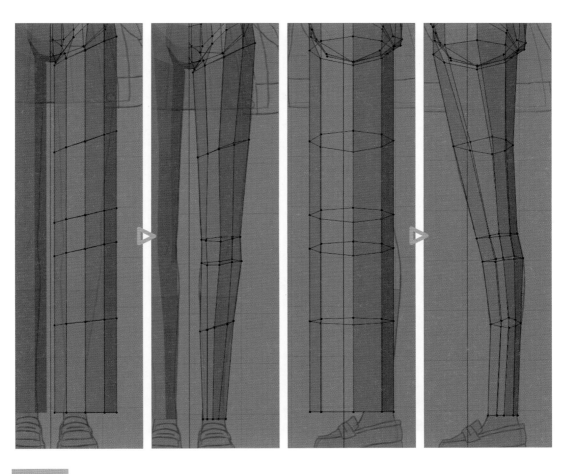

MEMO

다리에는 **대퇴골**, 다시 말해 가랑이에서 무릎에 걸쳐 약간 기울어 있는 뼈가 있습니다. 그렇기 때문에 앞쪽에서 봤을 때 허벅지 바깥쪽은 수직이 아니라 무릎쪽으로 약간 곡선을 그립니다.

05
Step
에지를 늘려 형태 만들기
허벅지와 종아리 부근을 **Shift+Alt+마우스 좌클릭**으로 여러 에지 루프 선택한 뒤 **베벨(Ctrl+B키)**를 사용해 폭을 넓힙니다. 이후 마우스 휠을 움직여 에지를 3개로 만든 뒤 마우스 좌클릭으로 결정합니다(왼쪽 아래 오퍼레이터 패널에서 세그먼트에 '2'를 입력해서 분할할 수도 있습니다). 다시 앞쪽 시점(넘버패드 1)과 오른쪽 시점(넘버패드 3)을 번갈아 확인하면서 **이동(G키)** 등을 사용해 다리를 조정합니다.

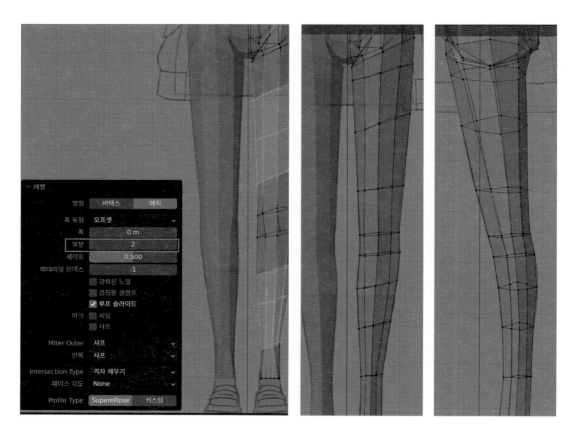

06
Step
에지 섭디비전하기와 무릎 관절 만들기
3D 뷰포트 왼쪽 위에서 **에지 선택 모드(숫자키 2)**로 전환하고 무릎 앞쪽 에지 5개를 선택합니다. 마우스 우클릭한 뒤 **섭디비전**을 선택합니다. 왼쪽 아래 오퍼레이터 패널에서 **N-Gons을 생성**을 비활성화합니다. 이것으로 무릎의 관절 부분을 만들었습니다.

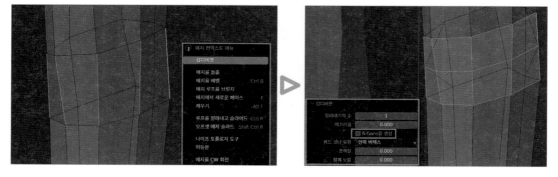

07 다리 조정하기

Step

화면 오른쪽 프로퍼티스에서 **섭디비전 표면**의 **실시간**을 활성화하고 앞쪽 시점(넘버패드 1)과 오른쪽 시점(넘버패드 3), 비스듬한 각도 등 다양한 각도에서 **이동(G키)** 등을 사용해 다리를 조정합니다. 허벅지와 종아리는 부드러움을 표현하기 위해 둥그런 형태로 만드는 것이 좋습니다.

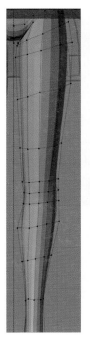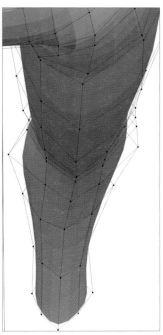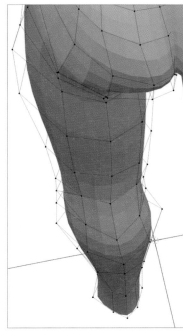

5-2 발 모델링

01 에지 돌출하기

Step

다음으로 발을 모델링합니다. 섭디비전 표면의 실시간을 비활성화하고 발목 뒤쪽 버텍스 5개를 선택합니다. 다음으로 **오른쪽 시점**(넘버패드 3)으로 전환하고 **E키 → Z키**로 Z축으로 고정해 돌출하기를 해서 밑그림에 맞춥니다(구두가 아닌 발에 맞춥니다).

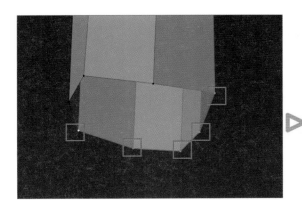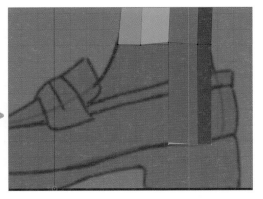

02 루프 잘라내기를 사용해 버텍스 돌출하기

Step 돌출시킨 메쉬를 루프 잘라내기(Ctrl+R키)로 마우스 휠을 움직여 에지를 2개 추가합니다. 마우스 좌클릭 → 마우스 우클릭으로 위치를 결정해 메쉬를 분할합니다. 다음으로 돌출시킨 메쉬의 좌우 버텍스 6개를 선택한 뒤 오른쪽 시점(넘버패드 3)으로 전환하고 돌출하기(E키)를 사용해 발끝까지 돌출시킵니다.

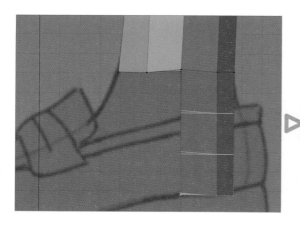 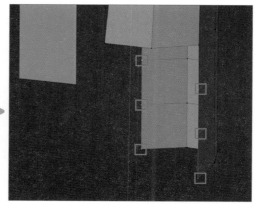

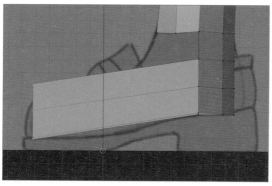

> **MEMO**
>
> **발 크기에 관해**
> 측면에서 봤을 때 발의 크기는 대략 정강이의 절반 정도를 기준으로 하면 좋습니다. 이렇게 무언가의 기준을 정함으로써 밑그림이 없는 위치에서 모델링할 때 쉽게 작업할 수 있습니다.

03 에지 루프를 브릿지를 사용해 페이스 돌출하기

Step 돌출시킨 메쉬 끝의 버텍스 6개를 선택한 상태에서 Ctrl+E키를 누르고 메뉴 안에 있는 에지 루프를 브릿지를 선택하고 메쉬를 만듭니다.

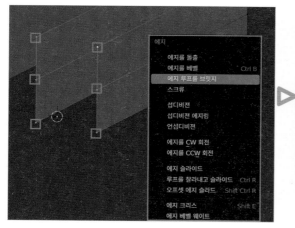 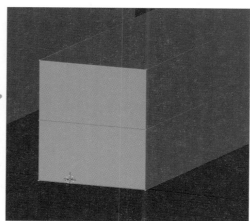

04
Step

페이스 돌출하기

❶ 발의 좌우 메쉬에 **루프 잘라내기(Ctrl+R키)**로 세로로 에지를 5개로 만들고 마우스 좌클릭 → 마우스 우클릭으로 결정해 총 10개의 에지를 추가합니다.

❷ 루프 잘라내기 했다면 발끝의 버텍스 2개를 선택하고 **버텍스에서 새로운 에지/페이스(F키)**를 총 5번 누릅니다.

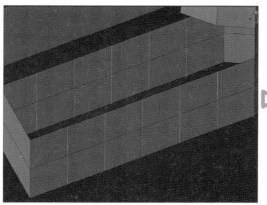

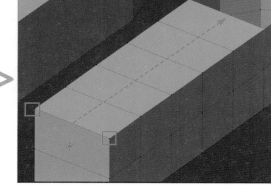

❸ 발 안쪽에도 같은 작업을 합니다. 여기에서는 **F키**를 총 8번 누릅니다.

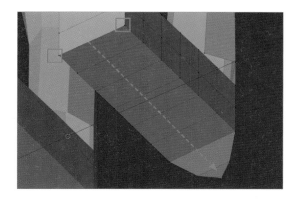

05
Step

루프 잘라내기로 페이스 돌출하기

❶ 루프 잘라내기(**Ctrl+R키**)로 발을 세로로 분할합니다.

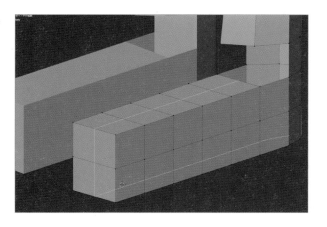

❷ 발목의 옆쪽 버텍스 2개를 선택하고 버텍스에서 새로운 에지/페이스(F키)를 총 4번 누릅니다.

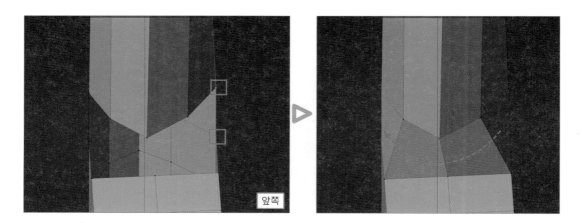

06
Step

발 형태 만들기
앞쪽 시점(넘버패드 1), 오른쪽 시점(넘버패드 3) 및 다양한 시점에서 확인하면서 이동(G키), 축적(S키) 등을 사용해 발을 조정합니다. 앞쪽 시점에서의 발등은 세로로 긴 삼각형을 생각하는 것이 팁입니다. 발 안쪽이 보이지 않을 때는 프로퍼티스에서 미러의 실시간을 일시적으로 비활성화합니다.

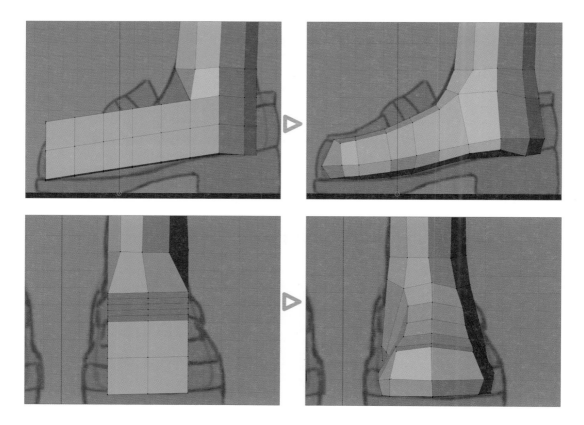

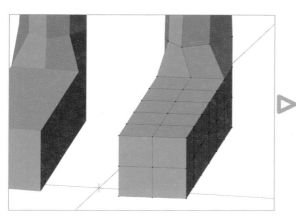 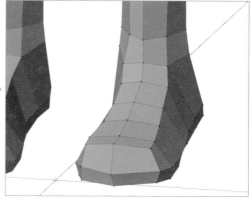

07 세부 조정하기

Step 그리고 오른쪽 프로퍼티스에서 **섭디비전 표면의 실시간**을 활성화한 뒤 다시 **이동(G키)**을 사용해 세부 조정을 합니다.

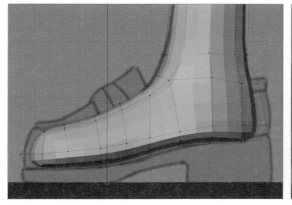 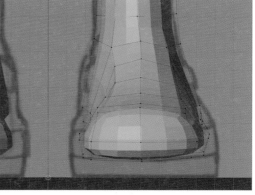

08 페이스 오리엔테이션 수정하기 및 중복 버텍스 삭제하기

Step 조정을 마쳤다면 모두 선택(A키)으로 모든 메쉬를 선택하고 **노멀을 따라 재계산(Shift+N키)**으로 모든 페이스를 바깥쪽으로 만듭니다. 또한 **병합(M키)**에서 **거리에 의해**를 선택해 중복된 버텍스를 삭제합니다.

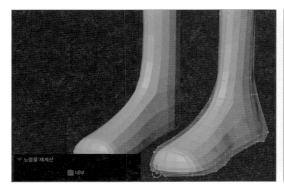 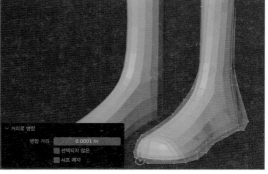

Chapter 4

6

전체 조정

오브젝트끼리 쉽게 결합하고 이후에 옷을 쉽게 모델링할 수 있도록 준비합니다.

6-1 머리 위치 조정

이동(G키)을 사용해 신체(Body)의 목이 머리(Face)에 맞도록 조정합니다.

오른쪽 위 아웃라이너에서 **Head** 컬렉션을 표시하고 목 주변을 수정합니다. 이 머리(Face)와 신체(Body)는 나중에 **결합(J 키)**합니다. 이후 옷을 모델링하므로 작업하기 쉽게 하기 위해 일부러 현시점에서는 결합하지 않고 그대로 둡니다. 조정을 마쳤다면 아웃라이너에 있는 **Head** 컬렉션을 숨기기 합니다.

 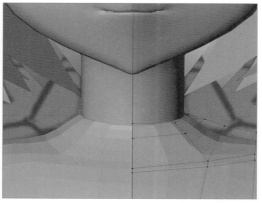

MEMO

직접 제작한 인체 모델은 다음 이후 캐릭터를 제작하기 위한 소재로 활용할 수 있습니다. 이를 활용하면 모델링 시간을 단축할 수 있습니다. 여기부터는 인체 모델을 다양하게 조절하므로 지금까지의 데이터를 별도의 파일로 저장합니다.

6-2 허리 주변 수정

이후의 스키닝(피부) 작업을 쉽게 하기 위해 허리 주변을 정리합니다. 3D 뷰포트 오른쪽 위에 있는 **X-Ray**를 토글(**Alt+Z키**)을 활성화합니다. 다음으로 그 약간 위쪽 에지를 **Shift+Alt+마우스 좌클릭**을 여러 에지 루프 선택하고 **축적(S키)** → **Z키**로 가로로 똑바로 정렬합니다.

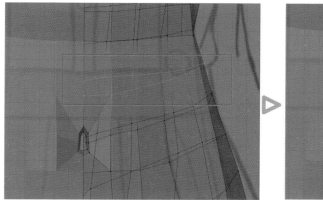
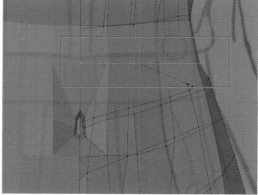

6-3 루프 잘라내기 적용

다음으로 가로로 똑바로 정렬한 에지 위쪽 메쉬에 **루프 잘라내기(Ctrl+R키)**를 수행하고 마우스 좌클릭 → 마우스 우클릭으로 결정합니다. 왼쪽 아래 오퍼레이터 패널에서 **균일**과 **반전**을 활성화하면 아래쪽 루프에 대해 평행하게 됩니다.

위쪽에 루프 잘라내기를 넣는다.

Step 02에서 평행하게 만든 에지

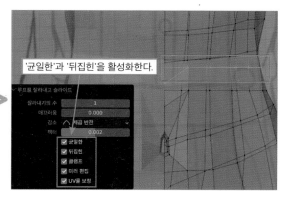

'균일한'과 '뒤집힌'을 활성화한다.

밑그림의 치마의 허리 부분에 맞춰 앞쪽 시점(넘버패드 1), 오른쪽 시점(넘버패드 3)과 버텍스를 정렬합니다. 밑그림과 다소 어긋나더라도 신경 쓰지 말고 정렬합니다. 이렇게 함으로써 이후의 작업(주로 스키닝)을 원활하게 할 수 있습니다(오른쪽 프로퍼티스에서 **섭디비전 표면**의 실시간도 활성화한 상태에서 조정하는 것도 좋습니다).

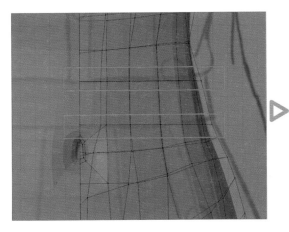 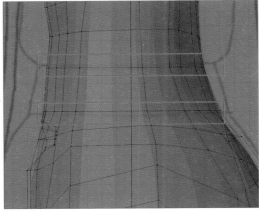

Column

엉덩이 모델링 방법

엉덩이를 더 잘 만들고 싶을 때는 속옷 선을 생각하면 좋습니다. 먼저 뒤쪽 시점(Ctrl+넘버패드 1)의 엉덩이 위쪽 버텍스를 선택하고 축적(S키) → Z키 → '0'으로 수평으로 만듭니다. 다음으로 엉덩이와 허벅지의 볼륨감을 생각하면서 이동(G키)이나 버텍스를 슬라이드(G키를 2번 또는 Shift+V키) 등으로 버텍스가 바깥쪽을 향하도록 조정합니다. 이렇게 조정하면 엉덩이가 보다 귀엽게 보이며 속옷 선을 확실하게 할 수 있습니다. 속옷과 피부의 경계가 명확하게 됩니다.

수평으로 한다.

엉덩이와 허벅지의 볼록함을 생각한다.

제2부 실전편
캐릭터 옷을 만들자

이번 장에서는 옷과 소품을 모델링합니다. 셔츠, 스커트, 파카, 로퍼, 리본을 순서대로 모델링합니다.

Chapter 5

1

셔츠 모델링

옷은 다양한 방법으로 모델링할 수 있습니다. 여기서는 인체의 버텍스를 복제(Shift+D키)하고 다른 오브젝트로 분리(P키)하는 방법으로 진행합니다. 이 방법은 처음부터 옷을 모델링하는 수고를 줄일 수 있고, 나중에 스키닝을 쉽게 할 수 있기 때문에 추천합니다. 먼저 셔츠부터 모델링합니다.

1-1 셔츠 본체 모델링

옷을 모델링할 때 해당 옷을 구성하는 부분을 살펴봐야 합니다. 셔츠는 적어도 플래킷 프론트(placket front), 깃, 소매가 있으면 셔츠처럼 보일 것이므로 이를 기반으로 모델링합니다.

01 상반신 선택하기
Step

오른쪽 프로퍼티스의 섭디비전 표면의 **실시간**을 비활성화하고 Body 오브젝트를 선택합니다. 3D 뷰포트 왼쪽 위 모드 전환에서 **에디트 모드(Tab키)**로 전환합니다(이미 에디트 모드였다면 그대로 진행합니다). 다음으로 3D 뷰포트 오른쪽 위에 있는 **X-Ray를 토글(Alt+Z키)**을 활성화하고 그림과 같이 상반신의 버텍스를 박스 선택(B키) 등으로 선택합니다.

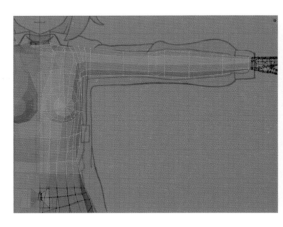
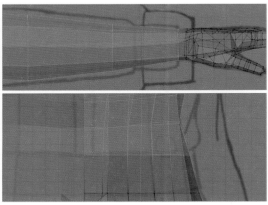

02 선택 부분 복제하기

Step

복제(Shift+D키)로 상반신을 복제했다면 마우스 우클릭해 원래 위치에 배치합니다. 계속해서 **수축/팽창(Alt+S 키)**을 누르면 복제한 상반신을 부풀리도록 확대할 수 있습니다. 마우스를 움직여 부풀린 뒤 마우스 좌클릭으로 결정합니다. 왼쪽 아래 오퍼레이터 패널에서 오프셋에 '0.005'를 입력합니다. 마쳤다면 보기 쉽도록 **X-Ray**를 토글(Alt+Z키)을 비활성화합니다.

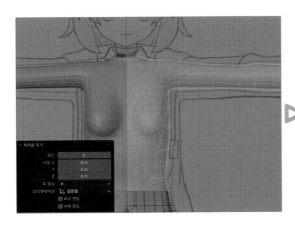 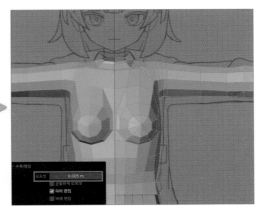

03 오브젝트 분리하기

Step

부풀린 상반신을 선택한 상태에서 **분리(P키)**를 누르고 **선택**을 선택합니다. 오른쪽 위 아웃라이너에서 **Body.001** 이 추가되므로 더블 클릭해서 이름을 '**Shirt**'로 변경합니다.

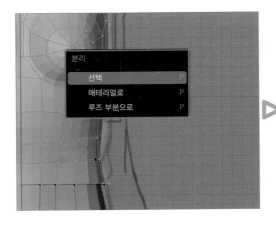 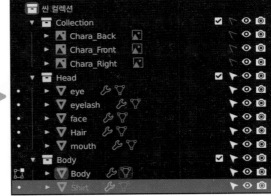

04 옷 형태 수정하기

Step

오른쪽 위 아웃라이너의 왼쪽 아이콘을 클릭하고 **Shirt**의 **에디트 모드**로 전환합니다(또는 **Shirt** 오브젝트에 마우스 커서를 올리고 **Alt+Q키**를 누릅니다). 앞쪽 시점(넘버패드 1), 오른쪽 시점(넘버패드 3) 등 다양한 시점에서 확인하면서 옷깃을 제외한 부분을 **이동(G키)**, **축적(S키)** 등을 사용해 조정합니다. 그리고 가슴 사이 부분은 몸에 꼭 맞는 옷이 아니면 패이지 않으므로 부풀어 있게 합니다.

`Next Page`

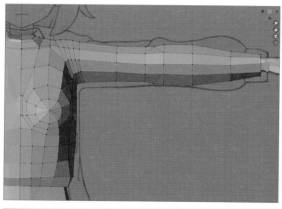
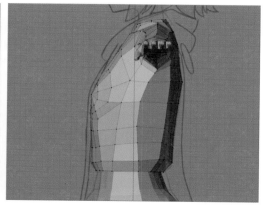

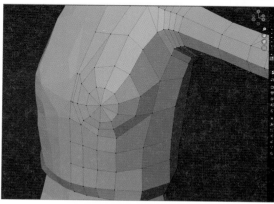

MEMO

셔츠의 플래킷 프론트를 스커트 안으로 넣으면 스커트 주위에 주름이 만들어지므로 셔츠를 만들 때는 이를 생각해 약간 부풀게 만들면 좋습니다. 그리고 셔츠가 신체 선에서 너무 떨어지면 신체가 크게 보이므로 주의합니다. 이 밖에도 메쉬끼리 교차하지 않았는지 형태를 확인합니다. 특히 겨드랑이 부분은 버텍스끼리 가깝기 때문에 확장했을 때 형태가 깨지기 쉽습니다.

조정을 마쳤다면 오른쪽 프로퍼티스에서 **섭디비전 표면**의 실시간도 활성화하고 조정을 조금 더 조정합니다. 인체의 버텍스와 셔츠의 버텍스는 가능한 서로 떨어지지 않도록 하면 이후 스키닝 작업을 쉽게 할 수 있습니다.

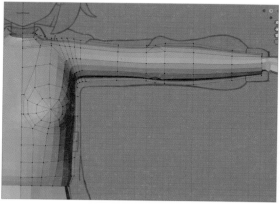
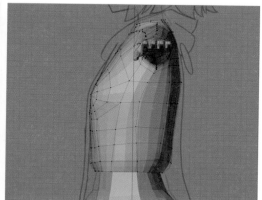

05 버텍스 추출 및 채우기 적용하기

Step

오른쪽 프로퍼티스에서 섭디비전 표면의 실시간을 비활성화하고 셔츠 플래킷 프론트를 모델링합니다. 앞쪽 시점 (넘버패드 1)으로 전환하고 위쪽 버텍스 5개를 선택합니다. 3D 뷰포트 위쪽 헤더에 있는 **버텍스(Ctrl+V키) → 버텍스 추출 및 채우기(Alt+V키)**를 선택합니다. 다음으로 마우스 커서를 중앙쪽으로 올리고 마우스 좌클릭하면 가르기와 동시에 페이스를 만들 수 있습니다. 이 상태에서 **G키**를 누르면 버텍스를 슬라이드 할 수 있습니다. 대략적인 위치에서 마우스 좌클릭을 떼서 결정합니다.

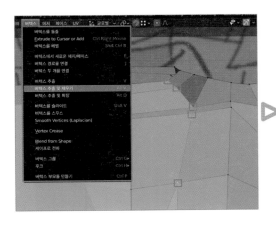
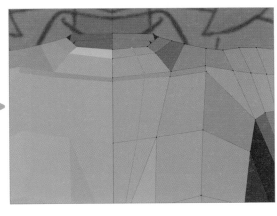

06 나이프 도구 사용하기

Step

다음은 아래쪽 부분의 플래킷 프론트를 만듭니다. **나이프 도구(K키)(Esc로 취소)**를 누르고 가슴 사이의 버텍스에 마우스 커서를 놓고 마우스 좌클릭합니다. 아래쪽으로 마우스 커서를 움직여 바깥쪽 에지까지 이동한 뒤 다시 마우스 좌클릭 → **Enter키**로 결정합니다.

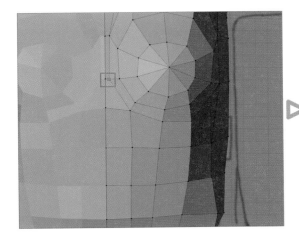
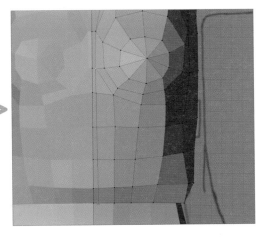

07 옷 세부 조정하기

Step

오른쪽 위 아웃라이너에서 **Body** 오브젝트를 숨기기 합니다. 3D 뷰포트 오른쪽 위에 이는 **X-Ray**를 토글(**Alt+Z** 키) 활성화/비활성화를 번갈아 가면서 밑그림을 참고로 **이동(G키)**을 사용해 플래킷 프론트를 모델링합니다.

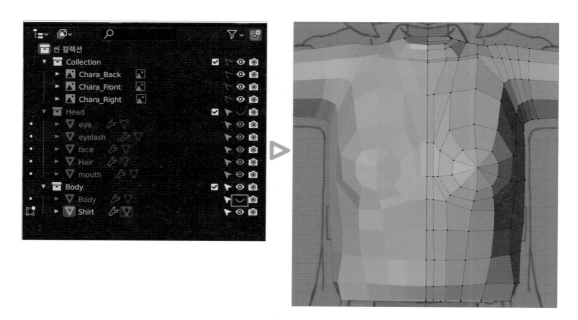

08 버텍스 추출 및 채우기로 에지 돌출하기

Step

셔츠 위쪽 버텍스 4개를 선택하고 마우스 커서를 중앙에 올리고 **버텍스 추출 및 채우기(Alt+V키)**를 누릅니다. 이어서 **G키**를 눌러 버텍스를 버텍스를 슬라이드해 대략적인 위치를 결정한 뒤 마우스 좌클릭으로 결정합니다.

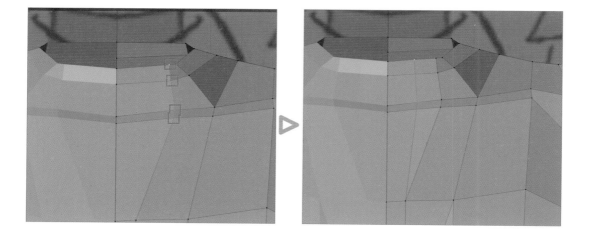

09 에지 정리하기
Step

버텍스 추출 및 채우기(Alt+V키)로 생성한 버텍스와 가운데쪽 버텍스 2개를 선택하고 버텍스 경로를 연결(J키)로 페이스를 분할하면서 에지를 만듭니다. 다음으로 플래킷 프론트 부분에 에지가 있으므로 3D 뷰포트 왼쪽 위에서 에지 선택 모드(숫자키 2)로 전환해 디졸브(Ctrl+X키)에서 에지를 디졸브합니다. 마쳤다면 버텍스 선택 모드(숫자키 1)로 되돌아갑니다.

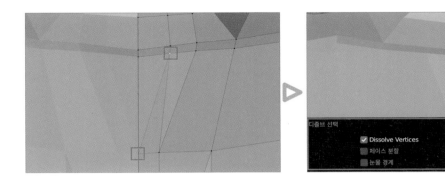

10 목 주변 수정하기
Step

셔츠의 가운데쪽 버텍스 4개를 선택하고 삭제(X키)에서 버텍스를 선택해 삭제합니다. 그리고 그림과 같이 이동(G키) 등으로 쇄골쪽 버텍스를 이용해 조정합니다.

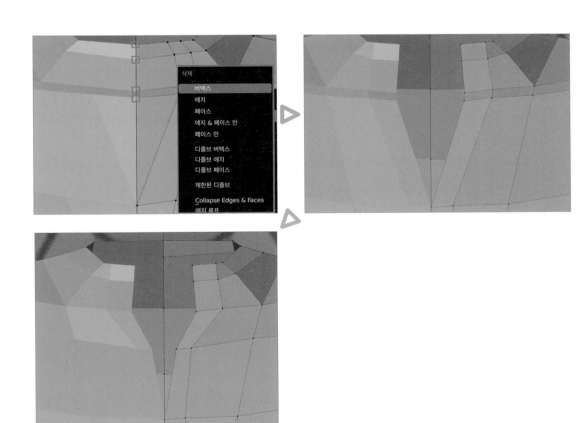

11 크리스 적용하기

Step

3D 뷰포트 왼쪽 위에서 에지 선택 모드(숫자키 2)로 전환하고 플래킷 프론트 부분을 Shift+Alt+마우스 좌클릭으로 에지 루프 선택합니다. 또한 위쪽과 가운데쪽도 그림과 같이 Shift로 선택합니다. 그리고 크리스(Shift+E키)에서 마우스 좌클릭으로 결정하고 왼쪽 아래 오퍼레이터 패널에서 팩터에 '1'을 입력합니다.

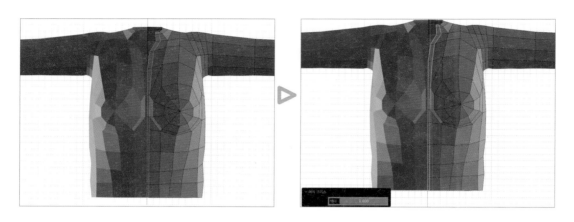

12 크리스 적용하기

Step

위쪽 에지 2개를 선택하고 여기에서도 크리스 (Shift+E키)에서 마우스 좌클릭으로 결정하고 왼쪽 아래 오퍼레이터 패널에서 팩터에 '1'을 입력합니다.

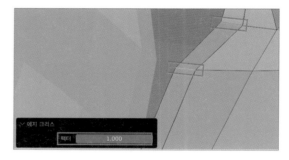

1-2 옷깃 모델링하기

01 옷깃 부분의 버텍스 조정하기

Step

다음은 옷깃을 모델링합니다. 3D 뷰포트 오른쪽 위에 있는 X-Ray를 토글(Alt+Z키)을 활성화합니다. 앞쪽 시점 (넘버패드 1), 오른쪽 시점(넘버패드 3)을 번갈아 보면서 옷깃 부분의 버텍스를 이동(G키)으로 조정합니다.

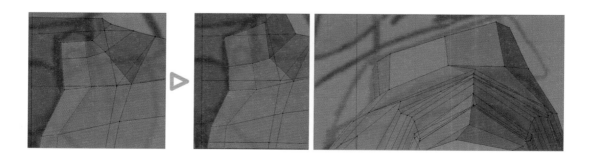

02
옷깃 돌출하기

Step 옷깃의 위쪽 버텍스 5개를 선택하고 **E키 → Z키**로 Z축 방향으로 고정해 돌출시킨 뒤 마우스 좌클릭으로 결정합니다.

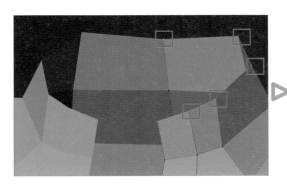 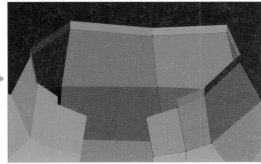

03
옷깃 부분 만들기

Step **①** 다음으로 **수축/팽창(Alt+S키)**를 사용합니다. 마우스를 움직여 약간 확대한 뒤 마우스 좌클릭으로 결정합니다.
② **돌출하기(E키)**를 사용해 옷깃 부분을 만듭니다. 그림에서는 목 뒤쪽 옷깃이 관통하고 있지만 나중에 조정할 것
이므로 신경 쓰지 말고 돌출시킨 뒤 마우스 좌클릭으로 결정합니다.

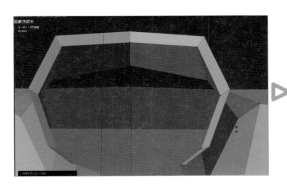 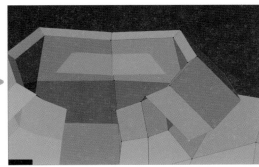

04
옷깃 부분 조정하기

Step 옷깃 부분을 조정합니다. 3D 뷰포트 오른쪽 위에 있는 **3D 뷰포트 셰이딩**에서 **와이어프레임(Shift+Z키)**으로 전환
하고 **이동(G키)** 등으로 조정합니다(그림에서는 밑그림을 표시하지 않았습니다).

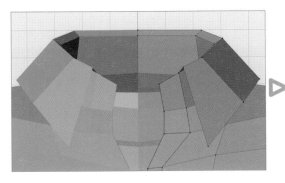 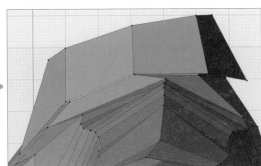

05 메쉬 분할하기

Step

옷깃에 루프 잘라내기(Ctrl+R키)로 에지를 1개 추가하고 마우스 좌클릭 → 마우스 우클릭으로 결정해 메쉬를 분할합니다.

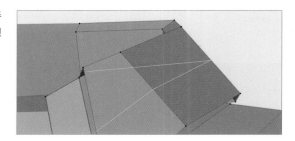

Column

옷깃에 관해

여기에서는 카툰 렌더링이 주제이므로 선을 표현해야 하므로 돌출하기로 옷깃을 만들었습니다. 만약 모델링을 텍스처로 세세하게 하고 싶은 경우라면, 이 상태로는 페이스가 뒤집혀 다양한 문제의 원인이 되기 때문에 옷깃 부분을 분리해야 합니다. 분리하는 방법은 버텍스를 선택하고 버텍스 추출(V키)를 사용해 마우스 우클릭해 원래 위치로 되돌립니다. 이렇게 하면 노멀을 따라 재계산(Shift+N키) 했을 때 바깥쪽이 되어 텍스처 등이 잘 반영됩니다. 이 책에서는 후자의 분리하는 모델링 방법이 아닌 전자의 분리하지 않는 모델링 방법을 사용합니다.

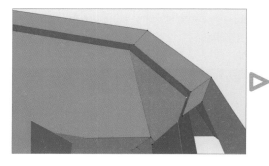
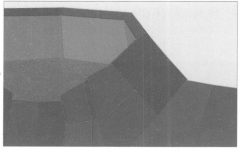

1-3 소매 부분 모델링

01 소매 끝부분 선택하기

Step

다음으로 셔츠의 소매 주변을 모델링합니다. ❶ 손목 위치를 확인하기 위해 오른쪽 위 아웃라이너에서 **Body**를 표시합니다. 다음으로 3D 뷰포트 왼쪽 위에 있는 **페이스 선택 모드(숫자키 3)**로 전환하고 소매 끝부분의 페이스를 **Alt+마우스 좌클릭**으로 면 루프 선택합니다. `Next Page`

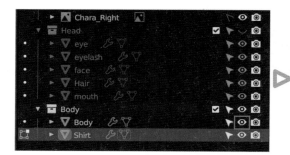
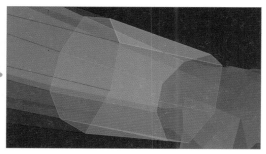

❷ 돌출하기 메뉴를 표시하는 **Alt+E키**를 누르고 메뉴 안에 있는 **노멀을 따라 페이스를 돌출**을 선택합니다. 그대로 페이스를 바깥쪽으로 늘리고 어느 정도 두께를 준 뒤 마우스 좌클릭으로 결정합니다(그림에서는 3D 뷰포트 오른쪽 위에 있는 **X-Ray**를 토글(**Alt+Z키**)을 활성화했습니다).

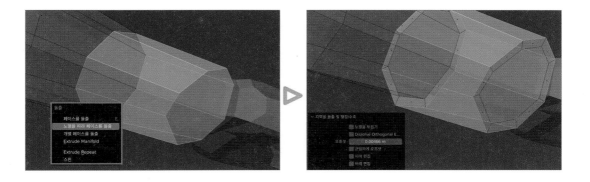

02 크리스와 샤프 적용하기

Step 에지 선택 모드(**숫자키 2**)로 전환하고 소매의 바깥쪽 에지와 안쪽(신체쪽) 에지를 **Shift+Alt+마우스 좌클릭**으로 여러 에지 루프 선택합니다. **크리스(Shift+E키)**에서 마우스 좌클릭으로 결정합니다. 왼쪽 아래 오퍼레이터 패널에서 팩터에 '1'을 입력합니다. 이 에지들을 선택한 상태에서 **에지 메뉴(Ctrl+E키)** 안에 있는 **샤프를 마크**를 클릭합니다.

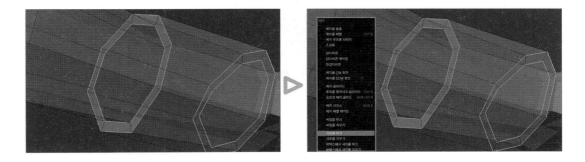

03 소매 끝 안쪽 만들기

Step 다음은 소매 끝부분을 모델링합니다. 소매 끝의 안쪽 에지를 **Alt+마우스 좌클릭**으로 에지 루프 선택하고 **E키 → X키**로 X축 방향으로 돌출시킨 뒤 마우스 좌클릭으로 결정합니다(그 뒤 **축적(S키)**을 사용해 축적해서 크기를 변경해도 좋습니다).

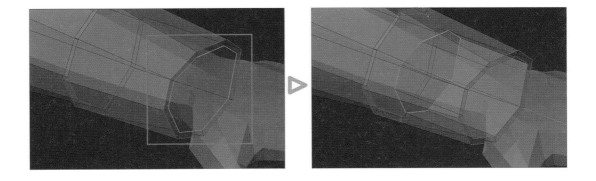

04 소매 끝 안쪽 처리하기

Step

❶ 돌출하기(E키) → S키로 한 번 더 돌출시킨 뒤 축적해서 어느 정도 작은 구멍이 만들어졌다면 마우스 좌클릭으로 결정합니다.

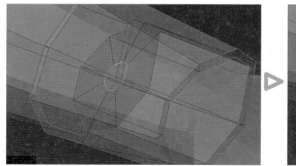 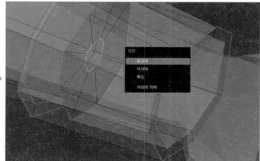

❷ 계속해서 병합(M키)을 누르고 중심에를 선택합니다. 이렇게 조형함으로써 옷의 틈 사이로 신체가 보이는 것을 방지할 수 있습니다.

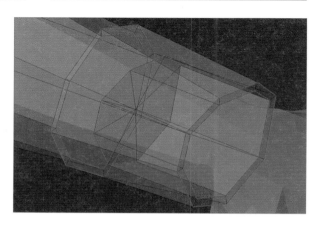

05 옷깃 끝 버텍스에 크리스 적용하기

Step

버텍스 선택 모드(숫자키 1)로 전환하고 옷깃의 끝 버텍스를 선택합니다. 버텍스 메뉴(Ctrl+V키)를 선택합니다. 메뉴 안에서 **Vertex Crease**를 선택하고 마우스 좌클릭합니다. 왼쪽 아래 오퍼레이터 패널에서 팩터에 '1'을 입력합니다.

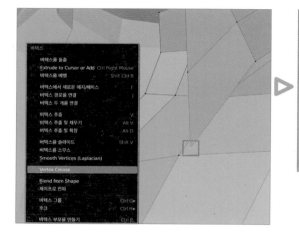 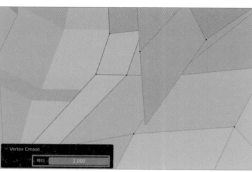

Chapter 5

2

스커트 모델링

다음은 스커트를 모델링합니다. 스커트의 종류는 매우 다양합니다. 복잡한 주름이 있는 프릴 스커트가 있는가 하면 접힌 자국이 특징적인 플리츠 스커트도 있습니다. 하지만 여기에서는 초보자라도 간단하게 만들 수 있는 심플한 형태의 스커트를 모델링합니다.

01
페이스 선택하기
Step 오브젝트 모드(Tab키)으로 전환한 뒤 **Body**를 선택하고 **에디트 모드(Tab키)**로 전환합니다. 다음으로 배꼽 위쪽 에지 2개를 **Shift+Alt+마우스 좌클릭**으로 여러 에지 루프합니다. 3D 뷰포트 오른쪽 위에 있는 **X-Ray**를 토글(**Alt+Z키**)을 사용하면서 작업을 하면 좋습니다.

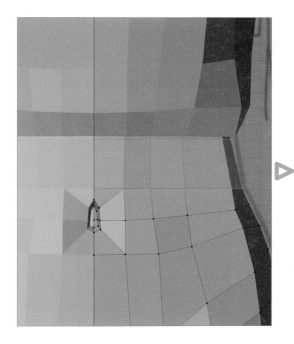
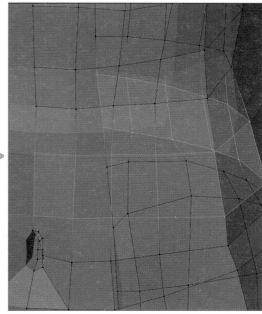

02 페이스 복사해서 확장하기

Step

❶ 다음으로 복제(Shift+D키)를 누르고 마우스 우클릭으로 원래 위치에 배치합니다. 이어서 수축/팽창(Alt+S키)을 누른 뒤 마우스 좌클릭합니다.

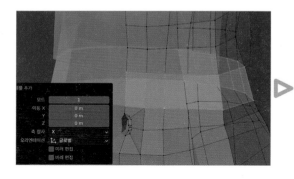
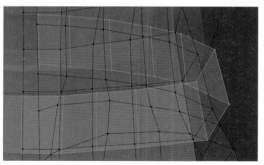

❷ 마우스 좌클릭 한 후 왼쪽 아래 오퍼레이터 패널에서 오프셋에 '0.01'을 입력합니다. 캐릭터에 움직임을 붙일 때 가능한 신체가 스커트를 관통하지 않도록 신체와 스커트 사이에 거리를 주는 것이 좋습니다.

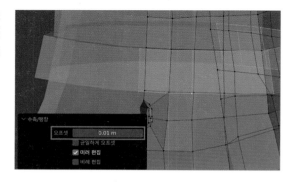

03 오브젝트 분리하기

Step

복제한 메쉬를 선택한 상태에서 분리(P키)에서 선택을 선택합니다. 오른쪽 위 아웃라이너에 새롭게 Body.001이 추가됩니다. 더블 클릭한 뒤 이름을 'Skirt'로 변경합니다.

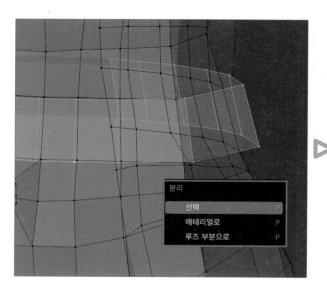

04 에지 아래로 돌출하기

Step

❶ 오른쪽 위 아웃라이너에서 **Body** 오브젝트를 숨기기 한 뒤 **앞쪽 시점(넘버패드 1)**으로 전환합니다.

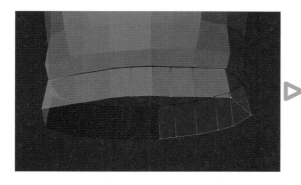
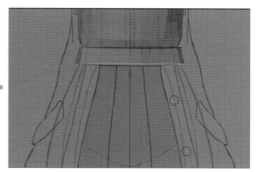

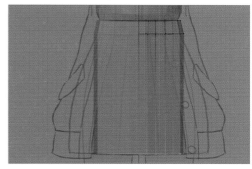

다음으로 스커트의 메쉬(하반신쪽)을 **Alt+마우스 좌클릭**으로 에지 루프 선택하고 **돌출하기(E키)** → **Z키**로 Z축 방향으로 고정해 돌출시킵니다. 밑그림의 스커트의 밑단 위치까지 돌출시킨 뒤 마우스 좌클릭으로 결정합니다.

05 기점 위치 변경하기

Step

다음은 메쉬를 확대하기 위해 기점 위치를 변경합니다. 돌출시킨 메쉬 가운데의 앞뒤 버텍스 2개를 선택합니다. 3D 뷰포트 위쪽에 있는 **메쉬 → 스냅 → 커서를 선택에 스냅**을 선택합니다. 그러면 선택한 버텍스 2개의 중간으로 3D 커서를 이동할 수 있습니다.

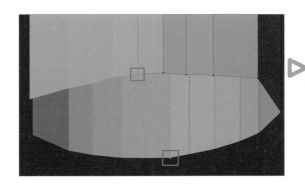
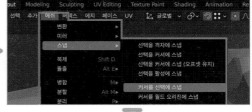

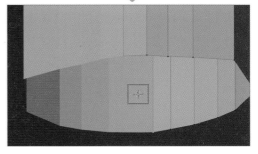

06 스커트 형태 수정하기

Step

3D 뷰포트 위쪽에 있는 **피벗 포인트를 변환**에서 **3D 커서**를 선택해 기점을 3D 커서로 변경합니다. 그리고 돌출시킨 버텍스를 **Alt+마우스 좌클릭**으로 에지 루프 선택하고 이동(**G키**), 축적(**S키**) → **X키**를 사용한 좌우 변형, 축적(**S키**) → **Y키**를 사용한 깊이 방향 변형 등으로 스커트의 형태를 정리합니다. 변형을 마쳤다면 **피벗 포인트를 변환**은 평균 포인트로 되돌립니다.

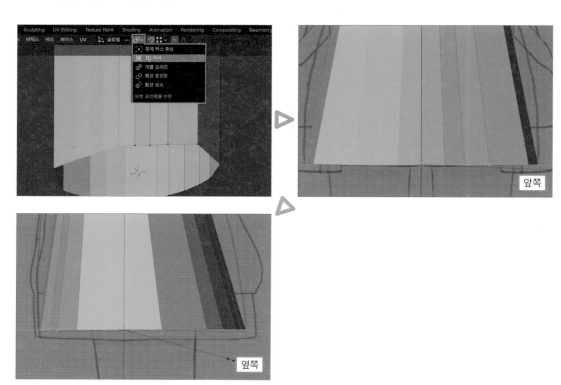

앞쪽

옆쪽

07 스커트 밑단 부분 정리하기

Step

스커트 밑단 부분의 버텍스를 **버텍스를 슬라이드**(**G키**를 2번 누르거나 **Shift+V키**)를 사용해 원형이 되도록 정렬합니다. 가능한 버텍스와 버텍스 사이가 균등하게 되는 것이 좋습니다. 이렇게 함으로써 이후의 작업에서 스커트를 자연스럽게 흔들리게 할 수 있습니다.

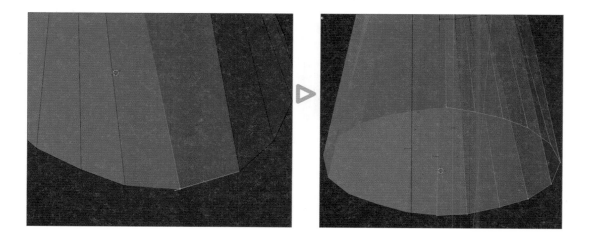

08 루프 잘라내기 적용하기

Step 세로 방향 에지에 마우스 커서를 올리고 **루프 잘라내기(Ctrl+R키)**에서 마우스 휠을 움직여 에지를 5개 추가합니다. 그리고 마우스 좌클릭 → 마우스 우클릭으로 위치를 결정합니다.

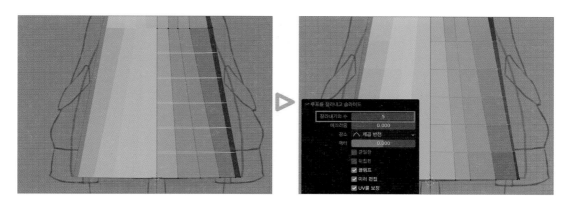

09 스커트 형태 정리하기

Step ❶ 앞쪽 시점(넘버패드 1), 오른쪽 시점(넘버패드 3)을 전환하면서 **이동(G키)**, **수축/팽창(Alt+S키)**, **축적(S키) → X 키**, **축적(S키) → Y키** 등 다양한 조작을 하면서 밑그림에 맞춰 스커트 형태를 정리합니다. 여기에서도 버텍스와 버텍스 사이를 균등하게 함으로써 스커트를 자연스럽게 흔들리게 할 수 있습니다. 그리고 뒤에서 주름을 표현하기 위해 선을 삽입하므로 세로선은 가능한 정렬해 두는 것이 좋습니다.

Next Page ▶

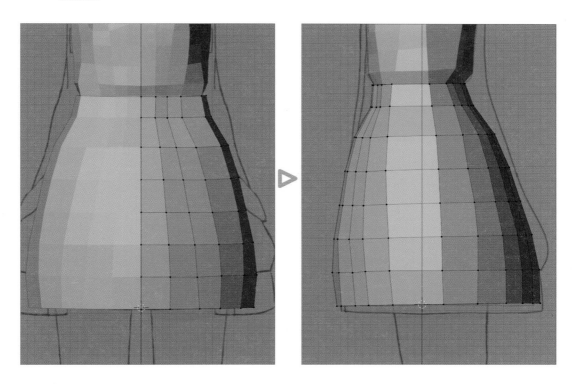

❶ 오른쪽 위 아웃라이너에서 **Body** 오브젝트를 표시합니다. 관통을 방지하기 위해 신체와 스커트가 너무 밀착하지 않는지 확인하는 것이 좋습니다.

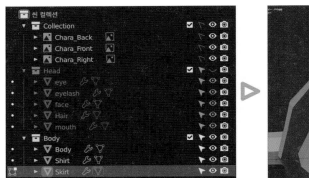 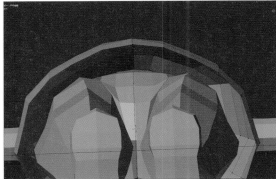

10
Step

크리스 적용하기

스커트 허리 부분의 하반신쪽 에지를 **Alt+마우스 좌클릭**으로 에지 루프 선택합니다. 크리스(**Shift+E키**)에서 마우스 좌클릭합니다. 왼쪽 아래 오퍼레이터 패널에서 팩터에 '1'을 입력합니다.

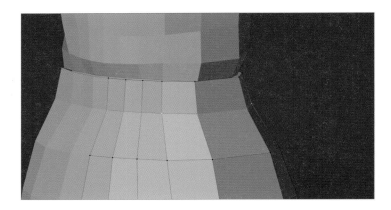

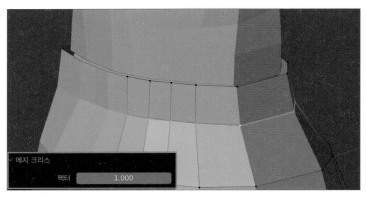

파카 모델링

Chapter 5

3

파카(아우터)를 구성하는 것은 후드, 주머니, 끈 등입니다. 그리고 파카에서는 주름과 늘어진 천을 표현하는 것이 중요합니다. 당겨지면서 생긴 주름과 늘어짐이 파카의 매력이며 귀여운 느낌을 주는 포인트입니다. 여기에서는 파카를 구성하는 부분에 더해 이 매력을 전달할 수 있도록 나중에 주름에 선을 추가하며, 소매 부근 등에 생기는 부푼 천을 표현합니다. 파카는 셔츠와 동일한 방법으로 모델링하지만 형태가 꽤 복잡하므로 하나씩 천천히 진행합니다.

3-1 파카 본체 모델링

01 Body의 상반신 선택하기

Step

오른쪽 위 아웃라이너에서 Shirt과 Skirt를 숨기기 합니다. 다음으로 Body의 에디트 모드(Tab키)로 전환한 뒤 앞쪽 시점(넘버패드 1)로 전환합니다. 3D 뷰포트 오른쪽 위에 있는 X-Ray를 토글(Alt+Z키)을 활성화하고 그림과 같이 상반신의 버텍스를 박스 선택(B키) 등으로 선택합니다.

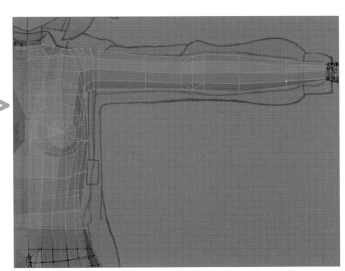

오브젝트를 복제하기

Step 다음으로 복제(Shift+D키)를 누른 뒤 마우스 우클릭으로 위치를 결정합니다. 그 뒤 수축/팽창(Alt+S키)을 선택하고 마우스 좌클릭으로 결정합니다. 왼쪽 아래 오퍼레이터 패널에서 오프셋에 '0.02'를 입력합니다.

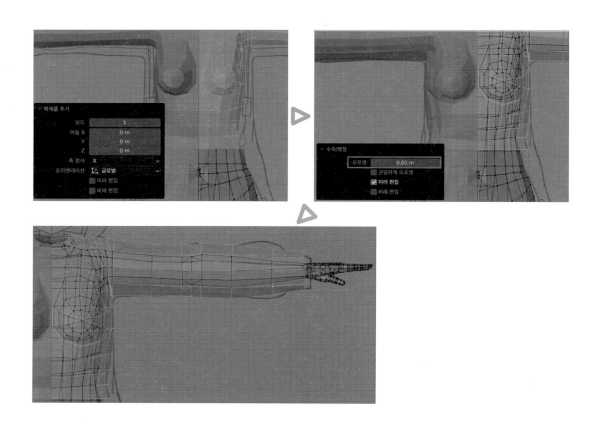

03 오브젝트 분리하기

Step 분리의 단축키인 P키에서 선택으로 복제한 메쉬를 분리합니다. 오른쪽 위 아웃라이너에 새롭게 Body.001이 추가되면 이름을 'Parka'로 입력합니다.

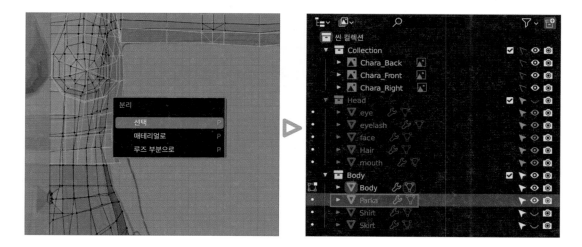

04 겨드랑이 부분 수정하기

Step

Parka 오브젝트의 에디트 모드(Tab키)로 전환합니다. 확장으로 인해 겨드랑이 부분이 깨졌으므로 **Alt+마우스 좌클릭**으로 에지 루프 선택한 뒤 버텍스를 버텍스를 슬라이드(**G키**를 2번 누르거나 **Shift+V키**)을 사용해 조정합니다. **이동(G키)**으로 겨드랑이의 메쉬 형태를 정리합니다.

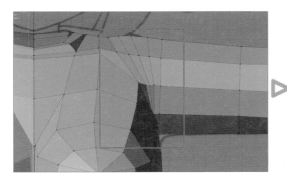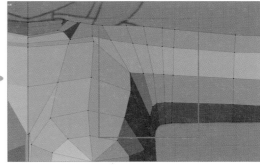

05 에지 삭제하기

Step

Body 오브젝트를 숨기기 한 뒤 버텍스를 삭제해서 형태를 파카에 가깝게 만듭니다. 목 부근의 메쉬의 머리쪽 에지 1개를 **Alt+마우스 좌클릭**으로 에지 루프 선택하고 **삭제(X키)**에서 **버텍스**를 선택합니다.

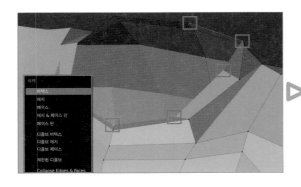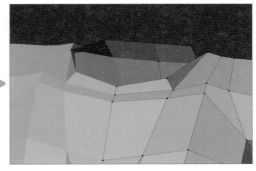

06 버텍스 삭제하기

Step

❶ 앞쪽 세로로 배열되어 있는 버텍스를 박스 선택(**B키**) 등으로 선택했다면 **삭제(X키)**에서 **버텍스**를 삭제합니다.

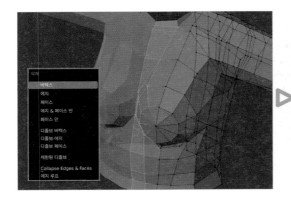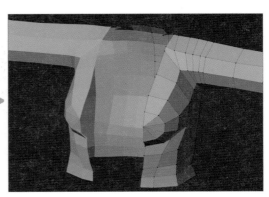

❷ 옆쪽에 공백이 생기므로 4개의 버텍스를 선택하고 버텍스에서 새로운 에지/페이스(F키)로 페이스를 만듭니다.

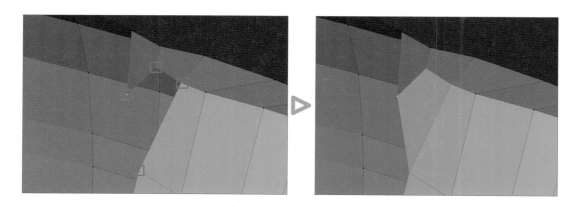

07 Step 형태 정리하기

여기에서 일단 밑그림을 참고해 신체 부분을 이동(G키)이나 버텍스 슬라이드(G키를 2번 누르거나 Shift+V키) 등으로 형태를 정리합니다. 목 주변의 후드 부분은 나중에 돌출하기 등으로 사용해 모델링하므로 현 시점에서는 밑그림에 맞지 않아도 좋습니다. 그리고 소매도 나중에 세세하게 모델링할 것이므로 여기에서는 대략적이어도 괜찮습니다.

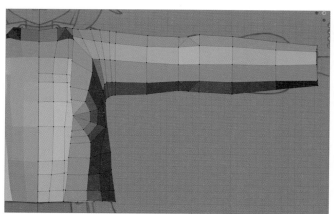

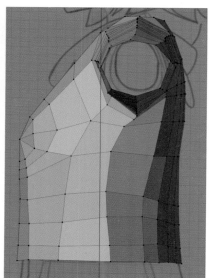

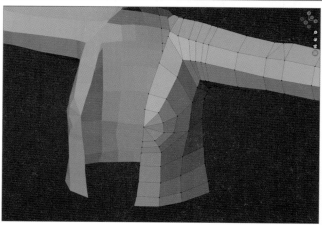

셔츠와 마찬가지로 섭디비전 표면의 **실시간**을 활성화하고 부드러운 방향의 형태도 정리하면 좋습니다.

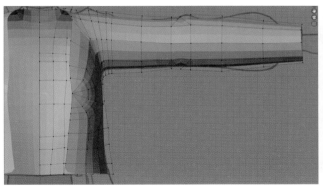
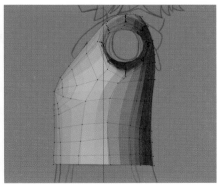

3-2	후드 부분 모델링

다음으로 파카의 후드 부분을 모델링합니다.

01 에지 만들기
Step

❶ 뒤쪽 시점(Ctrl+넘버패드 1)으로 전환하고 X-Ray를 토글(Alt+Z키)을 활성화한 뒤 밑그림을 확인합니다. 어깨 주변의 파카의 형태를 확인했다면, 이 형태에 맞도록 버텍스의 경로를 연결합니다. 그림과 같이 버텍스를 선택하고 **버텍스 경로를 연결(J키)**을 사용해 연결한 뒤, 페이스를 분할하면서 에지를 작성합니다. Next Page ▶

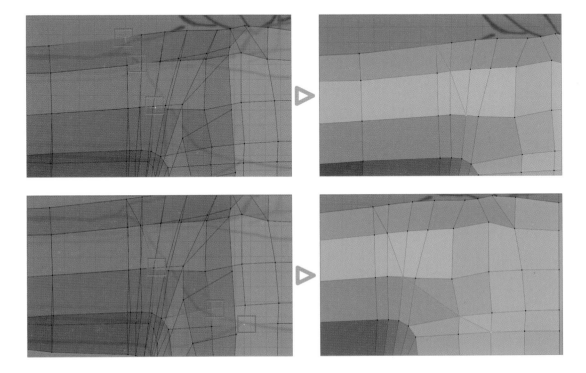

❷ 다시 앞쪽 시점(넘버패드 1)으로 전환하고 그림과 같이 버텍스를 선택한 뒤 연결(J키)으로 에지를 작성하면 좋습니다.

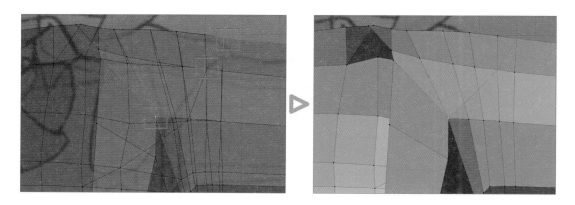

02
나이프 도구 사용하기

Step 앞쪽 후드 부분을 만들기 위해 **나이프 도구(K키)**로 버텍스를 마우스 좌클릭해 선택합니다. 이 상태에서 마우스 커서를 움직여 마우스 좌클릭으로 자르듯이 분할합니다. 마쳤다면 **Enter키**로 결정합니다.

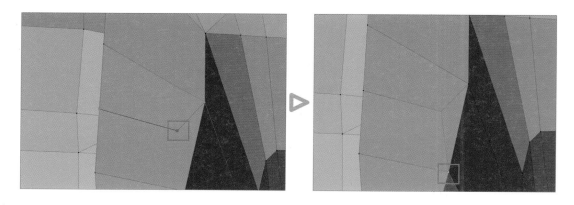

03
페이스 돌출하기

Step 페이스 선택 모드(숫자키 3)로 전환하고 밑그림의 후드 부분의 페이스를 여럿 선택합니다. 다음으로 돌출하기 메뉴(Alt+E키)의 노멀에 맞춰 페이스 돌출하기를 선택하고, 어느 정도 돌출시킨 뒤 마우스 좌클릭으로 결정합니다. 왼쪽 아래 오퍼레이터 패널 안에 있는 오프셋의 수치가 '0.01' 정도가 되게 합니다.

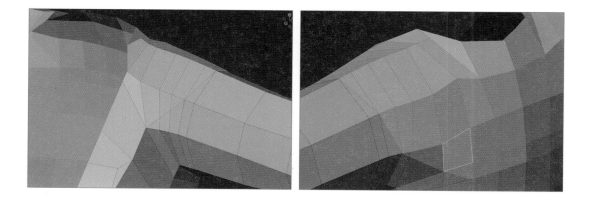

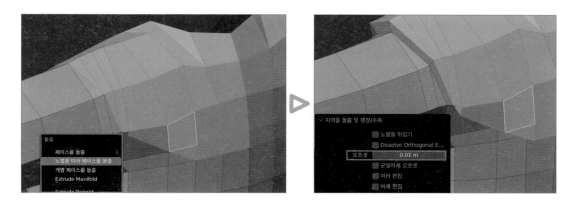

04 후드 수정하기

Step

여기에서 앞쪽 시점(넘버패드 1), 뒤쪽 시점(Ctrl+넘버패드 1), 오른쪽 시점(넘버패드 3) 등 다양한 시점에서 확인하면서 모델링합니다(섭디비전 표면의 부드러운 형태도 보면서 조정하면 좋습니다). **X-Ray를 토글(Alt+Z키)**을 사용해 밑그림을 참고해 파카의 형태를 조정합니다. **뒤쪽 시점(Ctrl+넘버패드 1)**과 **오른쪽 시점(넘버패드 3)**을 번갈아 보면 뒤쪽 후드의 크기가 명확하게 다르기 때문에 어느 쪽을 참고해야 할 지 알기 어려울 것입니다. 그때는 뒤쪽 시점쪽을 중시해서 모델링하면 좋습니다.

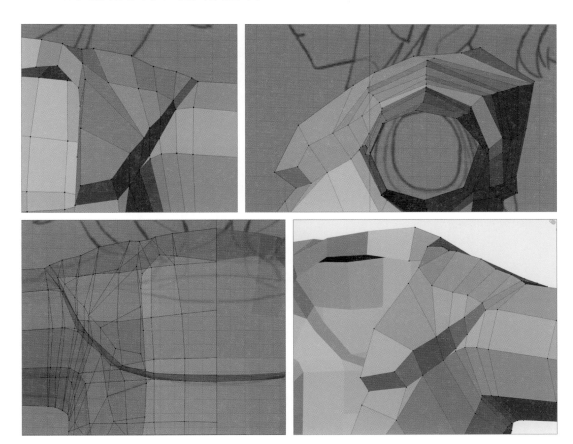

인체와 옷에 관해

기본적으로 인체와 옷을 모델링할 때는 가능한 버텍스가 나란히 되도록
구성하는 것이 좋습니다. 뒤에서 웨이트 전송이라는 기능을 사용하는데
이렇게 배열해 두면 웨이트 전송을 쉽게 할 수 있습니다. 옷과 옷이 겹쳐
지는 부분도 버텍스가 나란히 되도록 구성하면 웨이트 전송을 쉽게 할 수
있습니다.

이 책에서는 옷을 세부적으로 만들기 위해 연결이나 나이프 등을 사용해
꼭지점이나 변을 새롭게 추가합니다. 이 때도 임의의 버텍스 근처에 배치
함으로써 웨이트 전송을 매끄럽게 수행할 수 있습니다.

3-3 팔 부분 모델링

01 연결해서 주름 만들기

Step

다음은 파카의 주름이 되는 부분을 모델링합니다. 윗팔쪽 버텍스를 선택하고 **버텍스 경로를 연결(J키)**로 앞쪽과
뒤쪽 버텍스 사이에 에지를 만듭니다.

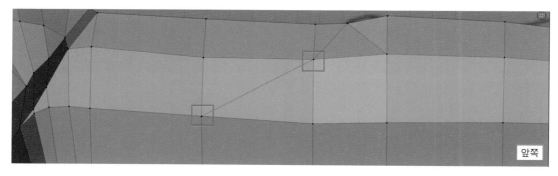

앞쪽

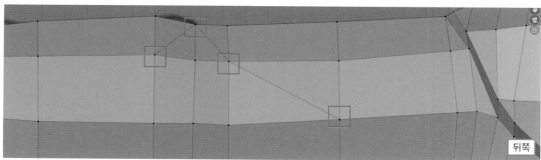

뒤쪽

02 에지 섭디비전하기
Step
에지 선택 모드(숫자키 2)로 전환하고 위쪽 시점(넘버패드 7)으로 팔꿈치 위쪽 에지 3개를 선택하고 마우스 우클릭한 뒤 **섭디비전**을 선택합니다. 왼쪽 아래 오퍼레이터 패널에서 **N-Gons**을 생성을 비활성화합니다.

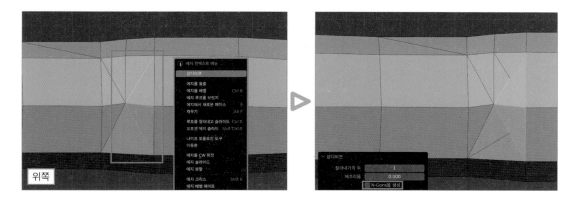

03 주름 추가하기
Step
팔꿈치 앞쪽과 뒤쪽에 버텍스 경로를 연결(J키)로 에지를 만듭니다. 연결하면 중간에 버텍스가 만들어집니다. 버텍스를 슬라이드(G키를 2번 누르거나 Shift+V키)으로 버텍스 위치를 조정합니다.

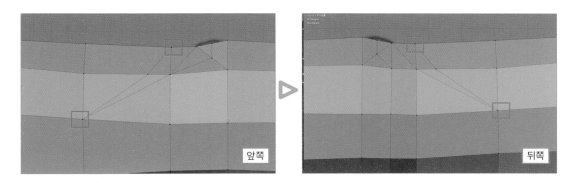

04 주름 형태를 정리하기
Step
또한 오른쪽 프로퍼티스에서 **섭디비전 표면**의 실시간을 활성화하고 이동(G키) 등으로 형태를 정리합니다. 마쳤다면 실시간을 비활성화합니다.

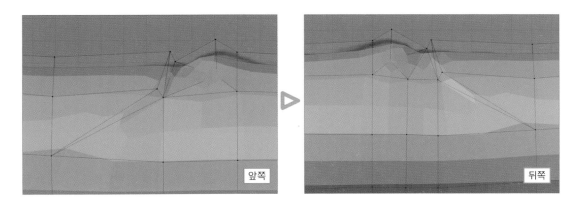

05 루프 잘라내기 적용하기

Step

다음은 소매 주변을 모델링합니다. 세로 방향 에지에 마우스 커서를 올리고 루프 잘라내기 (Ctrl+R키)로 에지를 1개 추가한 뒤 마우스 좌클릭 → 마우스 우클릭으로 결정합니다.

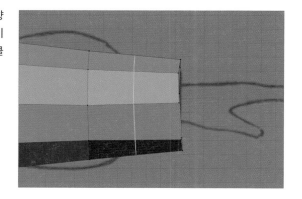

06 소맷부리 수정하기

Step

Alt+마우스 좌클릭으로 에지 루프 선택한 뒤(3D 뷰포트 위쪽에 있는 **피벗 포인트를 변환이 평균 포인트로 되어** 있는지 확인합니다) 축적(S키), 이동(G키) → X키로 좌우 이동해 조정합니다. 오른쪽 프로퍼티스에서 **섭디비전 표** 면의 실시간 활성화/비활성화를 반복하면서 형태를 정리하면 좋습니다.

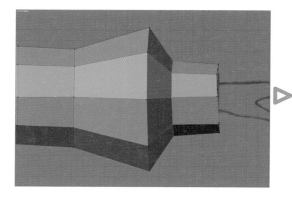 ▷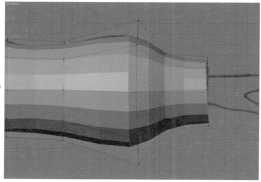

07 소맷부리에 크리스 적용하기

Step

에지 선택 모드(숫자키 2)로 전환해 소맷부리의 에지 2개를 선택한 뒤 크리스(Shift+E키)에서 마우스 좌클릭합니다. 왼쪽 아래 오퍼레이터 패널에서 팩터에 '1'을 입력합니다. 마쳤다면 버텍스 선택 모드(숫자키 1)로 되돌립니다.

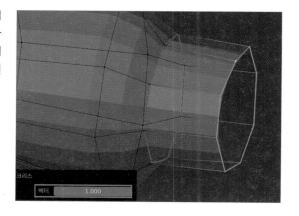

08 오브젝트 조정하기

Step

오른쪽 위 아웃라이너에서 **Body** 오브젝트와 **Shirt** 오브젝트를 표시합니다. 소맷부리의 내부에 틈이 어느 정도인지 확인합니다. 만약 오브젝트끼리 너무 가깝거나 메쉬가 관통하고 있다면 **축적(S키)** 등을 사용해 가능한 틈을 만드는 것이 좋습니다.

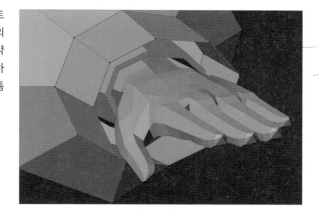

09 소맷부리에 두께 만들기

Step

파카의 소맷부리 부분을 **Alt+마우스 좌클릭**으로 선택하고 에지 루프 선택합니다. 돌출하기(**E키**) → **S키**로 아주 조금만 축적해 돌출하기 하고 마우스 좌클릭으로 결정합니다. 신체나 셔츠가 파카에 가려지지 않도록 주의합니다.

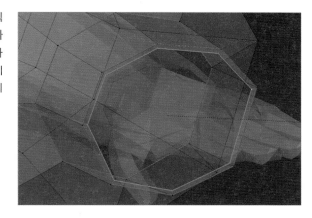

10 소매 내부 만들기

Step

❶ **E키** → **X키**로 안쪽으로 돌출시킨 뒤 마우스 좌클릭으로 결정합니다. 그리고 소맷부리 내부를 만들기 위해 **E키** → **S키**를 누른 뒤 마우스 좌클릭합니다. Next Page ▶

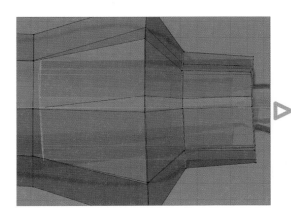 ▷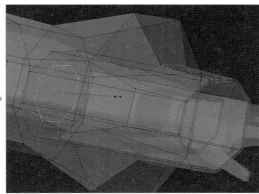

❷ 병합(M키)을 누르고 중심에를 선택합니다.

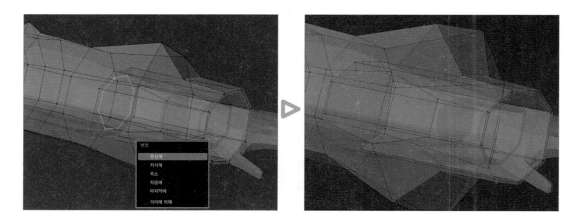

3-4 하반신쪽 모델링

01 에지 돌출하기
Step
다음은 하반신쪽을 모델링합니다. 파카의 하반신쪽 버텍스를 Alt+마우스 좌클릭으로 에지 루프 선택하고 E키를 눌러 아래쪽으로 돌출시킨 뒤 마우스 좌클릭으로 결정합니다.

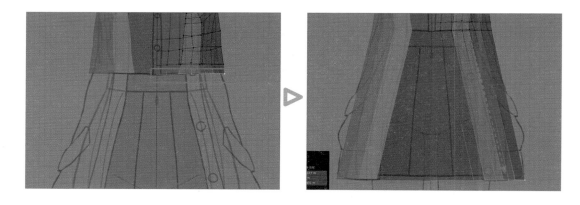

02 루프 잘라내기 적용하기
Step
세로 방향 에지에 마우스 커서를 올리고 루프 잘라내기(Ctrl+R키)를 사용합니다. 마우스 휠을 움직여 6개의 에지를 추가하고 마우스 좌클릭 → 마우스 우클릭으로 위치를 결정합니다.

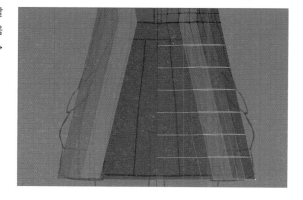

03

표시 변경하기

Step

오른쪽 위 아웃라이너에서 Skirt를 표시하고 오브젝트 모드(Tab키)로 전환합니다. 다음으로 Skirt 오브젝트를 선택했다면 오른쪽 프로퍼티스에서 **오브젝트 프로퍼티스**를 클릭하고 **뷰포트 표시** 패널 안에 있는 와이어프레임을 활성화합니다. 이러게 하면 오브젝트의 메쉬를 직관적으로 알 수 있습니다. 활성화했다면 Parka 오브젝트를 선택하고 **에디트 모드(Tab키)**로 전환합니다. 이 Skirt 메쉬를 참고로 Parka 오브젝트의 메쉬를 조정합니다.

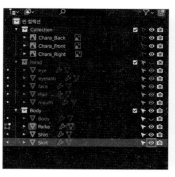 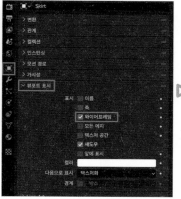 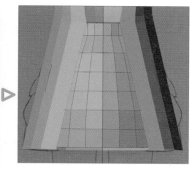

04

버텍스 조정하기

Step

앞쪽 시점(넘버패드 1), 오른쪽 시점(넘버패드 3), 뒤쪽 시점(Ctrl+넘버패드 1) 등 다양한 각도에서 확인하면서 이동(G키)나 버텍스를 슬라이드(G키를 2번 누르거나 Shift+V키) 등을 사용해 버텍스를 조정합니다. 오브젝트가 겹쳐서 잘 보이지 않을 때는 Skirt를 일시적으로 숨기기 해도 좋습니다. Next Page

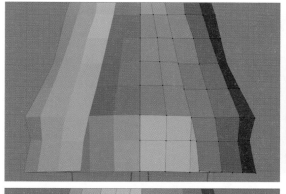 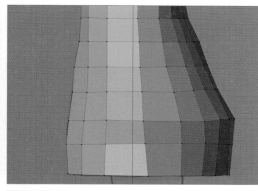

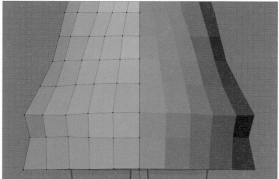

> **MEMO**
>
> 파카는 크기가 클수록 펑퍼짐해지고 중력에 의해 천이 아래로 당겨지기 쉽습니다. 이를 고려하면 파카의 형태를 파악하기 쉽습니다.

반복이지만 섭디비전 표면의 **실시간**을 활성화/비활성화하면서 조정하는 것이 좋습니다.

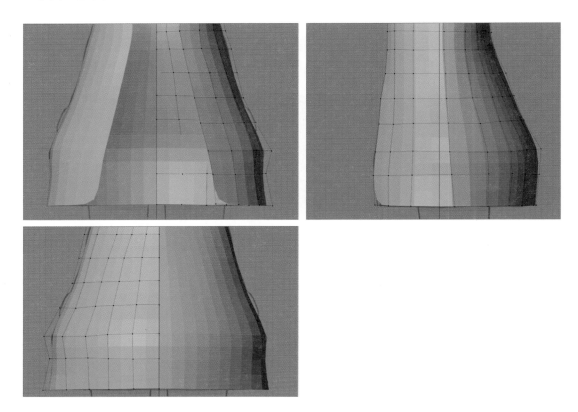

이 버텍스를 조정하는 팁으로, 가능한 *Skirt*의 메쉬에 맞추면 이후의 작업에 드는 노력을 줄일 수 있습니다. 그리고 약간은 틈이 다소의 틈이 있으면 스커트와 파카가 서로 관통하지 않게 됩니다.

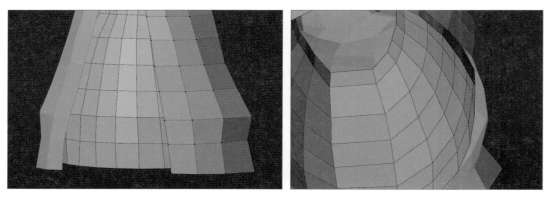

작업을 마쳤다면 *Skirt* 오브젝트의 오브젝트 프로퍼티스에서 와이어프레임을 비활성화합니다.

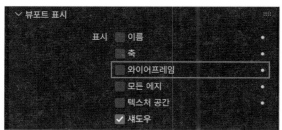

05 주머니 만들기
Step 다음으로 파카의 주머니 부분을 만듭니다. 오른쪽 시점(넘버패드 3)으로 전환하고 나이프 도구(K키)를 사용해 마우스 좌클릭으로 주머니의 형태가 되도록 잘라냅니다(Esc키로 취소할 수 있습니다). 마쳤다면 Enter키로 결정합니다.

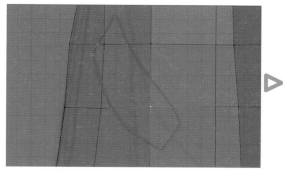 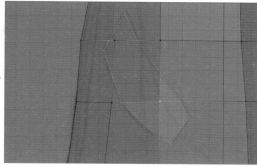

06 버텍스 편집하기
Step 또한 나이프 도구(K키)나 버텍스 경로를 연결(J키)을 사용해 다각형(N-Gons)을 없애고 사각 페이스 또는 삼각 페이스로 구성합니다.

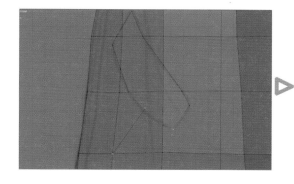 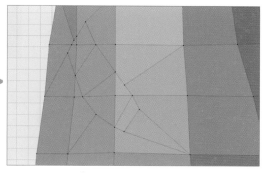

07 페이스 돌출하기
Step 페이스 선택 모드(숫자키 3)로 전환하고 주머니 부분을 Shift로 여럿 선택합니다. 다음으로 돌출하기(Alt+E키)로 노멀을 따라 페이스를 돌출을 선택합니다. 어느 정도 늘렸다면 마우스 좌클릭으로 결정합니다. 왼쪽 아래 오퍼레이터 패널에서 오프셋이 '0.01' 정도가 되면 좋습니다.

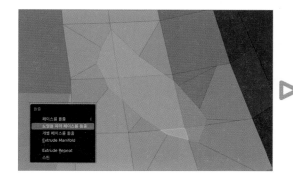 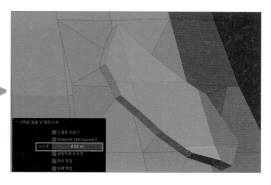

08
주머니 밑동에 크리스 적용하기
Step 에지 선택 모드(숫자키 2)로 전환하고 주머
니 밑동을 **Alt+마우스 좌클릭**으로 에지 루
프 선택한 뒤 크리스(**Shift+E키**)로 마우스
좌클릭합니다. 다음으로 왼쪽 아래 오퍼레
이터 패널에서 팩터에 '1'을 입력합니다.

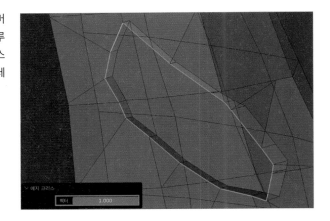

09
후드 밑동에 크리스 적용하기
Step 다음으로 후드 밑동도 **Shift+Alt+마우스
좌클릭**으로 여러 에지 루프 선택한 뒤 크리
스(**Shift+E키**)로 마우스 좌클릭합니다. 왼
쪽 아래 오퍼레이터 패널에서 팩터에 '1'을
입력해 크리스를 추가합니다.

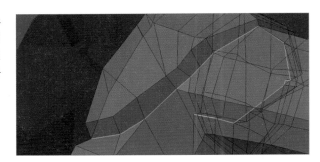

3-5 플래킷 프론트 부분 모델링

01
플래킷 프론트 부분 만들기
Step 나이프 도구(**K키**)를 사용해 세로로 나누듯 메쉬를 구성합니다(좌클릭으로 잘라내듯 에지를 만들고 **Enter키**로 결
정합니다. **Esc**로 취소할 수 있습니다).

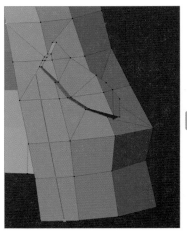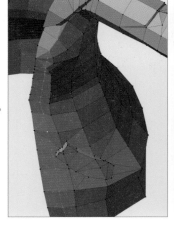

02 에지와 버텍스에 크리스 적용하기

Step

파카의 아래쪽 부분의 버텍스(변)을 선택합니다. 이때 플래킷 프론트의 버텍스는 선택하지 않습니다. 크리스 (Shift+E키)를 누른 뒤 마우스 좌클릭합니다. 왼쪽 아래 오퍼레이터 패널에서 팩터에 '1'을 입력합니다. 또한 모서리 부분의 버텍스를 선택하고 버텍스 메뉴(Ctrl+V키)에서 **Vertex Crease**를 선택한 뒤 마우스 좌클릭으로 결정합니다. 왼쪽 아래 오퍼레이터 패널에서 팩터에 '1'을 입력합니다.

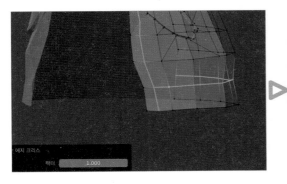
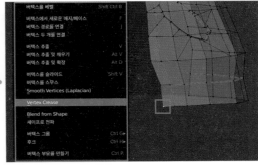

03 페이스를 삽입하기

Step

끈 부분을 만듭니다. 페이스 선택 모드(숫자키 3)로 전환하고 후드 앞쪽 부분을 선택합니다. 다음으로 페이스를 인셋(I키)에서 마우스를 움직여 페이스를 삽입한 뒤 마우스 좌클릭으로 결정합니다. 그리고 크리스(Shift+E키)에서 마우스 좌클릭 한 뒤 왼쪽 아래 오퍼레이터 패널에서 팩터에 '-1'을 입력해 일단 크리스를 삭제합니다.

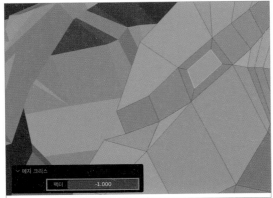

04 메쉬 만들기

Step

다음으로 앞쪽 시점(넘버패드 1)으로 전환한 뒤 메쉬를 만드는 Ctrl+마우스 우클릭해 끈을 만듭니다. 여기에서는 6번 클릭합니다.

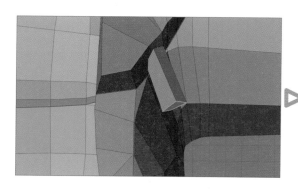 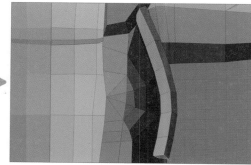

05 메쉬 형태 조정하기

Step

메쉬의 형태를 대략 정리합니다. 정리할 때 에지 선택 모드(숫자키 2)로 전환하고 Alt+마우스 좌클릭으로 에지 루프 선택한 뒤 이동(G키)을 눌러 끈의 형태가 잘 부서지지 않게 할 수 있습니다. 그리고 끈의 끝은 나중에 돌출하기를 할 것이므로 조금 간격을 떨어뜨려 두는 것이 좋습니다.

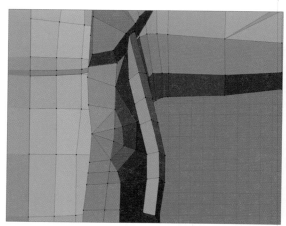 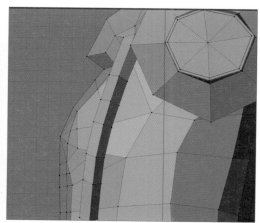

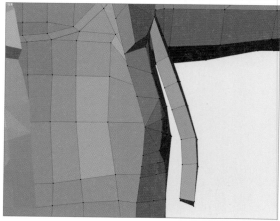

06
Step
크리스 넣기
가장 아래쪽 에지(면)과 아래에서 세 번째 에지를 Shift+Alt+마우스 좌클릭으로 여러 에지 루프 선택한 뒤 크리스(Shift+E키)를 누르고 마우스 좌클릭으로 결정합니다. 왼쪽 아래 오퍼레이터 패널에서 팩터에 '1'을 입력합니다.

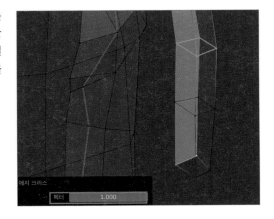

07
Step
끝부분 돌출하기
페이스 선택 모드(숫자키 3)로 전환하고 Shift+Alt+마우스 좌클릭으로 여러 면 루프 선택합니다. 돌출하기 메뉴 (Alt+E키)로 노멀을 따라 페이스를 돌출을 선택합니다. 원하는 크기로 돌출시킨 뒤 마우스 좌클릭으로 결정합니다.

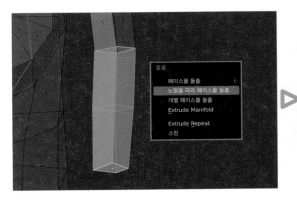 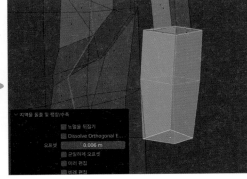

08
Step
버텍스 병합하기
버텍스 선택 모드(숫자키 1)로 전환한 뒤 끈 끝부분 안쪽 버텍스 4개를 선택합니다. 병합(M키)에서 중심에를 선택합니다.

 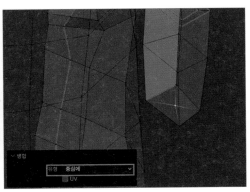

09 끈 밑동에 크리스 적용하기

Step

끈 밑동을 Alt+마우스 좌클릭으로 에지 루프 선택한 뒤 크리스(Shift+E키)를 추가합니다. 왼쪽 아래 오퍼레이터 패널에서 팩터에 '1'을 입력합니다. 그리고 섭디비전 표면의 실시간을 활성화/비활성화하면서 이동(G키)등으로 세부 조정합니다.

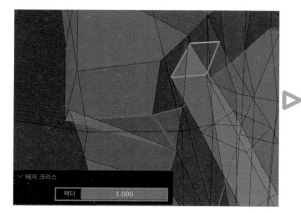

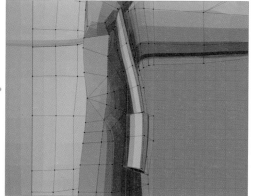

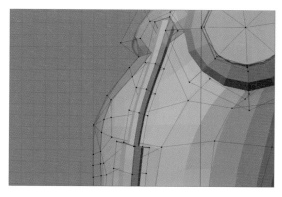

10 파카에 크리스 적용하기

Step

파카의 고양이 귀 부분을 모델링합니다.

❶ 페이스 선택 모드(숫자키 3)로 변경하고 뒷면의 후드 부분을 페이스 선택합니다. 크리스(Shift+E키)를 선택하고 왼쪽 아래 오퍼레이터 패널에서 팩터에 '1'을 입력합니다.

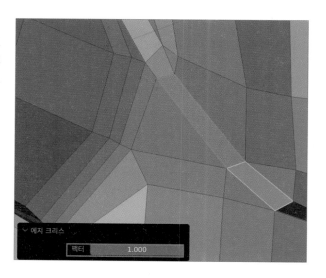

❷ E키로 메쉬를 돌출시킨 뒤 귀 끝 부분의 면이 선택된 상태에서 다시 한번 **Shift+E키**를 선택합니다. 왼쪽 아래 오퍼레이터 패널에서 팩터에 '-1'을 입력합니다.

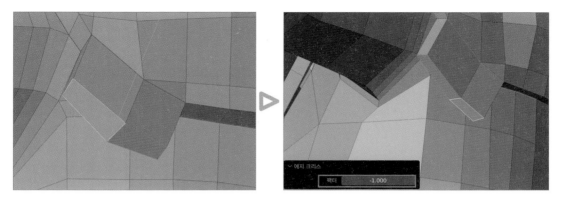

❸ 다시 한 번 형태를 정리합니다. **축적(S키)**을 사용해 귀 끝 부분을 작게 만들고 한 가운데 부근에 **루프 잘라내기(Ctrl+R 키)**를 사용해 마우스 좌클릭 → 마우스 우클릭으로 위치를 결정하고 **이동(G키)**으로 버텍스를 정리합니다.

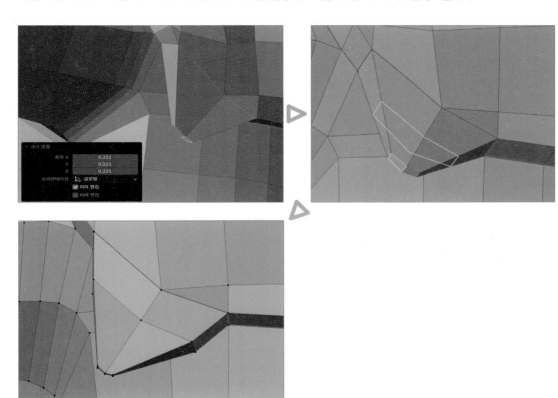

11 샤프 추가하기

Step

다음으로 크리스에 샤프를 추가합니다. 에지 선택 모드(숫자키 2)로 전환하고 크리스가 추가되어 있는 에지를 임의로 1개 선택하고, 유사 선택의 단축키인 **Shift+G**키를 누른 뒤 **Crease**를 추가합니다. 다음으로 에지 메뉴 (**Ctrl+E**키)에서 샤프를 마크를 선택합니다. 메쉬를 **A**키로 모두 선택하고 메쉬를 바깥쪽 방향으로 하는 **Shift+N** 키, 중복된 버텍스를 삭제하는 **M**키 → 거리에 의해 등을 사용하면 좋습니다.

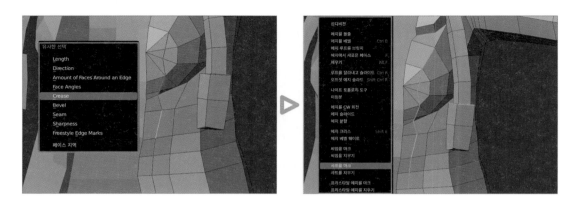

12 자동 스무스 적용하기

Step

오른쪽 위 아웃라이너에서 Parka, Shirt, Skirt 오브젝트를 표시한 뒤 이 3개의 오브젝트를 모두 선택합니다. 마우스 우클릭으로 메뉴를 표시한 뒤 **Shade Auto Smooth**를 선택합니다. 왼쪽 아래 오퍼레이터 패널에서 각도에 '180'을 입력합니다.

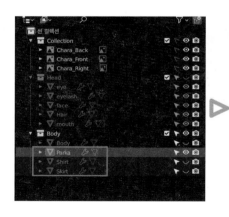
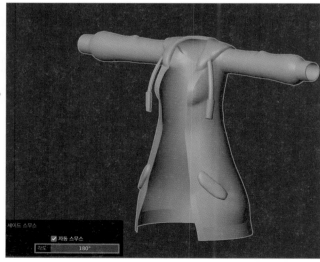

Chapter **5**

4

구두, 소품 모델링

여기에서는 구두와 소품을 모델링합니다. 구두를 만들 때는 가장 먼저 어떤 형태의 구두를 만들지 검토합니다. 이후 자료를 수집하고 구두의 구조를 정확하게 이해해야 합니다. 이 분야 역시 매우 전문적이며 지식의 깊이가 깊습니다. 아직 모델링에 익숙하지 않은 단계에서 전문적인 분야로 갑자기 뛰어들기는 어려우므로 여기에서는 간단한 구두(로퍼)를 만들어봅니다.

4-1 구두 모델링

01
Step
Body를 표시하고, 다른 오브젝트를 숨기기
오른쪽 위 아웃라이너에서 Parka, Shirt, Skirt 오브젝트를 숨기기 하고 Body 오브젝트를 표시합니다. 그리고 Body를 마우스 좌클릭 한 뒤 3D 뷰포트 왼쪽 위에 있는 모든 전환에서 에디트 모드(Tab키)로 전환해 시점을 발끝으로 이동합니다.

02
Step
발 부분 분리하기
3D 뷰포트 오른쪽 위에 있는 X-Ray를 토글(Alt+Z키)을 활성화합니다. 박스 선택(B키) 등으로 발의 버텍스를 모두 선택합니다. 다음으로 복제(Shift+D키)에서 마우스 우클릭으로 위치를 취소합니다. 이어서 분리(P키)에서 선택을 선택해 객체를 새롭게 분리합니다. 오른쪽 위 아웃라이너에서 Body.001을 더블 클릭하고 이름을 'Shoes'로 바꿉니다. Shoes의 에디트 모드(Tab키)로 전환합니다.

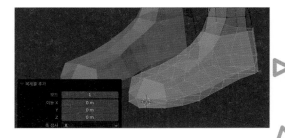 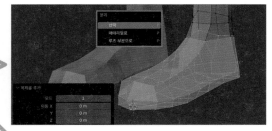

03 수축/팽창 적용하기

Step

에디트 모드에서 Shoes 오브젝트의 메쉬를 모두 선택(A키)합니다. 수축/팽창 (Alt+S키)으로 어느 정도 확대했다면 마우스 좌클릭으로 결정합니다. 왼쪽 아래 오퍼레이터 패널의 오프셋이 '0.005' 정도가 되도록 합니다.

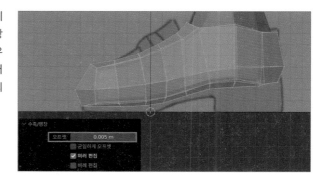

04 돌출하기

Step

페이스 선택 모드(숫자키 3)로 전환하고 구두 안쪽면을 선택한 뒤 오른쪽 시점(넘버패드 3)으로 전환합니다. 다음으로 돌출하기(E키)를 사용하면 노멀 방향으로 늘어납니다. 여기에서 Z키를 누르면 노멀 방향의 돌출하기가 취소됩니다. 그리고 한 번 더 Z키를 누르면 Z방향으로 늘릴 수 있으므로 위치를 결정합니다. 이 조작은 왼쪽 아래 오퍼레이터 패널에서 좌표계를 노멀에서 글로벌로 전환해 이동 Z를 조정하는 방법으로도 수행할 수 있습니다.

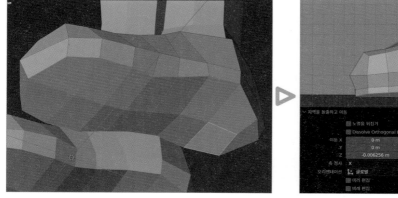 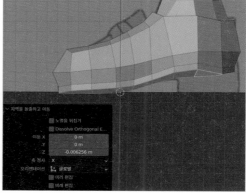

05 굽 돌출하기

Step

다음으로 굽 부분의 페이스를 선택한 뒤 오른쪽 시점(넘버패드 3)으로 전환합니다. 돌출하기(E키)에서 Z키를 2번 눌러 Z축 방향으로 돌출시킨 뒤 위치를 결정합니다.

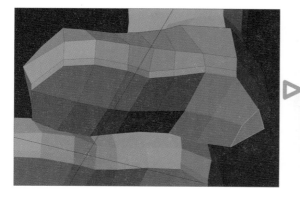 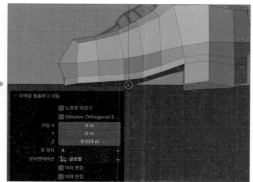

06 루프 잘라내기 넣기

Step

구두를 세부적으로 모델링합니다. 구두의 한 가운데 위쪽 세로 방향 에지에 마우스 커서를 올리고 루프 잘라내기(Ctrl+R키)로 에지를 1개 추가한 뒤 마우스 좌클릭 → 마우스 우클릭으로 결정합니다. 왼쪽 아래 오퍼레이터 패널에서 **매끄러움**을 '0.7'정도 되도록 합니다. 이 매끄러움은 루프 잘라내기를 부풀리거나 줄어들게 할 때 사용하는 기능입니다.

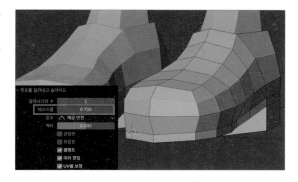

07 구두 형태 정리하기

Step

잠시 X-Ray를 토글(Alt+Z키)을 활성화하고 이동(G키)이나 박스 선택(B키) 등을 사용해 구두의 형태를 정리합니다. 발끝과 발뒤꿈치의 페이스를 선택하고 축적(S키) → Z키 → '0'을 입력하면 구두 바닥을 수평으로 정렬할 수 있습니다(3D 뷰포트 위쪽에 있는 변환 오리엔테이션을 글로벌로 설정합니다).

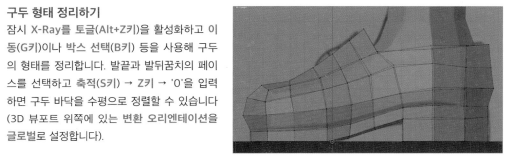

08 발등의 누르는 부분 만들기

Step

발등의 누르는 부분을 만듭니다. 발등의 누르는 부분의 버텍스를 선택하고 아래쪽에 마우스 커서를 올린 뒤 버텍스 추출(V키)로 버텍스를 가른 뒤 결정합니다. 이 작업을 반대쪽에도 수행합니다. 여러 버텍스를 선택한 뒤 이를 수행하려 하면 상태바에 여러 개의 분리된 버텍스를 추출할 수 없습니다라는 에러가 표시되므로 하나씩 수행합니다.

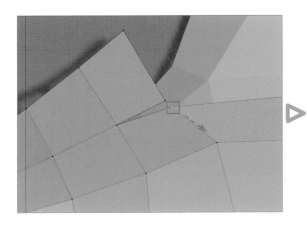
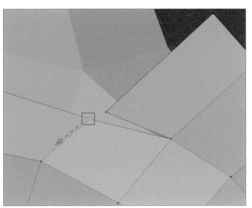

09
Step

크리스 적용하기

에지 선택 모드(숫자키 2)로 전환하고 발등 부분을 사각으로 감싸듯이 선택하고 크리스(Shift+E키)를 누릅니다.

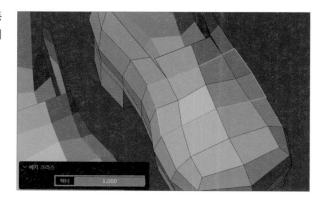

10
Step

페이스 돌출하기

페이스 선택 모드(숫자키 3)로 전환하고 돌출하기(E키)로 돌출하기를 한 뒤 마우스 좌클릭으로 결정합니다. 왼쪽 아래 오퍼레이터 패널의 이동 Z가 '0.002' 정도가 되도록 합니다.

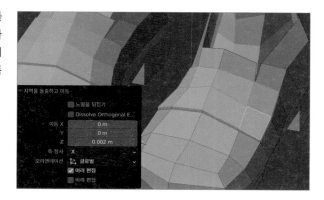

11
Step

크리스 적용하기

로퍼 솔기와 바닥 부분에 크리스를 넣습니다. 에지 선택 모드(숫자키 2)로 전환하고 그림과 같이 Shift+Alt+마우스 좌클릭으로 여러 에지 루프 선택한 뒤 Shift+E키로 크리스를 추가합니다. 왼쪽 아래 오퍼레이터 패널에서 팩터에 '1'을 입력합니다.

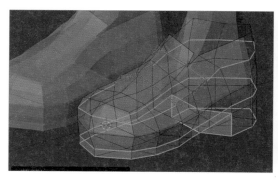
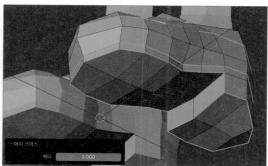

12
Step

구두 형태 수정하기
섭디비전 표면의 실시간을 활성화하고 구두를 이동(**G키**)이나 축적(**S키**) 등을 사용해 세부 수정합니다. 구두를 발이 관통하지 않도록 주의합니다.

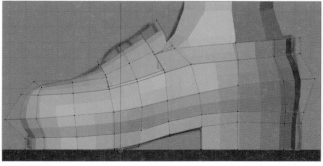

> **MEMO**
>
> 모델링이 어려워지는 관계로 생략했지만 구두 바닥의 옆쪽이 발등보다 앞으로 나오도록 하면 로퍼의 느낌이 더욱 많이 납니다. 그리고 팔끝을 약간 위로 들어줘도 구두의 느낌이 삽니다(two-spring, double-spring). 더 잘 만들고 싶을 때는 로퍼의 이미지를 검색해서 디테일을 살려보는 것도 좋습니다.

13
Step

샤프 적용하기
샤프를 추가합니다. 에지 선택 모드(**숫자키 2**)로 전환한 뒤 크리스를 적용한 에지를 1개 선택합니다. 유사 선택 (**Shift+G키**)에서 Crease를 선택합니다. 그리고 에지 메뉴를 표시(**Ctrl+E키**)하고 샤프를 마크를 선택합니다(메쉬를 **A키**로 모두 선택하고 메쉬를 바깥 방향으로 만드는 **Shift+N키**나 중복된 버텍스를 삭제하는 **M키** → 거리에 의해를 선택해도 됩니다).

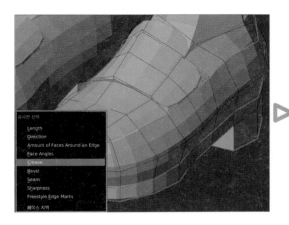
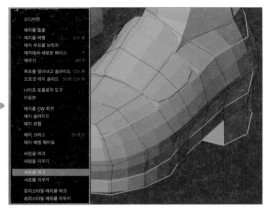

14 자동 스무스 적용하기

Step 오브젝트 모드(Tab키)로 전환합니다. Shoes 오브젝트를 선택하고 마우스 우클릭 한 뒤 Shade Auto Smooth를 선택합니다. 왼쪽 아래 오퍼레이터 패널에서 각도에 '180'을 입력합니다.

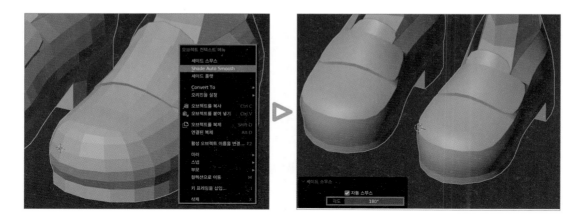

4-2 소품 모델링

◼ 리본 제작

다음은 리본, 버튼, 머리핀 등 소품 부분을 모델링합니다. 여기에서 소품들은 마지막에 만들지만 전체적인 형태를 정리하기 위해 처음에 대략적으로 만들기도 합니다. 항상 자신에게 맞는 방법으로 만듭니다. 가장 먼저 리본을 만듭니다.

01 평면 삽입하기

Step ❶ 현재 모드가 오브젝트 모드인지 확인합니다. 오른쪽 위 **아웃라이너**에서 Body 컬렉션을 숨기기 합니다.

Next Page ▶

❷ 다음으로 3D 커서를 중앙으로 되돌리는 단축키인 **Shift+C키**를 누릅니다. **Shift+A키 → 메쉬 → 평면**에서 새롭게 오브젝트를 추가합니다. 추가한 평면의 **에디트 모드(Tab키)**로 전환하고 **R키 → X키 → '90'**을 입력해 X축 방향으로 90도 회전시킵니다.

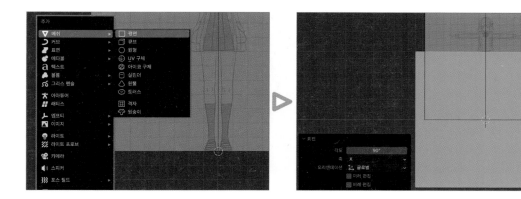

02 크기 변경하기와 이동하기

Step

축적(S키)을 눌러 평면을 작게 만든 뒤 마우스 좌클릭으로 결정합니다. 왼쪽 아래 오퍼레이터 패널에서 축적 X, Y, Z에 '0.4'를 입력합니다. 그리고 **이동(G키) → Z키**를 눌러 Z축 방향으로 고정 이동한 뒤 마우스 좌클릭으로 대략적인 위치를 결정합니다. 왼쪽 아래 오퍼레이터 패널의 이동 Z를 '1.235'로 합니다. 그리고 3D 뷰포트 오른쪽 위에 있는 **X-Ray**를 **토글(Alt+Z키)**을 활성화합니다.

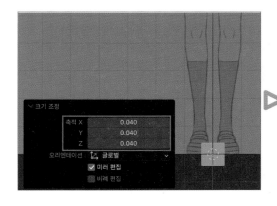

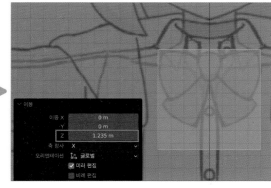

03 미러 추가

Step

❶ 평면의 위쪽 끝 또는 아래쪽 끝에 마우스 커서를 올리고 **루프 잘라내기(Ctrl+R키)**에서 마우스 좌클릭 → 마우스 우클릭으로 위치를 결정합니다.

Next Page ▶

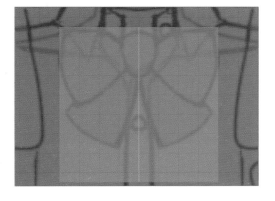

❷ 왼쪽 버텍스 2개를 선택하고 **X키**를 눌러 버텍스로 삭제하고, 오른쪽 프로퍼티스의 **모디파이어 프로퍼티스**에서 **미러**를 추가하고 **클리핑**을 활성화합니다.

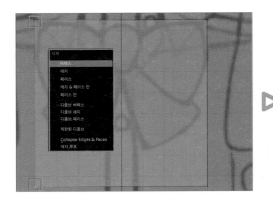

04 크기 변경하기

Step

평면의 아래쪽 끝 버텍스 2개를 선택하고 **G키** → **Z키**를 눌러 Z축 방향으로 이동하고 마우스 좌클릭합니다. 왼쪽 아래 오퍼레이터 패널에서 이동 Z에 '0.04'를 입력합니다.

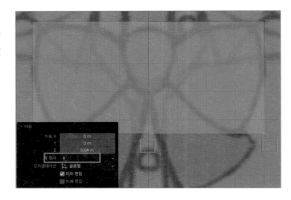

05 루프 잘라내기 적용하기

Step

위쪽 끝 또는 아래쪽 끝에 마우스 커서를 올리고 **루프 잘라내기(Ctrl+R키)**를 사용합니다. 마우스 휠을 움직여 에지를 3개 추가하고 마우스 좌클릭 → 마우스 우클릭으로 결정합니다. 또한 위쪽 끝 또는 아래쪽 끝에도 마우스 커서를 올리고 루프 잘라내기를 사용해 2개의 에지를 추가합니다.

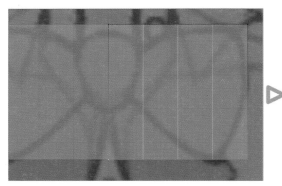
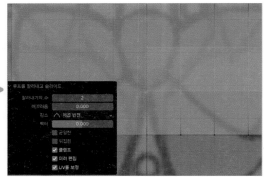

06 밑그림에 맞추기

Step 밑그림을 참고해 이동(G키)을
사용해 조정합니다.

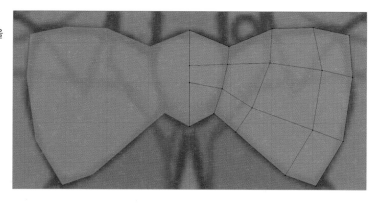

07 리본 복제하기

Step 조정을 마쳤다면 리본 위쪽 부분을 선택하고 복제(Shift+D키)로 아래쪽 부분으로 이동한 뒤 마우스 좌클릭으로
결정합니다.

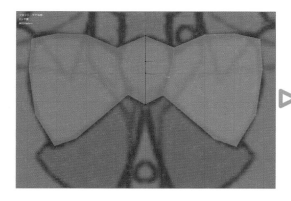
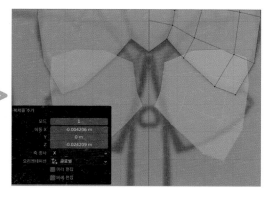

08 형태 수정하기

Step 이동(G키)을 사용해 형태를 정리합니다. 대각선 등 다양한 각도에서 확인하면서 이동(G키) → Y키를 사용해 깊이
방향으로 이동해 조정합니다. 그리고 리본 아래쪽 부분만 한 번에 선택하고 싶을 때는 아래쪽 부분의 버텍스 중 하
나를 선택한 뒤 연결되어 있는 메쉬를 한 번에 선택하는 단축키인 Ctrl+L키를 누르면 됩니다.

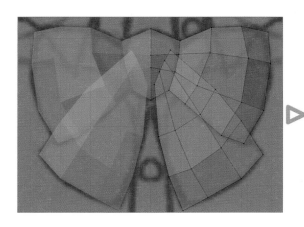
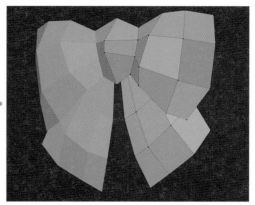

09 크리스, 샤프를 마크, 섭디비전 표면 추가하기

Step

❶ 그림의 리본의 연결 부분의 버텍스 4개를 선택하고 크리스(Shift+E키)에서 마우스 좌클릭 한 뒤 왼쪽 아래 오퍼레이터 패널에서 팩터에 '1'을 입력합니다. 그리고 에지 메뉴를 표시(Ctrl+E키)하고 샤프를 마크를 선택합니다.

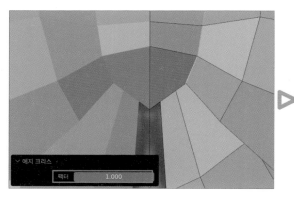

❷ 오른쪽 프로퍼티스에서 섭디비전 표면을 추가합니다.

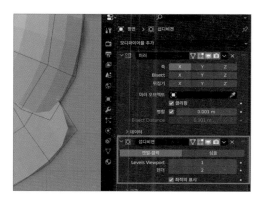

10 리본 위치 조정하기

Step

리본 위치를 조정합니다. 오른쪽 위 아웃라이너에서 Body 컬렉션을 표시하고 Body, Parka, Shirt, Shoes 오브젝트를 표시합니다. 다음으로 리본을 이 옷과 신발을 참고해 G키 → Y키로 이동하거나 회전(R키) 등으로 위치를 조정합니다. 마지막으로 오른쪽 위 아웃라이너에서 평면을 더블 클릭하고 이름을 'Ribbon'으로 변경합니다.

Next Page▶

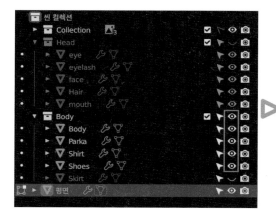
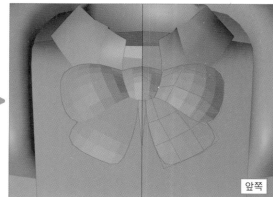

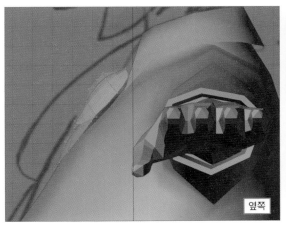 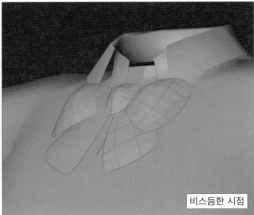

옆쪽

비스듬한 시점

◼ 버튼 모델링

다음은 파카와 셔츠의 버튼을 만듭니다. 여기에서는 스냅을 사용해 버튼을 배치합니다.

01
Step

원형 삽입하기

❶ 오브젝트 모드(Tab키)로 전환하고 Body 컬렉션과 Ribbon을 우선 숨기기 합니다. 3D 커서를 중앙으로 되돌리는 단축키인 Shift+C키를 누른 뒤 Shift+A키 → 메쉬 → 원형으로 새로운 오브젝트를 추가합니다.

❷ 다음으로 왼쪽 아래 오퍼레이터 패널에서 버텍스에 '8'을 입력합니다. 그리고 **채우기 유형**을 '삼각형 팬'으로 합니다. 이렇게 하면 원형 안에 삼각형으로 구성된 페이스가 만들어집니다.

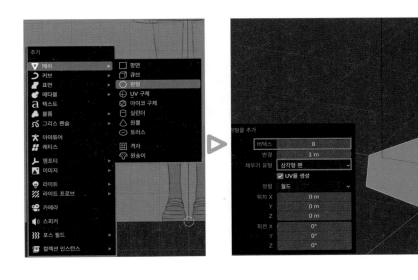

02 회전과 축소 적용하기

Step

❶ 원형에서 에디트 모드(Tab키)로 전환하고 모든 메쉬를 모두 선택(A키)하고 R키 → X키 → '90'을 입력해 X축 방향으로 90도 회전합니다.

❷ 다음으로 축적(S키)을 눌러 작게 만들고 왼쪽 아래 오퍼레이터 패널에서 축적 X, Y, Z에 '0.008'을 입력합니다.

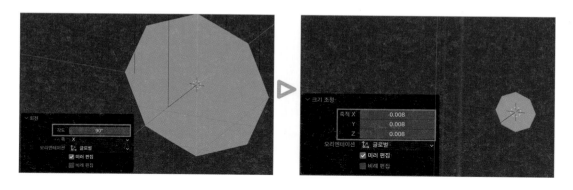

03 Parka와 Shirt 표시하기

Step

오른쪽 위 아웃라이너에서 Body 컬렉션을 표시하고 버튼을 추가할 대상이 되는 Parka와 Shirt를 표시합니다.

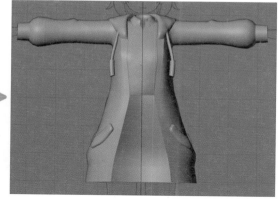

04 스냅 활성화하기

Step

현재 모드가 원형(버튼)의 에디트 모드(Tab키)인 지 확인합니다. 다음으로 3D 뷰포트 위쪽에 있는 스냅 활성화(Shift+Tab키)를 선택한 뒤 옷의 바깥쪽에 스냅 할 수 있도록 하기 위해, 스냅 대상을 Face Project로 합니다. 그리고 Snap with를 평균 포인트로 합니다. 이렇게 하면 현재 선택한 버텍스 중앙(같은 거리)을 스냅 할 수 있습니다. 그리고 회전을 대상에 정렬을 활성화하면 오브젝트 면에 따라 회전시킬 수 있습니다.

05 버튼 이동하기

Step
3D 뷰포트 오른쪽 위에 있는 **X-Ray를 토글(Alt+Z키)**
을 활성화합니다. 원의 버텍스를 모두 선택한 뒤 이동
(G키)을 사용해 파카(Parka) 표면에 버튼을 매치하고
마우스 좌클릭으로 결정합니다.

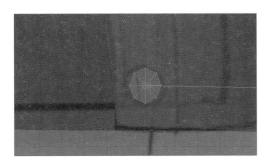

06 버튼 복제하기

Step
복제**(Shift+D키)**를 사용해 버튼을 복제하고 배치합니다. 버튼의 위치는 밑그림과 어긋나도 괜찮으므로 대략적인
위치에 배치합니다.

※ Shirt는 일단 숨기고 있습니다.

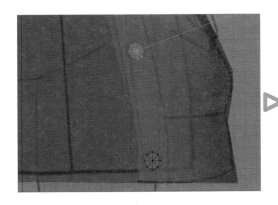
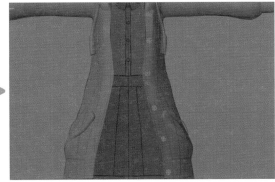

07 크기 조정하기

Step
X-Ray를 토글(Alt+Z키)을 비활성화하고 **박스 선택(B키)**, **원형 선택(C키)** 등을 선택하고 버튼 위치를 조정합니다.
만약 버튼 크기가 너무 크거나 작다는 느낌이 든다면 모든 버튼을 **선택(A키)**하고 3D 뷰포트 오른쪽 위에 있는 피
벗 포인트를 변환을 **개별 오리진**으로 선택하고 **축적(S키)**을 하면 각 버튼의 크기를 변경할 수 있으므로 기호에 맞
춰 크기를 조정합니다.

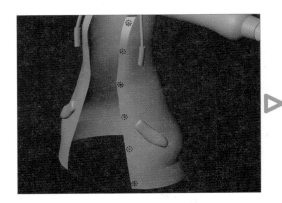
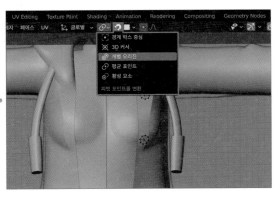

08
Step

셔츠 버튼 배치하기

다음으로 셔츠에도 버튼을 배치합니다. Shirt를 표시하고 파카의 버튼 중 하나를 선택한 뒤 복제(Shift+D키)로 복제해 셔츠의 버튼에 배치합니다. 축적(S키)을 사용해 크기를 조정한 뒤 마우스 좌클릭으로 결정합니다. 같은 작업을 다른 셔츠 버튼에도 수행합니다.

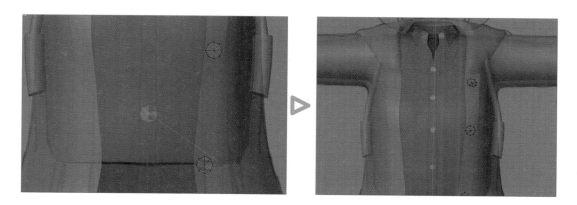

09
Step

버튼 위치 조정하기

현재 이 버튼들은 옷에 박혀 있으므로 거리를 조금 떨어뜨립니다. 스냅을 비활성화(Shift+Tab키)를 선택한 뒤 A 키를 눌러 모든 버튼을 선택합니다. 다음으로 3D 뷰포트 위쪽에 있는 피벗 포인트를 변환을 개별 오리진으로 합니다.

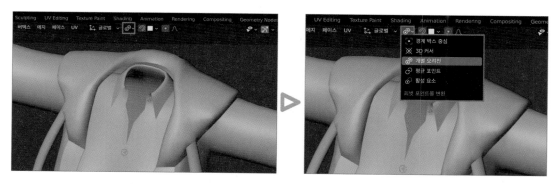

그리고 변환 오리엔테이션을 노멀로 변경합니다. 이 상태에서 G키 → Z키를 누르면 각 버튼의 방향에 맞춰 이동할 수 있습니다. 마우스 좌클릭으로 결정하고 왼쪽 아래 오퍼레이터 패널에서 이동 Z를 '0.001' 정도로 합니다.

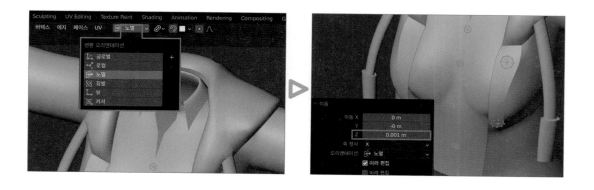

작업을 마쳤다면 변환 오리엔테이션은 글로벌로 설정하고 피벗
포인트를 변환은 평균 포인트로 합니다. 스냅 대상은 각자 선호
에 따라 조정해도 괜찮습니다.

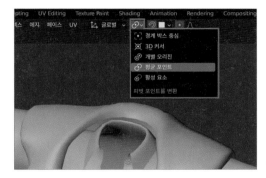

10
Step

섭디비전 표면 추가하기 및 이름 변경하기
오른쪽 프로퍼티스의 모디파이어 프로퍼티스에서 섭디비전 표면을 추가합니다. 그리고 오른쪽 위 아웃라이너에서
원형을 더블 클릭해 Button으로 이름을 변경합니다.

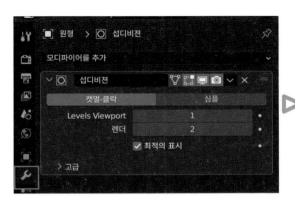

🔳 머리핀 모델링

마지막으로 머리핀을 모델링합니다. 머리핀은 모두 Hair 오브젝트 안에서 만듭니다.

01
Step

Hair 표시하기
오브젝트 모드(Tab키)로 전환하고 Body 컬렉션과 Button을 숨기기 하고 Head 컬렉션을 표시합니다. 다음으로
이 컬렉션 안에 있는 Hair를 제외하고 숨기기 합니다. Hair를 선택하고 에디트 모드(Tab키)로 전환합니다.

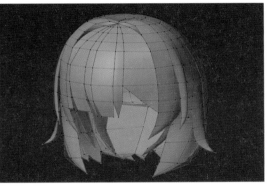

02 페이스 만들기

Step

페이스 선택 모드(숫자키 3)로 전환하고 더듬이머리의 면 7개를 선택합니다. 다음으로 복제(**Shift+D키**)에서 마우스 우클릭으로 원래 위치에 배치합니다. 그 뒤 **수축/팽창(Alt+S키)**으로 약간 바깥쪽으로 확대한 뒤 마우스 좌클릭합니다. 왼쪽 아래 오퍼레이터 패널의 오프셋이 '0.002' 정도 되도록 합니다.

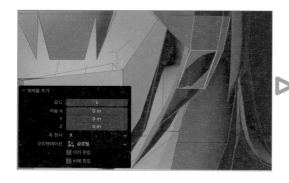 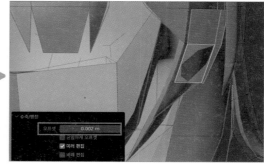

03 밑그림대로 자르고 크리스 적용하기

Step

❶ 선택하지 않은 대상을 숨기는 단축키인 **Shift+H키**를 눌러 복제한 메쉬만 표시합니다.

❷ 다음으로 앞쪽 시점(넘버패드 1)으로 전환하고 **나이프 도구(K키)**를 선택하고 마우스 좌클릭으로 자른 뒤 **Enter키**로 결정합니다. 그리고 **Shift+E키**로 크리스를 추가하고 왼쪽 아래 오퍼레이터 패널에서 팩터에 '1'을 입력합니다.

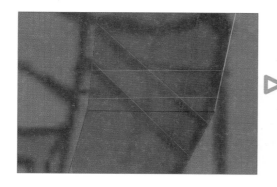 

04 페이스 삭제하기

Step

페이스 선택 모드(숫자키 3)로 전환하고 자른 페이스를 제외하고 선택한 뒤 삭제(X키)를 눌러 페이스를 삭제합니다.

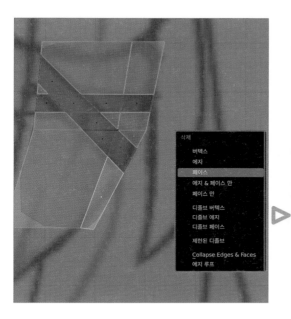
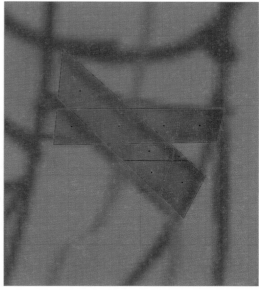

05 원 삽입하기

Step

다음으로 고양이 머리핀을 만듭니다. 현재 모드가 Hair의 에디트 모드(Tab키)인지 확인합니다. 3D 커서를 중앙으로 되돌리는 단축키인 **Shift+C키**를 누릅니다. 그리고 추가의 단축키인 **Shift+A키**에서 **원형**을 추가합니다. 왼쪽 아래 오퍼레이터 패널에서 버텍스에 '8'을 입력하고 **채우기 유형**을 삼각형 팬으로 합니다. 그리고 회전 X에 '90'을 입력합니다.

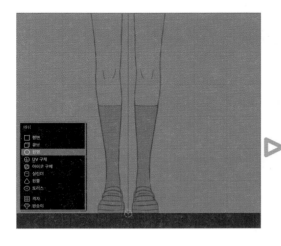
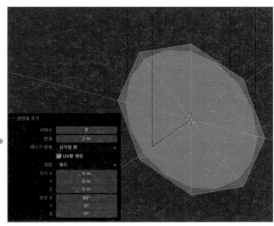

06

Step

축소, 이동, 회전하기

❶ 축적(S키)을 누르고 마우스 좌클릭으로 결정합니다. 왼쪽 아래 오퍼레이터 패널에서 축적 X, Y에 '0.02', 축적 Z에 '0.018'을 입력합니다. 다음으로 이동(G키)을 누르고 마우스 좌클릭으로 결정합니다. 이동 X에 '0.0757', 이동 Z를 '1.413'을 입력합니다.

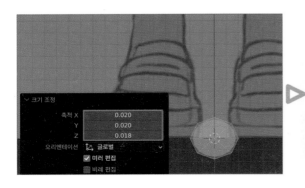
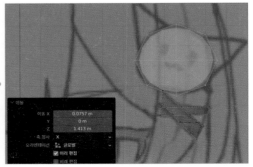

이 이동이 잘 되지 않는다면 3D 뷰포트 오른쪽 위에 있는 미러가 활성화되어 있지 않은지 확인합니다. 이 항목이 활성화되어 있으면 메쉬가 잘 이동하지 않으므로 비활성화합니다.

❷ 그리고 R키를 눌러 회전합니다. 여기에서는 Z축 각도를 '21'로 설정했습니다.

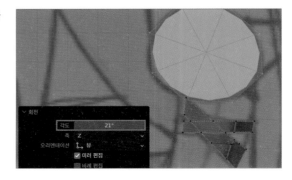

07

Step

고양이 귀 만들기

고양이 귀가 될 버텍스 2개를 선택하고 E키를 눌러 돌출시킵니다. M키 → 중심에를 선택해 버텍스를 결합합니다. 반대쪽 귀에도 동일하게 적용합니다.

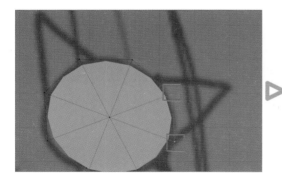
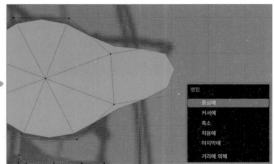

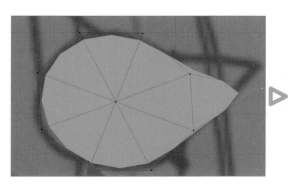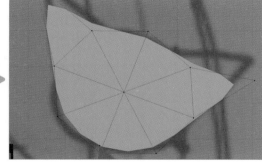

08 크리스 넣기와 형태 정리하기

Step

X-Ray를 토글(Alt+Z키)을 활성화하고 주변의 버텍스와 귀 밑동을 Shift+Alt+마우스 좌클릭으로 여러 에지 루프 선택합니다. 다음으로 Shift+E키로 크리스를 추가하고 마우스 좌클릭 한 뒤 왼쪽 아래 오퍼레이터 패널의 팩터에 '1'을 입력합니다. 그리고 이동(G키)으로 형태를 정리합니다.

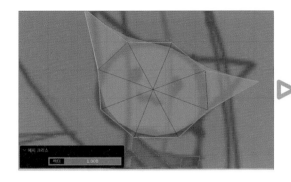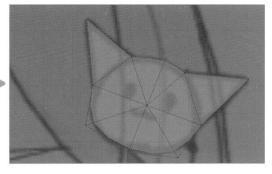

09 머리카락 전체 표시하기

Step

숨기기 했던 메쉬를 표시하는 단축키인 Alt+H키를 눌러 앞에서 숨기기 했던 머리카락을 모두 표시합니다. 아무것도 없는 부분을 마우스 좌클릭(Alt+A키)해서 선택을 해제합니다. 고양이 메쉬의 버텍스를 선택하고 Ctrl+L키를 누르거나 버텍스에 마우스 커서를 올린 뒤 L키를 눌러 링크 선택을 합니다.

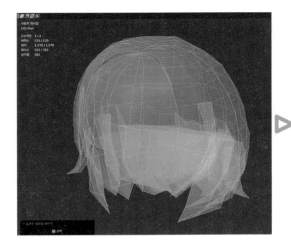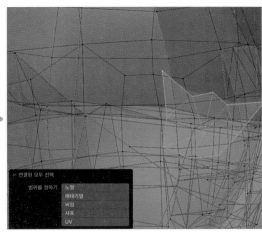

10
Step
위치 조정하기

X-Ray를 토글(Alt+Z키)을 비활성화했다면 이동(G키) → Y키로 깊이 방향으로 이동해 고양이 머리핀이 머리카락 앞으로 나오게 합니다. 그리고 회전(R키)을 사용해 다양한 각도에서 확인하며 위치를 조정합니다.

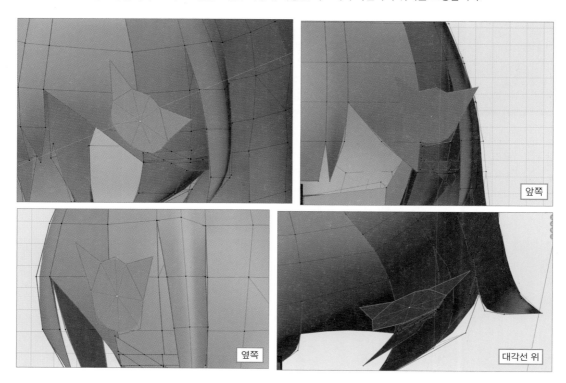

앞쪽

옆쪽

대각선 위

Column

모델링에 도움이 되는 단축키 정리

지금까지 사용한 단축키를 엄선해서 소개합니다.

G키 2번	에지를 따라 버텍스를 이동합니다. Shift+V로도 같은 조작을 할 수 있습니다.
F	여럿 선택한 버텍스 사이에 에지/페이스를 만듭니다.
J	선택한 버텍스 사이에 페이스가 있다면 해당 페이스를 분할하면서 연결합니다.
I	페이스 안쪽에 페이스를 삽입합니다. 사용할 때는 페이스를 선택해야 합니다.
M	선택한 버텍스끼리 결합합니다.
P	선택한 버텍스를 다른 오브젝트로 분리합니다.
K	나이프로 자르듯 버텍스를 추가합니다. Enter키로 결정, Esc로 취소합니다.
V	버텍스를 잘라서 가릅니다. 마우스 커서의 위치로 자르는 방향을 결정합니다.
Alt+S	노멀 방향으로 확대합니다. 부드러워지도록 변경하고 싶을 때 사용합니다.
Alt+Z	투과 표시 여부를 빠르게 전환할 수 있습니다.
Alt+Q	에디트 모드에서 다른 오브젝트로 빠르게 전환할 수 있습니다.
Shift+E	선택한 에지에 크리스를 추가합니다.
Shift+H	선택하지 않은 버텍스(오브젝트)를 숨기기 합니다.
Shift+N	선택한 페이스를 바깥쪽으로 합니다.
Ctrl+L	선택한 메쉬와 연결되어 있는 메쉬를 모아서 선택할 수 있습니다.
Ctrl+J	(오브젝트 모드에서) 선택한 오브젝트끼리 결합합니다.

Chapter 5

5

마무리 및 Line Art

마지막으로 오브젝트를 결합하는 등 다양한 마무리 작업을 합니다. 그리고 Line Art라는 기능을 사용해 선을 추출하고 모델 품질을 높여봅니다.

5-1 Body와 face 결합

현재 만들어진 모델에서는 머리와 신체가 분리되어 있습니다. 이들을 하나의 오브젝트로 모읍니다.

01 Step face 오브젝트와 Body 오브젝트만 표시하기

현재 모드를 오브젝트 모드(Tab키)로 전환하고 오른쪽 위 아웃라이너에서 face 오브젝트와 Body 오브젝트만 표시합니다.

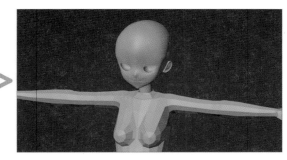

02 Step Body 오브젝트에 Shade Auto Smooth 적용하기

Body 오브젝트를 선택하고 마우스 우클릭 한 뒤 Shade Auto Smooth를 선택합니다. 왼쪽 아래 오퍼레이터 패널에서 각도에 '180'을 입력합니다.

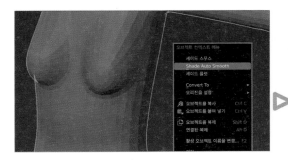
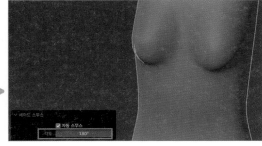

03 오브젝트 결합하기

Step

오브젝트를 결합하기 전에 **face** 오브젝트를 선택하고 오른쪽 프로퍼티스 안의 모디파이어 프로퍼티스 안에 **미러**와 **섭디비전 표면**이 있는지 확인합니다(결합했을 때 활성 오브젝트의 모디파이어를 우선하기 때문입니다). 확인을 마쳤다면 Shift를 누르면서 **Body→face** 순서로 마우스 좌클릭해 **face**를 활성 오브젝트로 만듭니다. 그리고 **결합(Ctrl+J키)**으로 1개의 오브젝트로 만듭니다.

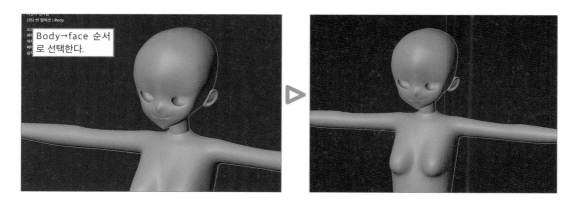

04 버텍스 연결하기

Step

오브젝트를 선택하고 **에디트 모드(Tab키)**로 전환합니다. 목 부분을 보면 신체와 얼굴이 분리되어 있습니다. **X-Ray를 토글(Alt+Z키)**을 활성화하고 버텍스 2개를 선택한 뒤 **결합(M키) → 중심에** 작업을 각 버텍스에 대해 수행해서 연결합니다.

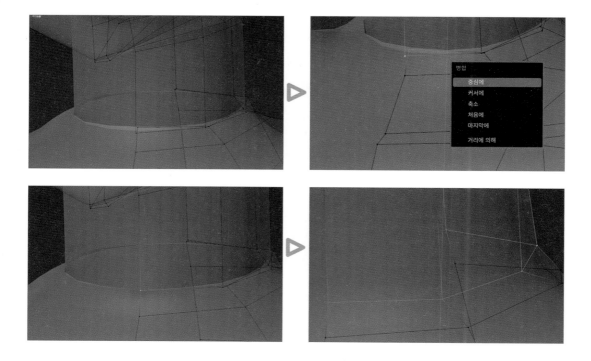

05 목에 루프 잘라내기 추가하기

Step
목에 에지를 더 추가합니다. 목 한 가운데 부군에 세로로 배열되어 있는 에지에 마우스 커서를 올리고 루프 잘라내기(Ctrl+R키)를 적용합니다. 마우스 좌클릭 → 마우스 우클릭으로 위치를 결정합니다. 이 부근의 에지는 나중에 목띠가 됩니다.

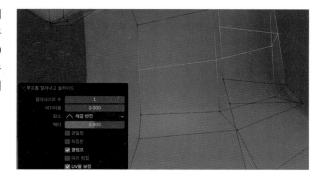

06 컬렉션 정리하기

Step
오른쪽 위 아웃라이너를 정리합니다. face는 신체와 결합했으므로 더블 클릭해서 'Body'로 변경합니다. 그리고 Body 컬렉션은 옷뿐이므로 이름을 'Clothes'로 변경합니다. Button과 Ribbon을 선택하고 M키를 눌러 Clothes로 이동합니다. 또한 Head는 'Chara'로 변경합니다. 그리고 모든 오브젝트를 표시합니다.

5-2   Line Art 설정

Line Art란 그리스 펜슬이라는 오브젝트 모디파이어의 하나로 카메라를 사용해 오브젝트의 윤곽을 표시하는 기능입니다. 윤곽선을 추출하는 방법은 다양하나 카메라 시점을 사용하면 손쉽게 윤곽을 볼 수 있어 Line Art를 선택했습니다. 여기에서는 Line Art를 사용해 윤곽선을 표현합니다.

01 자동 스무스 적용하기

Step

오브젝트 모드(Tab키)로 전환하고 모든 오브젝
트를 선택(A키)한 뒤 마우스 우클릭해서 Shade
Auto Smooth를 선택합니다. 왼쪽 아래 오퍼레
이터 패널에서 각도에 '180'을 입력합니다.

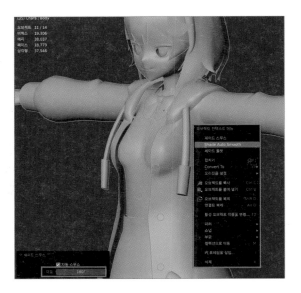

02 새 컬렉션 추가하기

Step

다음으로 라인아웃에서 세세하게 조정합니다. 아웃라
이너의 씬 컬렉션을 클릭하고 오른쪽 위의 새 컬렉션
에서 새 컬렉션을 추가합니다. 컬렉션의 이름은 'Line
Art'로 변경한 뒤 선택합니다.

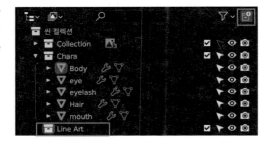

03 카메라 추가하기

Step

다음으로 카메라를 추가합니다. Line Art는 카메라 시점에서만 확인할 수 있기 때문에 반드시 카메라를 추가해야
합니다. 현재 모드가 오브젝트 모드(Tab키)인지 확인하고 Shift+A키 → 카메라로 카메라를 추가합니다. 덧붙여 카
메라를 추가하면 현재 보고 있는 시점을 기준으로 카메라가 배치됩니다.

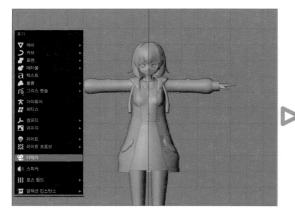

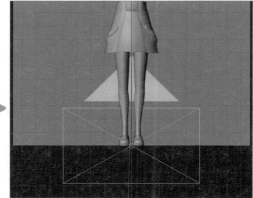

04 초점 거리 조정하기

Step

카메라를 선택한 상태에서 오른쪽 프로퍼티스의 **오브젝트 프로퍼티스**를 클릭하고 렌즈 패널 안에 있는 **초점 거리**에 '100'을 입력합니다(카툰 렌더링에서는 평면적으로 보이는 것이 중요하기 때문에 이 수치를 입력합니다).

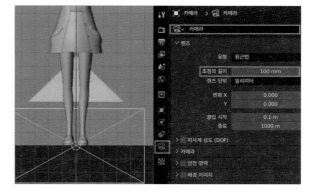

05 카메라 시점 조작하기

Step

다음으로 현재 보고 있는 시점에 맞춰서 카메라를 배치하는 방법을 소개합니다. 앞쪽 시점(넘버패드 1)으로 전환하고 여자 아이의 얼굴 앞쪽으로 시점을 이동합니다. 3D 뷰포트 위쪽에 있는 헤더 왼쪽 뷰 → 시점을 정렬한다 → **현재 시점으로 카메라를 맞춘다(Ctrl+Alt+넘버패드 0)**를 클릭하면 현재 시점을 기준으로 카메라가 이동합니다. 카메라의 **오브젝트 프로퍼티스**의 위치 X, Y, Z를 사용해 보다 세세하게 위치를 조정할 수 있습니다. 카메라를 얼굴 앞쪽에 배치합니다. 만약 **위치**를 변경하고 싶다면 카메라 시점을 해제한 뒤 다시 한 번 시점을 바꾼 뒤 **Ctrl+Alt+넘버패드 0**을 누릅니다.

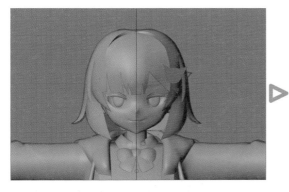
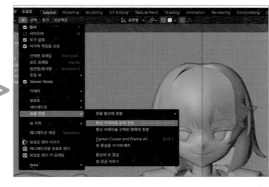
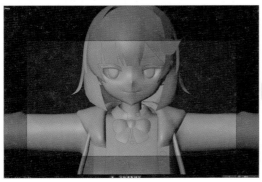
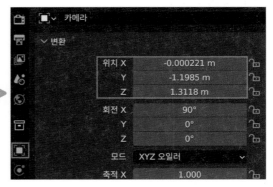

06 Line Art 추가를 위한 준비하기

Step

오른쪽 위 아웃라이너에서 카메라를 선택 불가(커서 아이콘을 클릭)하게 만든 뒤, 3D 뷰포트 안에서 모두 선택(A 키)을 선택해 이제까지 모델링한 오브젝트를 모두 선택합니다. 그리고 Ctrl키를 누르면서 아웃라이너 안에 있는 Line Art 컬렉션을 선택합니다. 이렇게 하면 Line Art가 추가됐을 때 이 컬렉션 안에 추가됩니다.

07 씬 Line Art 적용하기

Step

다음으로 추가의 단축키인 Shift+A키를 눌러 그리스 펜슬 → Scene Line Art를 클릭합니다. 그러면 모델이 새까 만 두꺼운 윤곽으로 둘러싸입니다. 두께를 적절하게 조정합니다. 추가한 Line Art가 선택되어 있는지 확인하고(오 른쪽 위 아웃라이너에 있는 Line Art에서 선택할 수 있습니다) 프로퍼티스의 모디파이어 프로퍼티스 안에 있는 Line Art의 라인 두께에 '1'을 입력합니다.

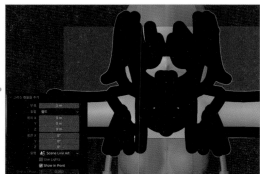

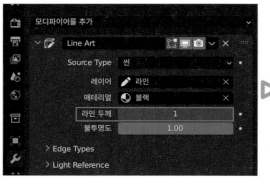

POINT

Line Art를 정상적으로 표시할 수 없다면

만약 Line Art가 검은색이 아닌 흰색이 되는 등 정상적으로 표시되지 않는다면 솔리드 표시 방법 관련 설정이 잘못된 것이 원인일 수 있습니다. 3D 뷰포트 오른쪽 위에 있는 **3D 뷰포트 세이딩**이 솔리드인지 확인합니다. 오른쪽 세이딩 항목에 아래쪽 방향 화살표를 클릭합니다. 표시 방법을 변경할 수 있는 메뉴가 표시됩니다. 이 중에 컬러 항목이 있습니다. 이 항목은 매테리얼과 별도로 표시할 색상을 변경할 수 있습니다. 이 항목이 싱글 등 다른 값으로 설정되어 있으면 기본값인 매테리얼로 설정해 검은색으로 되돌릴 수 있습니다.

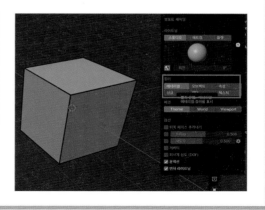

08 버텍스 그룹에 새 그룹 추가하기

Step

현재 눈 주변에 선이 표시되어 있어 부자연스럽습니다. 여기에서는 선을 표시하지 않도록 설정하는 방법에 관해 설명합니다. ❶ **Body** 오브젝트를 선택하고 오른쪽 프로퍼티스에 있는 **오브젝트 데이터 프로퍼티스**를 클릭합니다. 그 안에 **버텍스 그룹** 항목이 있습니다. 이 항목은 문자 그대로 버텍스를 그룹으로 모으는 기능입니다. 나중에 리깅을 할 때 자주 사용하는 중요한 항목입니다.

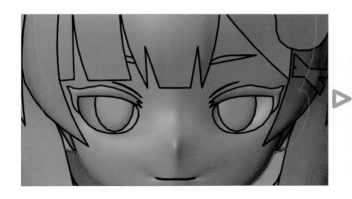

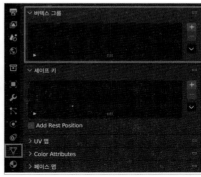

❷ 다음으로 이 **버텍스 그룹** 오른쪽에 있는 + 버튼을 누르면 새 그룹을 만들 수 있습니다. 그룹을 더블 클릭하면 이름을 변경할 수 있으므로 'Line'이라고 입력합니다. 그리고 - 버튼을 누르면 그룹을 삭제할 수 있습니다.

MEMO

오브젝트에 Line Art를 추가한 상태에서 카메라 시점을 해제하고 다른 시점에서 보면 선이 이상하게 표시됩니다. 이것은 정상적인 상황입니다. Line Art는 현재 배치된 카메라의 시점을 기준으로 선을 표시하기 때문입니다.

09 버텍스 그룹 할당하기
Step

❶ 그룹 이름을 변경했다면 Body 오브젝트의 에디트 모드(Tab키)로 전환합니다(에디트 모드에 있는 오브젝트의 Line Art는 숨겨집니다). 눈 주변의 버텍스를 Alt+마우스 좌클릭으로 선택하고 버텍스 그룹 아래를 보면 다양한 항목이 표시됩니다. 여기에서 웨이트가 '1'인 것을 확인한 뒤 할당을 클릭합니다.

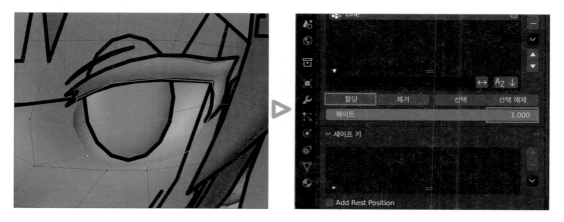

❷ 3D 뷰포트 오른쪽 위에 있는 **뷰포트 오버레이**를 클릭하고 메뉴 안에 있는 **버텍스 그룹 웨이트**를 활성화합니다. 그러면 오브젝트가 노란색이 되고 눈 주변이 빨갛게 변합니다. 이것은 **에디트 모드**에서 웨이트가 눈에 보이도록 만들어 주는 기능 입니다. 빨갛게 된 위치는 앞에서 앞서 할당했기 때문에 웨이트가 1이상이고, 파란 위치는 웨이트가 0이 됩니다. Line Art는 이 웨이트 정보를 기반으로 선의 폭이나 불투명도 등을 바꿀 수 있습니다.

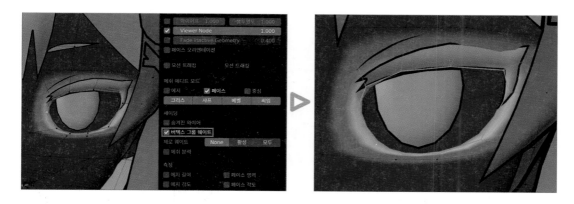

Column

웨이트란

웨이트란 아마추어라는 캐릭터를 움직이기 위한 뼈대에 있는 본(bone)에 대해 메쉬를 얼마나 움직일 것인지를 수치로 지정하 는 항목입니다. 웨이트는 이 뿐만 아니라 본문에서와 같이 선의 투과를 결정할 수 있고 모디파이어의 영향 범위를 결정할 수 있 는 등 다양한 기능을 제공합니다. 웨이트에 관해서는 후편에서 자세히 다룹니다.

10
Step

오브젝트 데이터 프로퍼티스의 버텍스 그룹에 새 그룹 추가하기

오브젝트 모드(Tab키)로 전환한 뒤 오른쪽 위 아웃라이너에서 Line Art를 클릭합니다. 오른쪽 프로퍼티스의 오브젝트 데이터 프로퍼티스를 클릭하고 버텍스 그룹에서 + 버튼을 클릭해 버텍스 그룹을 추가합니다. 더블 클릭한 뒤 이름을 'Line'으로 입력합니다. 이렇게 오브젝트의 버텍스 그룹 이름과 Line Art의 버텍스 그룹 이름을 일치시키면 투과가 동작하게 됩니다(행의 앞을 일치시켜서 대응하는 것도 좋습니다.

11
Step

모디파이어 프로퍼티스 설정하기

그리고 Line Art의 모디파이어 프로퍼티스의 모디파이어를 추가에서 불투명도를 추가합니다. 불투명도 모디파이어 안에 있는 영향을 클릭해 패널을 엽니다. Opacity Factor에 '0'을 입력하고 버텍스 그룹에 'Line'을 입력합니다. 그러면 눈 주변의 선이 삭제됩니다. 이 부분에 선을 표시하지 않고 싶을 때는 이 조작을 참고해 주십시오.

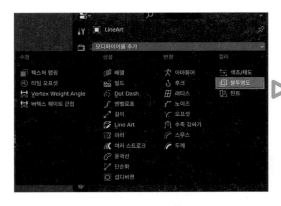

버텍스 웨이트 전송하기

Line Art의 모디파이어 프로퍼티스에서 Line Art 안에 있는
Vertex Weight Transfer 패널 안의 Filter Source 항목에
'Line'을 입력하고, 아래쪽 Match Output 항목을 활성화하면
버텍스 그룹 이름을 기반으로 출력 항목 그룹과 일치시킬 수 있
습니다. 버텍스 그룹이 반영되지 않는 등의 문제가 사라지므로
이 설정을 사용하는 것을 권장합니다.

12 동공 부분 주변 선택하기

Step

다음은 임의의 위치에 선을 표시하는 방법을 소개합니다.

❶ 오브젝트 모드(Tab키)로 전환하고 eye 오브젝트를 클릭한 뒤 에디트 모드(Tab키)로 전환합니다. 다음으로
3D 뷰포트 오른쪽 위에 있는 뷰포트 오버레이를 클릭하고 메뉴 안에 있는 버텍스 그룹 웨이트를 비활성화합니다.

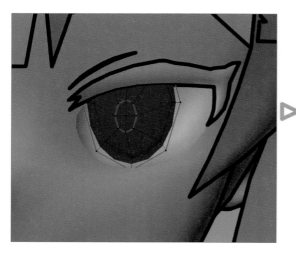

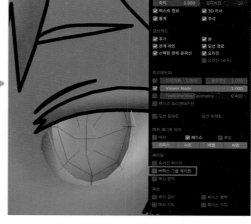

❷ 에지 선택 모드(숫자키 2)로 전환하고 동공 부분의 여
러 에지를 선택합니다.

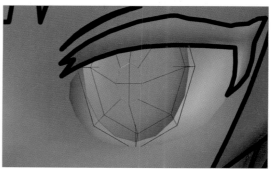

13 프리스타일 에지를 마크하기

Step

❶ 에지 메뉴(Ctrl+E키) 안의 프리스타일 에지를 마크를 클릭합니다. 이는 선을 설정하는 기능으로 3D 뷰포트 오른쪽 위에 있는 뷰포트 오버레이를 클릭하고 메뉴 안에 있는 크리스와 샤프를 비활성화하면 녹색의 선이 표시됩니다. 이 녹색 선은 프리스타일 에지를 마크를 설정했을 때 표시됩니다.

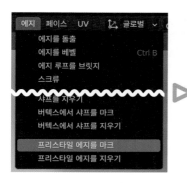
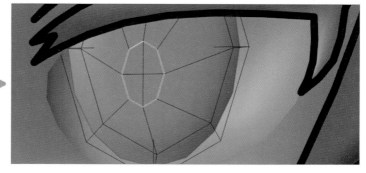

❷ 선의 설정을 마쳤다면 오브젝트 모드(Tab키)로 전환합니다. 앞서 프리스타일 에지를 마크로 추가한 에지에 선이 표시됩니다. 반대로 해제하고 싶을 때는 에지를 선택한 뒤 프리스타일 에지를 지우기를 실행합니다.

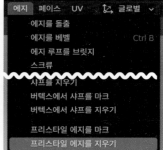

▣ Line Art의 에지 타입에 관해

Line Art의 **Edge Types**에서 선을 추출하는 방법을 결정할 수 있습니다. 가장 위의 **Use Contour**는 모델의 윤곽을 표시하는 방법을 결정하는 항목으로 기본값은 윤곽입니다. **Use Crease**는 에지 각도가 작은 크리스의 에지에서 Line Art를 만드는 기능입니다. **Intersections**는 메쉬끼리 교차하는 위치에서 Line Art를 만듭니다. **Material Borders**는 매테리얼의 경계에서 라인아트를 만듭니다. 에지 마크는 프리스타일 에지를 마크로 Line Art를 만들기 때문에 자주 사용하는 기능입니다. 루즈는 독립한 에지에서 Line Art를 생성하는 꽤 복잡한 기능입니다. **Use Contour**과 에지 마크는 자주 사용하므로 항상 활성화해 둘 것을 권장합니다. 다른 항목은 여러분의 기호에 따라 조정합니다.

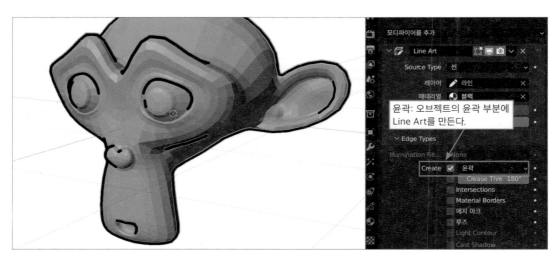

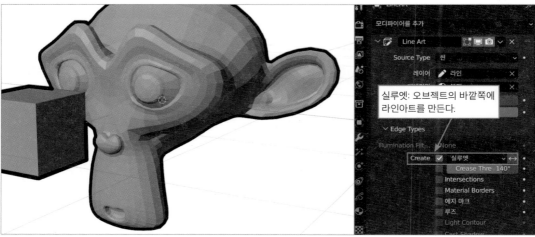

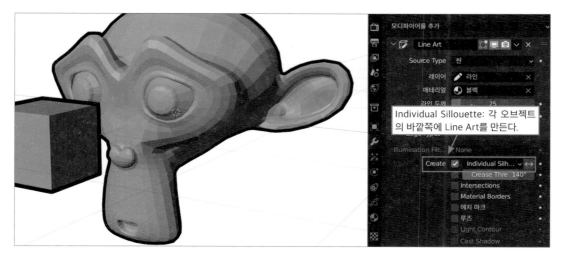

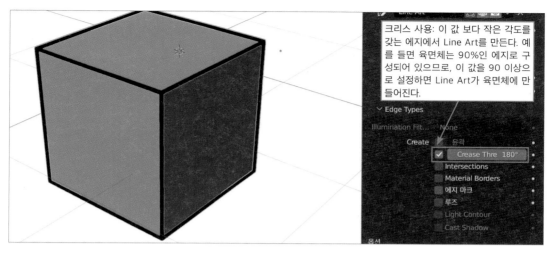

크리스 사용: 이 값 보다 작은 각도를 갖는 에지에서 Line Art를 만든다. 예를 들면 육면체는 90%인 에지로 구성되어 있으므로, 이 값을 90 이상으로 설정하면 Line Art가 육면체에 만들어진다.

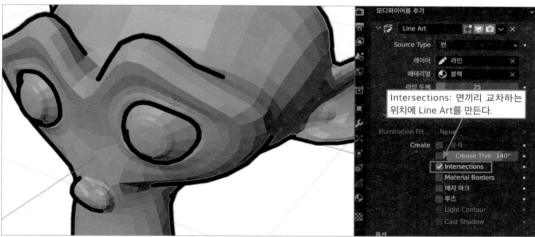

Intersections: 면끼리 교차하는 위치에 Line Art를 만든다.

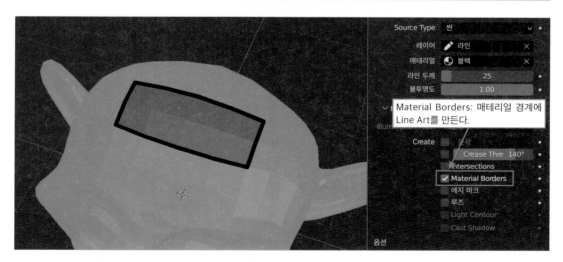

Material Borders: 매테리얼 경계에 Line Art를 만든다.

Chapter 1

Chapter 2

Chapter 3

Chapter 4

Chapter 5

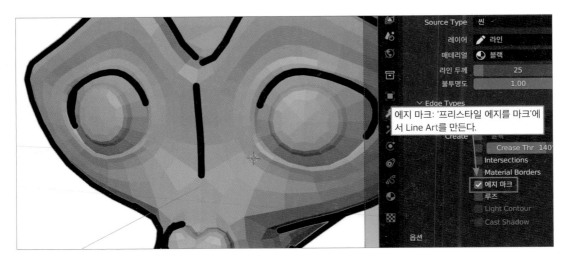

에지 마크: '프리스타일 에지를 마크'에
서 Line Art를 만든다.

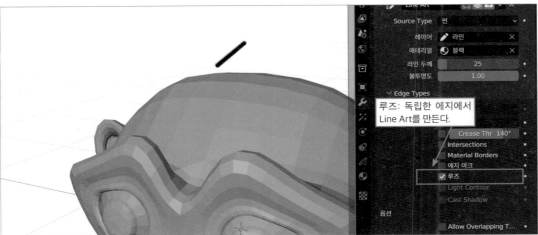

루즈: 독립한 에지에서
Line Art를 만든다.

덧붙여 이 책에서 모델링하는 캐릭터의 에지 타입은 기본
적으로 기본값으로 설정되어 있습니다. **프리스타일 에지를
마크**를 실행했는데 표시되지 않는다면 이 에지 마크가 비
활성화되어 있을 가능성이 있으므로 확인해 주십시오.

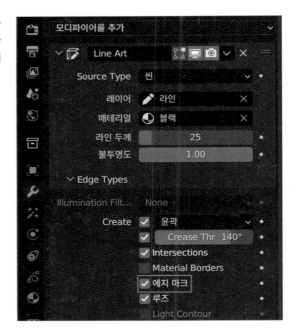

14
Step

오브젝트 전체 조정하기

Line Art를 표시하면서 오브젝트 전체를 조정합니다. **사이드바(N키)**를 표시하고 뷰 안의 뷰 잠금에 있는 카메라를 뷰로를 활성화합니다(카메라 시점에서 조작하면 카메라가 시점에 맞춰 움직이게 되는 기능으로, 활성화 중에는 카메라의 프레임에 빨간 점선이 표시됩니다). 이 상태에서 시점을 이동하며 모델을 다양한 각도에서 확인하면서, 형태가 깨진 곳이 있다면 수정합니다.

예를 들면 속눈썹 위치가 이상하다고 생각되면 **에디트 모드(Tab키)**로 전환해 **이동(G키)** → Y키로 이동 등을 사용해 선이 잘 표시되도록 하면 좋습니다.

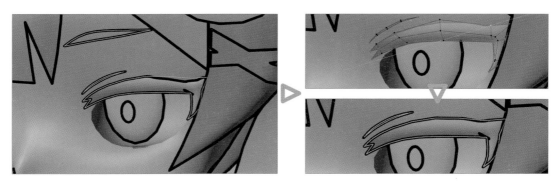

머리핀도 다소 떠 있으므로 **에디트 모드(Tab키)**에서 좌우 끝의 버텍스를 선택하고 **수축/팽창(Alt+S키)**로 조정합니다.

`Next Page`

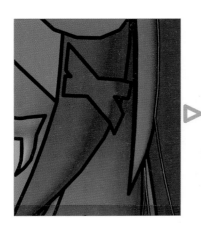
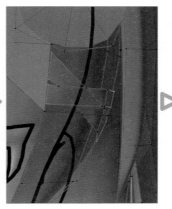
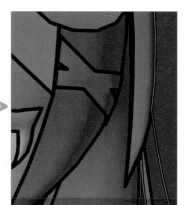

그리고 머리카락의 형태를 세부적으로 조정합니다. 안쪽 머리카락이 옷을 관통하고 있다면 이동(G키)을 사용하면 좋습니다(머리카락은 3D 뷰포트 오른쪽 위에 있는 미러 X키를 활성화해서 조정하면 좌우 대칭으로 편집할 수 있습니다). 기본적으로 오브젝트 모드(선 확인)와 에디트 모드(버텍스 조정)를 전환하는 단축키인 Tab키를 반복 사용하면서 편집합니다. 여기에서는 얼굴 주변을 중심으로 조정했으나 이런 수정은 완벽하게 하려면 끝이 없습니다. 특정한 위치에 과도하게 몰입하면 작업이 진행되지 않으므로 일단 전체를 완성시키는 것을 목표로 진행합니다.

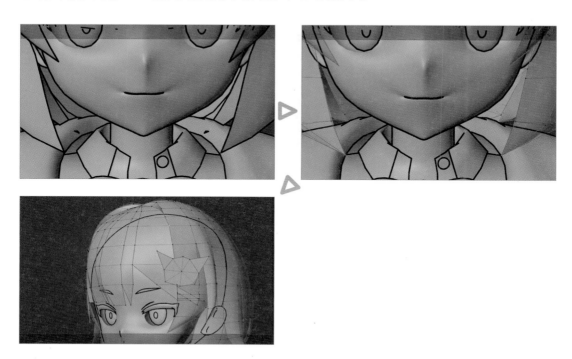

15 머리카락에 선 추가하기

Step 다음으로 머리카락에 선을 추가합니다.

❶ 넘버패드 3을 눌러 오른쪽으로 시점을 이동합니다. Hair 오브젝트를 선택하고 에디트 모드(Tab키)로 전환합니다. 그리고 그림과 같이 에지를 선택합니다.

※ 우선 X-Ray를 토글을 활성화하고 Body 오브젝트를 숨기기 합니다. 그리고 뷰포트 오버레이에서 크리스와 샤프도 숨기기 합니다.

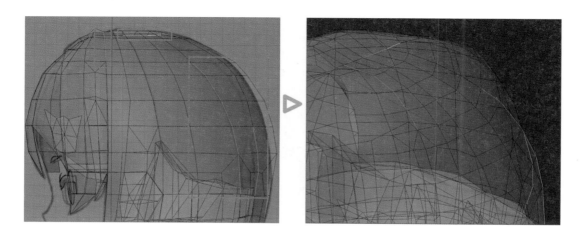

❷ 다음으로 미러를 선택할 수 있도록 3D 뷰포트 위쪽에 있는 **메쉬 → 대칭에 스냅**을 선택하고 왼쪽 아래 오퍼레이터 패널에서 팩터에 '0' 또는 '1' 중 하나를 입력합니다.

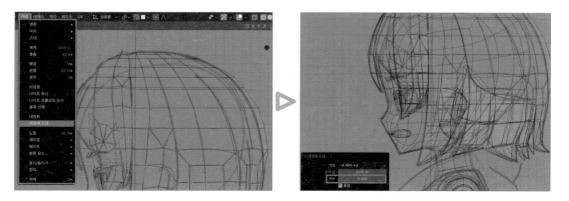

❸ 3D 뷰포트 위쪽에 있는 **선택 → 미러 선택(Shift+Ctrl+M키)**를 선택합니다. 왼쪽 아래 오퍼레이터 패널에서 좌표축을 X 키로 하고 확장을 활성화하면 좌우 대칭으로 선택할 수 있습니다.

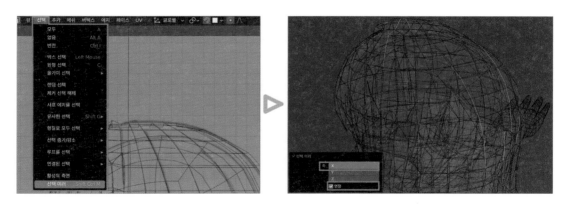

에지 메뉴(**Ctrl+E키**)에서 **프리스타일 에지를 마크**를 클릭합니다. 작업을 마쳤다면 **오브젝트 모드(Tab키)**로 전환하고 선이 표시되는지 확인합니다.

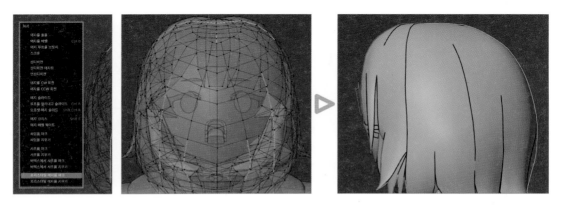

※ 선을 추가하는 위치에 관해서는 샘플 파일에 수록된 'Chapter05D.blend'를 함께 참조해 주십시오.

16 양말 표현하기

다음은 양말을 선으로 표현합니다.

Step ❶ 넘버패드 0을 눌러 카메라 시점으로 전환한 뒤 다리로 시점을 이동합니다. Body 오브젝트를 선택하고 에디트 모드(Tab키)로 전환합니다. 앞쪽 시점(넘버패드 1)으로 전환하고 나이프 도구의 단축키인 K키를 누릅니다.

❷ 다음으로 C키를 누르면 **투과 컷**이라 부르는, 뒤쪽 메쉬도 잘라낼 수 있는 기능을 사용할 수 있습니다(가장 아래의 상태 바에서 투과 활성화/비활성화를 확인할 수 있습니다). 다음으로 마우스 좌클릭 상태에서 드래그해서 가로로 선을 넣은 뒤, 마우스 좌클릭으로 잘라내기를 하고 Enter키로 결정합니다(취소는 Esc키입니다). 여기에서는 밑그림을 참고해 양말 부분을 잘라냈습니다. 앞서 잘라낸 에지에 대해 Shift+E키를 누르고 마우스 좌클릭으로 결정합니다. 왼쪽 아래 오퍼레이터 패널에서 팩터에 '1'을 입력합니다.

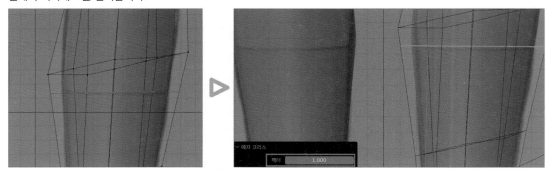

❸ 에지(Ctrl+E키)에서 프리스타일 에지를 마크를 클릭합니다. 오브젝트 모드(Tab키)로 전환해 선이 표시되는지 확인합니다.

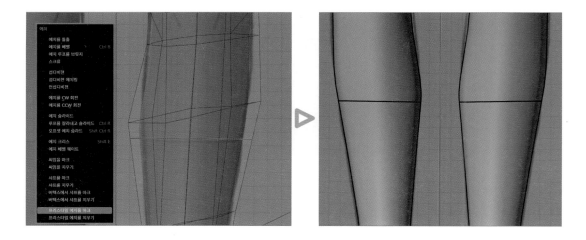

462

17 스커트 수정하기

스커트 부분도 수정합니다.

Step **①** 현재 스커트 톰으로 신체가 보이므로 메쉬를 수정합니다. **Skirt** 오브젝트의 **에디트 모드(Tab키)**로 전환한 뒤 스커트 밑동을 **Alt+마우스 좌클릭**으로 에지 루프 선택합니다. 다음으로 **E키 → Z키**로 Z축 방향으로 돌출시킨 뒤 마우스 좌클릭으로 결정합니다. **축적(S키)**을 사용해 신체 중심쪽으로 메쉬를 이동합니다.

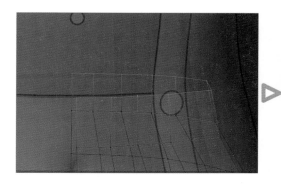 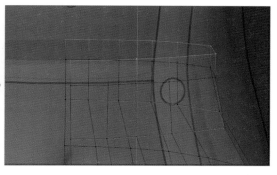

② 전후 버텍스 2개를 선택한 뒤 3D 뷰포트 위쪽, 헤더 안에 있는 **메쉬 → 스냅 → 커서를 선택에 스냅**을 클릭하고 3D 커서를 이동합니다. 헤더 안에 있는 **피벗 포인트를 변환**을 3D 커서로 설정합니다.

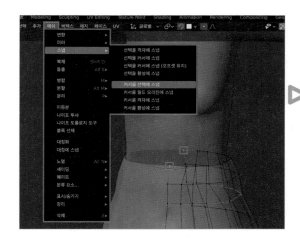 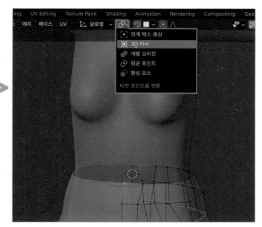

③ **축적(S키)**으로 신체 안쪽으로 메쉬를 축적합니다. 작업을 마쳤다면 **Shift+C키**를 눌러 3D 커서 위치를 초기화하고, 피벗 포인트는 **중심**에로 되돌립니다.

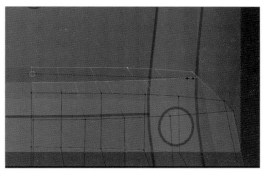

18 스커트 선 표현하기

Step 스커트의 선을 표현합니다. 허리 하반신 부분의 에지(크리스가 걸려 있는 위치)와 스커트 선이 되는 세로 에지를 선택합니다. 이때 크리스 부분을 제외한 상반신쪽 버텍스는 선택하지 않아야 합니다. 그리고 에지를 1개씩 건너 뛰면서 선택합니다.

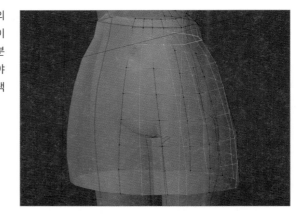

에지 메뉴(Ctrl+E키)에서 선을 추가하는 프리스타일 에지를 마크를 클릭합니다.

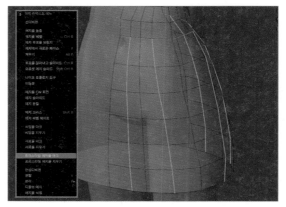

19 셔츠 플래킷 프론트 표현하기

Step 셔츠의 플래킷 프론트에도 선을 넣습니다. Shirt 오브젝트의 에디트 모드(Tab키)로 전환하고 플래킷 프론트 바깥쪽 에지를 Alt+마우스 좌클릭으로 에지 루프 선택합니다. 그리고 에지 메뉴(Ctrl+E키)에서 선을 추가하는 프리스타일 에지를 마크를 클릭합니다.

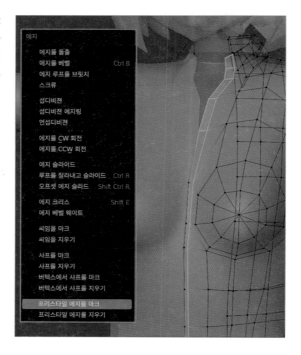

이때 플래킷 프론트의 형태가 부자연스럽게 보인다면 **이동(G키)**을 사용해 플래킷 프론트가 리본 뒤쪽으로 숨겨지도록 하면 좋습니다. 이렇게 대응하고 싶지 않을 때는 셔츠의 미러를 적용해 추가로 만들어야 하지만, 여기에서는 가능한 단순한 형태를 만드는 것이 목표이므로 이런 방식으로 대응합니다.

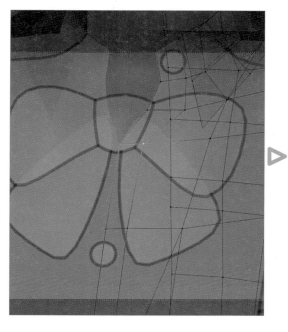 

20
Step

파카 주름의 선 표현하기

마지막으로 파카의 주름에도 선을 넣습니다. 넘버패드 0을 눌러 카메라 시점으로 전환 뒤 파카의 주름 부분으로 시점을 이동합니다. 다음으로 에지 선택 모드(숫자키 2)로 전환해 주름 안쪽을 선택하고 에지 메뉴 단축키인 **Ctrl+E키**를 누른 뒤 프리스타일 에지를 마크를 클릭합니다. 오브젝트 모드(Tab키)로 전환하고 선이 표시되는지 확인합니다.

 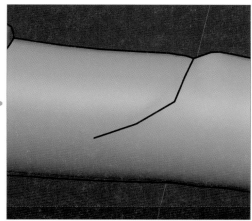

21 오브젝트 이름 변경하기

Step

오른쪽 위 아웃라이너에서 오브젝트 이름을 변경합니다. 카메라를 'Camera', Line Art를 'Line'으로 변경합니다. 그 밖에도 사소한 조정이지만 첫 글자가 소문자인 오브젝트 이름을 대문자로 통일합니다.

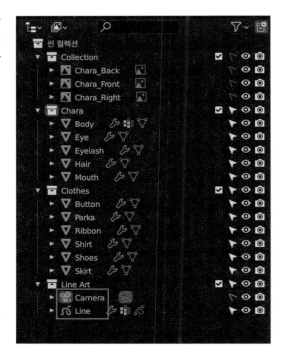

22 메쉬 이름 변경하기

Step

메쉬 이름도 변경합니다. 오브젝트 이름 왼쪽에 있는 화살표를 클릭하면 메쉬 이름이 표시됩니다. 더블 클릭해서 이름을 변경합니다. 여기에서는 오브젝트 이름과 같은 이름으로 변경합니다.

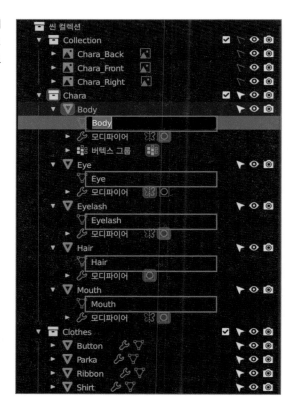

23
Step

선 굵기 조정하기

선 굵기를 보다 세세하게 조정하는 방법을 소개합니다. 먼저 **오브젝트 모드**(Tab키)로 전환하고 오른쪽 위 아웃라이너에서 **Line**을 선택합니다. 다음으로 오른쪽 프로퍼티스의 **오브젝트 데이터 프로퍼티스**를 클릭하고 **스트로크** 패널 안에 있는 두께 축적을 변경해 선의 굵기를 한층 세세하게 조정할 수 있습니다. 여기에서는 '0.7'을 입력했지만 여러분의 선호도에 맞춰 임의의 값을 입력해도 됩니다.

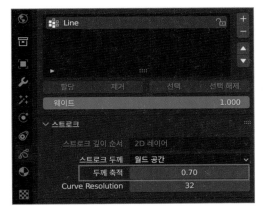

덧붙여 **스트로크 두께**라는, 선의 폭을 바꿀 수 있는 항목이 있습니다. 여기에서는 **월드 공간**과 **화면 공간**을 선택할 수 있습니다. 월드 공간에서는 시점을 멀리서 보면 선의 폭이 줄어들지만 화면 공간에서는 선의 폭이 일정 수준 이상으로 확보됩니다(폭의 축적을 사용하지 않습니다). **월드 공간**은 선이 가늘어지기 쉬운 한편 멀리서 보면 선이 보기 어려워지고, **화면 공간**은 선이 확실히 보이는 한편 멀리서 보면 검은색으로 칠해져 깨진 것처럼 보입니다. 두 방법의 장단점이 있으므로 이 부분도 여러분의 선호에 따라 선택하면 됩니다.

24 Step Line Art 컬렉션 OFF

작업을 마쳤다면 오른쪽 위 아웃라이너의 Line Art 컬렉션 오른쪽 체크 박스를 해제해 두는 것을 권장합니다. 이는 **뷰 레이어에서 제외**하는 기능이며 마치 오브젝트가 없는 것처럼 다룰 수 있는 기능입니다. Line Art는 처리가 매우 무겁기 때문에 이를 활성화해 두면 이후의 작업이 매우 어려워집니다.

전편의 작업은 여기에서 마칩니다. 이후 작업은 후편에서 다루므로 지금까지 만든 캐릭터를 저장합니다.

Line Art 설정에 관해

여기에서는 오브젝트에 Line Art를 추가했을 때 씬 Line Art로 추가했습니다. 이 밖에도 다양한 방법으로 Line Art를 추가할 수 있습니다.

씬 Line Art	오브젝트 모두에 Line Art를 추가합니다. 가장 빠르게 Line Art를 추가할 수 있지만 세부적인 설정이 어렵습니다.
컬렉션 Line Art	각 컬렉션에 Line Art를 추가합니다. 컬렉션 안에 포함된 오브젝트 모두에 Line Art를 추가할 수 있으므로 통일감을 줄 수 있습니다.
오브젝트 Line Art	각 오브젝트에 Line Art를 추가합니다.

이 설정을 나중에 변경하고 싶을 때는 아웃라이너에서 Line Art를 선택하고 모디파이어 프로퍼티스의 Line Art 안에 있는 **Source Type**에서 변경할 수 있습니다. 이 **Source Type**에서 컬렉션 또는 오브젝트를 선택하면 컬렉션 또는 오브젝트를 지정하는 항목이 나타납니다. 이를 사용해 설정하면 됩니다(**Shift+A** 키로 추가하면 자동으로 설정할 수 있습니다).

여기까지 '캐릭터 모델링'을 해봤습니다. 어떠셨습니까?

블렌더는 많은 기능을 제공합니다. 그렇게 때문에 기억해야 할 것이 많고, 익숙해지는 데 많은 시간이 걸립니다. 또한 캐릭터를 모델링하기 위해서는 인체 구조 등 알아 둬야 할 것이 점점 많아집니다. 이렇게 '캐릭터 모델링'은 매우 많은 노력이 필요한 작업이지만 여러분이 좋아하는 캐릭터를 완성시켰을 때의 달성감과 기쁨은 이루 말할 수 없을 것입니다.

이 책에서는 블렌더의 일부 기능만 소개했습니다. 블렌더가 제공하는 더 많은 기능들에 관해 알고 싶다면 필자의 'YouTube 채널'에서 다양한 기능을 소개하고 있으므로 참고해 보시기 바랍니다.

· [블렌더] 초보자용! 블렌더 초입문 강좌 ~간단한 셀 룩의 토끼 캐릭터를 만들자!~ (【Blender】初心者向け! Blender超入門講座　~簡単なセルルックのうさぎのキャラクターを作ろう！~)(일본어)
   URL: https://youtu.be/OoM0ikOi1v4
· [블렌더 Tips] 알아두면 힘이 되는 블렌더 기능 108(【Blender Tips】知っておくとすごく役立つBlenderの機能108選)(일본어))
   URL: https://youtu.be/CxzC7GSs_5o
· [블렌더] 얼굴 모델링 강좌 ~평면에서 시작하는 캐릭터 모델링~(【Blender】顔モデリング講座　~平面から始めるキャラクターモデリング~)(일본어)
   URL: https://youtu.be/uUqQw6VpFP8

그리고 이 책의 밑그림은 '귀여움'을 표현하기 위해 얼굴을 포함해 상당히 왜곡(deformation)시켰습니다. 근육을 붙이는 등 인체 구조를 확실히 이해한 상태에서 모델링을 하고 싶다면 인물 디자인이나 인체 근육 구조에 관한 다른 책을 참고할 것을 권장합니다.

후편에서는 '카툰 모델링'에 관한 기본적인 설명과 함께 전편에서 만든 모델을 움직이게 하는 '리깅'과 '스키닝', 텍스처를 입히기 위해 3D를 2D로 전개하는 'UV 전개', 모델을 애니메이션 풍으로 만드는 '매 테리얼' 만들기 및 메시 할당하기, 표정을 만드는 '셰이프 키', '애니메이션' 만들기, 마지막으로 '렌더 링'까지 기본 조작부터 순서대로 설명합니다. 후편에서도 초보자분들에게 맞춰 천천히 설명하므로 후 편도 꼭 즐기시기 바랍니다.

그리고 필자의 채널에도 '리깅', '애니메이션', '카툰 렌더링(셀 룩)'에 관해 설명하고 있으므로 동영상을 시청하면 학습에 도움이 될 것입니다.

· [블렌더] 셀 룩 강좌 ~노드, 윤곽선, 노멀 전사, RGB 분리~(【Blender】セルルック講座　~ノード、輪郭線、法線転写、RGB分離~)(일본어)
   URL: https://youtu.be/e1tFq5OoSY0
· [블렌더] 리깅 입문 강좌 ~초보자를 위한 자식/부모 관계, 리그 만들기, IK와 FK 이해하기~(【Blender】リギング入門講座　~初心者向けに親子関係、リグの作り方、IKとFKを解説~)(일본어)
   URL: https://youtu.be/Y7HVmRkbleE
· [블렌더] 애니메이션 기초 강좌 ~걷기, 달리기 만들기~(【Blender】アニメーション基礎講座　~歩き、走りの作り方~)(일본어))
   URL: https://youtu.be/pZagC5_cBu8

마지막으로 이 책을 읽어 주셔서 감사합니다. 그럼 후편에서 다시 뵙겠습니다.

2023년 11월

나츠모리 카츠(夏森轄)

블렌더로 애니 그림체 캐릭터를 만들어보자! -모델링편-

초판 1쇄 인쇄 2024년 08월 10일
초판 1쇄 발행 2024년 08월 15일

저 자 : 나츠모리 카츠
번 역 : 김모세

원서스탭
편집·DTP: 樋山淳(株式会社三馬力) | 편집부담당: 角竹輝紀 · 門脇千智
북디자인: 霜崎綾子 | 커버 CG: 夏森 轄

표지 디자인: 조세연 | 본문 디자인: 강민철
펴낸이 : 이동섭
편 집 : 송정환
영업 · 마케팅 : 조정훈, 김려홍
e-BOOK : 홍인표, 최정수, 서찬웅, 김은혜, 정희철
관 리 : 이윤미

㈜에이케이커뮤니케이션즈
등록 1996년 7월 9일(제302-1996-00026호)
주소 : 08513 서울특별시 금천구 디지털로 178, 1805호
TEL : 02-702-7963~5 FAX : 0303-3440-2024 / http://www.amusementkorea.co.kr

ISBN 979-11-274-7927-5 13000

BLENDER DE ANIME CHARACTER WO TSUKURO! MODELING NO MAKI
by Katsu Natsumori
Copyright © 2023 Katsu Natsumori
All rights reserved.
Original Japanese edition published by Mynavi Publishing Corporation
This Korean edition is published by arrangement with Mynavi Publishing Corporation, Tokyo
in care of Tuttle-Mori Agency, Inc., Tokyo.
Korean translation copyright © 2024 by A.K Communications Inc.